电子数据取证实验·基础卷

郑清安　徐志强　陈淑珍　主编

中国人民公安大学出版社
·北　京·

图书在版编目（CIP）数据

电子数据取证实验·基础卷/郑清安，徐志强，陈淑珍主编．—北京：中国人民公安大学出版社，2023.8

ISBN 978-7-5653-4721-4

Ⅰ.①电…　Ⅱ.①郑…②徐…③陈…　Ⅲ.①计算机犯罪—证据—数据收集

Ⅳ.①D918.4

中国国家版本馆 CIP 数据核字（2023）第 123150 号

电子数据取证实验·基础卷

郑清安　徐志强　陈淑珍　主编

出版发行：中国人民公安大学出版社
地　　址：北京市西城区木樨地南里
邮政编码：100038
经　　销：新华书店
印　　刷：天津嘉恒印务有限公司

版　　次：2023 年 8 月第 1 版
印　　次：2025 年 6 月第 3 次
印　　张：19.25
开　　本：787 毫米×1092 毫米　1/16
字　　数：439 千字

书　　号：ISBN 978-7-5653-4721-4
定　　价：70.00 元

网　　址：www.cppsup.com.cn　www.porclub.com.cn
电子邮箱：zbs@cppsup.com　zbs@cppsu.edu.cn

营销中心电话：010-83901775
读者服务部电话（门市）：010-83903257
警官读者俱乐部电话（网购、邮购）：010-83903991
教材分社电话：010-83901837

电子数据取证实验·基础卷

主　编：郑清安　徐志强　陈淑珍

副主编：胡　壮　黄云峰　王仲伟

林远进

撰稿人：（按姓氏笔画排序）

王仲伟　陈淑珍　林文志

林远进　林凯松　郑宇涵

郑清安　胡　壮　徐志强

徐富达　黄云峰　蔡昌明

前　言

在当今信息化社会，网络安全已经成为国家安全的一个重要组成部分。党的十八大以来，以习近平同志为核心的党中央高度重视网络安全和信息化工作，强调坚持筑牢国家网络安全屏障，坚持发挥信息化驱动引领作用，以网络强国建设新成效为全面建设社会主义现代化国家、全面推进中华民族伟大复兴作出新贡献。

电子数据取证技术是打击网络犯罪、加强网络安全管理和网络空间治理的一项重要手段。随着信息技术的快速发展，网络成为人们工作和生活中不可或缺的一部分，人们在享受各类信息系统及应用带来的便利的同时，许多应用程序数据也随之以电子化形式沉淀在电子设备或网络空间中。在处理一些网络安全事件和犯罪案件过程中，相关的电子数据可能成为重要的证据。如何科学有效地提取相关的电子数据作为证据使用是一个综合性的实务应用问题，它不仅需要理解相关的取证理论知识，还需要专业的实践操作技能。

随着电子数据取证学科的快速发展，其涉及的知识内容也越来越多。目前，本科教学中有关电子数据取证实验、实训方面的系统性教材并不多见。鉴于此，我们系统地梳理了电子数据取证技术涉及的知识内容体系，从实践应用角度出发，编写了本书，力求实用性。本书将理论知识融入实验教学应用过程中，让学生通过实验掌握综合技能，学以致用，树立取证思维，激发学生的学习兴趣。

本书系统地介绍了电子数据取证的基础实验原理，为读者深入了解此领域提供坚实基础。为了帮助读者更好地进行实验操作，第一章详细介绍了虚拟机环境的搭建，第二章详细引导读者了解虚拟磁盘及加密容器软件应用，第三章至第八章是电子数据取证常用操作，深入剖析了磁盘数据复制与镜像、哈希与校验、文件过滤、数据搜索、文件签名以及文件系统等实验操作内容。其中，为了内容的连续性，将磁盘结构与文件系统整合在一章中，各章内容具有相对独立性，读者可以有选择性地阅读。本书内容循序渐进、由浅入深，图文并茂、条理清晰，适合自学。每章都配有实验原理简介、实验内容步骤、实验思考题及参考解释，内容覆盖了每章的核心知识点，对读者掌握这些核心知识点并熟练进行应用实践具有很大的帮助。

本书是教育部高等教育司产学合作协同育人项目“构建以学生为中心的电子数据取证课程知识体系和在线学习平台”（项目编号：202102396006）、福建省省级线下一流本科课程建设项目“电子数据取证与鉴定”、2021 年福建省本科高校教育教学改革研究重点项目“加强学科专业建设内涵，探索多元融合的网信人才培养模式”（项目编号：FBJG20210250）、2021 年福建警察学院教育教学改革研究项目“以任务驱动为导向的电子数据取证教学平台建设与应用”（项目编号：JG202113）、2022 年福建警察学院校局“同城一体化”重大科研项目（项目编号：XJZD202202）、数字化网络犯罪监察与防控福建省高校重点实验室的建设成果。

本书可作为信息安全、网络安全与执法、刑事科学技术、侦查、法律等相关专业的辅导用书，也可供司法鉴定人员、科技人员、管理人员、计算机及信息技术爱好者参考和使用。

本书由郑清安、徐志强、陈淑珍任主编，胡壮、黄云峰、王仲伟、林远进任副主编，具体编写分工如下：

福建警察学院计算机与信息安全管理系郑清安编写第一章，第二章，第三章实验一，第四章实验一、实验二，第五章实验三、实验四，第六章实验三、实验六，第七章实验三，第八章实验二、实验三、实验四，每章的概述部分、思考题参考答案汇总；

福建警察学院计算机与信息安全管理系黄云峰编写第三章实验二；

福州市公安局网安支队林文志编写第三章实验三；

福州市公安局网安支队郑宇涵编写第四章实验三；

厦门市美亚柏科信息股份有限公司王仲伟编写第四章实验四；

福建警察学院计算机与信息安全管理系陈淑珍编写第五章实验一、实验二及全书实验内容的编排及规划协调；

厦门市兴百邦科技有限公司徐志强编写第六章实验一、实验二及本书实验案例的设计规划与指导；

福建警察学院计算机与信息安全管理系林凯松编写第六章实验五；

厦门市公安局刑侦支队蔡昌明编写第六章实验四；

厦门市美亚柏科信息股份有限公司林远进编写第七章实验一；

厦门市兴百邦科技有限公司徐富达编写第七章实验二；

厦门市兴百邦科技有限公司胡壮编写第八章实验一。

衷心感谢厦门美亚柏科培训中心熊子强、侯中峰、黄轩华、蓝永发、张禛、张嘉宁、林福功老师及厦门市兴百邦科技有限公司刘景明在本书撰写过程中给予的大力支持和帮助，感谢福州市公安局网安支队张传辉、周玉伟以及福建警察学院计算机与信息安全管理系许发见、丁强、林翔老师提供了许多宝贵的修改意见和建议，感谢电子数据取证兴趣小组陈元清、黄艺凤、苏明旭、吴昊、叶健宇、肖煜、戴晋欣、吴宜钊等同学的热心帮助；感谢已毕业的郭吉鹏、谢明聪、许露秋等同学的大力支持，特别感谢信息安全专业王陈锋、黄毅婷、江琛、谢泽之、赖柏霖、陈煌燕、陈瑞萍、吴欣烨等同学对本书校对工作的支持。本书在编写过程中参阅了大量的文献和参考资料，限于篇幅，未能在书后的参考文献中逐一列出，在此一并致谢。尽管我们在撰写过程中力求准确，但由于编者水平有限，书中难免有纰漏之处，欢迎读者批评指正，联系邮箱地址 zqa@ fjpsc. edu. cn。

郑清安

2023 年 2 月

目　录

第一章
虚拟机环境搭建

虚拟机（Virtual Machine）是利用软件模拟计算机物理硬件且可安装完整操作系统和应用软件的计算机系统。虚拟机软件可模拟出 CPU、内存、硬盘、光驱、声卡、显卡等硬件资源，因此虚拟机是具备实体计算机的完整系统功能、可独立运行的计算机系统。

根据虚拟化实现技术方式不同，可以将其分为全硬件仿真虚拟化、半虚拟化和操作系统级虚拟化。采用全硬件仿真虚拟化技术的典型产品代表是 VMware Workstation/VMware ESXi/VMware Fusion、VirtualBox、微软 Hyper-V、KVM（Linux）、Parallel Desktop、Proxmox VE 和 QEMU，采用半虚拟化技术的经典产品是开源的 Xen，采用操作系统级虚拟化技术的产品代表是 SWsoft 公司的 Virtuozzo 和 OpenVZ。

虚拟机在本书中主要用于开展相关的实验用途。在实际开展电子数据取证过程中，也经常遇到对涉案的虚拟机开展取证分析。因此，掌握虚拟机环境搭建以及虚拟机数据文件的取证分析也十分必要。

实验一　VMware 虚拟机环境搭建

（一）实验目的

熟悉 VMware 软件的应用，掌握使用虚拟机软件创建 Windows、Linux 等操作系统的方法，学习虚拟机的基本配置和功能应用，为后续的取证实验做好基础环境配置。

（二）实验类型

演示型、基础实验。

（三）实验原理

VMware 是一家专注于虚拟计算软件研发的公司，该公司拥有多款虚拟化软件产品，包括 VMware Workstation、VMware ESXi、VMware ESXi/vSphere（服务器虚拟化）、VMware Fusion（macOS 系统）、VMware Player（免费）及 VMware Cloud 等。

本实验中以 VMware Workstation 软件为例。VMware Workstation 是一款成熟的商业虚拟化软件产品，在全球拥有众多的用户。该产品可运行于 Windows 和 Linux 操作系统平台，支持 Windows 和 Linux 等多种系统版本的虚拟化，此外通过 Unlocker for VMware Workstation 工具的辅助可支持苹果操作系统 macOS 的虚拟化。

1. Windows 操作系统：Windows XP、Windows 7、Windows 8/8.1、Windows 10 和 Windows 11 等。

2. Linux 操作系统：Ubuntu、RedHat、SUSE、Oracle Linux、Debian、Fedoar、CentOS、OpenSUSE 和 Mint 等。

3. 其他操作系统：Solaris、FreeBSD 。

（四）实验环境

1. 1 台装有 Windows 10 系统的计算机。
2. Windows 10 系统安装镜像。
3. 虚拟机软件 VMware Workstation。

（五）实验摘要

1. 创建虚拟机 Windows 10 和 Kali Linux 操作系统。
2. 虚拟机的基本硬件配置、添加磁盘、网络配置、文件共享配置等。
3. 创建快照和虚拟机克隆。
4. 建立虚拟局域网络环境。

（六）实验内容

实验 1. Windows 和 Linux 虚拟机创建

步骤 1. Windows 10 虚拟机创建

（1）在主界面中，选择“文件”→“新建虚拟机”→“自定义（高级）”→选择默认“硬件兼容性”→“稍后安装操作系统”→客户机操作系统“Microsoft Windows”、版本“Windows 10”→填写虚拟机名称、选择虚拟机的存储位置（如图 1-1-1 所示）。

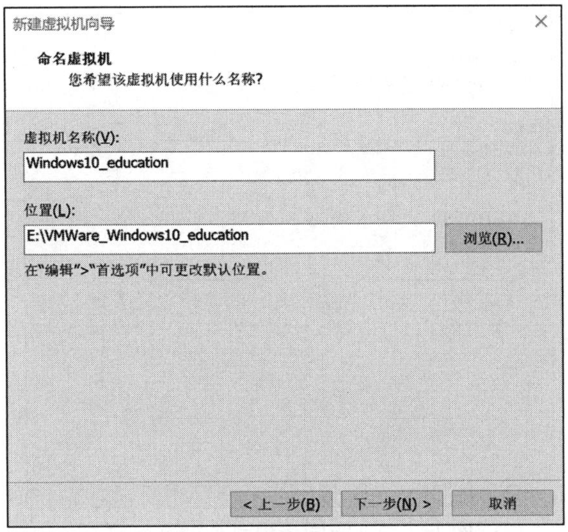

图 1-1-1 填写虚拟机名称及存储位置

（2）选择固件类型“BIOS”。BIOS 支持引导 MBR 分区结构的磁盘，而 UEFI 支持引导 GPT 分区结构磁盘，GPT 分区结构支持超过 2TB 的磁盘管理。本实验中虚拟机只需要进行简单实验测试，不需要巨大的磁盘空间，因此选择 BIOS 引导设备启动即可（如图 1-1-2 所示）。

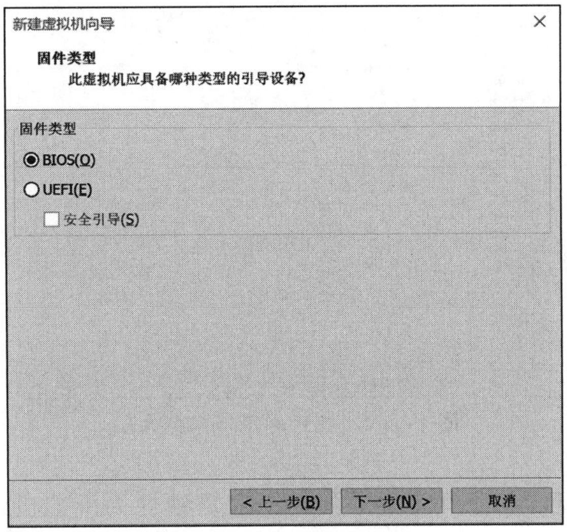

图 1-1-2 选择固件类型

（3）处理器可根据宿主机情况进行具体配置，为保障系统运行流畅，只运行一个虚拟机可分配一半宿主机资源给虚拟机（如图 1-1-3 所示）。

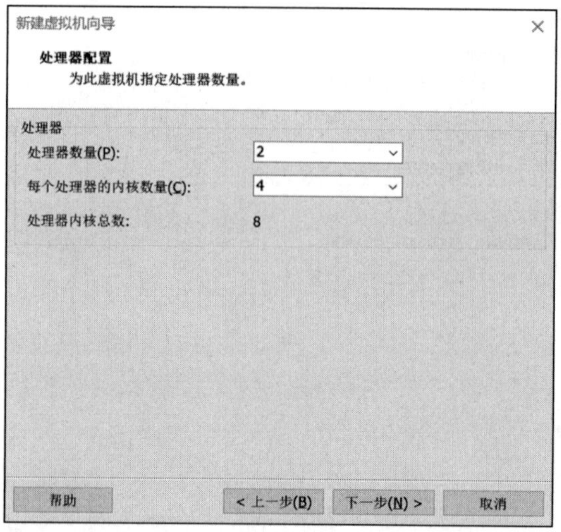

图 1-1-3　指定虚拟机处理器数量

（4）虚拟机内存可根据宿主机情况进行设置，为保障系统运行流畅，只运行一个虚拟机可分配一半宿主机资源给虚拟机（如图 1-1-4 所示）。

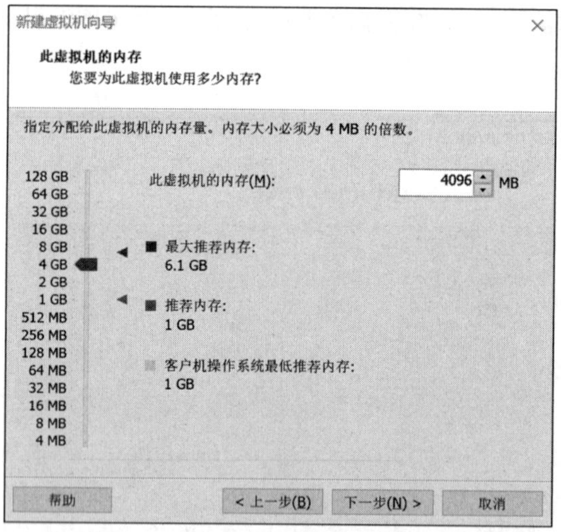

图 1-1-4　指定虚拟机内存大小

（5）选择网络类型。选择“使用桥接网络”需独立为虚拟机进行配置 IP 地址，一般配置 IP 地址与主机需在同一网段，以保障主机与虚拟机间的通信；选择“使用网络地址转换（NAT）”，主机就相当于虚拟机的路由器，在虚拟机安装完成后会自动获取 IP 地址；选择“使用仅主机模式网络”，会将虚拟机与外网隔开，使得虚拟机成为一个独立的系统，只与主机相互通信。此处选择默认的 NAT 模式，后续根据实际操作的需要自行更改网络连接模式即可（如图 1-1-5 所示）。

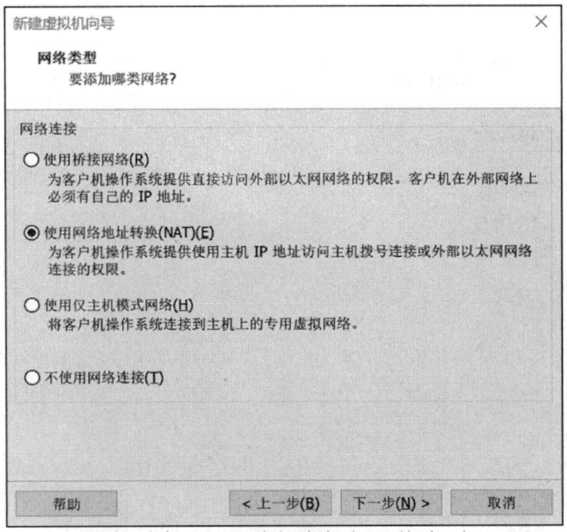

图 1-1-5　选择虚拟机网络类型

(6) 选择 I/O 控制器类型，此处选择推荐的“LSI Logic SAS”（如图 1-1-6 所示）。

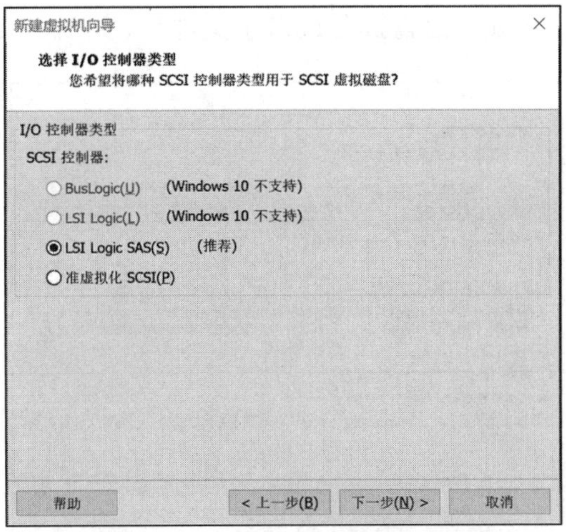

图 1-1-6　选择 I/O 控制器类型

(7) 选择磁盘类型，可直接使用推荐的磁盘类型。选择不同的磁盘类型，VMware 将模拟出不同类型的虚拟磁盘，安装操作系统时需安装相应的驱动程序（如图 1-1-7 所示）。

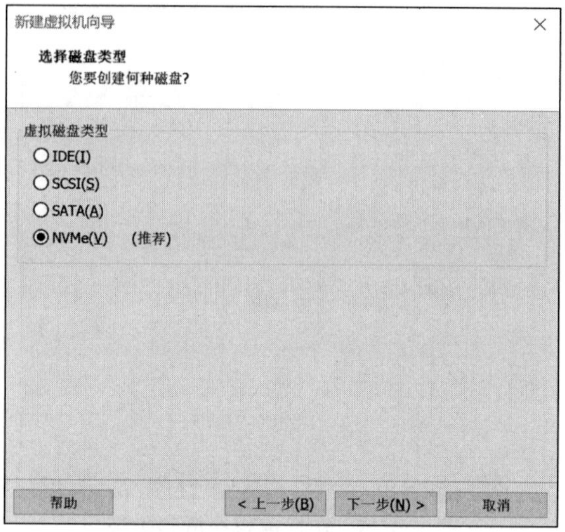

图 1-1-7 选择磁盘类型

（8）选择“创建新虚拟磁盘”→指定磁盘大小，默认 60 GB，可根据需要调整磁盘容量大小，并默认选择“将虚拟磁盘拆分成多个文件”（如图 1-1-8 所示）。

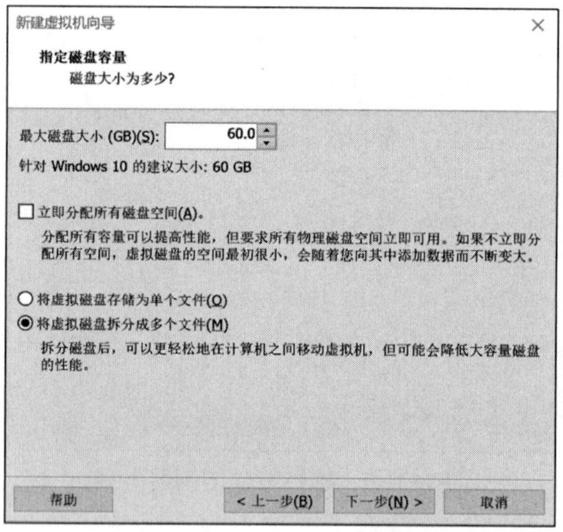

图 1-1-8 指定磁盘容量

（9）选择虚拟磁盘文件存储位置（如图 1-1-9 所示）。

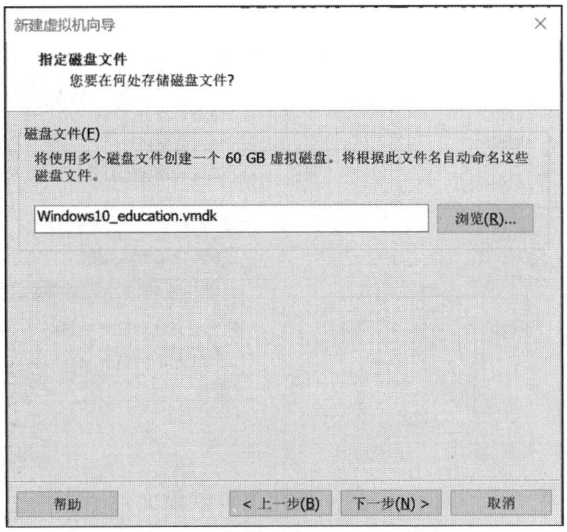

图 1-1-9　**指定磁盘文件存储位置**

（10）完成虚拟机硬件基本配置，根据配置列表可以通过“自定义硬件”进一步做调整，直到完成（如图 1-1-10 所示）。

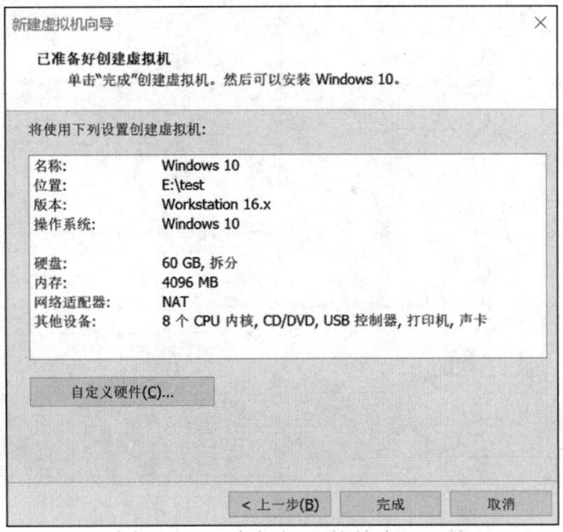

图 1-1-10　**虚拟机硬件基本配置情况**

（11）在创建的主机界面中选择“虚拟机设置”→“硬件”→“CD/DVD（SATA）”→“使用 ISO 映像文件”→“浏览”→选择下载好的 Windows 10 系统映像文件，一般映像文件为 ISO 格式→勾选“启动时连接”→“确定”（如图 1-1-11 所示）。

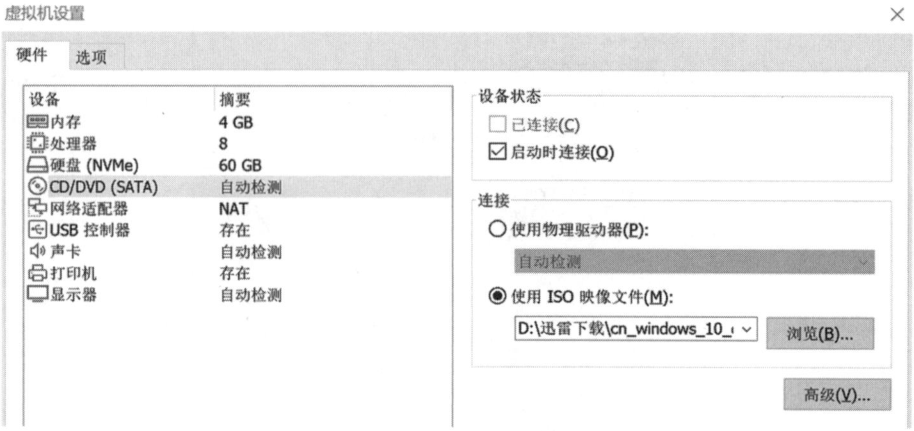

图 1-1-11　使用 ISO 映像文件

（12）启动虚拟机，系统由 ISO 映像文件引导，开始操作系统的安装，整个安装过程与实体机安装过程相同，安装成功后就可以启动系统（如图 1-1-12 所示）。

图 1-1-12　Windows 10 系统界面

步骤 2. Kali Linux 虚拟机创建

（1）创建 Kali Linux 虚拟机在设置环节上会有些区别：

Kali Linux 虚拟机，操作系统选择 Linux，版本选择 Debian 10. x。其余与 Windows 10 虚拟机系统配置基本类似，选择默认设置即可（如图 1-1-13 所示）。

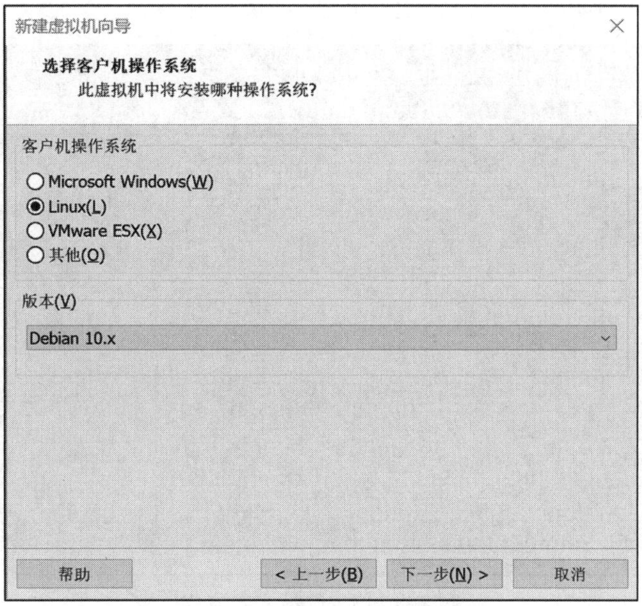

图 1-1-13　选择客户机操作系统

（2）选择 Kali Linux 映像进行系统安装：

从官网下载 Kali Linux 安装的 ISO 映像文件，并在虚拟机的 CD/DVD 配置中指定 ISO 映像文件的路径（如图 1-1-14 所示）。

图 1-1-14　将 ISO 映像文件配置为模拟光驱

（3）安装方式

可选择图形界面安装（Graphical install），并将整个 Kali Linux 系统安装到硬盘，磁盘可使用自动分区方式（如图 1-1-15 所示）。

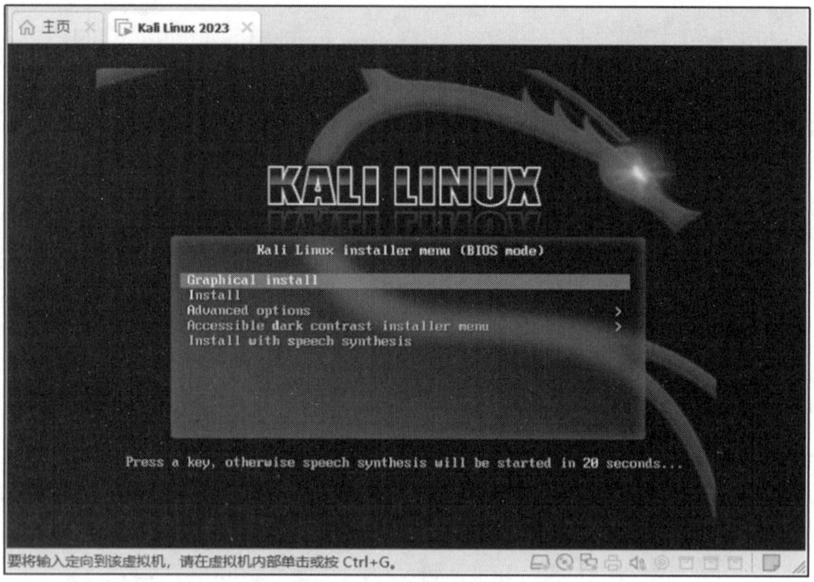

图 1-1-15 选择安装方式

（4）软件包选择与安装

安装过程中选择安装所有软件包（如图 1-1-16 所示）。

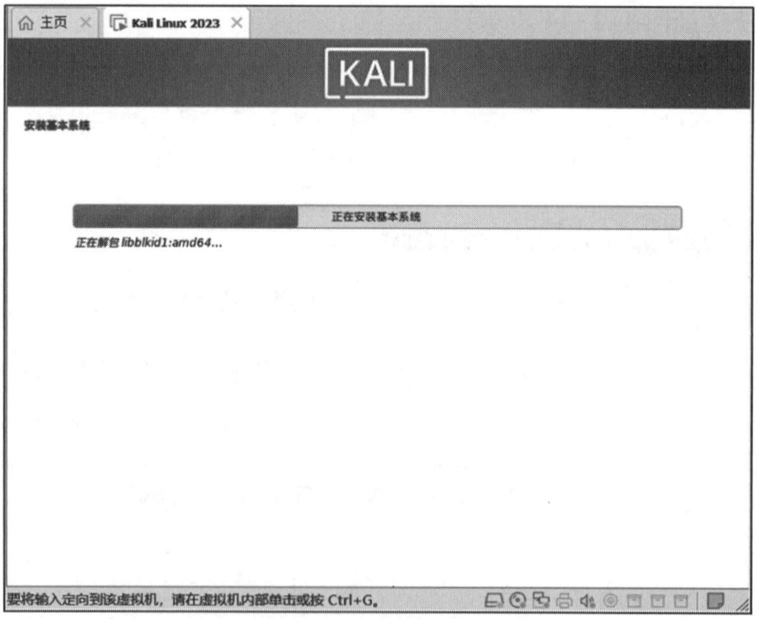

图 1-1-16 安装软件包

（5）完成安装并登录 Kali Linux 系统

安装完成后，可直接使用创建的帐户和密码登录 Kali Linux 系统（如图 1-1-17 所示）。

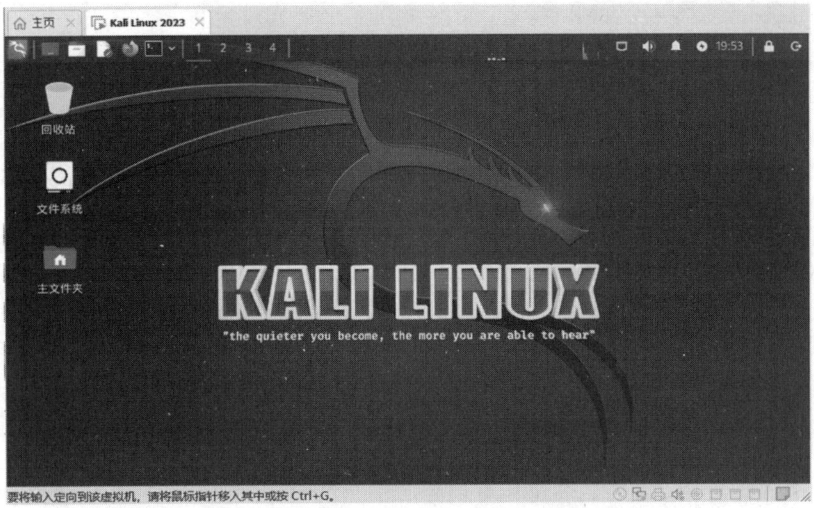

图 1-1-17　Kali Linux 安装成功并登录

实验 2. 编辑 VMware 虚拟机配置

步骤 1. 虚拟机硬件配置

（1）虚拟机在关机状态下，选择“虚拟机设置”即可查看硬件配置和调整更改；“选项”内容可做个性化设置更改（如图 1-1-18、图 1-1-19 所示）。

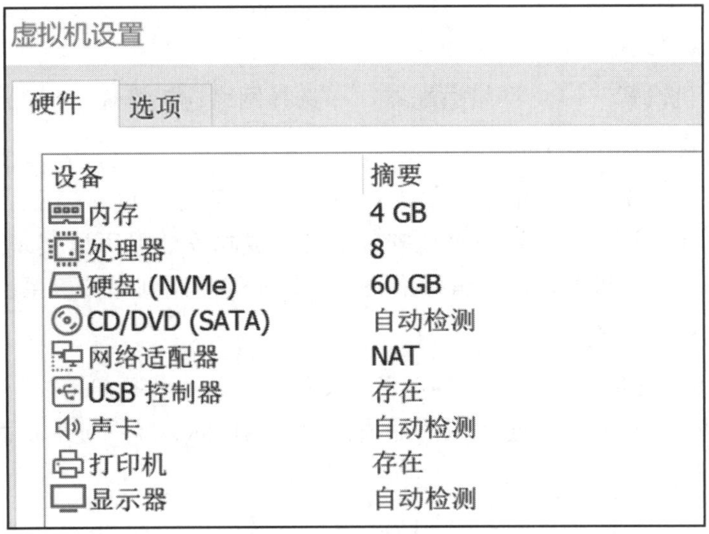

图 1-1-18　虚拟机硬件配置

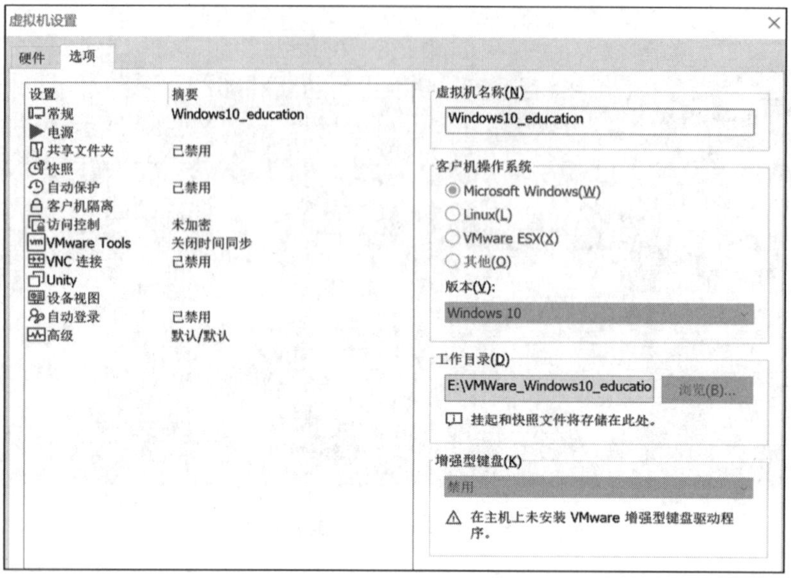

图 1-1-19　虚拟机设置选项卡

步骤 2. 添加磁盘

选择“虚拟机设置”→“添加”→“硬盘”→“NVMe（推荐）”→“创建新虚拟磁盘”→指定磁盘大小、选择“将虚拟磁盘拆分成多个文件”→选择添加的虚拟磁盘存放位置→“完成”。

步骤 3. 网络配置

选择“虚拟机设置”→“网络适配器”→选择网络连接模式。

步骤 4. 安装 VMware Tools

启动虚拟机后，在主界面中选择“虚拟机”→“安装 VMware Tools”→在虚拟机中弹出的对话框选择“运行”→进行默认安装即可。成功安装后可以实现与宿主主机更加方便的交互，例如，主机可以通过鼠标拖动文件将文件复制到虚拟机系统中。

步骤 5. 共享文件夹配置

选择“虚拟机设置”→“选项”→“共享文件夹”→“总是启用”→“添加”→选择共享文件夹的位置→“确定”，也可以添加选择“在 Windows 客户机中映射为网络驱动器”(如图 1-1-20 所示)。

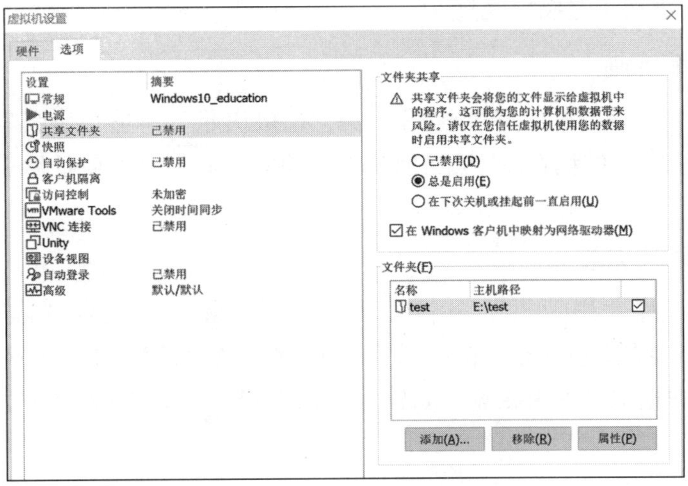

图 1-1-20 文件共享配置

启动虚拟机→选择“网络”→选择“启用网络发现和文件共享”→选择“VMware-host”→进入“Shared Folders”文件夹→访问共享的文件夹。如果选择了映射为网络驱动器，则可直接在此电脑中访问对应的盘符。

步骤 6. 虚拟机加密

选择“虚拟机设置”→“选项”→“访问控制”→点击“加密”→设置密码，设置之后需要对虚拟机进行配置、启动等操作就需要先输入密码才能进行（如图 1-1-21 所示）。

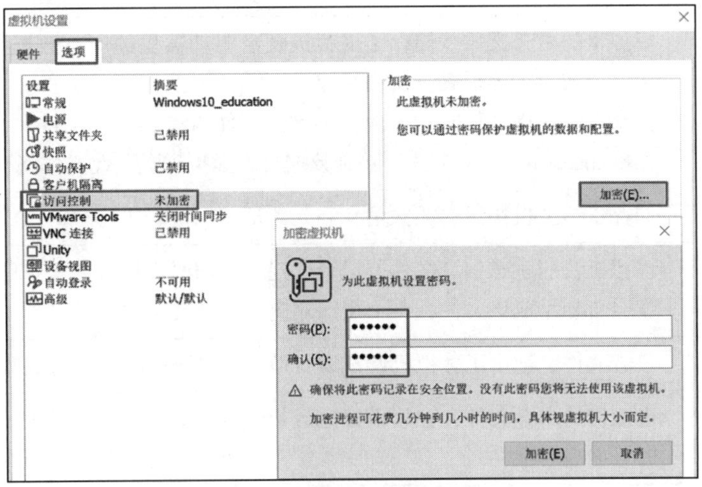

图 1-1-21 加密虚拟机

实验 3. 创建快照和虚拟机克隆

步骤 1. 创建快照

主界面中选择“虚拟机”→“快照”→“拍摄快照”→填写快照名称和描述→“拍摄快照”，通过拍摄快照保存虚拟机当前状态，建立还原点，方便日后需要时进行快速恢复还原。

步骤 2. 虚拟机克隆

在主界面中选择“虚拟机”→“管理”→“克隆”→选择“虚拟机中的当前状态”，可以创建链接克隆或完整克隆；选择“创建完整克隆”可以直接克隆出一个与原虚拟机独立的新虚拟机，占用磁盘空间较大，而选择“链接克隆”独立性较差，占用空间较小。

步骤 3. 虚拟机主要配置文件

定位到虚拟机配置文件存放目录，可找到以上创建虚拟机中生成的相关文件其具体作用（如表 1-1-1 所示）。

表 1-1-1 虚拟机主要配置文件

文件类型	具体作用
*. nvram 文件	存储虚拟机 BIOS 信息，系统的启动顺序设置存放在此文件中。
*. vmx 文件	虚拟机的配置文件，根据向导对虚拟机做的所有配置或者编辑器做的所有配置都记录在此文件中，可通过编辑器直接修改配置文件以实现对虚拟机硬件的更改。 在 Linux 系统的宿主主机中，使用 VM 虚拟机，这个配置文件的扩展名是 . cfg。
*. vmdk 文件	虚拟机的磁盘文件，储存了虚拟机硬盘驱动器里的所有数据。一台虚拟机可以由一个或多个虚拟磁盘文件组成。 如果在新建虚拟机时指定虚拟机磁盘文件为单独一个文件时，系统将只创建一个<vmname>. vmdk 文件，随着数据写入虚拟磁盘，此文件将逐渐变大。
*. vmsd 文件	储存了虚拟机快照的相关信息和元数据。
*. vmsn 文件	虚拟机快照状态信息文件，记录了建立快照时虚拟机的状态信息。创建快照时，就会自动生成该文件，一个快照对应一个此类文件。
*. log 文件	日志文件，记录了虚拟机调试运行情况，排查故障时，可查阅此文件。
*. vmem 文件	虚拟机的内存文件，存放虚拟机运行时的内存信息，此文件只有在虚拟机运行时或崩溃后存在。
*. vmss 文件	用来储存虚拟机在挂起状态时的信息。
*. vmtm 文件	虚拟机组 team 的配置文件，通常存在于虚拟机组 team 的文件夹里。
*. vmxf 文件	虚拟机组 team 中的虚拟机辅助配置文件，从 team 中移除一个虚拟机，此文件还会存在。

在需要拷贝虚拟机时，只需要将重要的文件如 * . nvram， * . vmx， * . vmdk 等拷贝出来即可，如需快照则需要将 * . vmsd， * . vmsn 文件也一并拷贝。

实验 4. 建立虚拟局域网络环境

将创建好的 Windows 10 和 Kali Linux 虚拟机部署在同一个局域网络中，使得虚拟机可以在局域环境内相互通信，构建的网络拓扑图及 IP 配置如图 1-1-22 所示。

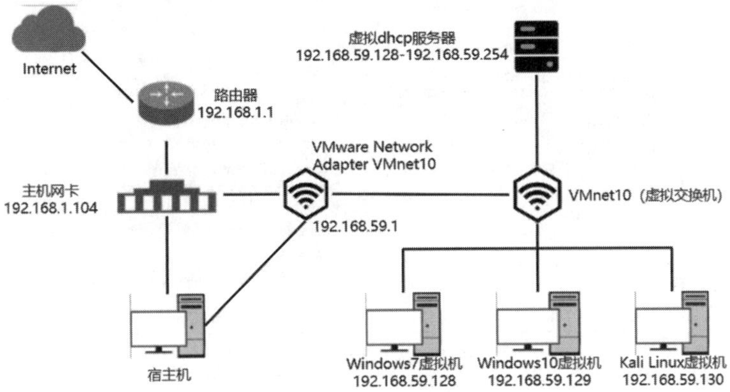

图 1-1-22　虚拟局域网网络拓扑图

步骤 1. 新增 VMnet 虚拟网卡

在主界面选择“编辑”→“虚拟网络编辑器”→“更改设置”→“添加网络”，其中 VMnet0 默认为桥接模式，VMnet1 默认为仅主机模式，VMnet8 默认为 NAT 模式，本实验中需新建 VMnet10，由于只需构建简单的虚拟局域网，模式改为仅主机模式，使虚拟机只与主机相互通信。如果虚拟机需要连接外网，可选择桥接模式或者 NAT 模式，配置类似（如图 1-1-23 所示）。

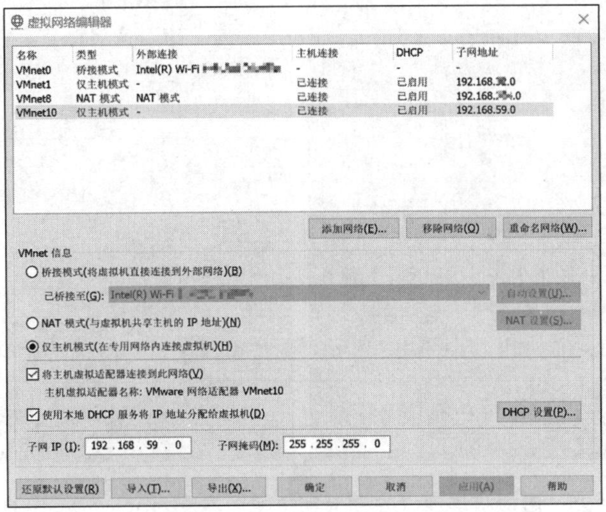

图 1-1-23　新建虚拟网卡

步骤 2. 配置虚拟网卡的网络连接模式

选择 Windows 10 虚拟机页面下的“虚拟机设置”→“网络适配器”→选择“自定义：特定虚拟网络”→选择“VMnet10（仅主机模式）”。Kali Linux 虚拟机的网络适配器也做相同操作，加入同一个局域网（如图 1-1-24 所示）。

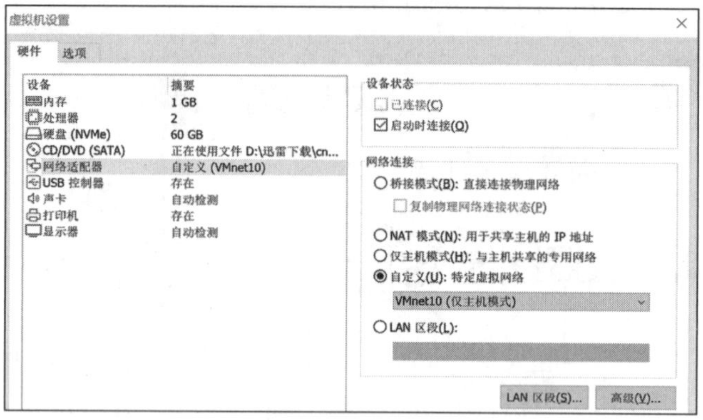

图 1-1-24　新建虚拟网卡

步骤 3. 网络连通性测试

在主机和虚拟机系统的命令行下分别使用 ping 命令测试当前机器与网关及其他虚拟机的连通情况，返回消息正常表示顺利连通，搭建的虚拟局域网络成功，连通测试过程如图 1-1-25、图 1-1-26 所示。

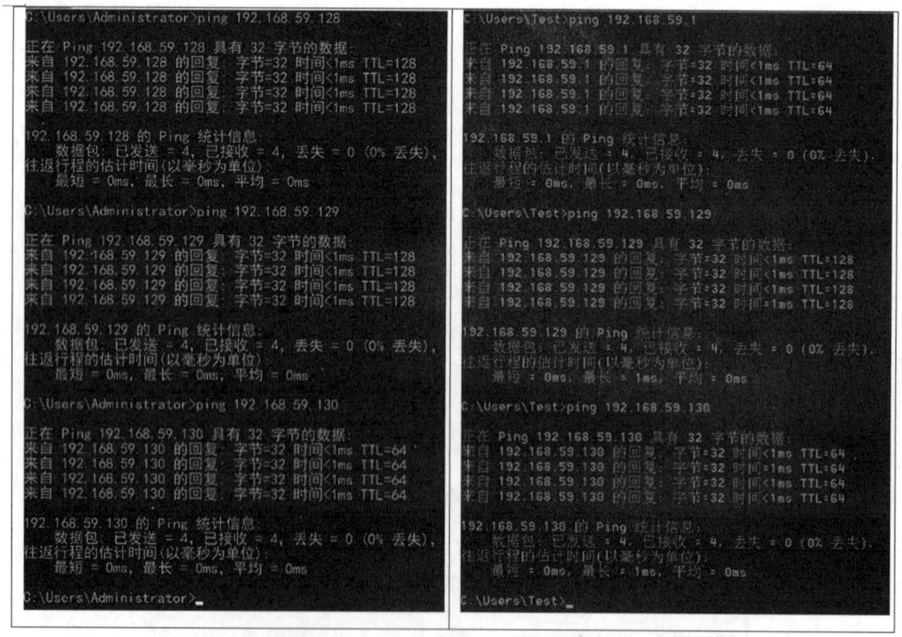

图 1-1-25　虚拟机连通（左图为宿主机，右图为 Windows 10 虚拟机）

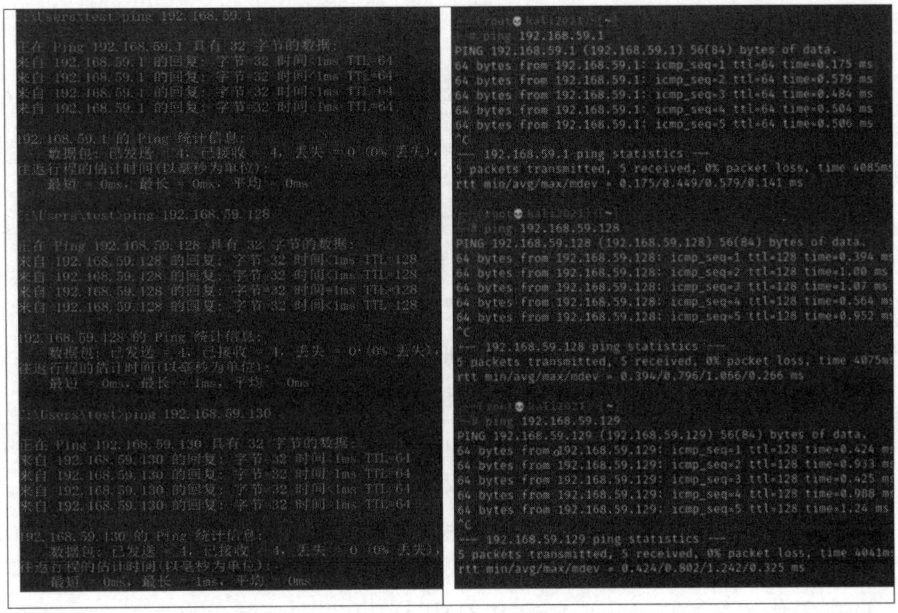

图 1-1-26 虚拟机连通（左图为 Windows 10 虚拟机，右图为 Kali Linux 虚拟机）

（七）实验小结

本实验通过使用 VMware 虚拟机软件来熟悉不同操作系统的虚拟机的创建，并了解创建快照、虚拟机克隆及虚拟局域网络环境的配置，以便使用 VMware 虚拟机环境开展相关的实验操作。

思考题

1. 快照和克隆的区别是什么？
2. 虚拟机如何与宿主系统共享文件？
3. 如何将 U 盘连接至虚拟机？
4. 虚拟机常用的快捷组合键有哪些？

实验二 VirtualBox 虚拟机环境搭建

（一）实验目的

熟悉 Oracle VM VirtualBox 的应用，掌握虚拟机软件创建 Windows、Kali Linux 等操作系统的方法，学习虚拟机的基本配置和功能应用，为后续的取证实验做好基础环境配置。

（二）实验类型

演示型、基础实验。

（三）实验原理

VirtualBox 的前身为 Innotek VirutalBox、Sun VirtualBox，现在被命名为 Oracle VM VirtualBox。VirtualBox 是由 Innotek GmbH 研发，于 2008 年被 Sun Microsystems 收购，而 Sun Microsystems 公司于 2010 年被 Oracle 收购。

VirtualBox 是一款跨平台且开源的虚拟化应用程序，可以运行于 Windows、macOS（Intel 及 M1/M2 处理器）、Linux 多种发行版本及 Solaris 等系统。VirtualBox 支持 Windows PC 发行版本、Windows Server 版本、Linux 及 macOS 等操作系统的虚拟化。

1. Windows 操作系统：Windows 2000、Windows XP、Windows Vista、Windows 8/8.1、Windows 10、Windows 11、Windows Server 2016/2019 等。

2. Linux 操作系统：Debian、Oracle Linux、RedHat、OpenSUSE、Ubuntu、Gentoo 等。

3. BSD 操作系统：FreeBSD、OpenBSD 和 NetBSD 的 32 位及 64 位版本。

4. macOSX 操作系统：macOS 10.6～10.11、macOS 10.12 Sierra 和 macOS 10.13 High Sierra 等。

5. Solaris 操作系统：Oracle Solaris 10/11、OpenSolaris 等。

6. IBM OS/2 操作系统。

（四）实验环境

1. 1 台装有 Windows 10 系统的计算机。
2. Windows 10 系统安装镜像。
3. 虚拟机软件 VirtualBox。

（五）实验摘要

1. Windows 和 Linux 虚拟机创建。
2. 虚拟机配置。
3. 快照创建和虚拟机克隆。
4. 虚拟局域网络环境搭建。

（六）实验内容

实验 1. Windows 和 Linux 虚拟机创建

步骤 1. Windows 10 虚拟机创建

（1）在主界面中，选择“新建”→填写新建的虚拟机名称→选择虚拟机的存储位置→选择虚拟机类型“Microsoft Windows”→选择虚拟机版本“Windows 10（64-bit）”（如图 1-2-1 所示）。

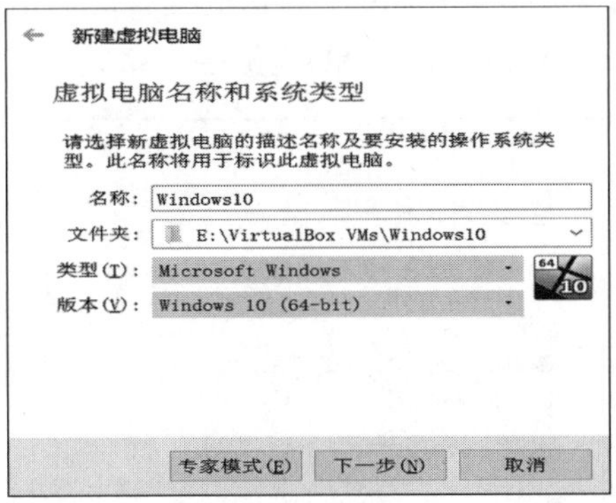

图 1-2-1　**虚拟电脑名称和系统类型**

（2）指定虚拟机内存，需根据宿主系统配置情况进行设置，为保障系统运行流畅，可分配一半宿主主机内存资源给虚拟机（如图 1-2-2 所示）。

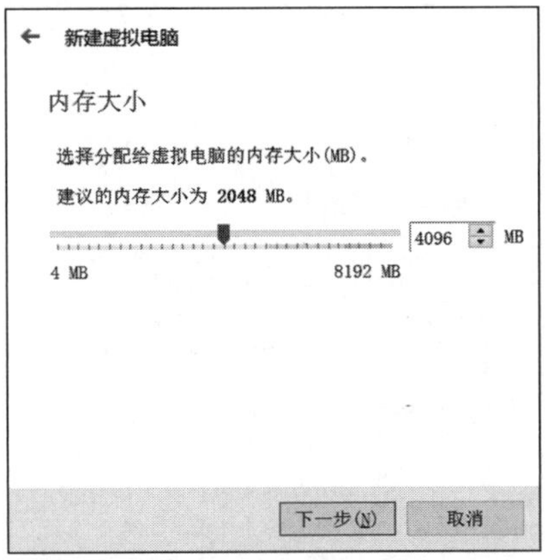

图 1-2-2　**指定虚拟机内存大小**

（3）创建虚拟硬盘，选择“现在创建虚拟硬盘”（如图 1-2-3 所示）。

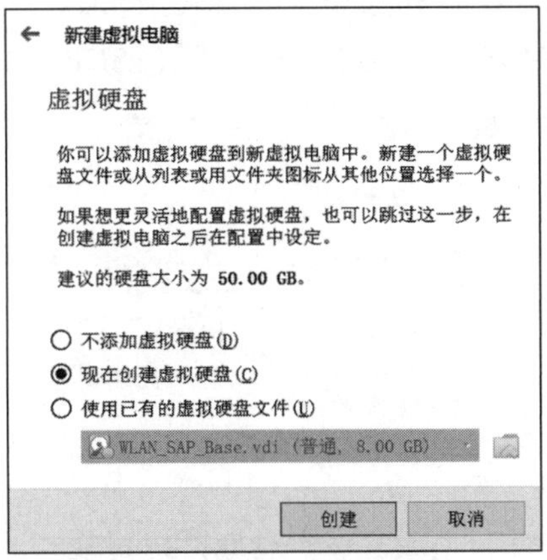

图 1-2-3　**创建虚拟硬盘**

（4）选择虚拟硬盘文件类型。VirtualBox 默认的虚拟磁盘格式为 VDI，Hyper-V 默认的虚拟磁盘格式为 VHD/VHDX，VMware 默认的虚拟磁盘格式为 VMDK（如图 1-2-4 所示）。

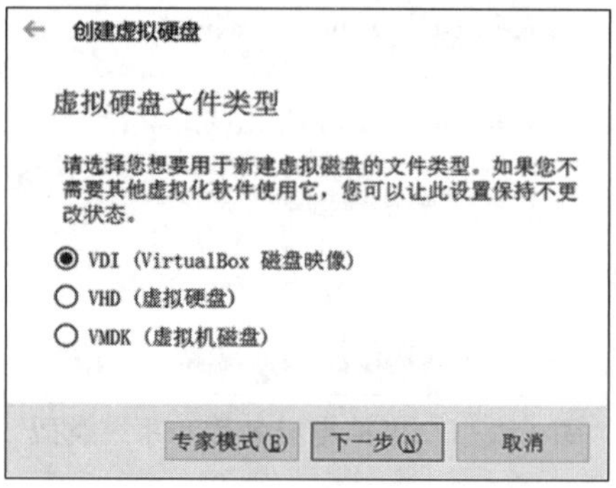

图 1-2-4　选择虚拟硬盘文件类型

（5）选择虚拟硬盘文件的存储方式，“动态分配”是根据需要逐渐占用物理磁盘的空间，“固定大小”是一次性分配硬盘空间。为节省空间，本实验选择动态分配方式（如图 1-2-5 所示）。

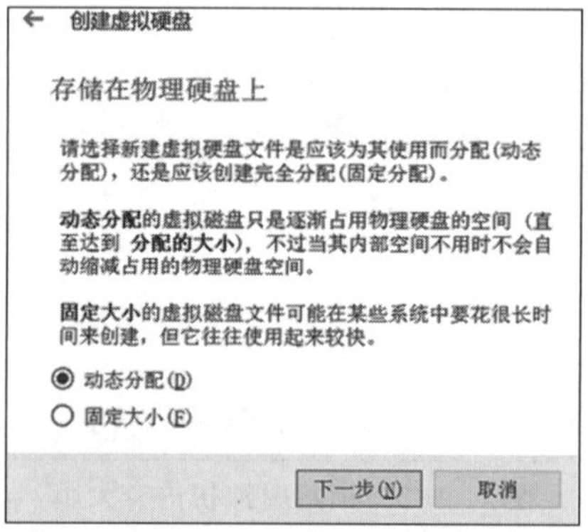

图 1-2-5　选择虚拟硬盘存储在物理硬盘上的方式

（6）选择虚拟硬盘的文件位置和大小，文件位置和大小可根据宿主机情况具体选择和调整，本实验中选择保持默认，并点击“创建”（如图 1-2-6 所示）。

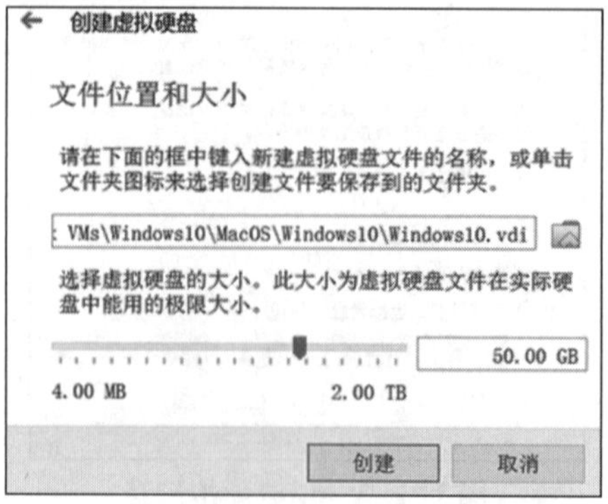

图 1-2-6　选择虚拟硬盘的文件位置和大小

（7）在主界面中选择“设置”→“系统”→“处理器”，为保证虚拟机能够流畅运行，建议分配宿主系统一半处理器数量给虚拟机（如图 1-2-7 所示）。

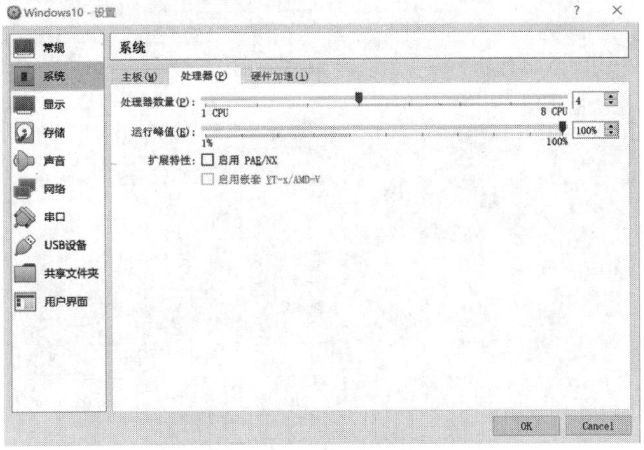

图 1-2-7　**处理器数量分配**

（8）再选择“设置”下的“存储”→“没有盘片”→点击“分配光驱”右侧蓝色光盘图标→“选择虚拟盘”，选择 Windows 10 操作系统的 ISO 文件，即可将操作系统的镜像文件虚拟为光盘，并用来启动安装系统（如图 1-2-8 所示）。

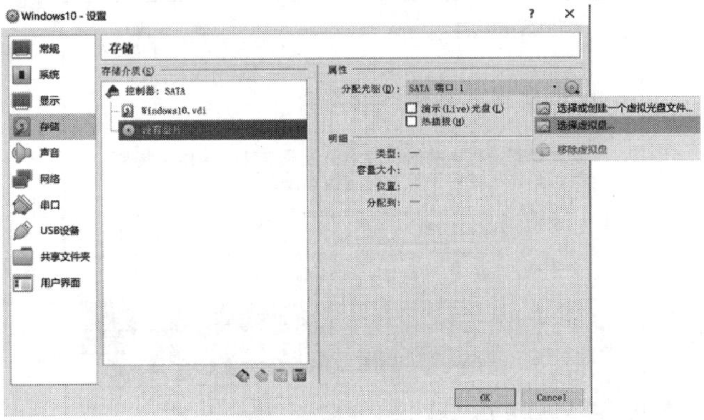

图 1-2-8　**选择 ISO 文件并将其虚拟为光盘**

（9）在主界面中选择“启动”，启动虚拟机，系统由 ISO 镜像文件引导，开始操作系统的安装，整个安装过程与实体机安装过程相同，安装成功后就可以启动系统（如图 1-2-9 所示）。

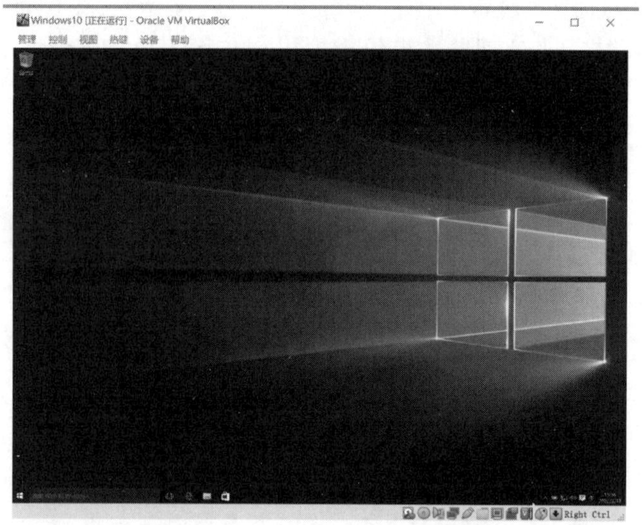

图 1-2-9　Windows 10 系统界面

步骤 2. Kali Linux 虚拟机创建

（1）Kali Linux 虚拟机，选择 Linux 操作系统，以及 Debian（64-bit）。其余的配置与 Windows 10 基本类似，选择默认的选项即可（如图 1-2-10 所示）。

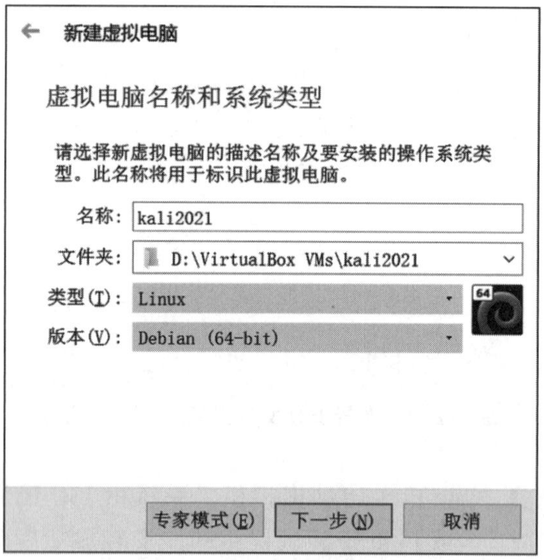

图 1-2-10　选择客户机操作系统

（2）选择 Kali Linux 镜像文件进行系统安装，安装过程与实体机安装过程相同，可以选择图形界面安装，安装过程中选择安装所有软件包，并将 GRUB 安装到硬盘，安装成功后就可以启动系统。

实验 2. 编辑 VirtualBox 虚拟机配置

步骤 1. 虚拟机硬件配置

选中虚拟机，点击菜单栏中的“设置”即可对虚拟机的配置进行调整和更改；“选项”内容可做个性化设置更改（如图 1-2-11 所示）。

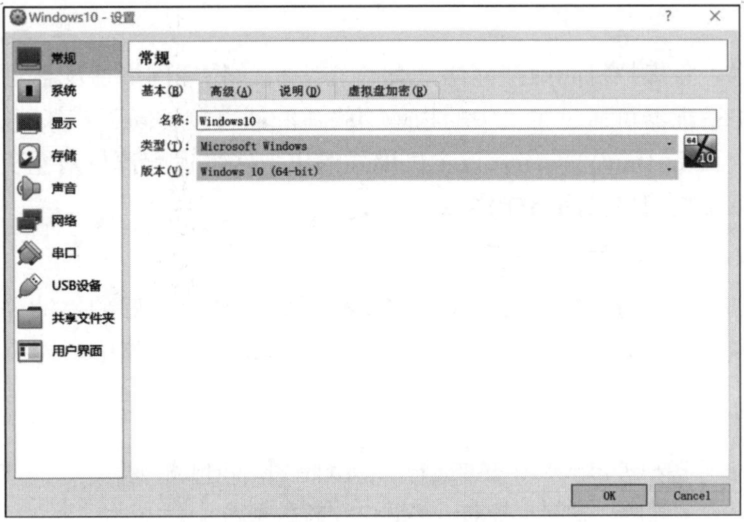

图 1-2-11　虚拟机配置

常用到的虚拟机配置位置和方法如下：

（1）调整内存大小：选择“设置”→“系统”→“主板”，即可指定虚拟机的内存大小。

（2）调整处理器数量：选择“设置”→“系统”→“处理器”，即可指定虚拟机的处理器数量。

步骤 2. 添加虚拟硬盘

选择“设置”→“存储”→点击“控制器：SATA”右侧的“添加虚拟硬盘”图标→点击“创建”→选择“虚拟硬盘文件类型”→选择虚拟硬盘存储在物理磁盘上的分配方式→选择虚拟硬盘“文件大小和位置”→完成后选择这块“Not Attached”的硬盘→开启虚拟机后到“磁盘管理”中初始化磁盘后即可开始使用新的虚拟硬盘（如图 1-2-12 所示）。

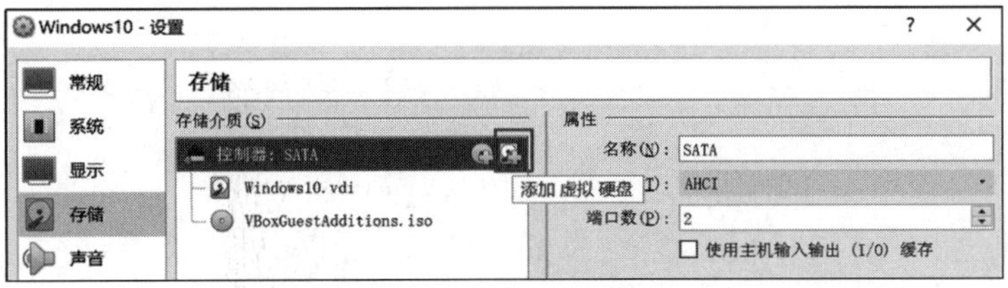

图 1-2-12　添加虚拟硬盘

步骤 3. 网络配置

选择“设置”→“网络”→“网卡 1”→选择连接方式即可对网络进行配置。常用的网络连接方式有三种：

①网络地址转换（NAT）：VirtualBox 创建虚拟机的默认网络连接模式，使用 NAT 模式网络连接时，VirtualBox 会在主机上建立单独的专用网络，用以在主机和虚拟机之间相互通信。

②桥接网卡：将虚拟机的虚拟网络适配器与主机的物理网络适配器进行交接，虚拟机中的虚拟网络适配器可通过主机中的物理网络适配器直接访问到外部网络。

③仅主机（Host-Only）网络：仅主机模式的虚拟网络适配器仅对主机可见，并只在虚拟机和主机系统之间提供网络连接。

步骤 4. 安装 VirtualBox 增强包

（1）增强包 Guest Additions 可优化客户操作系统以获得更好的性能和可用性，类似于 VMware Tools 工具。选择菜单栏下的“设备”→点击“安装增强功能”（如图 1-2-13 所示）。

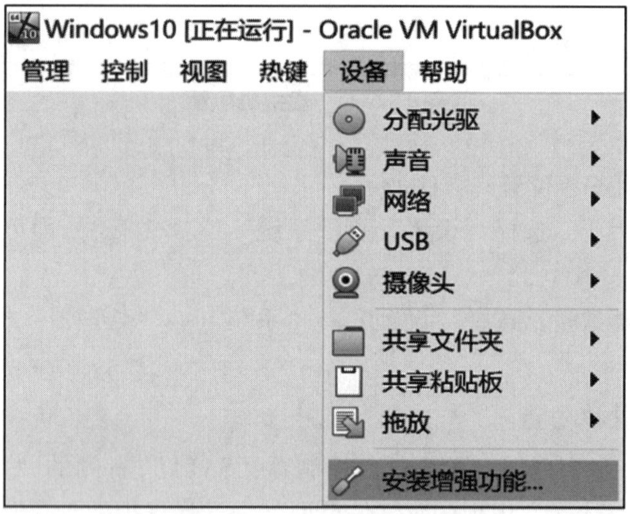

图 1-2-13　安装增强功能

（2）选择打开资源管理器中的“CD 驱动器（D:）VirtualBox Guest Additions”（如图 1-2-14 所示）。

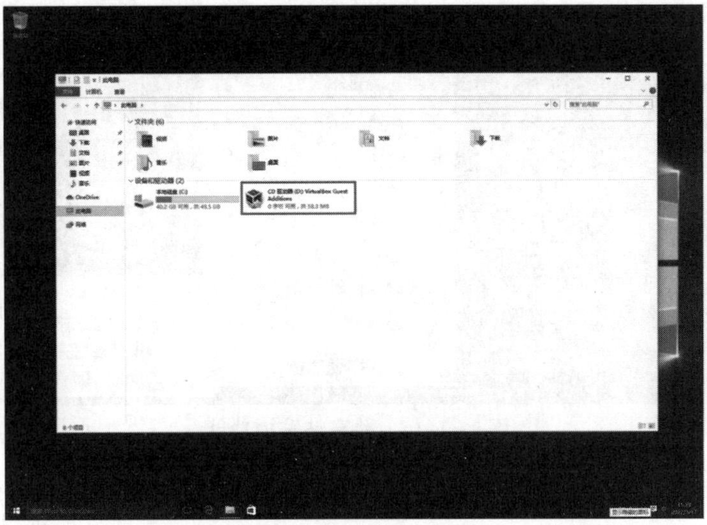

图 1-2-14　打开 VirtualBox Guest Additions

（3）由于虚拟机操作系统版本为 64 位版本，本实验选择“VBoxWindowsAdditions-amd64”文件，双击打开进行安装，安装完成后重启即可（如图 1-2-15 所示）。

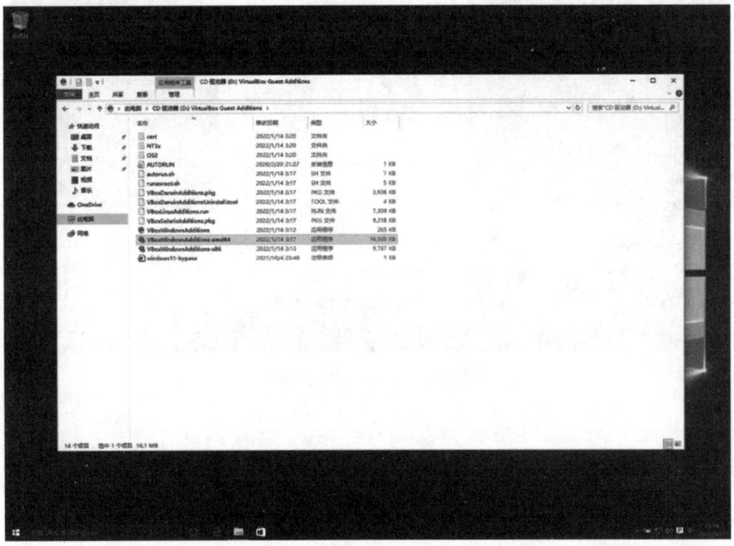

图 1-2-15　安装 Guest Additions

（4）选择菜单栏中的“设备”→“共享粘贴板”→选择“双向”，即可在宿主机和虚拟机之间相互粘贴数据（如图 1-2-16 所示）。

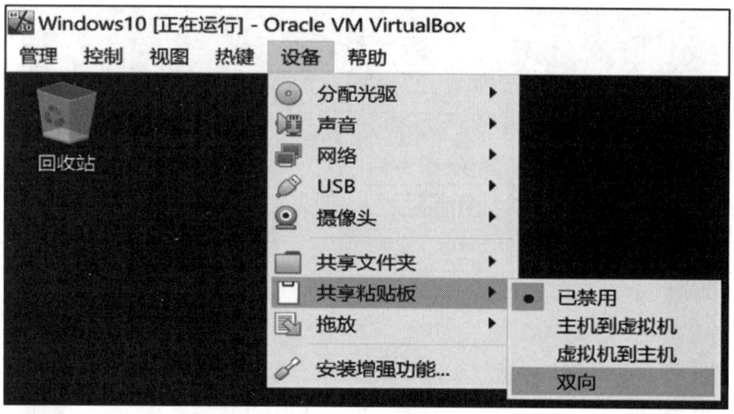

图 1-2-16　共享粘贴板功能

（5）选择菜单栏中的“设备”→“拖放”→选择“双向”，即可在宿主机和虚拟机之间拖放文件，也即实现快速文件传输（如图 1-2-17 所示）。

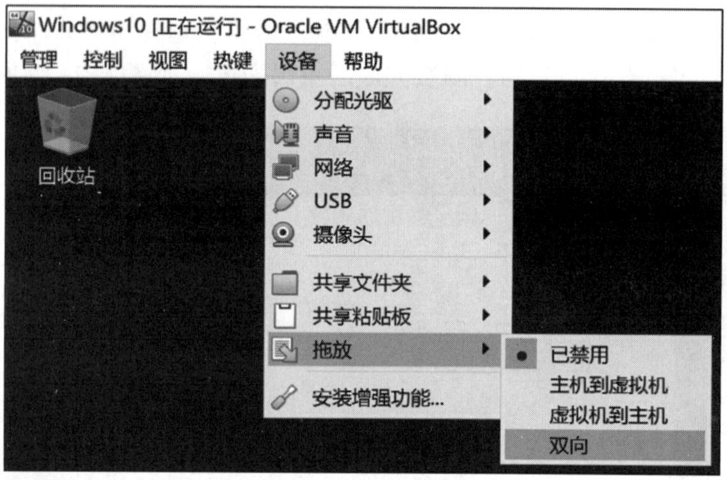

图 1-2-17　拖放功能

步骤 5. 共享文件夹

选择“设置”→“共享文件夹”→点击最右侧蓝色带“+”的文件夹图标→添加共享文件夹，设置文件夹路径和名称，勾选“自动挂载”后每次开机都会自动加载共享文件夹→设置完成后，在虚拟机的资源管理器中会出现挂载了共享文件夹的网络驱动器（如图 1-2-18 所示）。

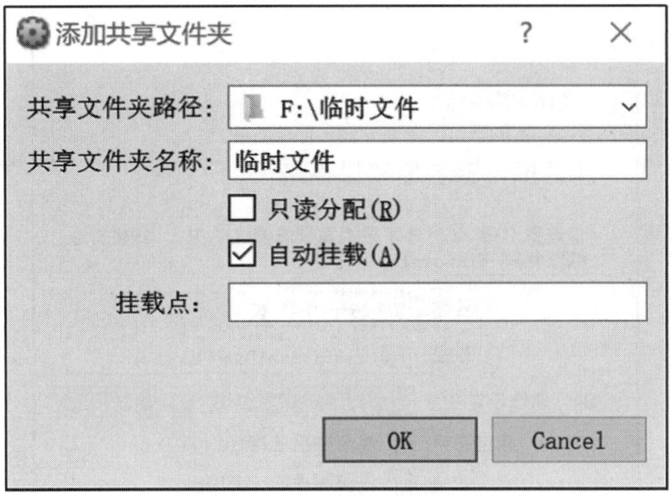

图 1-2-18　添加共享文件夹

实验 3. 创建快照和虚拟机克隆

步骤 1. 创建快照

主界面中，选择“虚拟机”→点击虚拟机右侧的按钮→选择“备份［系统快照］”→点击菜单栏中的“生成”→填写备份名称和备份描述→点击“OK”即可（如图 1-2-19 所示）。

图 1-2-19　备份［系统快照］

步骤 2. 虚拟机克隆

在主界面中，选择“虚拟机”右击→选择“复制”→填写克隆的虚拟机名称和保存路径→为保证虚拟机 MAC 地址的唯一性，“MAC 地址设定”选择“为所有网卡重新生成 MAC 地址”→选择创建虚拟机副本的方式，可以选择“完全复制”和“链接复制”；选择“完全复制”可以直接复制出一个与原虚拟机相同且独立的新虚拟机，占用磁盘空间较大，而选择“链接复制”的虚拟机独立性和可移植性较差，但占用空间较小（如图 1-2-20 所示）。

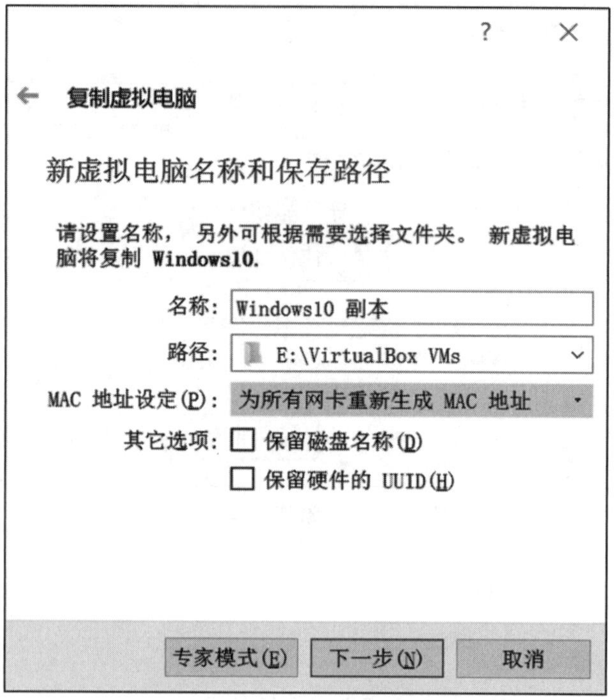

图 1-2-20　克隆虚拟电脑

步骤 3. 虚拟机主要配置文件目录

定位到虚拟机配置文件存放目录，可找到创建虚拟机后生成的相关文件，其具体作用如表 1-2-1 所示。

表 1-2-1　虚拟机主要配置文件

文件类型	具体作用
*.vbox 文件	虚拟机文件
*.vbox-prev 文件	虚拟机创建后生成的备份文件
*.vdi 文件	虚拟硬盘文件
*.sav 文件	在开启虚拟机后拍照快照时保存快照状态的内存信息文件
*.ova 文件	是 Open Virtualization Format 的缩写，是一种工业级的虚拟化格式，实际上是将多个 OVF 文件打包为一个单独的 OVA
*.ovf 文件	是 Open Virtualization Format Archive 的缩写，相当于将 ovf 的几个文件打包合并成一个开放式的虚拟化格式包
Logs 文件夹	文件夹内存放虚拟机的日志文件
Snapshots 文件夹	文件夹内存放虚拟机所有快照状态信息文件

实验 4. 虚拟局域网络环境搭建

将创建好的 Windows 10 和 Kali Linux 虚拟机部署在同一个局域网络中，使得宿主机和虚拟机可在局域环境内相互通信，构建的网络 IP 配置如下：

- 宿主机：192. 168. 56. 1
- Windows 10：192. 168. 56. 102
- Kali Linux：192. 168. 56. 103

步骤 1. 配置仅主机网络

选择 Windows 10 虚拟机菜单栏下的“设置”→“网络”→“网卡 1”，由于构建简单的虚拟局域网，所以连接方式改为仅主机（Host-Only）网络。

步骤 2. 网络连接测试

在主机和两台虚拟机系统的命令行下分别使用 ping 命令测试当前机器与网关及其他虚拟机的连通情况，返回消息正常表示顺利连通，搭建的虚拟局域网络成功（如图 1-2-21 所示）。

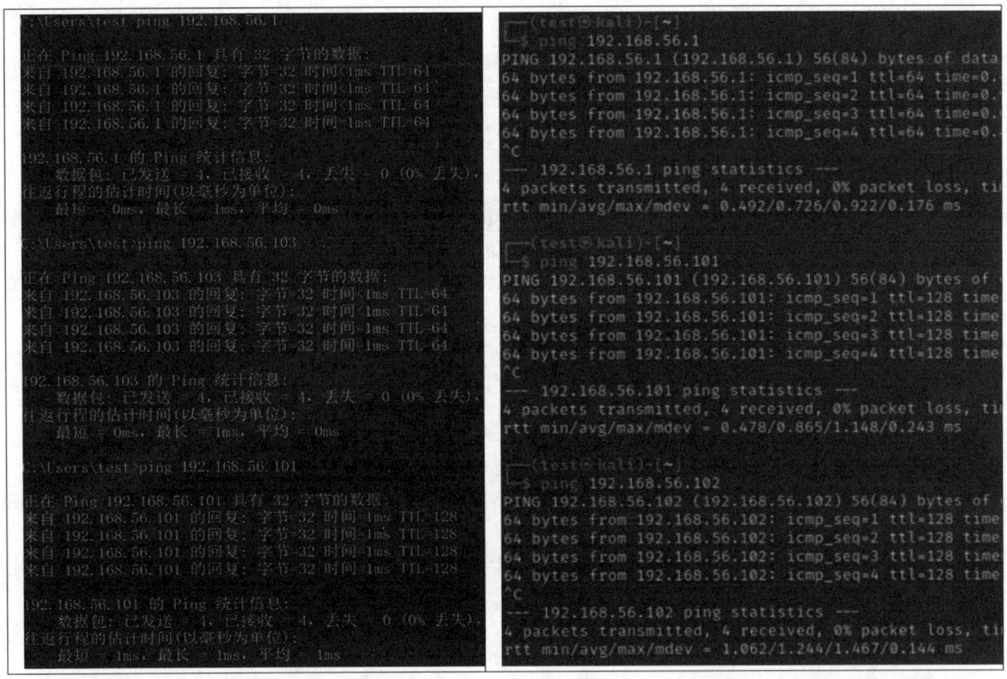

图 1-2-21　虚拟机连通（左边为 Windows 10 虚拟机，右边为 Kali Linux 虚拟机）

（七）实验小结

本实验通过使用 VirtualBox 虚拟机软件来熟悉不同操作系统的虚拟机的创建，并介绍了创建快照、虚拟机克隆及虚拟局域网络环境的配置，以便能熟练使用 VirtualBox 虚拟机环境开展相关的实验操作。

思考题

1. 如何将 U 盘连接至虚拟机？
2. 虚拟机常用的快捷组合键有哪些？
3. 如何利用 VirtualBox 导出、导入虚拟机？

第二章
虚拟磁盘

虚拟磁盘是一种采用虚拟化技术的磁盘，最常见的应用就是虚拟机软件采用虚拟磁盘来进行数据存储。虚拟磁盘在功能上与实际的物理磁盘基本相同，没有太大功能差异。常见的虚拟化软件 Vmware、VirtualBox、Hyper-V、Linux KVM 默认使用虚拟磁盘技术来进行虚拟机的数据存储。此外，在电子数据取证中，时常有一些案件涉及第三方基于虚拟磁盘的加密应用软件，如 VeraCrypt、TrueCrypt、DiskCryptor、PrivateDisk 和 PGP Desktop 等。

实验一 VHD 虚拟磁盘

(一) 实验目的

通过本实验，了解微软虚拟磁盘的使用，掌握 Windows 磁盘管理器创建微软虚拟磁盘的方法，熟悉 VHD 虚拟磁盘的基本配置以及 VHD 虚拟磁盘的挂载和分离操作。学习 Windows 磁盘管理工具 DiskPart 创建 VHD 以及虚拟磁盘的挂载及盘符分配等。

(二) 实验类型

演示型、基础实验。

(三) 实验原理

Microsoft Virtual Hard Disk（微软虚拟磁盘，简称 VHD），是微软主导并推动的一种虚拟磁盘格式。从 Windows 7 和 Windows Server 2008 R2 开始，微软增加了 VHD 虚拟磁盘的直接访问支持。从 Windows 8 和 Window Server 2012 开始，支持 VHDX 格式，该格式支持更大的虚拟磁盘容量。微软自主的 Hyper-V 虚拟化系统默认采用 VHD 或 VHDX 格式。

用户可以在“磁盘管理”界面创建虚拟磁盘文件来模拟一块硬盘，并且可以将系统安装于虚拟磁盘文件中，用虚拟磁盘文件来启动系统。

本实验中，如未加特别声明，提及的“VHD 虚拟磁盘”是广义的含义，指 VHD 和

VHDX 两种格式。本次实验是在 Windows 操作系统下，通过 Windows 系统计算机管理中的磁盘管理器创建虚拟磁盘，对其进行配置和管理。

DiskPart 是 Windows 系统内置磁盘及分区管理工具，支持创建分区、格式化分区、删除分区、查看分区和合并扩展分区等。DiskPart 除了物理硬盘的管理，也支持 VHD 虚拟磁盘的创建、挂载和卸载。

（四）实验环境

1 台装有 Windows 7 或 Windows 10 系统的计算机。

（五）实验摘要

1. 使用磁盘管理器创建并配置 VHD 虚拟磁盘，创建分区和简单卷以及虚拟磁盘的挂载和分离。

2. 使用 DiskPart 磁盘工具创建 VHD 虚拟磁盘以及磁盘的挂载、格式化及驱动器盘符分配。

（六）实验内容

实验 1. 磁盘管理器创建和管理 VHD 虚拟磁盘

步骤 1. 打开磁盘管理器并创建微软虚拟磁盘

（1）在“计算机”或“此电脑”处右击鼠标→选择“管理”进入计算机管理界面→“磁盘管理”→“操作”→“创建 VHD”（如图 2-1-1 所示）。

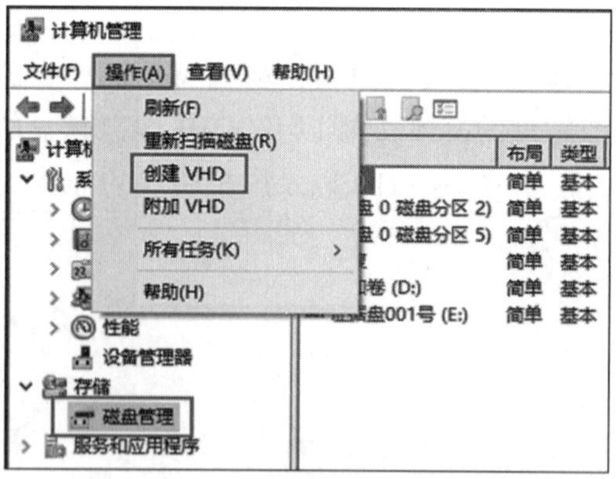

图 2-1-1　创建 VHD 虚拟磁盘

（2）确定 VHD 文件存储的位置→确定 VHD 文件大小→选择虚拟磁盘格式（Windows 8 及以上版本操作系统选择“VHDX”格式可以支持容量大于 2T 的虚拟磁盘）→选择虚拟硬盘存储类型（在磁盘空间有限的情况下可以选择“动态扩展”）→点击“确定”开始制作（如图 2-1-2 所示）。

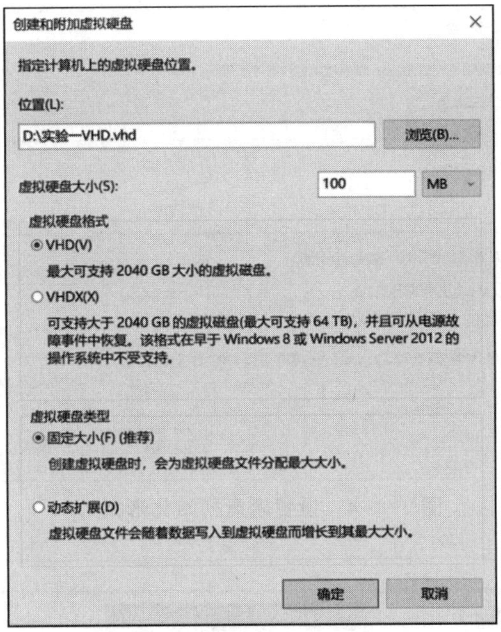

图 2-1-2　配置 VHD 虚拟磁盘

步骤 2. 初始化磁盘及创建简单卷（分区）

（1）磁盘创建成功后在磁盘管理器中会出现新创建的未知磁盘，需要对其进行初始化、建立卷和分区后，虚拟磁盘才能正常使用。右键点击“初始化磁盘”（如图 2-1-3 所示）。

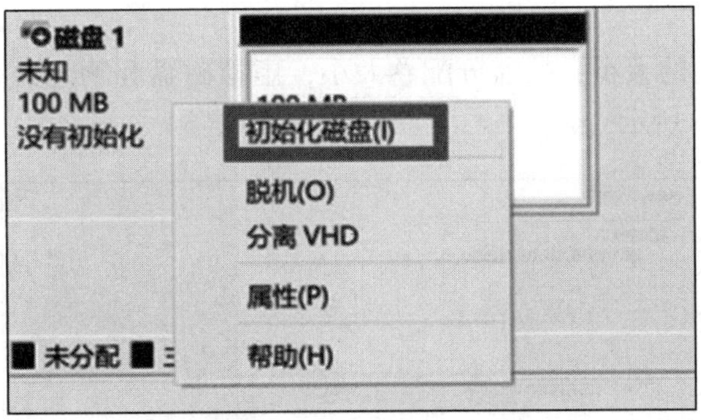

图 2-1-3　初始化磁盘

（2）选择“选择磁盘”选项下“磁盘 2”→选择磁盘分区形式“GPT”→点击“确定”（如图 2-1-4、图 2-1-5 所示）。

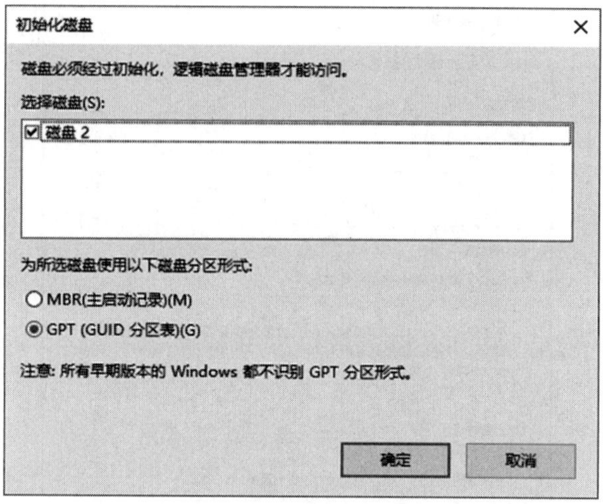

图 2-1-4　设置磁盘初始化形式 GPT

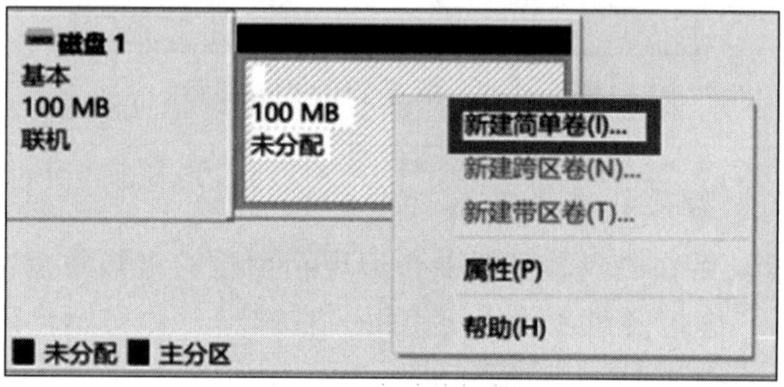

图 2-1-5　新建简单卷

（3）设置简单卷的大小，按需分配卷大小，虚拟磁盘和物理磁盘一样可以创建多个简单卷（如图 2-1-6 所示）。

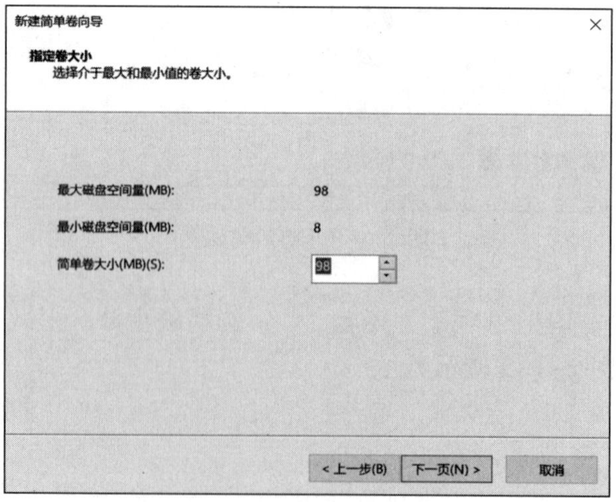

图 2-1-6　设置卷大小

步骤 3. 分配驱动器号和路径

该步骤是为驱动器的逻辑卷分配盘符（如图 2-1-7 所示）。

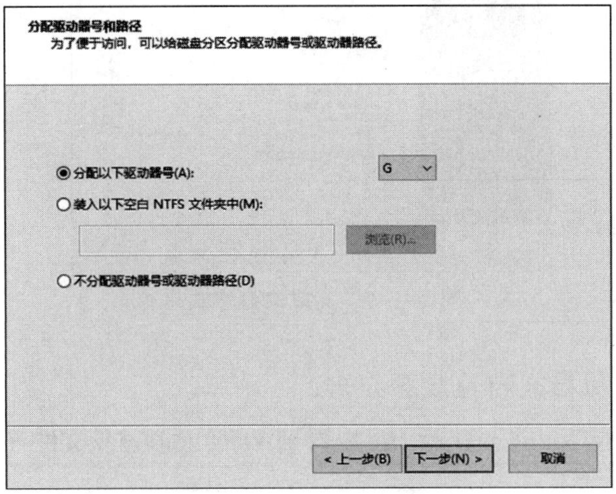

图 2-1-7 分配驱动器号

步骤 4. 格式化分区

根据需要格式化卷，一般可供选择的文件系统有 FAT32、NTFS、exFAT 和 ReFS（如图 2-1-8 所示）。

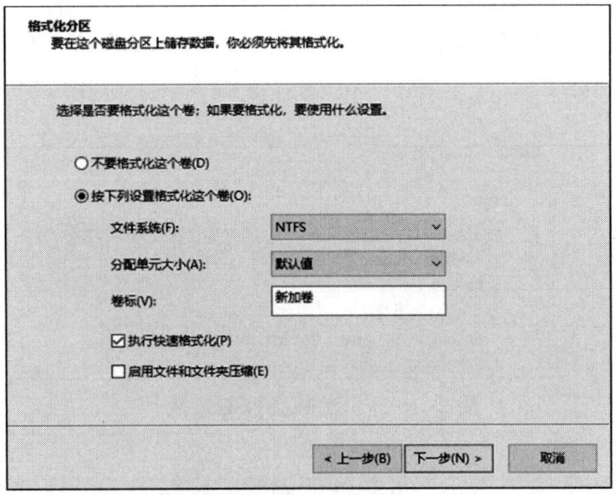

图 2-1-8 格式化分区

至此，已完成对 VHD 虚拟磁盘的初始化及格式化（如图 2-1-9 所示）。

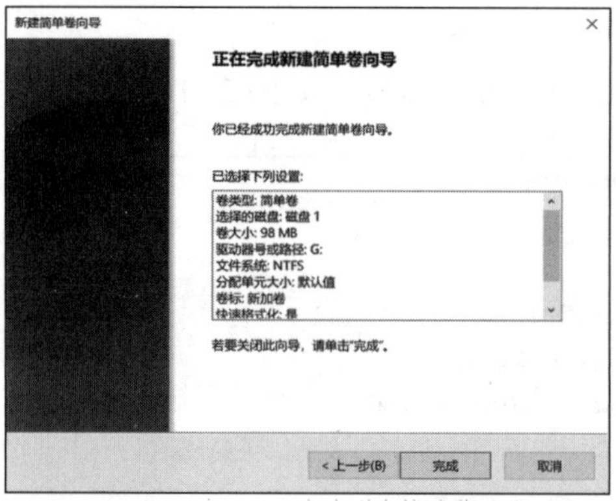

图 2-1-9　完成磁盘格式化

步骤 5. VHD 虚拟磁盘的挂载和分离

（1）打开“此电脑”，进入 D 盘，可以看到 VHD 虚拟磁盘文件（如图 2-1-10 所示）。

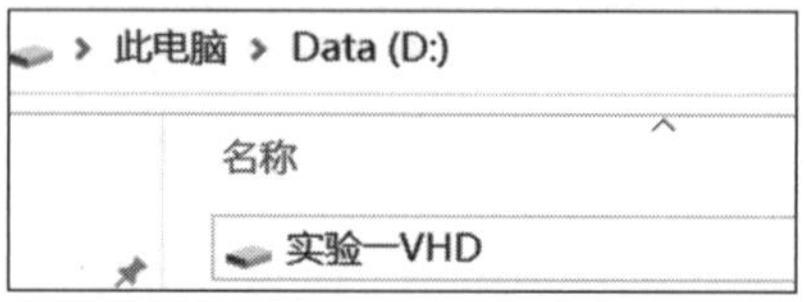

图 2-1-10　VHD 虚拟磁盘文件

（2）在 VHD 尚未被挂载前，可直接选中文件，右键并点击“装载”。此方式装载 VHD，无法设置“只读”模式。如需设置以“只读”模式装载，可通过磁盘管理器进行操作（如图 2-1-11 所示）。

图 2-1-11　装载虚拟磁盘文件

（3）查看当前电脑下的逻辑卷，可看到新创建的虚拟磁盘分区（如图 2-1-12 所示）。

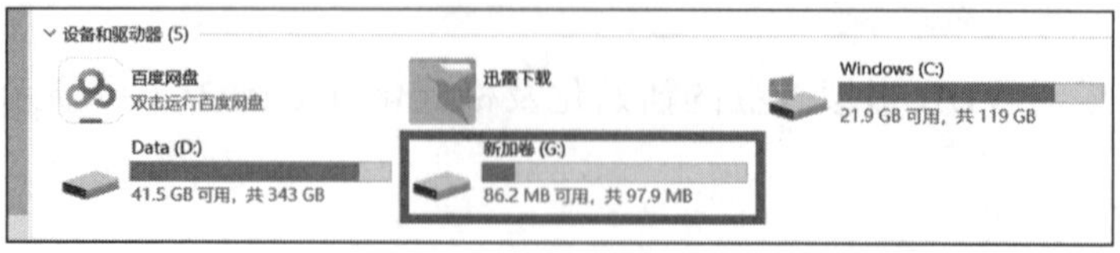

图 2-1-12　装载成功

（4）选择新加卷，右键并点击“弹出”（如图 2-1-13 所示）。

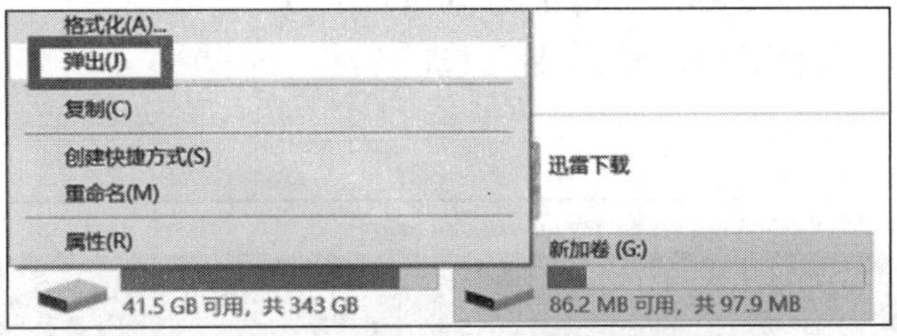

图 2-1-13 分离 VHD 虚拟磁盘文件

（5）或者打开磁盘管理器，选择“磁盘 1”并右键点击“分离 VHD”（如图 2-1-14 所示）。

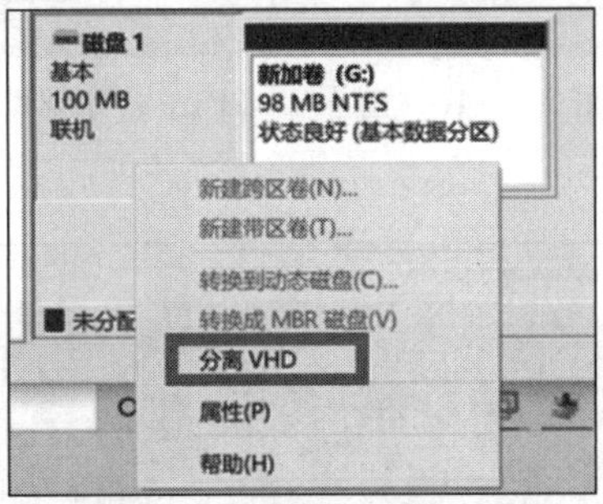

图 2-1-14 分离 VHD

实验 2. DiskPart 创建和管理 VHD 虚拟磁盘

步骤 1. 以管理员模式运行命令行提示符（CMD）

点击 Windows 系统左下角的“开始”，输入关键词“命令行提示符”，以管理员身份运行，在命令行提示符窗口键入“diskpart”，运行磁盘管理工具（如图 2-1-15 所示）。

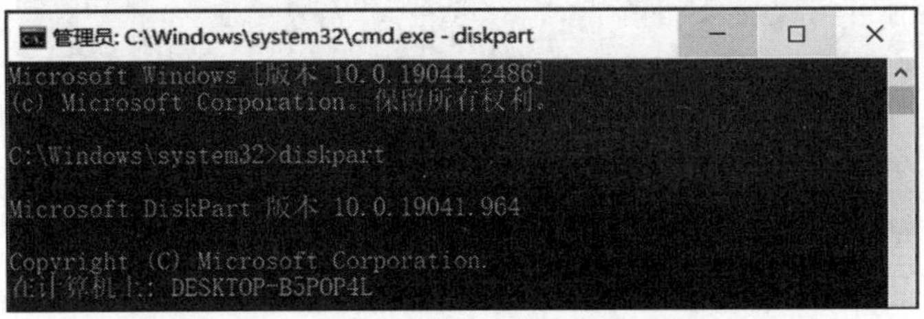

图 2-1-15 启动 DiskPart 磁盘管理工具

步骤 2. 查看磁盘管理工具 DiskPart 的帮助说明

参考命令：

- 查看帮助：help（如图 2-1-16 所示）。
- 查看创建卷、分区或虚拟磁盘的参数：create /?（如图 2-1-17 所示）。

- 查看 create vdisk 的帮助：help create vdisk（如图 2-1-18 所示）。
- 查看 create partition 的帮助：help create partition

DiskPart 中的命令关键字可以使用不完整的名称，但至少要求 3 个字母（如图 2-1-19 所示）。

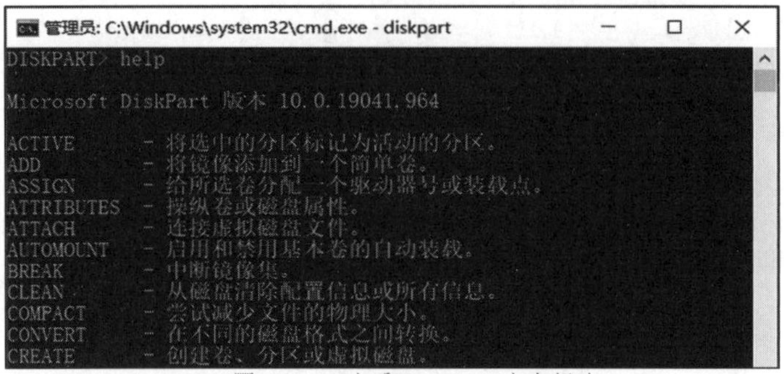

图 2-1-16　查看 DiskPart 命令帮助

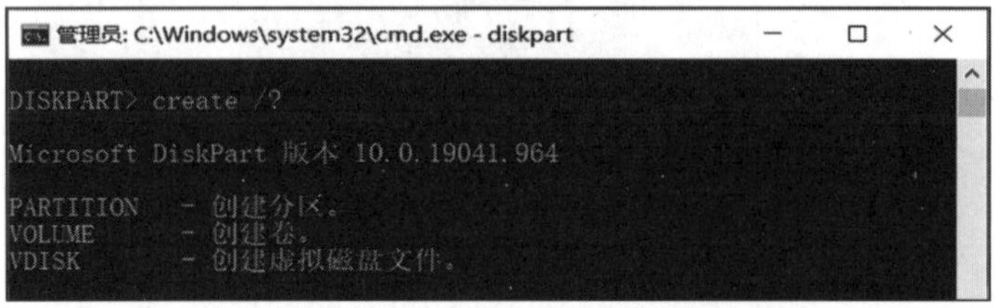

图 2-1-17　查看 create 命令帮助

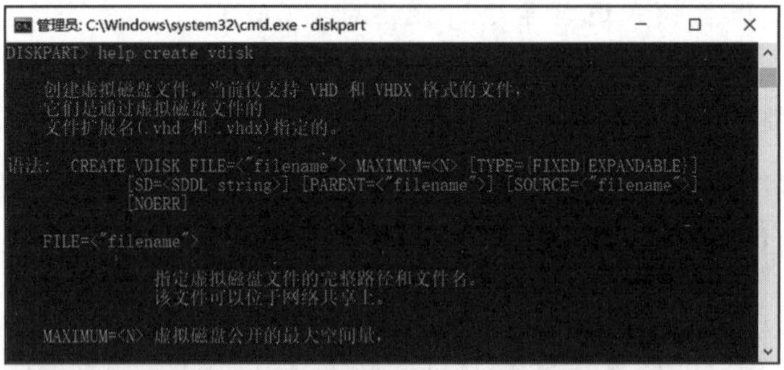

图 2-1-18　查看 createvdisk 命令帮助

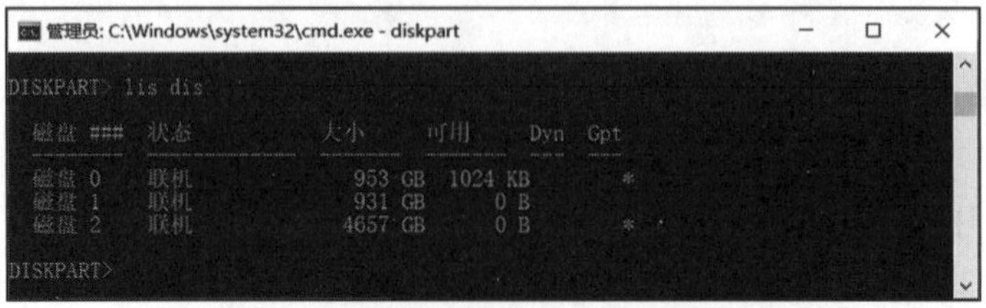

图 2-1-19　使用不完整的命令关键字执行命令

步骤 3. 创建一个 100MB 的 VHD 虚拟固定磁盘

参考命令（如图 2-1-20 所示）：

- 创建虚拟磁盘 VHD 文件并配置其大小：create vdisk file=d:\VHD.vhd maximum=100 type=fixed

注：create 为创建命令，vdisk 指定创建虚拟磁盘文件；file 指定虚拟磁盘文件的完整路径和文件名；maximum 指定最大容量（单位 MB），且 VHD 必须大于或等于 3MB；type 指定 VHD 类型；其值 fixed 为固定大小，如果使用参数 expandable，则表示动态扩展。

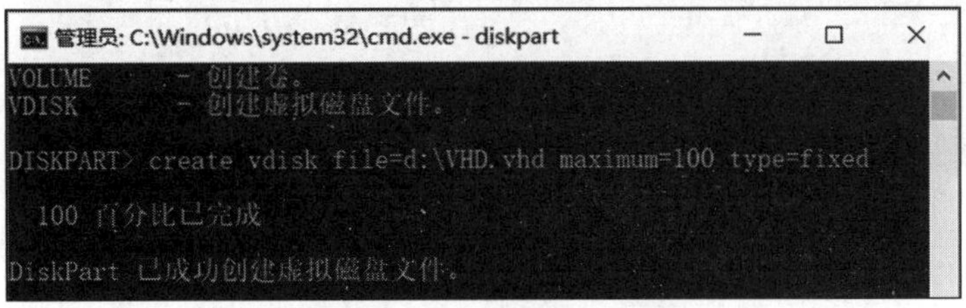

图 2-1-20　创建虚拟磁盘

步骤 4. 使用 attach 命令装载 VHD 虚拟磁盘

参考命令（如图 2-1-21 所示）：

- 选择虚拟磁盘文件：select vdisk file=d:\VHD.vhd
- 装载磁盘：attach vdisk

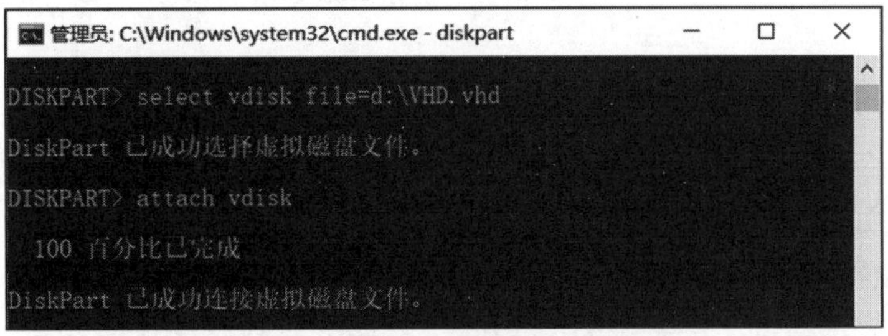

图 2-1-21　挂载虚拟磁盘

执行完成后，通过磁盘管理器，可以看到处于未初始化状态的 VHD 虚拟磁盘（如图 2-1-22 所示）。

图 2-1-22　查看虚拟磁盘状态

步骤 5. 初始化磁盘，建立主分区，分配驱动器号 X

使用 create partition 命令创建主分区→assign 命令分配盘符。

参考命令（如图 2-1-23 所示）：

- 初始化磁盘并创建主分区：create partition primary
- 分配驱动器号 X：assign letter=X

注：创建分区的同时，磁盘工具会自动将磁盘初始化为 MBR 形式，若磁盘大于 2TB 则初始化为 GPT 形式。

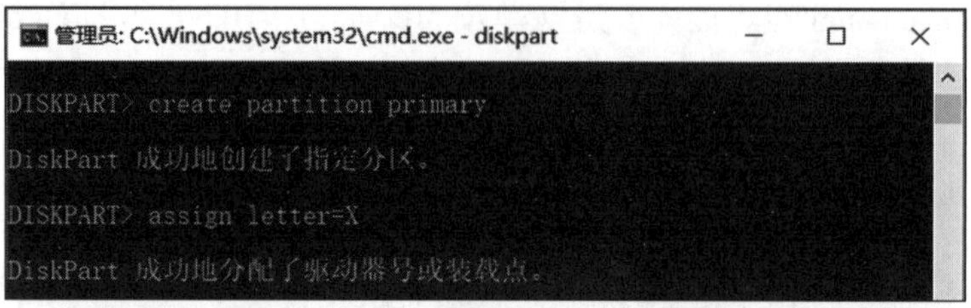

图 2-1-23　创建分区并分配盘符

磁盘管理器再次查看该虚拟磁盘，虚拟磁盘已经初始化，创建了逻辑卷并分配了盘符 X，格式化成所需的文件系统即可（如图 2-1-24 所示）。

图 2-1-24　虚拟磁盘 X

步骤 6. 使用 format 命令格式化分区

使用 format 命令将虚拟磁盘格式化成 NTFS 文件系统，卷标“VHD 虚拟磁盘练习”。

参考命令（如图 2-1-25 所示）：

- 分区格式化：format fs=NTFS quick label="VHD 虚拟磁盘练习"

注：fs 参数表示指定文件系统类型，quick 参数表示执行快速格式化，label 表示指定卷名称。

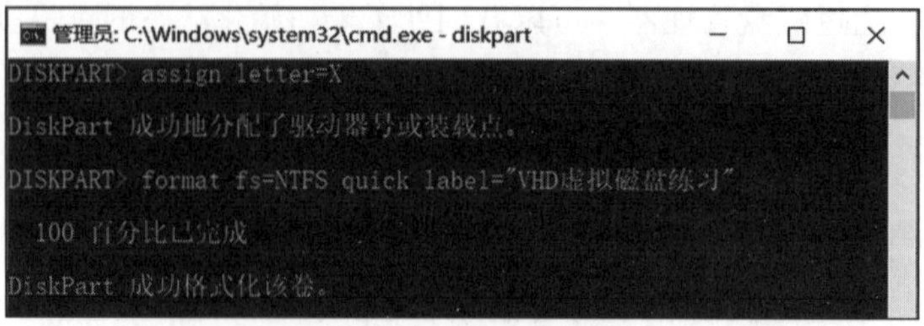

图 2-1-25　格式化磁盘

打开磁盘管理器→选中虚拟磁盘并右击属性，查看新创建的虚拟磁盘属性，以此来验证虚拟磁盘创建是否成功（如图 2-1-26 所示）。

图 2-1-26 虚拟磁盘的属性

步骤 7. 分离 VHD

使用 detach 命令可将已经装载的 VHD 进行分离，完成分离后磁盘管理器将不显示已经分离的 VHD 虚拟磁盘。

参考命令（如图 2-1-27 所示）：

- 选择虚拟磁盘文件：select vdisk file=d:\VHD.vhd
- 分离虚拟磁盘：detach vdisk

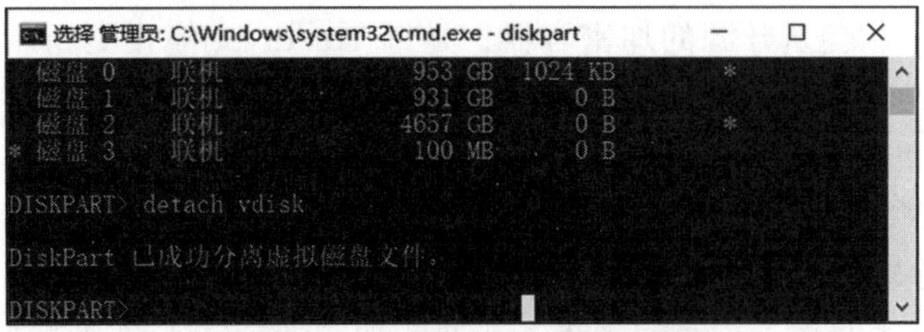

图 2-1-27 分离 VHD 虚拟磁盘

（七）实验小结

本实验通过使用 VHD 虚拟磁盘文件来熟悉磁盘初始化、分区创建及格式化以及 VHD 虚拟磁盘的挂载和分离方法。学习使用 DiskPart 工具创建 VHD 虚拟磁盘、创建分区、盘符分配、格式化及分离虚拟磁盘等方法。

思考题

1. VHD 虚拟磁盘创建成功后是否可以更改磁盘空间大小？
2. MBR 和 GPT 的磁盘分区形式有什么区别？

3. 分区（容量为 100 GB）格式化为 NTFS 文件系统分配单元（簇）默认值是多少？修改默认值有何意义？

4. Windows 系统中基本磁盘和动态磁盘有什么差异？带区卷、跨区卷、镜像卷、RAID-5 卷的区别？

5. DiskPart 工具创建主分区的命令是什么？

6. DiskPart 工具如何使用 format 命令格式化分区指定分配单元大小？

7. 在没有只读锁或者写保护软件的情况下，如何借助 DiskPart 磁盘工具对检材优盘设置只读方式联机？

实验二　VeraCrypt 加密软件

（一）实验目的

本实验主要目的是了解 VeraCrypt 主要功能特点，加深对虚拟容器及数据加密原理知识的理解。学习使用 VeraCrypt 软件创建加密容器，让读者掌握 VeraCrypt 的基本使用方法，包括创建加密磁盘、加载加密磁盘和卸载加密磁盘等功能。

（二）实验类型

演示型、基础实验。

（三）实验原理

VeraCrypt 是一款免费开源的加密容器，是继 TrueCrypt 停止更新后，基于 TrueCrypt 7.1a 开发的替代性工具。VeraCrypt 支持在硬盘上建立加密虚拟磁盘，提供多种加密算法，支持 FAT32 和 NTFS 分区、隐藏卷标、热键启动等功能，支持在 Windows、macOS 和 Linux 等多种操作系统上运行。VeraCrypt 支持对分区或磁盘设备进行加密（包括操作系统所在分区），也支持创建文件型的加密容器。此外，VeraCrypt 还可以在加密卷中创建隐藏的加密卷，解密时输入主密钥则进入普通的加密卷，输入隐藏的加密卷的密钥则进入隐藏加密卷。VeraCrypt 不仅兼容 TrueCrypt 的加密卷，而且在算法和安全性能上有所提升，并保持着持续更新，是目前业内较为常见的磁盘加密容器。

VeraCrypt 主要功能：

1. 创建虚拟加密磁盘文件，并将其映射为本地磁盘。

2. 加密整个分区或存储设备，如 USB 闪存驱动器或硬盘驱动器。

3. 加密 Windows 系统安装分区或驱动器，支持启动前身份验证（Pre-Boot Authentication）。

（四）实验环境

1. 1 台装有 Windows 10 系统的计算机。

2. VeraCrypt 软件。

(五) 实验摘要

1. 创建标准的文件型加密卷（密码、密钥文件、PIM 码等）。
2. 创建隐藏的文件型加密卷（隐藏层）。
3. 加密非系统分区。

(六) 实验内容

实验 1. 文件型加密卷（标准加密卷）

步骤 1. 点击“创建加密卷”（如图 2-2-1 所示）。

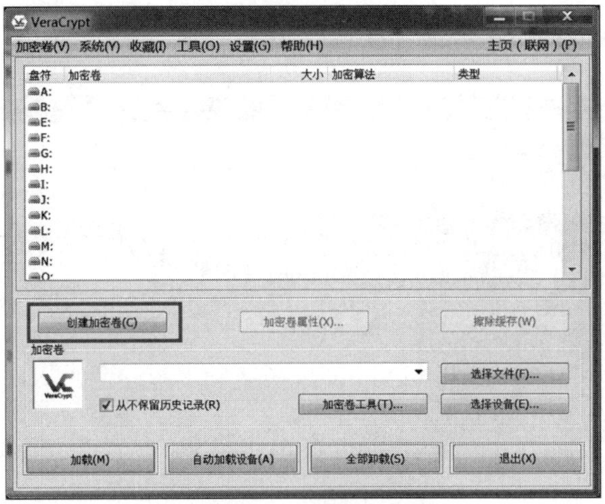

图 2-2-1 创建加密卷

步骤 2. 选择“创建文件型加密卷”，点击“下一步”（如图 2-2-2 所示）。

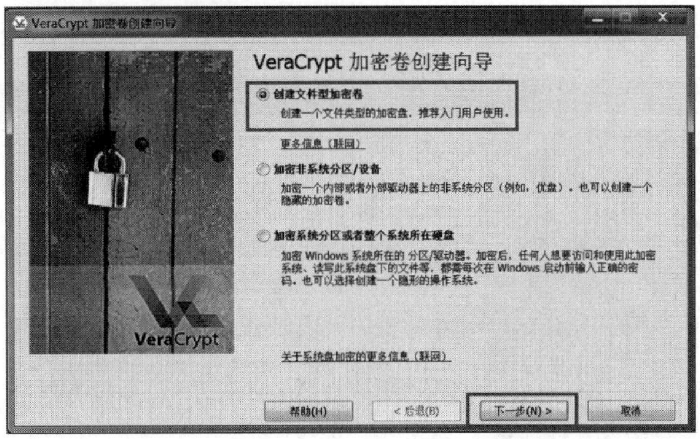

图 2-2-2 创建文件型加密卷

步骤 3. 选择“标准 VeraCrypt 加密卷”，点击“下一步”（如图 2-2-3 所示）。

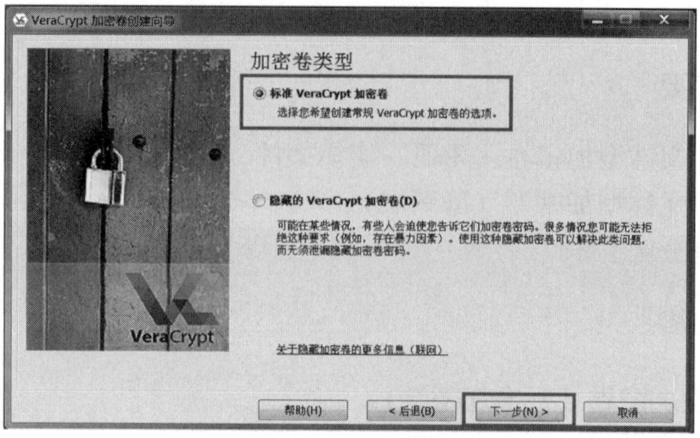

图 2-2-3　**选择加密卷类型**

步骤 4. 选择磁盘地址用于存放加密盘，点击“下一步”（如图 2-2-4 所示）。

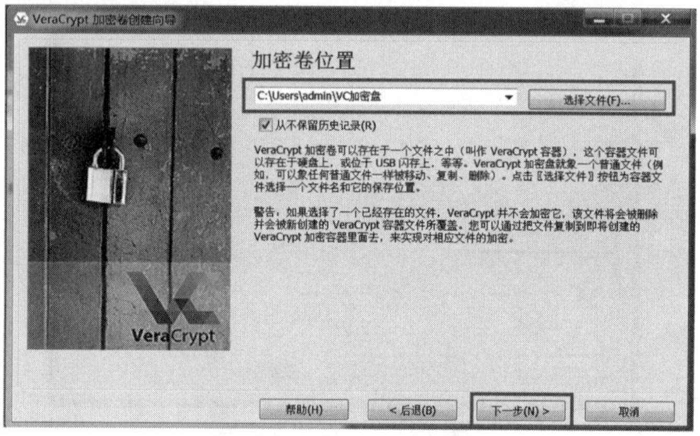

图 2-2-4　**选择加密卷位置**

步骤 5. 本实验选择默认的加密算法及哈希算法即可，点击“下一步”（如图 2-2-5 所示）。如有其他实验要求也可选择指定的加密算法和哈希算法（如图 2-2-6、图 2-2-7 所示）。

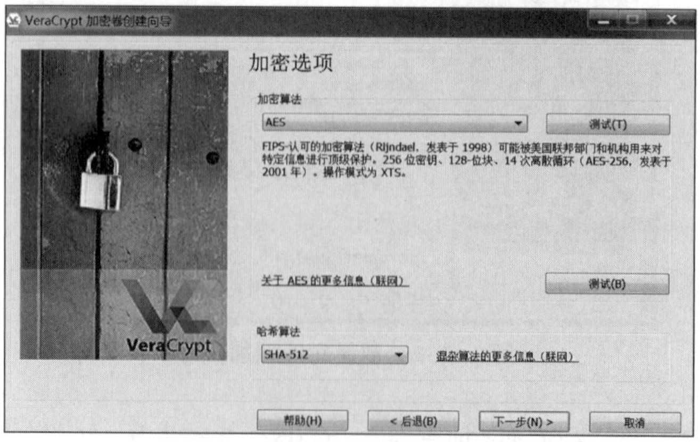

图 2-2-5　**选择默认加密算法和哈希算法**

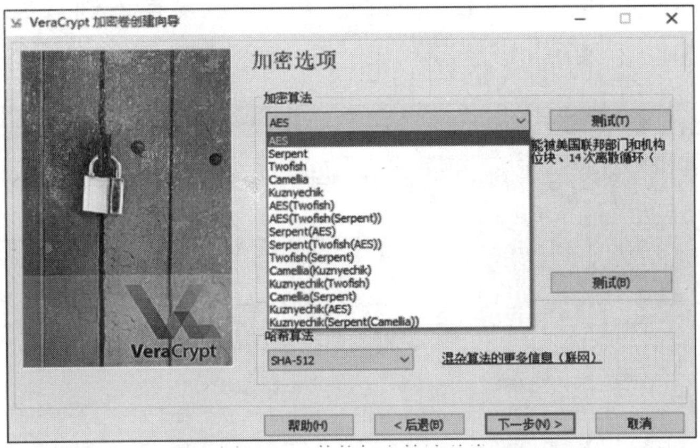

图 2-2-6　其他加密算法种类

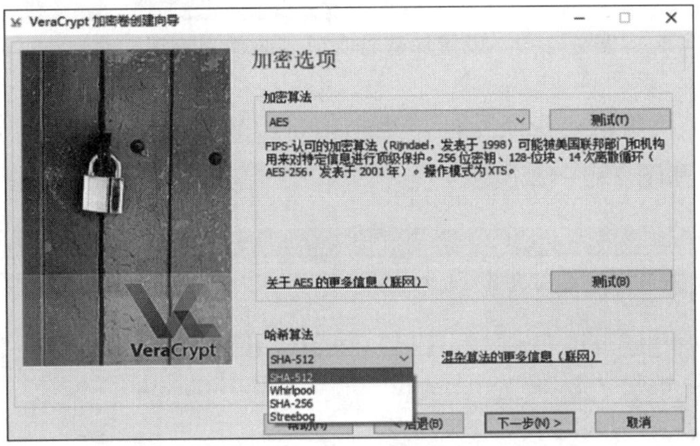

图 2-2-7　选择哈希算法

步骤 6. 设定加密卷分配大小，点击“下一步”（如图 2-2-8 所示）。

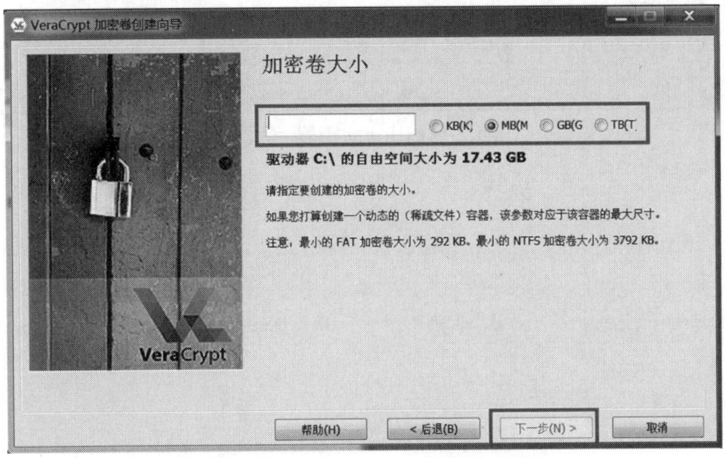

图 2-2-8　加密卷大小分配

步骤 7. 设置加密卷密码（未使用密钥文件），重复输入确认后，点击“下一步”（如图 2-2-9 所示）。

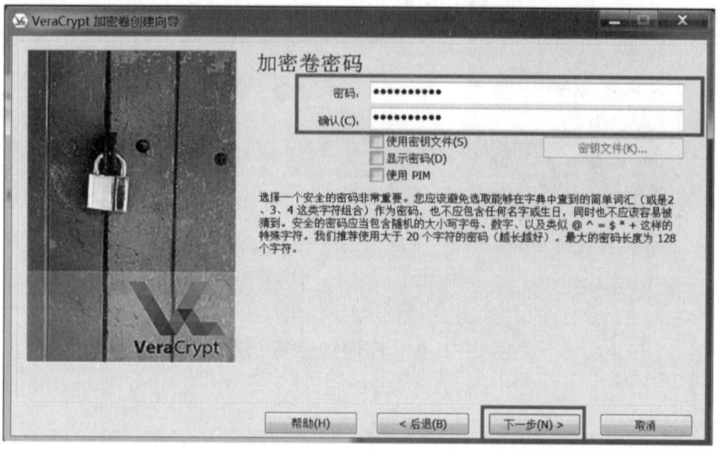

图 2-2-9　设置加密卷密码（未使用密钥文件）

步骤 8. 选择加密卷格式化的文件系统和相对应的簇大小，点击“格式化”（如图 2-2-10、图 2-2-11 和图 2-2-12 所示）。

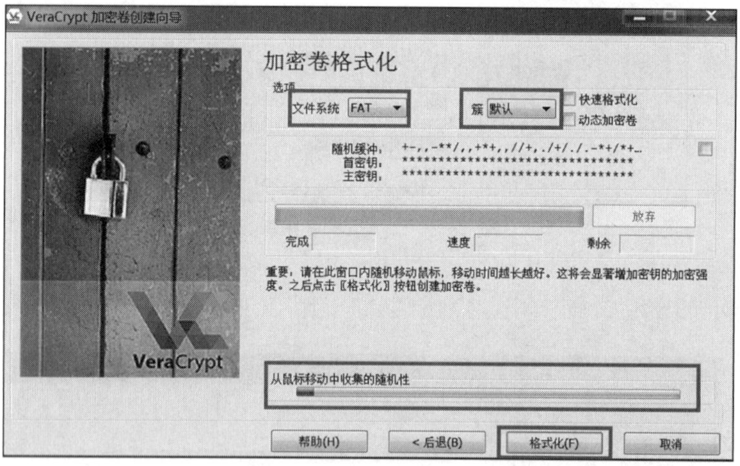

图 2-2-10　加密卷格式化

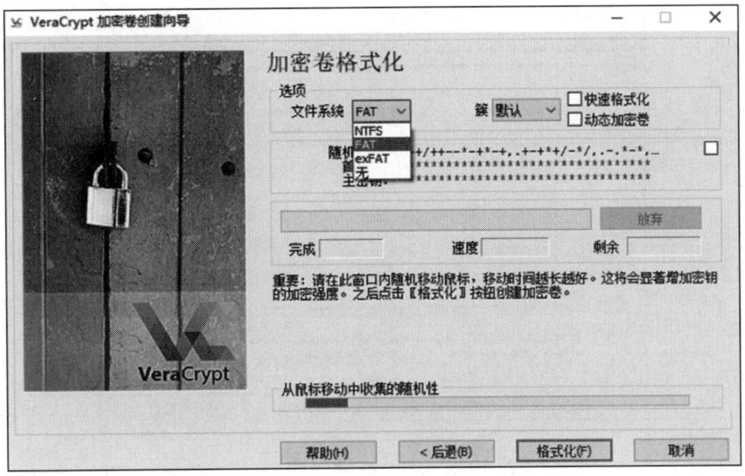

图 2-2-11　可选择的文件系统格式

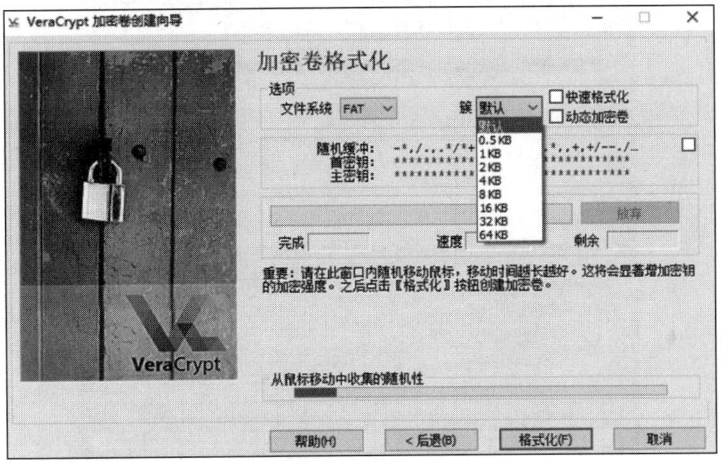

图 2-2-12　选择簇大小

步骤 9. 加密卷创建成功，点击“确定”（如图 2-2-13 所示）。

图 2-2-13　加密完成

步骤 10. 点击“选择文件”，选择刚刚创建的加密卷，同时在上面选择一个盘符（如图 2-2-14、图 2-2-15 所示）。

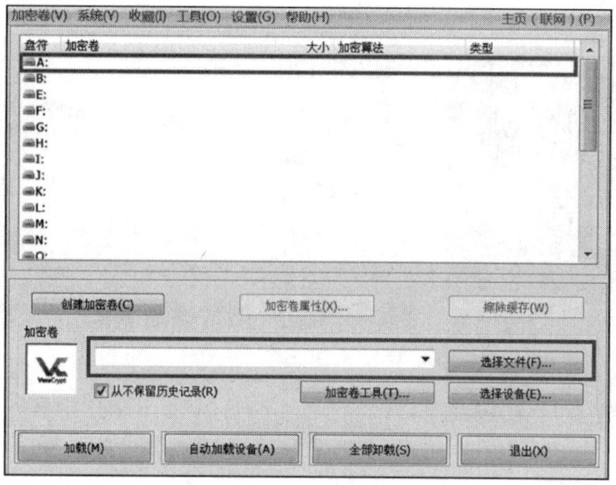

图 2-2-14　选择盘符

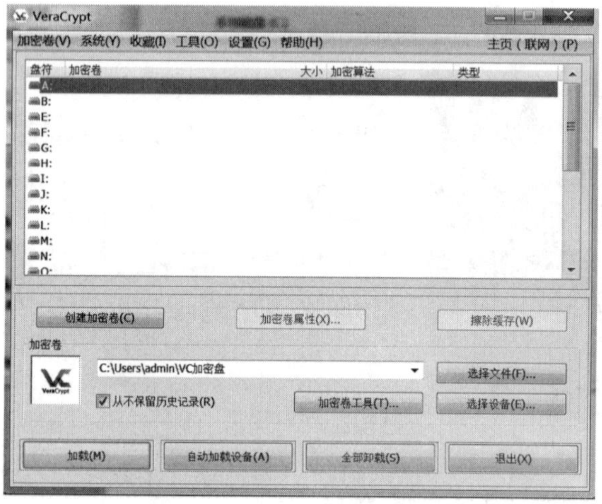

图 2-2-15　加载相对应文件

步骤 11. 输入密码后，点击“确定”（如图 2-2-16 所示）。

图 2-2-16　输入加密密码

步骤 12. 加密卷已作为本地磁盘（A:）加载（如图 2-2-17 所示）。

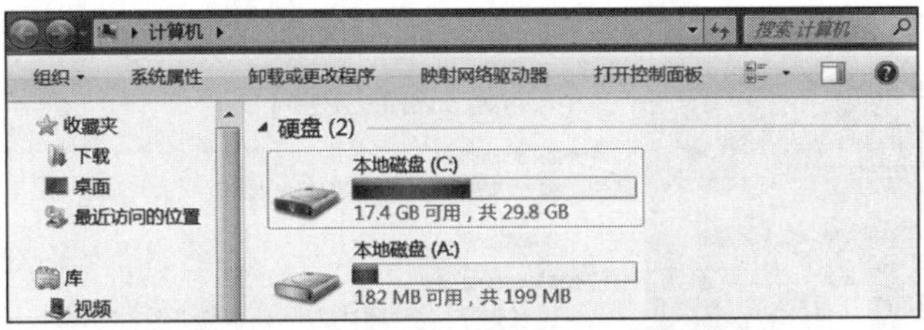

图 2-2-17 完成文件型加密卷创建

实验 2. 文件型加密卷（隐藏加密卷）

隐藏加密卷的创建前提条件：需先创建一个文件型加密卷，然后在加密卷外再嵌套一层加密卷（如图 2-2-18 所示）。

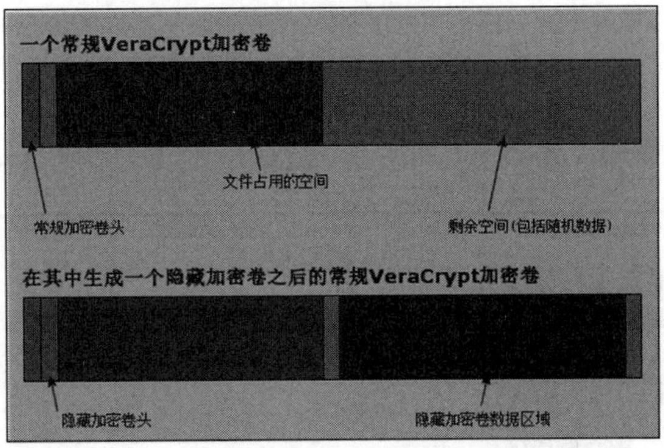

图 2-2-18 隐藏加密卷与常规加密卷结构差异

步骤 1. 点击“创建加密卷”（如图 2-2-19 所示）。

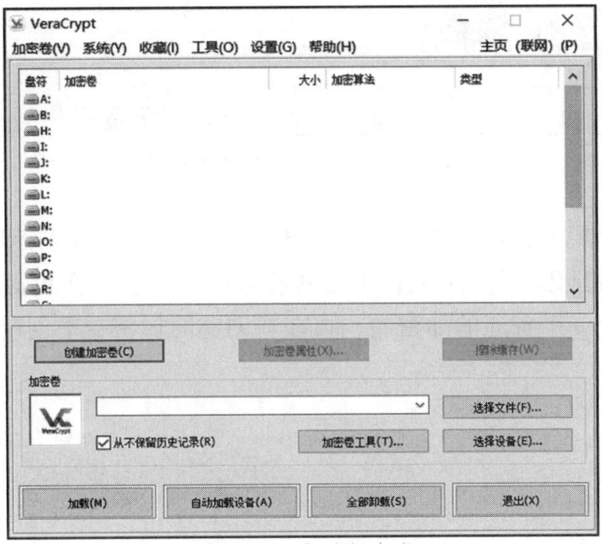

图 2-2-19 创建加密卷

步骤 2. 选择“创建文件型加密卷”，点击“下一步”（如图 2-2-20 所示）。

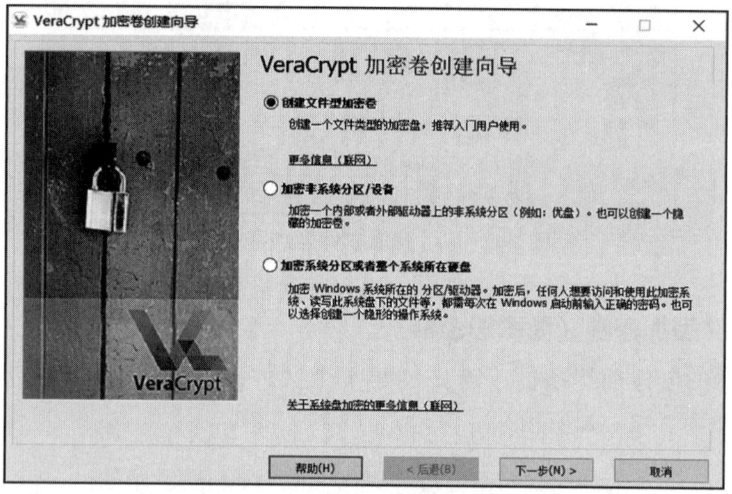

图 2-2-20　**创建文件型加密卷**

步骤 3. 选择“隐藏的 VeraCrypt 加密卷”，点击“下一步”（如图 2-2-21 所示）。

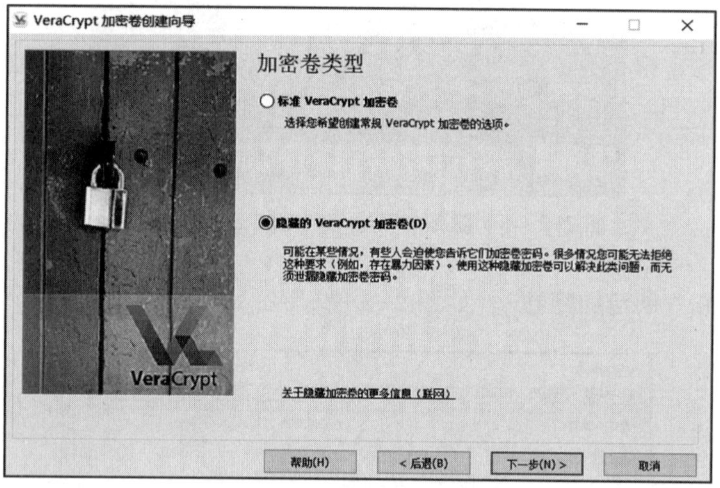

图 2-2-21　**选择加密卷类型**

步骤 4. 选择“常规模式”，点击“下一步”（如图 2-2-22 所示）。

直接模式是指将已创建好 VeraCrypt 加密卷当作外层卷，在里面再创建一个隐藏卷。常规模式是指先创建一个普通的加密卷，再在新创建的加密卷里创建一个隐藏的加密卷。

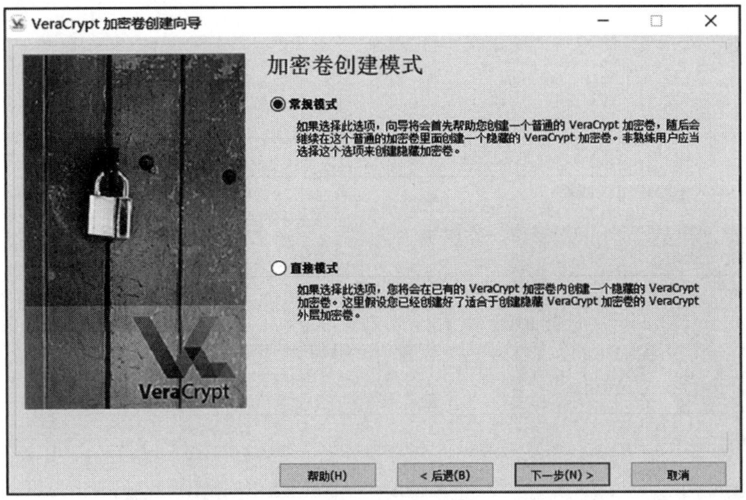

图 2-2-22　选择“常规模式”加密

步骤 5. 选择磁盘地址用于存放加密盘，点击“下一步”（如图 2-2-23 所示）。

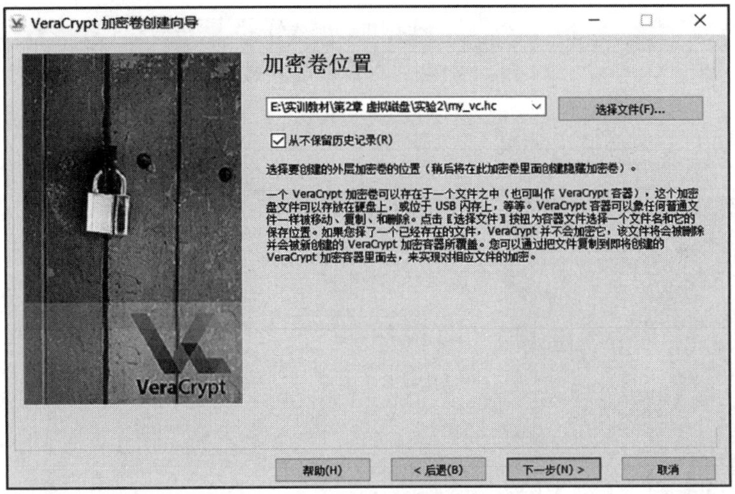

图 2-2-23　选择加密卷位置

步骤 6. 配置外层加密卷设置，包括加密选项、外层加密卷大小及密码等（如图 2-2-24、图 2-2-25、图 2-2-26 和图 2-2-27 所示）。

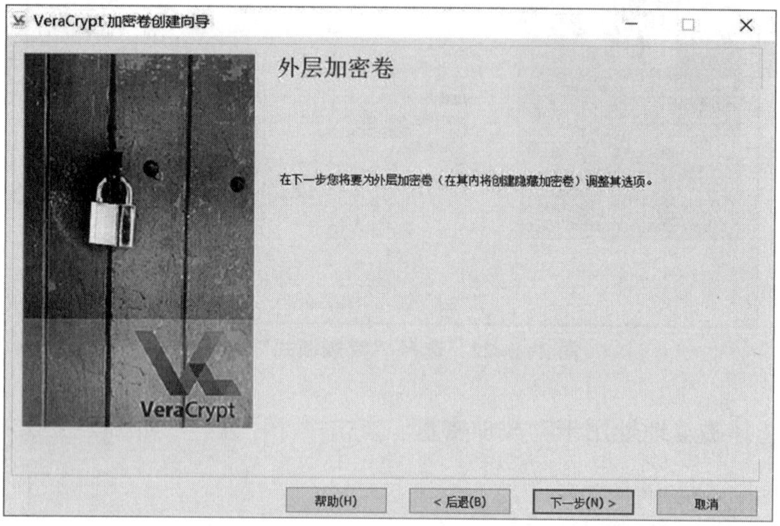

图 2-2-24　配置外层加密卷

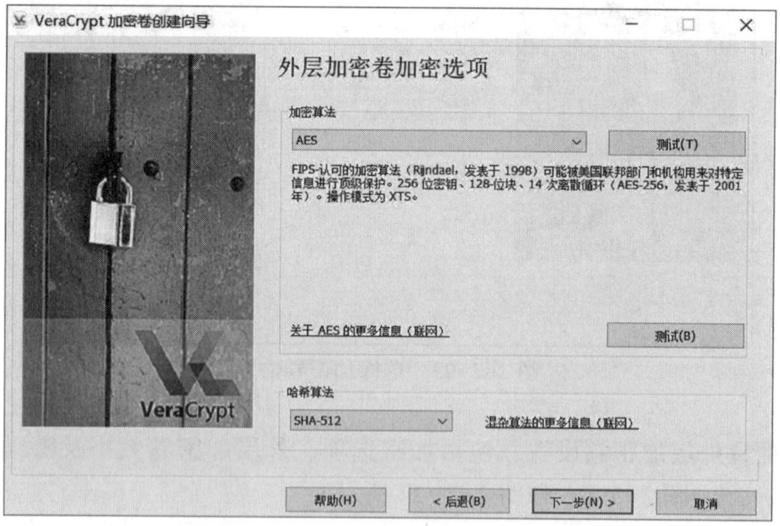

图 2-2-25　外层加密卷加密选项配置

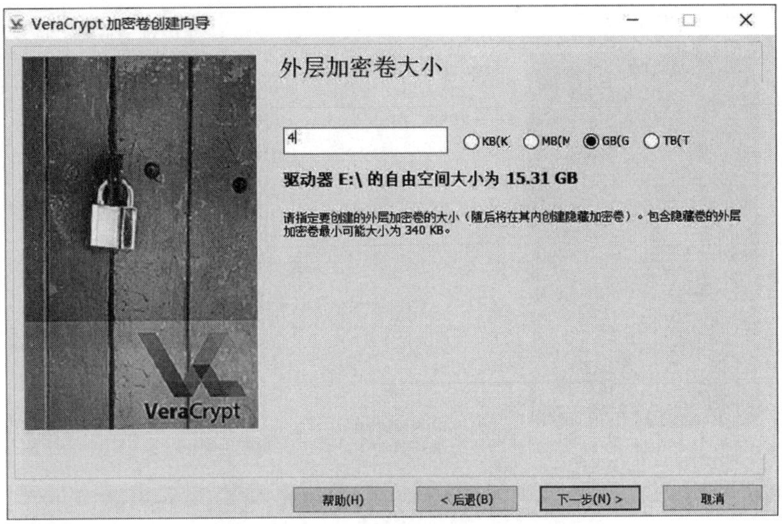

图 2-2-26　**外层加密卷大小设置**

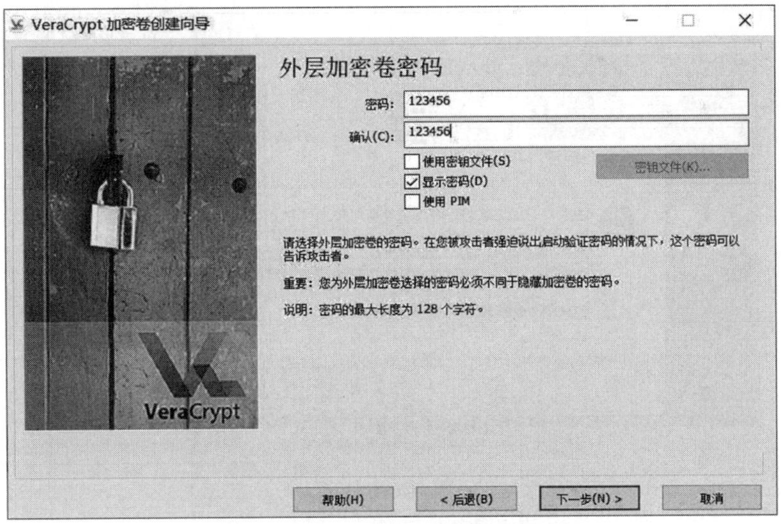

图 2-2-27　**外层加密卷密码配置**

步骤 7. 配置外层加密卷格式化，点击“格式化”，完成外层加密卷加密（如图 2-2-28、图 2-2-29 和图 2-2-30 所示）。

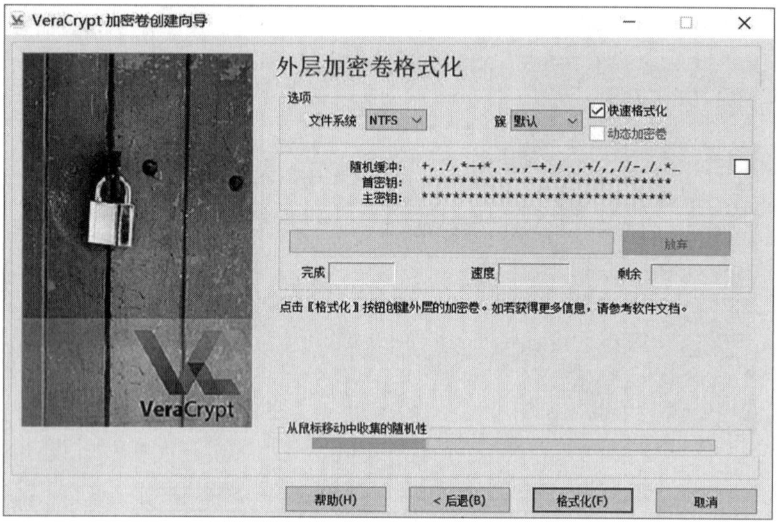

图 2-2-28　配置外层加密卷格式化

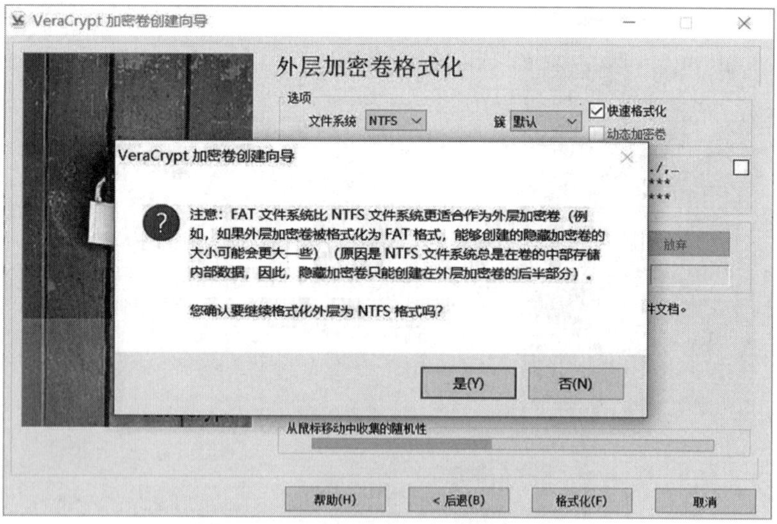

图 2-2-29　配置外层加密卷格式化

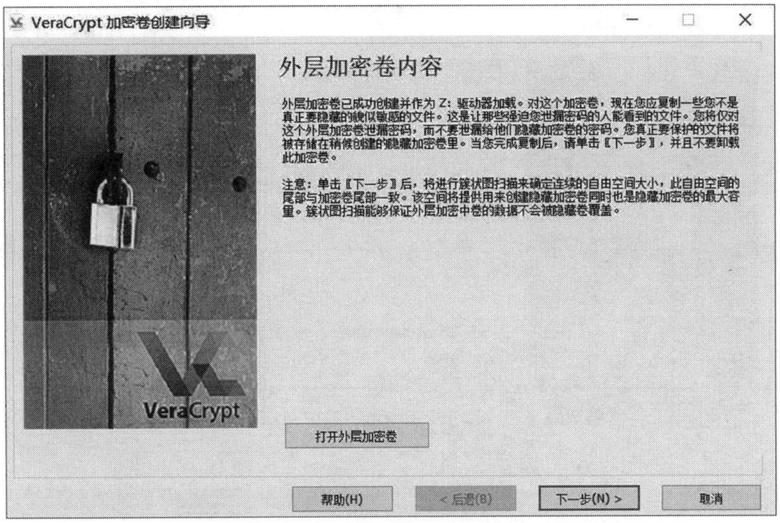

图 2-2-30　完成外层加密卷格式化

步骤 8. 配置隐藏加密卷设置，包括加密选项、加密卷大小、加密卷密码，点击“下一步”（如图 2-2-31、图 2-2-32、图 2-2-33 和图 2-2-34 所示）。

注意：隐藏加密卷密码不能和外层加密卷密码相同。

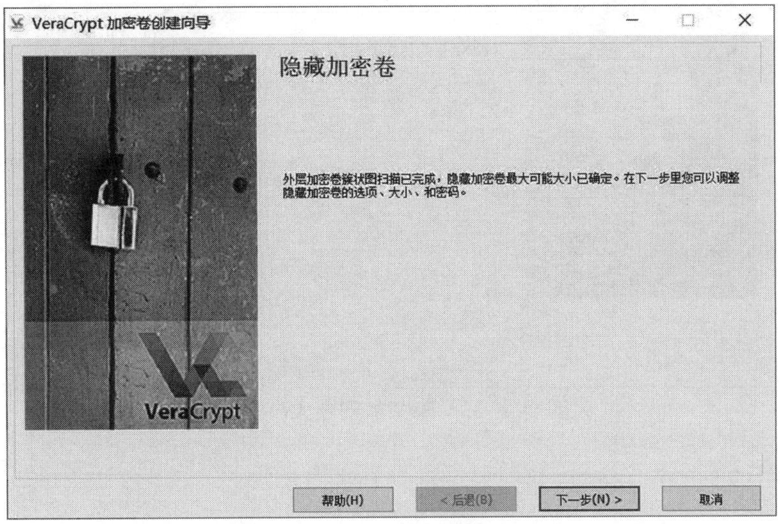

图 2-2-31　配置隐藏加密卷

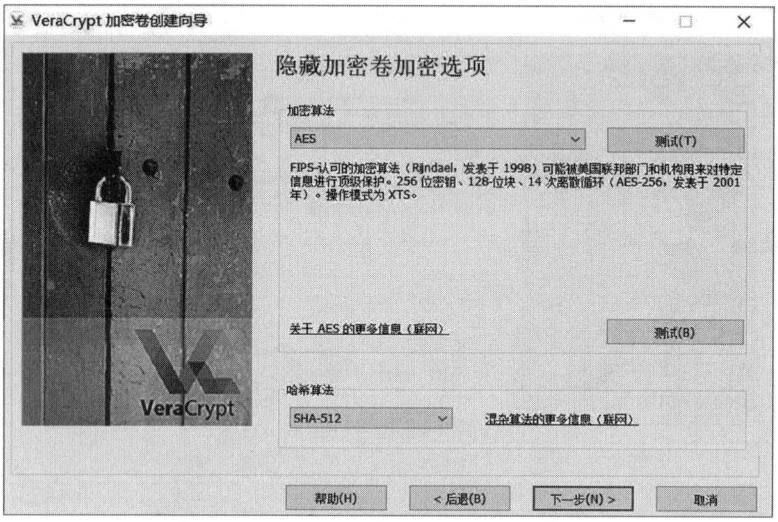

图 2-2-32　隐藏加密卷加密选项配置

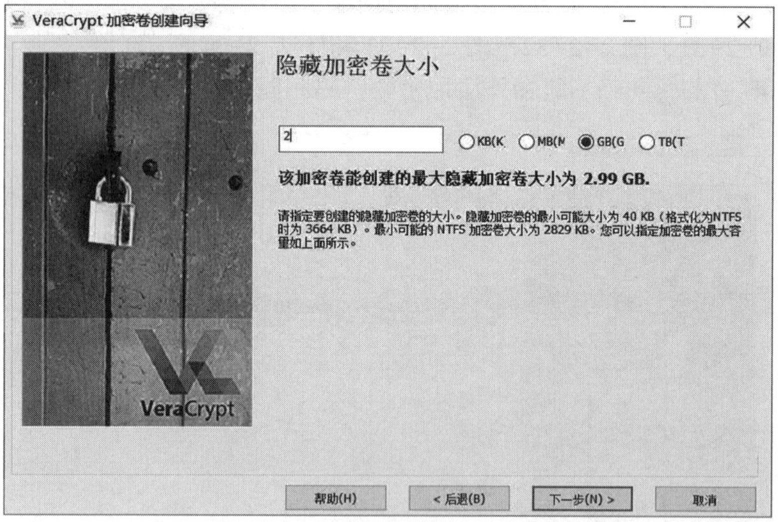

图 2-2-33　隐藏加密卷大小设置

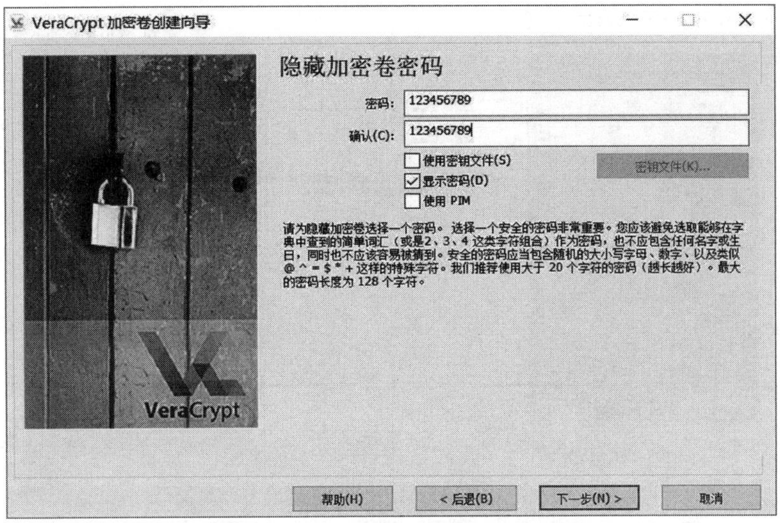

图 2-2-34　**隐藏加密卷密码配置**

步骤 9. 配置隐藏加密卷格式化，点击“格式化”，完成隐藏加密卷设置（如图 2-2-35、图 2-2-36 所示）。

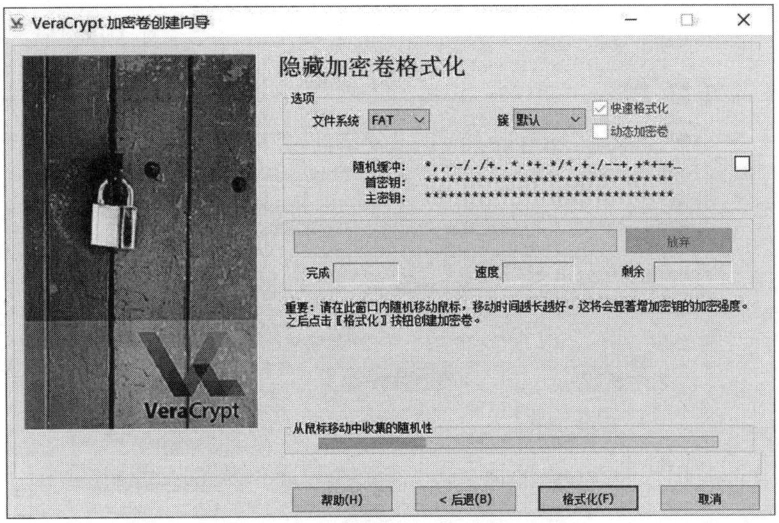

图 2-2-35　**配置隐藏加密卷格式化**

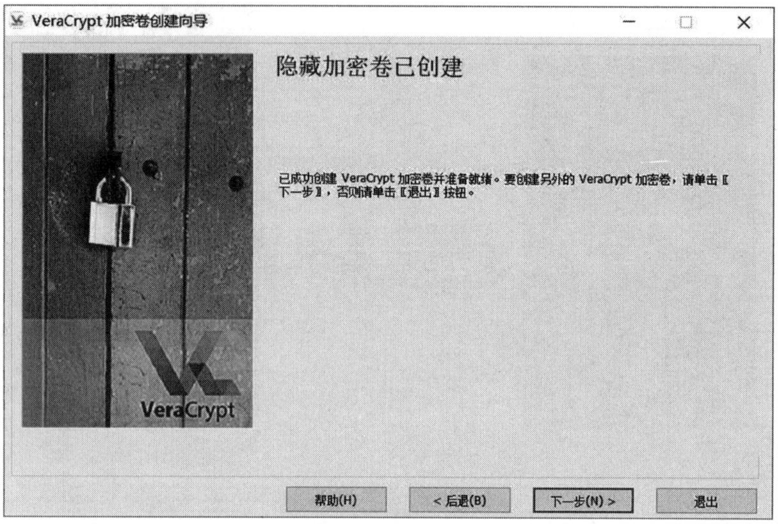

图 2-2-36　**完成隐藏加密卷格式化并选择“退出”**

步骤 10. 选择之前创建的虚拟磁盘文件，选择一个可用的盘符，点击“加载”，输入外层加密卷的正确密码，打开外层加密卷（如图 2-2-37、图 2-2-38 所示）。

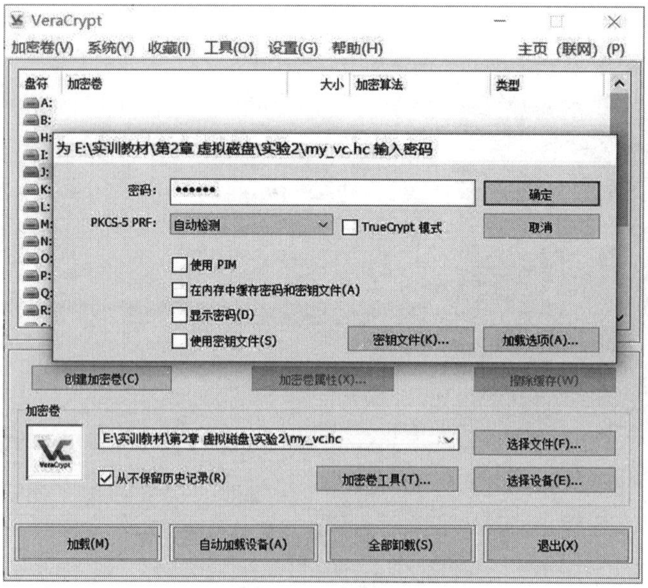

图 2-2-37　**加载外层加密卷**

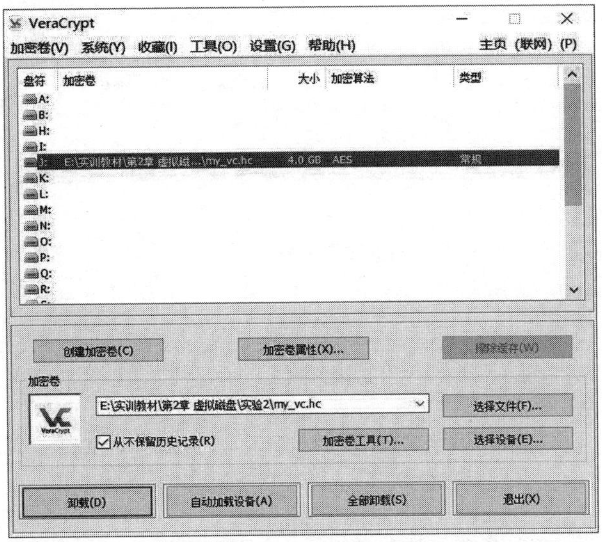

图 2-2-38　**成功打开外层加密卷（显示容量为 4 GB）**

双击盘符“J:”可直接进入外层的加密卷，查看其存储的文件。要关闭此外层加密卷，可通过点击“卸载”按钮即可（如图 2-2-39 所示）。

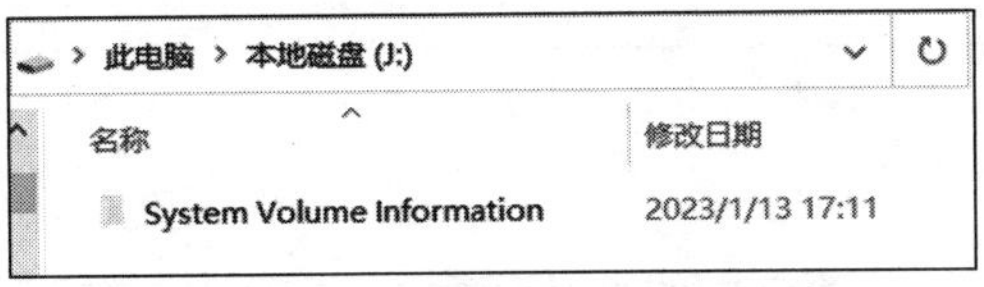

图 2-2-39　**查看外层加密卷中内容**

步骤 11. 选择之前创建的虚拟磁盘文件，选择一个可用的盘符，点击“加载”，输入隐藏层加密卷的正确密码，即可打开隐藏加密卷（如图 2-2-40、图 2-2-41 所示）。

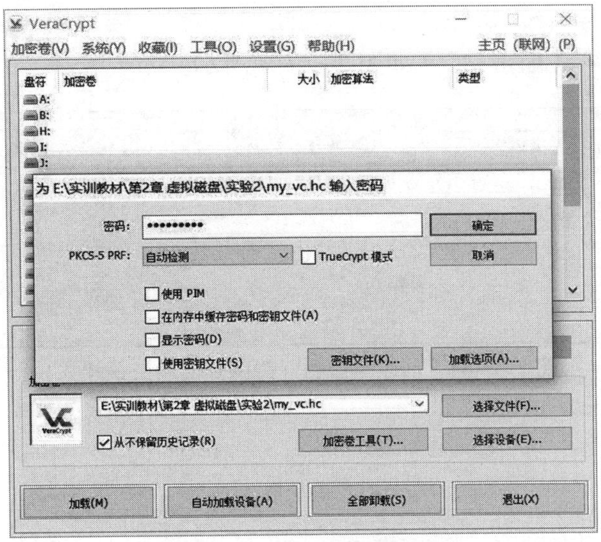

图 2-2-40　**加载隐藏层加密卷**

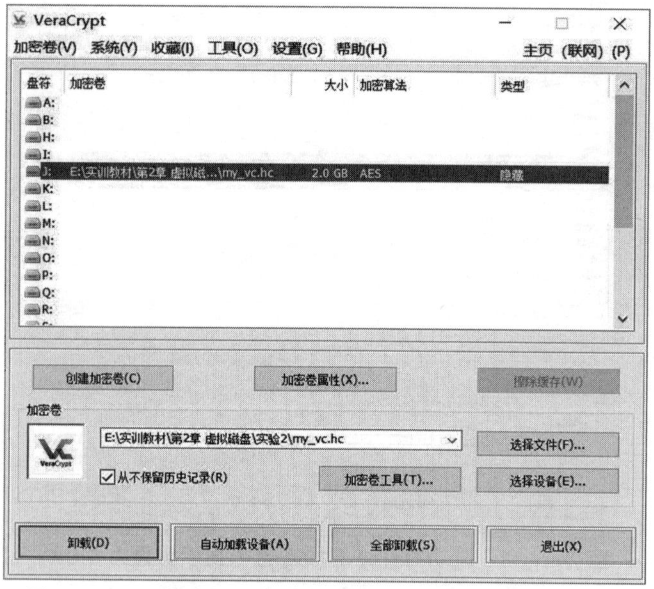

图 2-2-41　成功打开隐藏层加密卷（显示容量为 2 GB）

双击盘符“J:”可打开隐藏层加密卷，并查看其内容（如图 2-2-42 所示）。

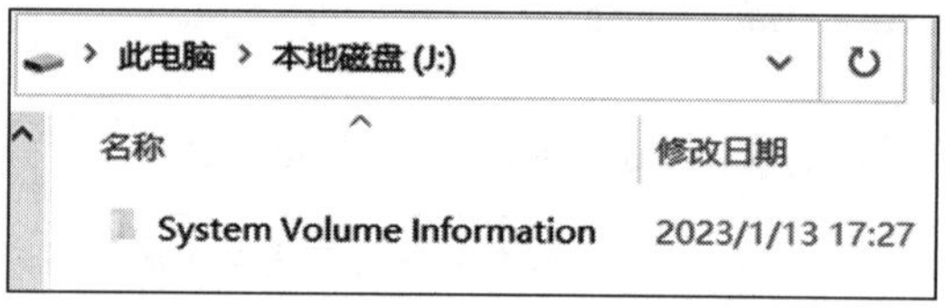

图 2-2-42　查看隐藏层加密卷的内容

实验 3. 直接模式创建隐藏加密卷

步骤 1. 打开 VeraCrypt 软件，选择“创建加密卷”，然后选“创建文件型加密卷”，选择“隐藏的 VeraCrypt 加密卷”（如图 2-2-43 所示）。

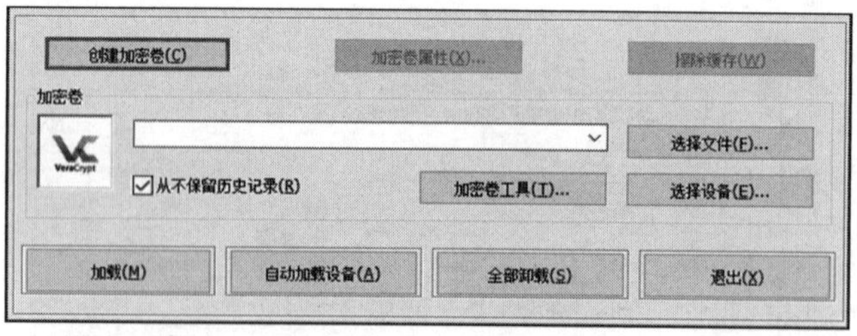

图 2-2-43　创建加密卷（隐藏加密卷直接模式）

步骤 2. 选择“直接模式”，点击“下一步”（如图 2-2-44 所示）。

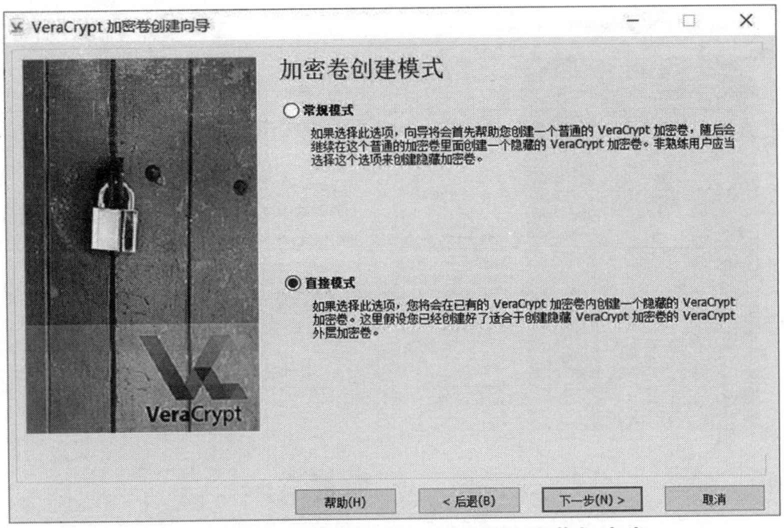

图 2-2-44 “直接模式”方式创建隐藏加密卷

步骤 3. 选择原标准加密卷文件的位置，点击“下一步”（如图 2-2-45 所示）。

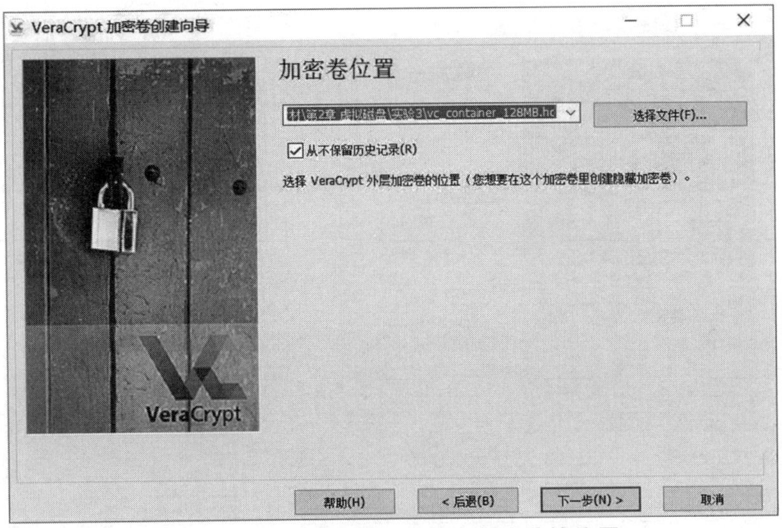

图 2-2-45 选择原标准加密卷文件的位置

步骤 4. 输入原加密卷的正确密码，点击“下一步”（如图 2-2-46 所示）。

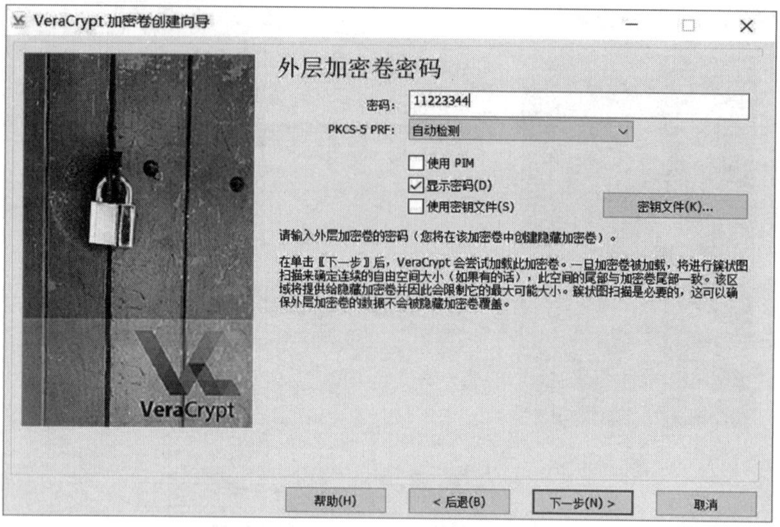

图 2-2-46　**输入原加密卷的密码**

步骤 5. 创建隐藏加密卷，设置隐藏加密方式、隐藏加密卷大小及密码等（如图 2-2-47、图 2-2-48、图 2-2-49 和图 2-2-50 所示）。

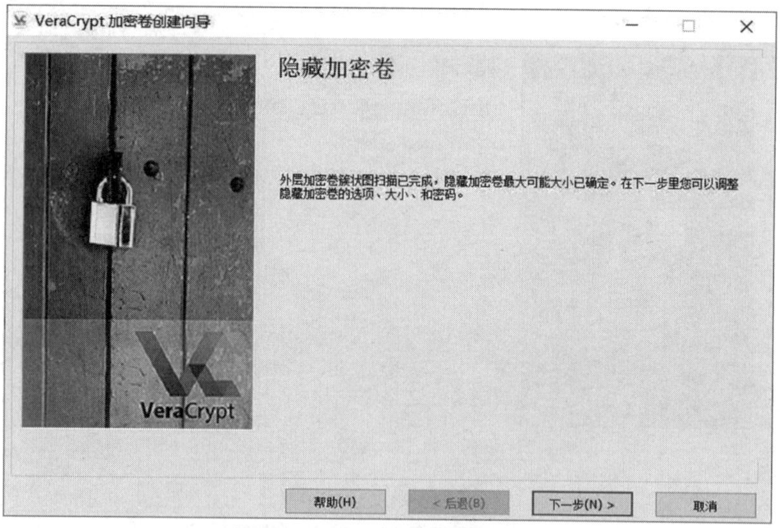

图 2-2-47　**创建隐藏加密卷**

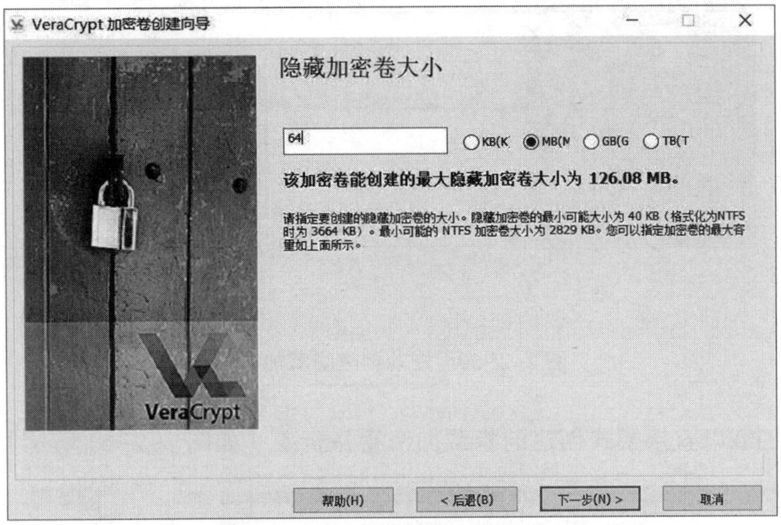

图 2-2-48　设置隐藏加密卷大小

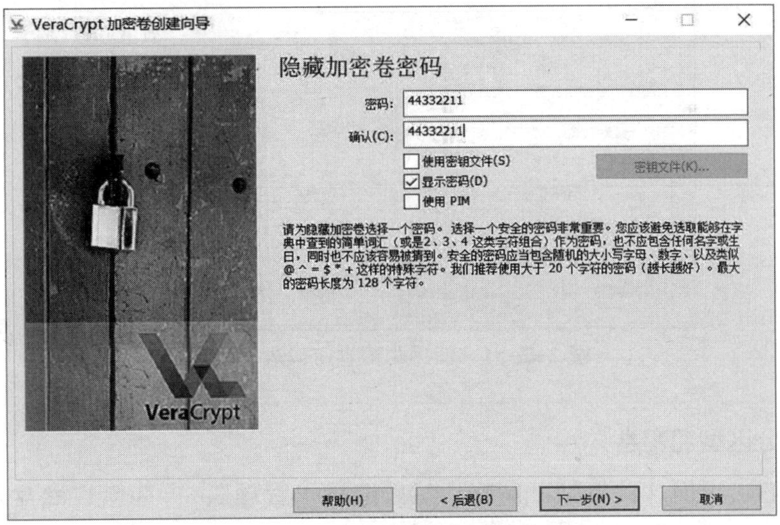

图 2-2-49　设置隐藏加密卷密码

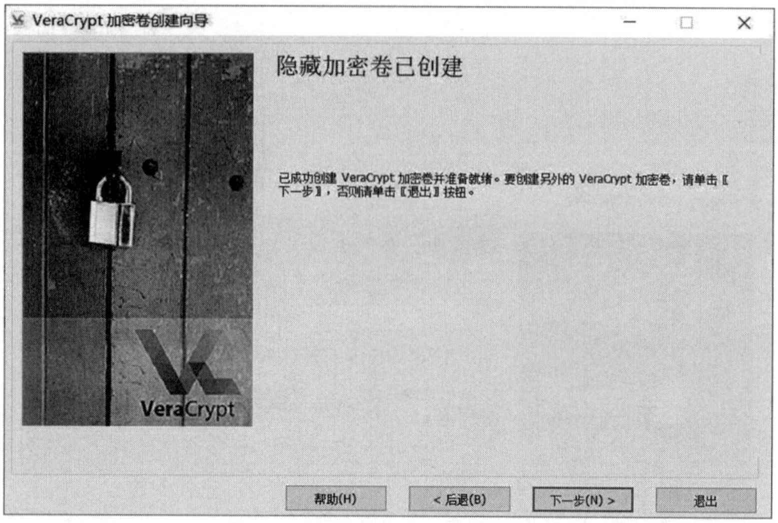

图 2-2-50　**成功创建隐藏加密卷**

步骤 6. 加载以直接模式创建的隐藏加密卷并验证（如图 2-2-51 所示）。

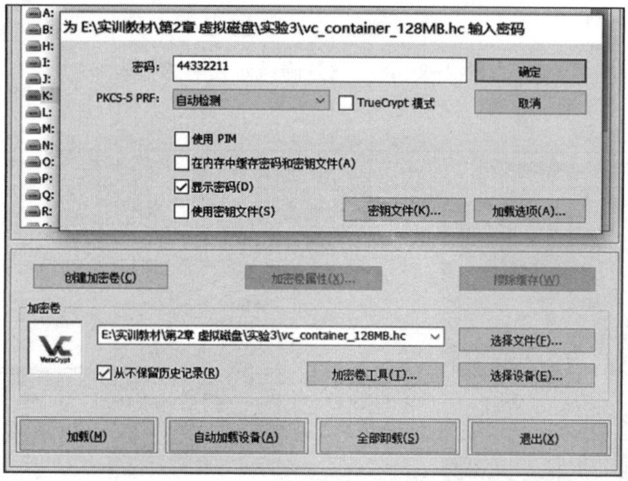

图 2-2-51　**使用隐藏卷密码进行验证**

实验 4. 分区型加密卷

步骤 1. 右击桌面“此电脑”图标，然后选择“管理”，再选择“磁盘管理”（如图 2-2-52 所示）。

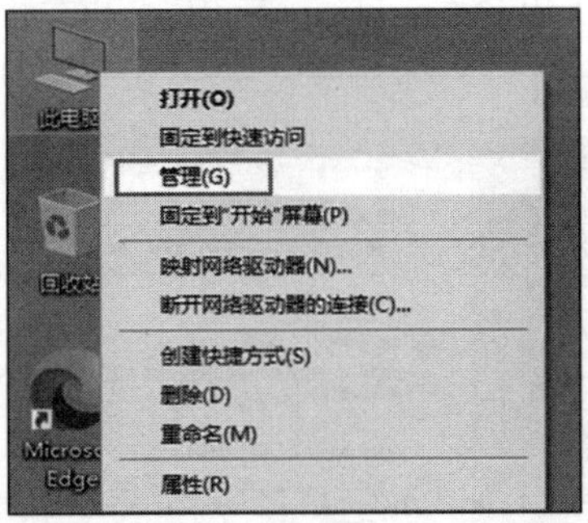

图 2-2-52 点击“此电脑”打开“管理”

步骤 2. 右击“磁盘管理”→“附加 VHD”→选择浏览，找到 VHD 虚拟磁盘文件所在位置，并选中“VC_Encrypt_Parts. vhd”（如图 2-2-53 所示）。

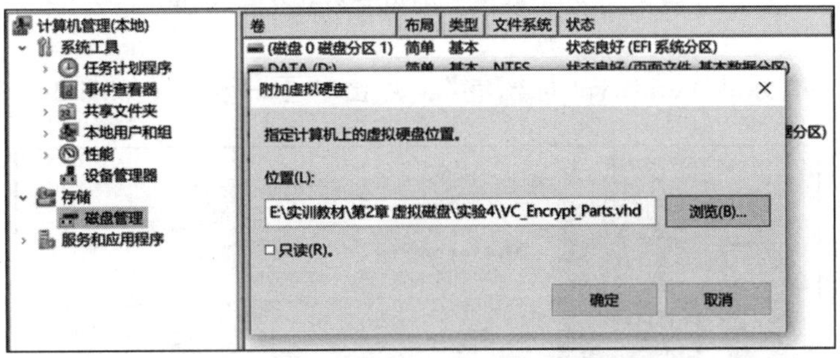

图 2-2-53 选择 VHD 文件进行挂载

步骤 3. VHD 虚拟磁盘完成挂载后，磁盘管理器可以看到两个分区，均未被格式化，不存在文件系统（显示为 RAW）（如图 2-2-54 所示）。

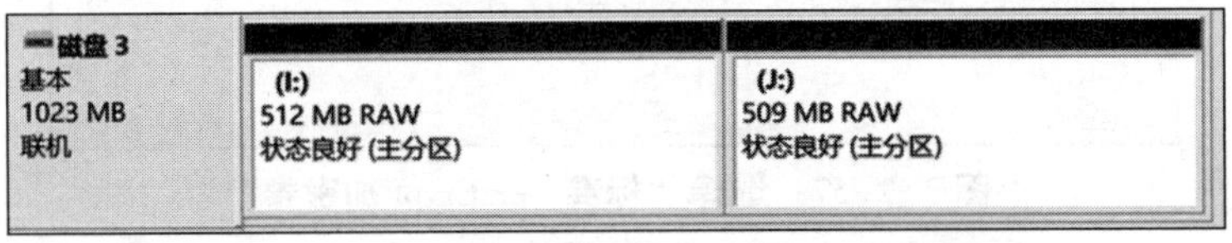

图 2-2-54 查看挂载后的虚拟磁盘的分区信息

步骤 4. 打开 VeraCrypt 软件，选择“创建加密卷”（如图 2-2-55 所示）。

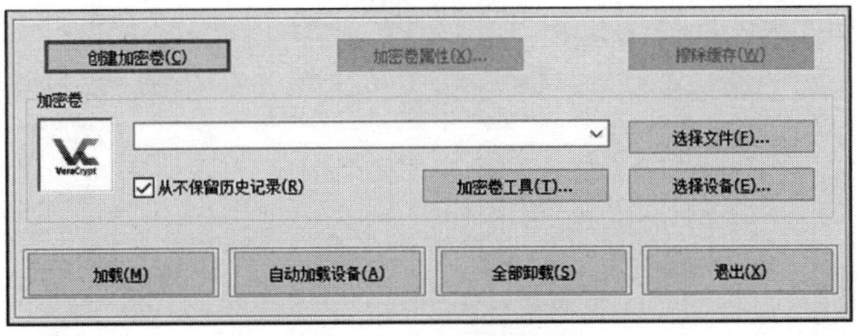

图 2-2-55 创建加密卷

步骤 5. 选择“加密非系统分区/设备”，点击“下一步”（如图 2-2-56 所示）。

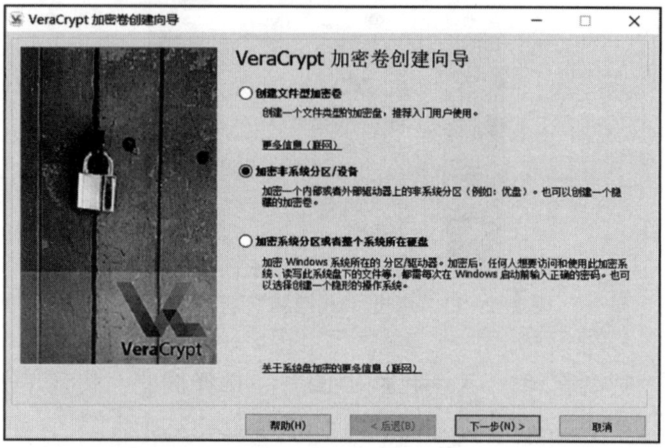

图 2-2-56　选择“加密非系统分区/设备”

步骤 6. 选择“标准 VeraCrypt 加密卷”，点击“下一步”（如图 2-2-57 所示）。

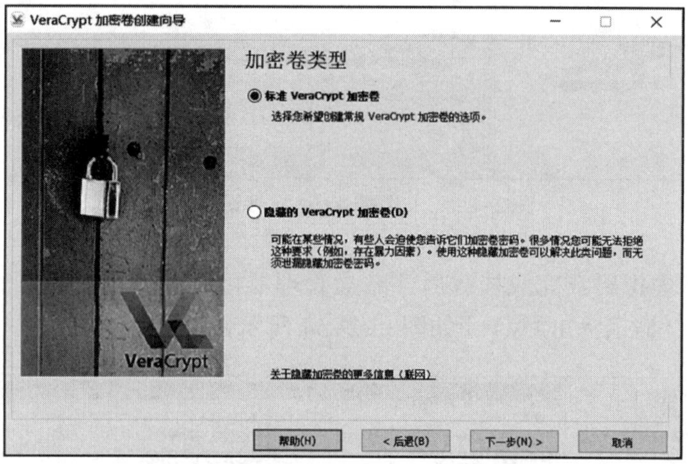

图 2-2-57　选择“标准 VeraCrypt 加密卷”

步骤 7. 选择加密卷的位置，点击“下一步”（如图 2-2-58、图 2-2-59 所示）。

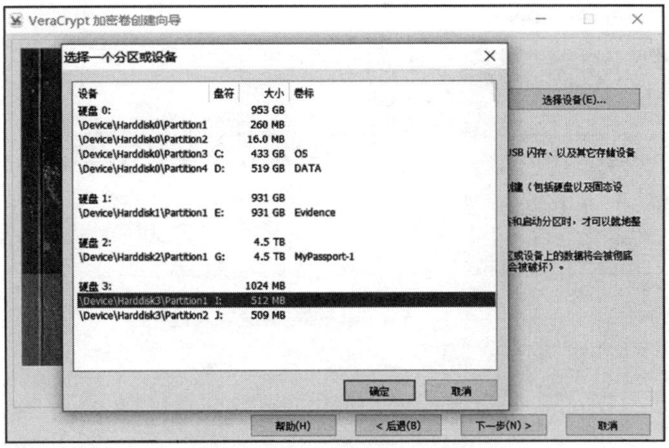

图 2-2-58　选择加密卷位置

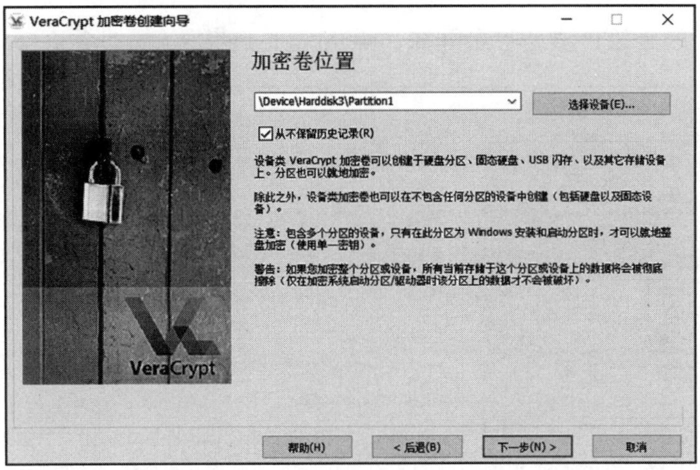

图 2-2-59　显示加密卷位置

步骤 8. 选择加密卷的创建方式，选择“创建加密卷并格式化”，点击“下一步”（如图 2-2-60 所示）。

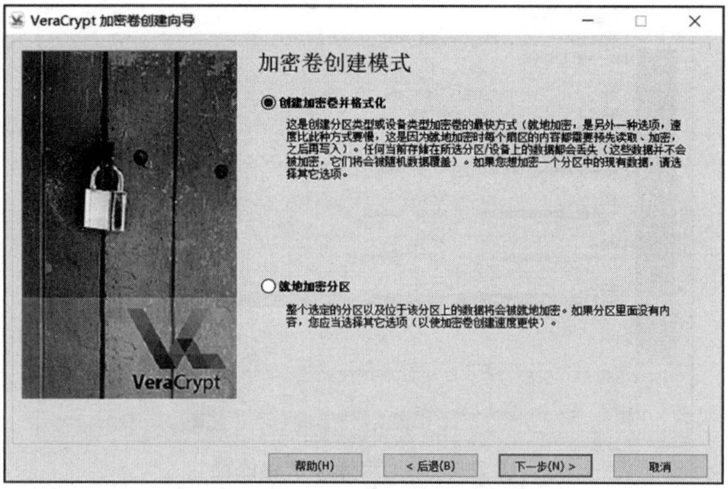

图 2-2-60　选择加密卷创建模式

步骤 9. 选择加密卷算法和哈希算法，点击“下一步”（如图 2-2-61 所示）。

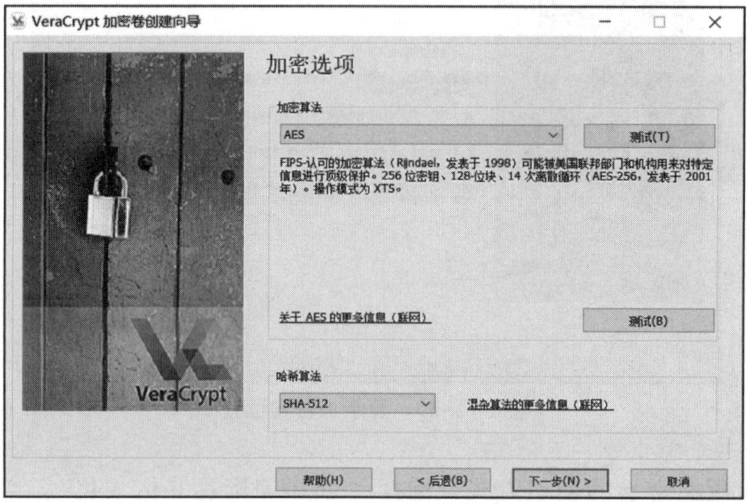

图 2-2-61　加密选项设置

步骤 10. 分区型加密卷无法设置加密卷大小，可直接点击“下一步”（如图 2-2-62 所示）。

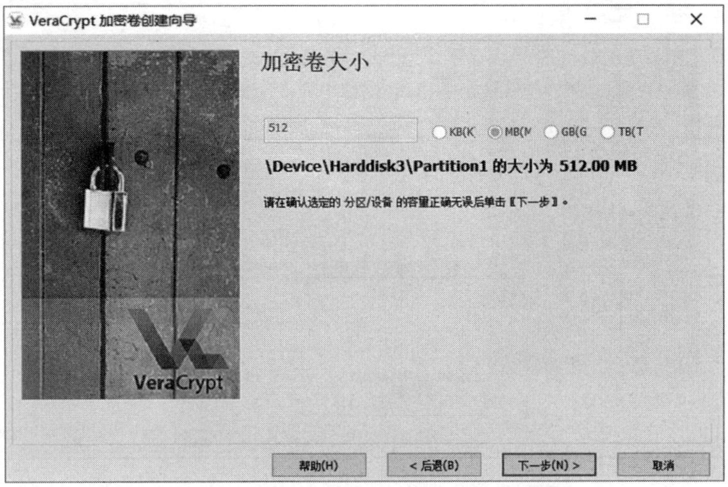

图 2-2-62 分区型加密卷大小设置

步骤 11. 设置加密卷的密码，点击“下一步”（如图 2-2-63 所示）。

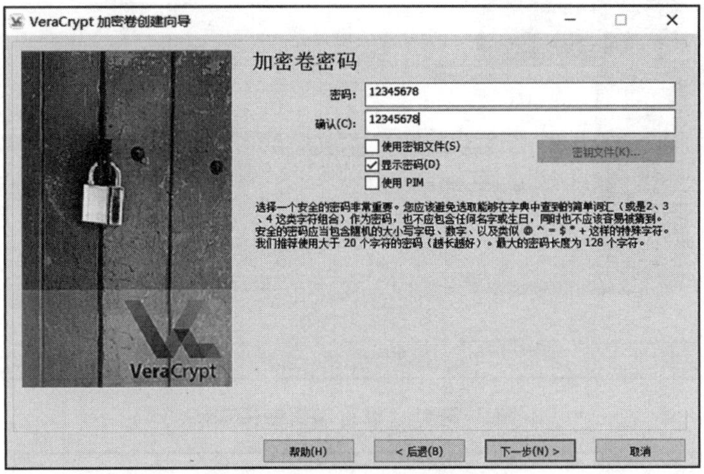

图 2-2-63 设置加密卷密码

步骤 12. 加密卷格式化，点击“格式化”（如图 2-2-64、图 2-2-65 和图 2-2-66 所示）。

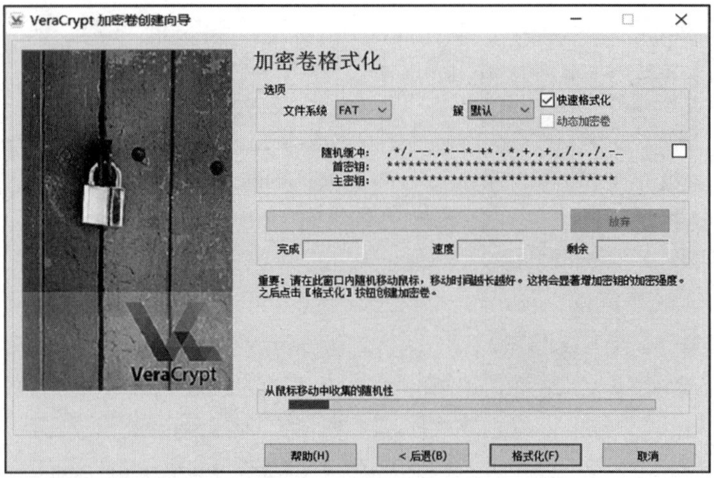

图 2-2-64 设置加密卷格式化

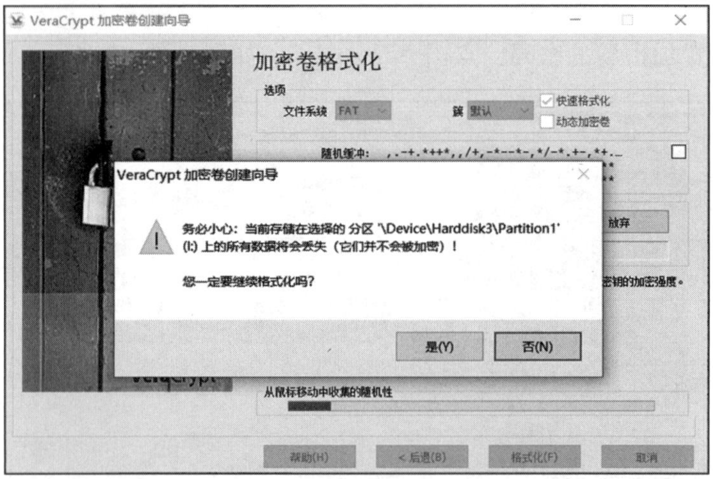

图 2-2-65 设置加密卷格式化

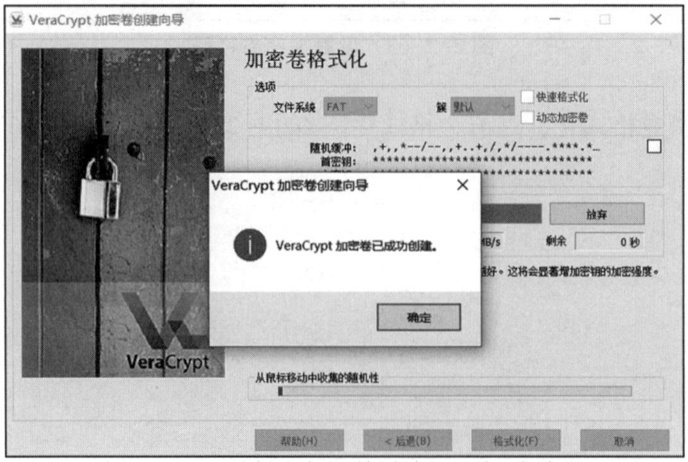

图 2-2-66 成功创建分区型加密卷（即分区加密）

步骤 13. 使用同一个方法对磁盘 3 的第 2 个分区进行加密。

步骤 14. 选择“选择设备”，选中磁盘 3 的第一个分区（Partition1）（如图 2-2-67、图 2-2-68 和图 2-2-69 所示）。

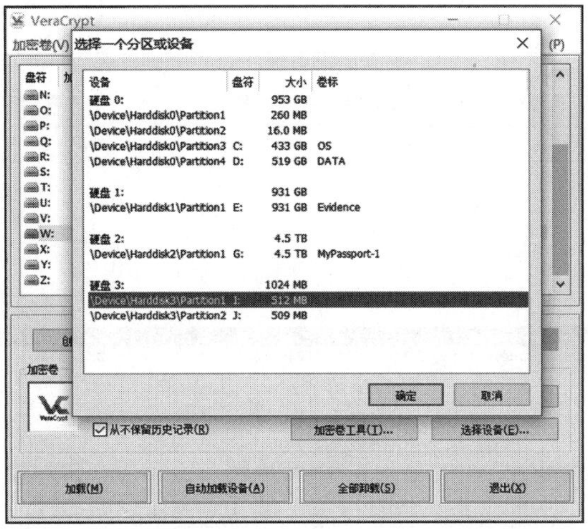

图 2-2-67 选择设备中的加密分区进行挂载

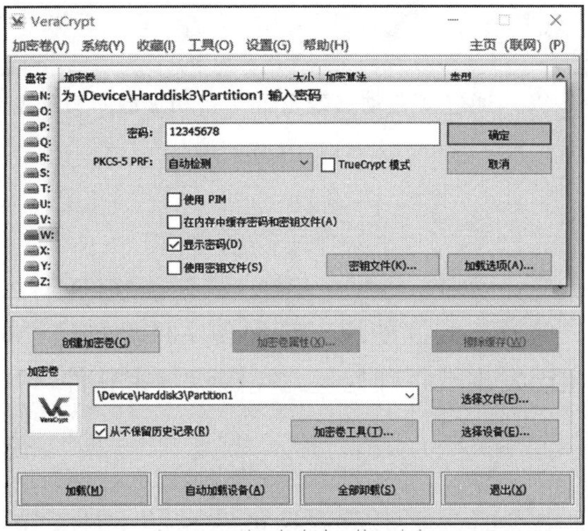

图 2-2-68 输入加密分区的正确密码

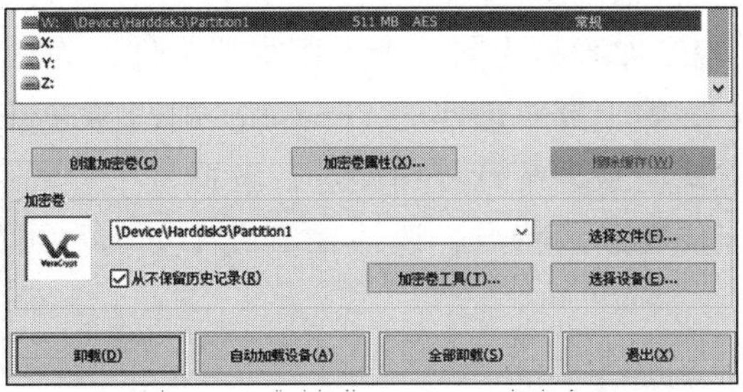

图 2-2-69 成功加载 Partition1 加密分区

步骤 15. 批量加载加密分区。

VeraCrypt 软件可通过“自动加载设备”功能自动搜索所有磁盘是否存在分区型加密卷。如多个加密卷使用的密码相同，则只要输入一次正确密码即可自动挂载全部的加密分区（如图 2-2-70 所示）。

图 2-2-70　通过“自动加载设备”自动加载所有加密分区

（七）实验小结

通过本实验了解 VeraCrypt 软件的基本功能，掌握该软件进行加密卷的创建，包括标准加密卷和隐藏加密卷。此外，掌握使用工具发现文件型加密卷的方法，以便在实际的电子数据取证过程中能主动发现及正确处理此类磁盘加密软件。

思考题

1. VeraCrypt 创建加密盘时，有提示选择加密盘的文件系统类型，如 NTFS、FAT、exFAT 等，应该如何进行选择？

2. 对比 Windows 系统自带的 BitLocker、VeraCrypt 各有何优势？

3. 分析实验一与实验二加载的为同一个加密容器文件，为什么容器中的内容不同？

4. 使用 WinRAR 或 7z 等工具对创建的 VeraCrypt 加密卷进行压缩，比对压缩前后的文件大小变化。请从信息论与数理统计等角度进行解释。

5. 请根据 VeraCrypt 加密卷的特点，谈谈在实践中如何尽可能地发现计算机中的加密卷。

实验三 PGP 加密软件

（一）实验目的

本次实验使用 PGP 加密软件创建加密容器，通过实验让学生掌握 PGP Desktop 的基本使用方法，包括创建加密磁盘、加载加密磁盘和卸载加密磁盘等功能，让学生熟悉 PGP Desktop 的主要功能特点，加深学生对虚拟容器及数据加密原理知识的理解。

（二）实验类型

演示型、基础实验。

（三）实验原理

PGP Desktop 是一个基于 RSA 公钥加密体系的邮件加密软件，可对邮件保密以防止非授权者阅读，支持对邮件加上数字签名从而使收信人可以确认邮件的发送者，并能确认邮件内容有没有被篡改。它可以提供一种安全的通信方式，采用了一种 RSA 和传统加密的杂合算法，不需要任何保密的渠道用来传递密钥。它用于数字签名的邮件文摘算法，加密前压缩等。

（四）实验环境

1. 使用 Windows 10 操作系统。
2. 软件版本 PGP Desktop 10.4.2。

（五）实验摘要

1. 密钥对创建及密钥对认证。
2. 文件的加解密及签名验证。

（六）实验内容

实验 1. 密钥对创建

步骤 1. 发邮件人创建自己的密钥对

（1）在主界面中，选择“New PGP Key...”（如图 2-3-1 所示）。

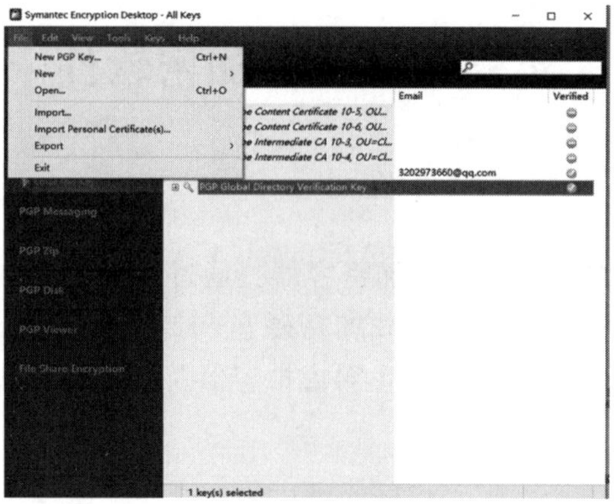

图 2-3-1　**主界面**

（2）进入创建密钥对界面（如图 2-3-2 所示）。

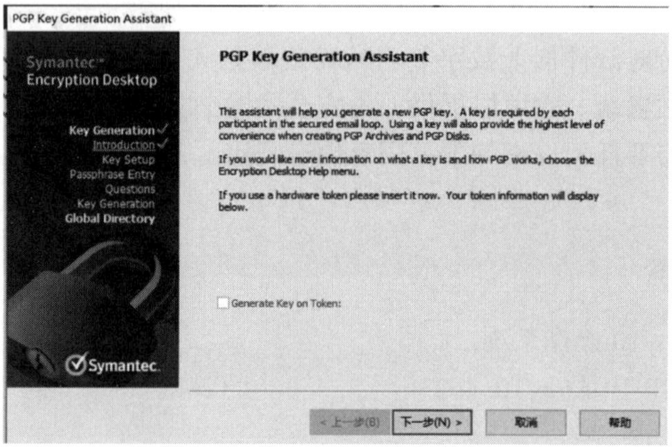

图 2-3-2　**创建密钥对界面**

（3）填写“Full Name”并填写“Primary Email”（以 QQ 邮箱为例）（如图2-3-3 所示）。

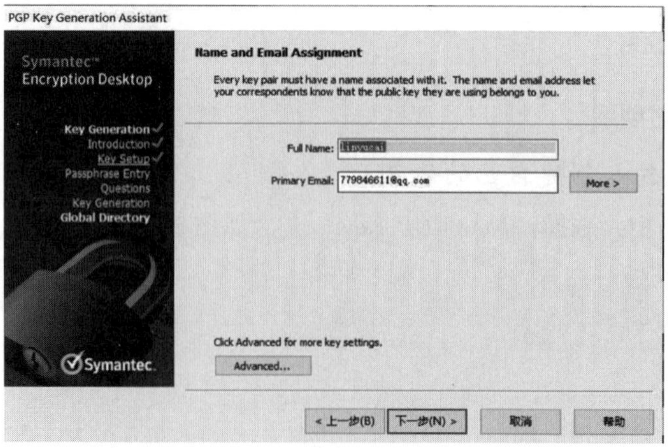

图 2-3-3　**填写加密邮箱对象**

（4）创建私钥的口令密码，在“Enter Passphrase”和“Re-enter Passphrase”输入相同的密钥密码，点击“下一步”（如图 2-3-4 所示）。

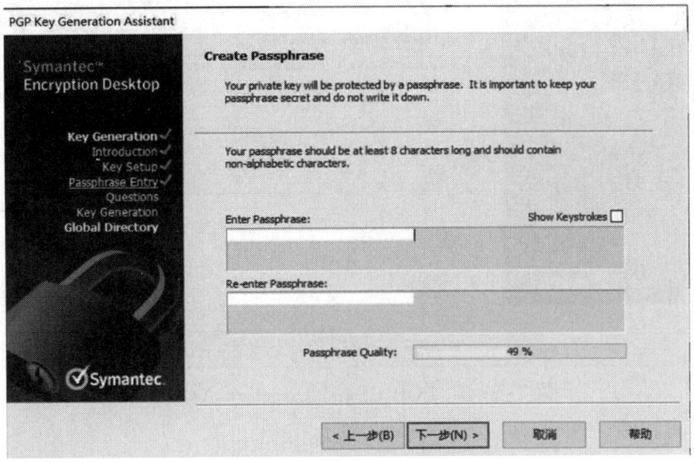

图 2-3-4　创建私钥的口令密码

（5）软件自动生成密钥，并进行一些必要操作，一直点击“下一步”即可，直至完成（如图 2-3-5、图 2-3-6、图 2-3-7 和图 2-3-8 所示）。

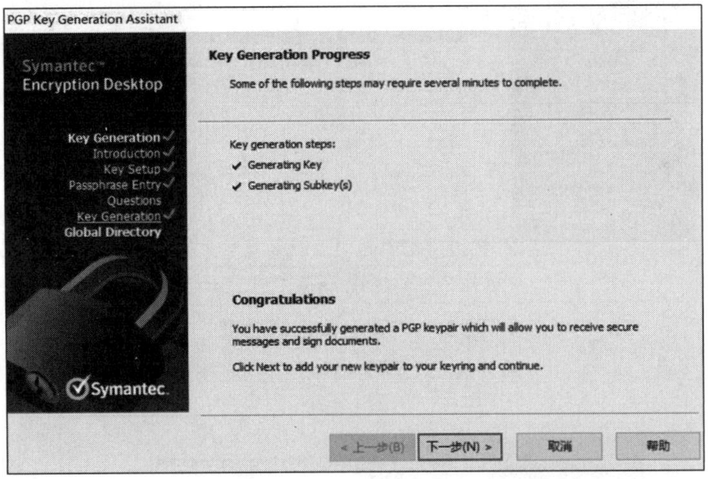

图 2-3-5　密钥自动生成

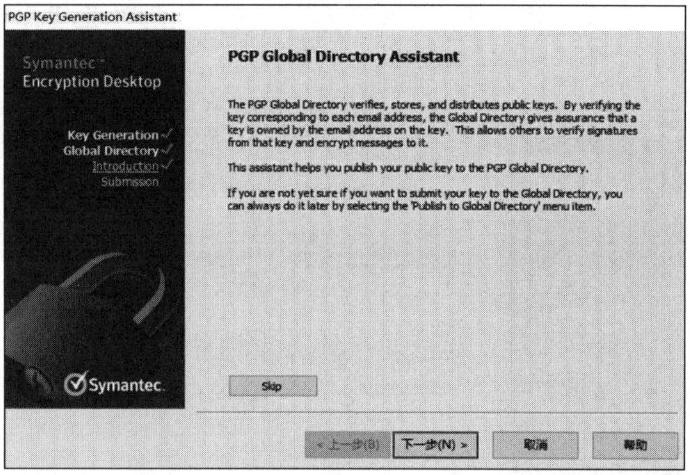

图 2-3-6　PGP Global Directory Assistant

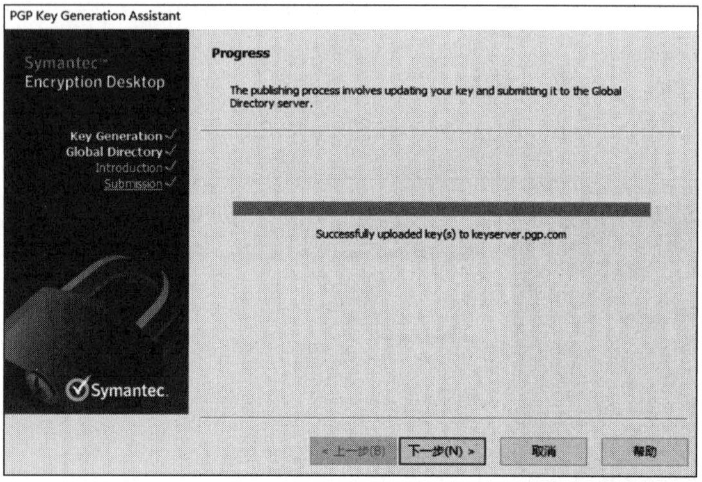

图 2-3-7　上传密钥进度

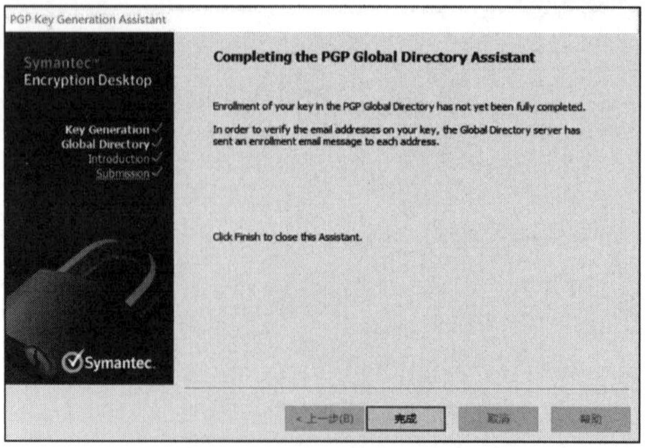

图 2-3-8　安装完成

(6) 导出密钥，在主界面中选择“File”选项卡的“Export”的“Key”，将其导出至桌面（如图 2-3-9、图 2-3-10 所示）。

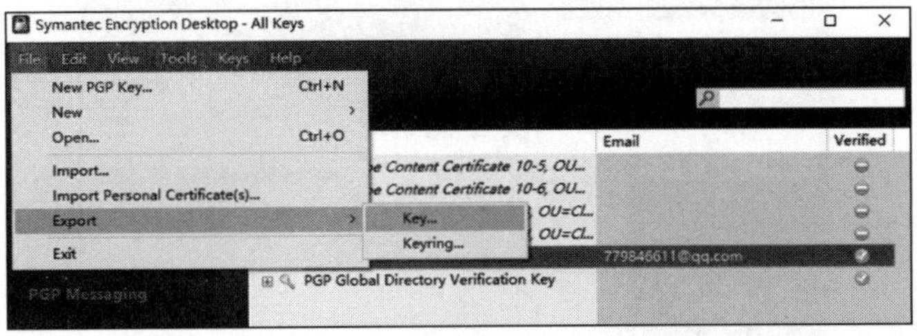

图 2-3-9 密钥导出选项位置

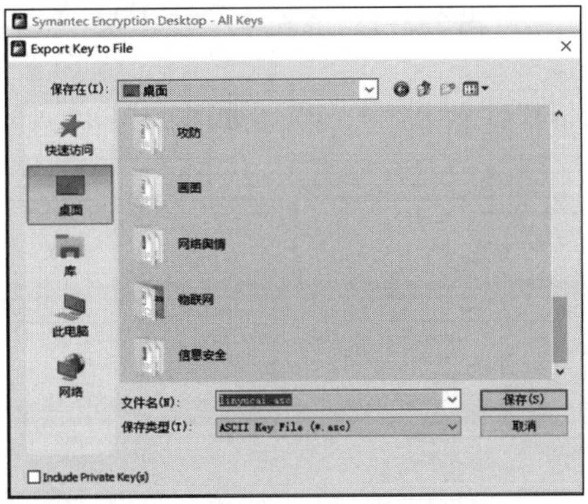

图 2-3-10 密钥导出位置

(7) 将密钥文件“linyucai. asc”发送给指定的收件人（如图 2-3-11 所示）。

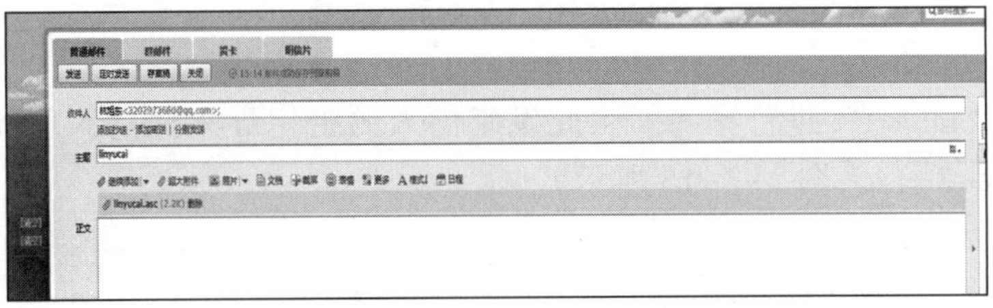

图 2-3-11 将密钥文件发送给指定收件人

步骤 2. 收件人进行密钥认证

(1) 下载“linyucai. asc”保存至桌面，打开 PGP Desktop 软件主界面，点击“File”选项卡的“Import”（如图 2-3-12 所示）。

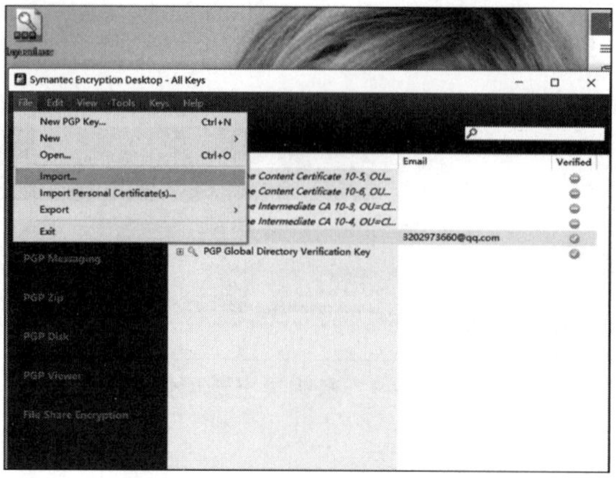

图 2-3-12　密钥导入选项位置

（2）选中“linyucai. asc”，点击“打开”（如图 2-3-13 所示）。

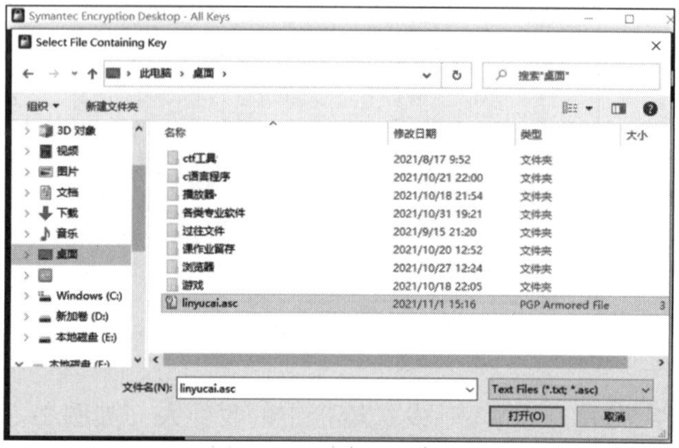

图 2-3-13　密钥导入位置

（3）点击“Import”进行导入。由此发邮件人的密钥导入成功，但此时并未进行签名信任（如图 2-3-14、图 2-3-15 所示）。

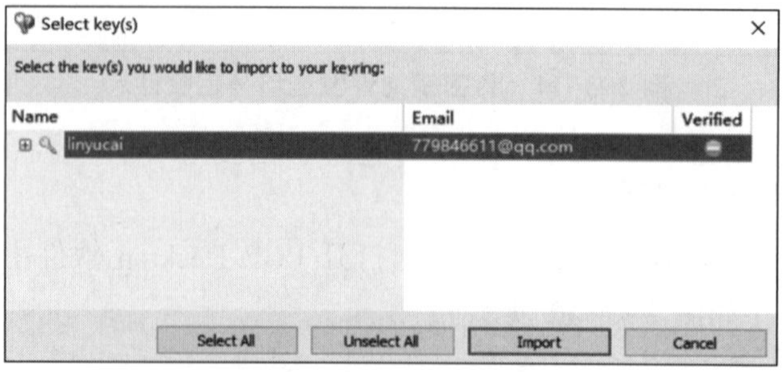

图 2-3-14　导入密钥

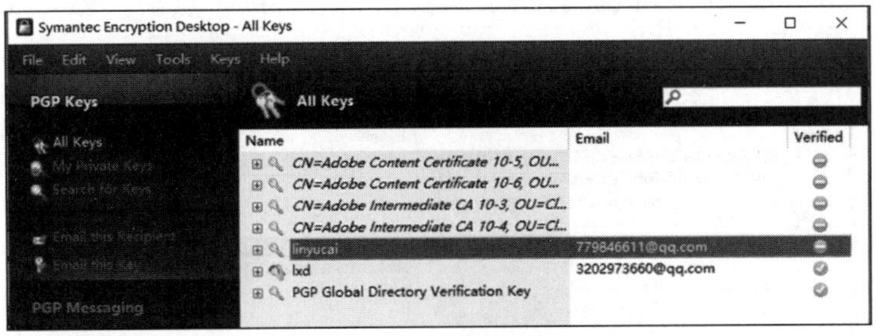

图 2-3-15　导入结果

(4) 对该密钥进行签名信任。鼠标移动至该密钥单击右键，点击选择“Sign”。打钩“Allow signature ...”选择“OK”进行下一步。最终可见主界面目标栏变成“绿色打钩”即完成信任操作（如图 2-3-16、图 2-3-17 和图 2-3-18 所示）。

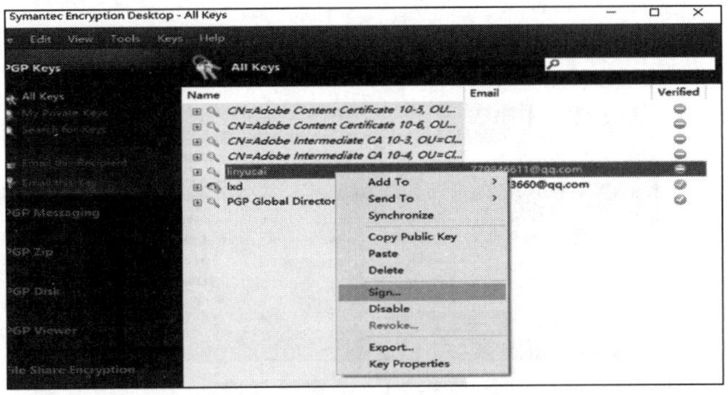

图 2-3-16　密钥签名选项位置

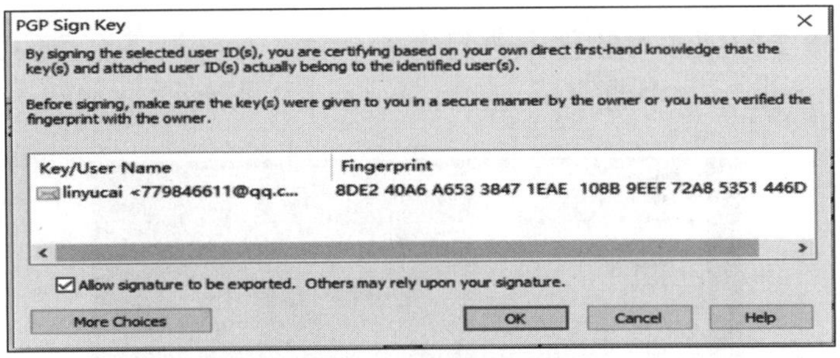

图 2-3-17　选择签名对象

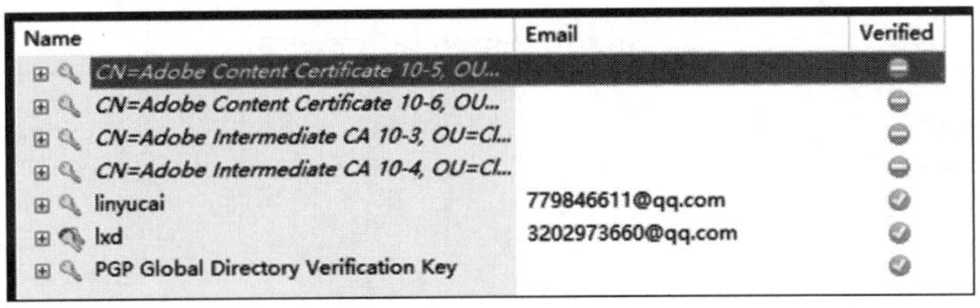

图 2-3-18　完成签名

（5）对密钥进一步信任，鼠标移动至该密钥单击右键，点击“Key Properties”。选择“Trust”，勾选“Trusted”（如图 2-3-19、图 2-3-20 所示）。

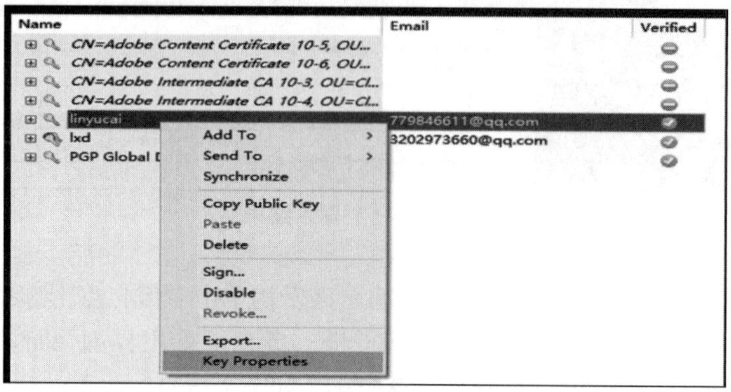

图 2-3-19 设置密钥信任度位置

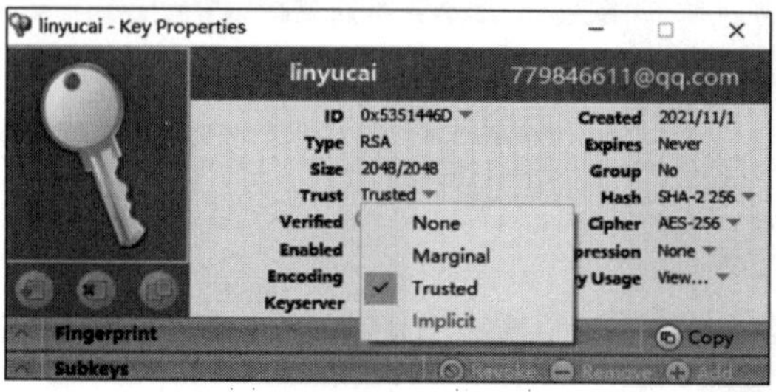

图 2-3-20 设置信任度

步骤 3. 发邮件人给文件加密

（1）按照步骤 2 的做法对收件人进行密钥认证；右击想要加密的文件，选择“Symantec Encryption Desktop”中的“Secure. . . with key. . . ”加密（如图 2-3-21 所示）。

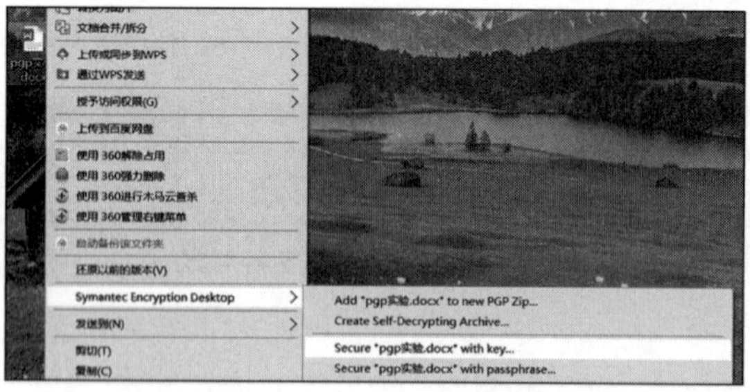

图 2-3-21 加密文件选项位置

（2）点击 Add，选择对方的密钥点击“OK”（如图 2-3-22 所示）。

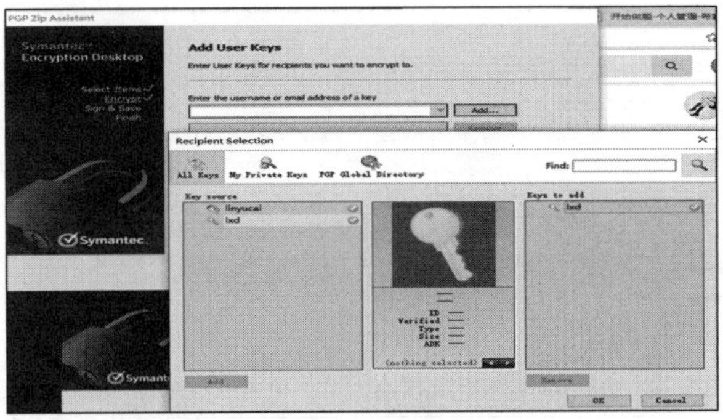

图 2-3-22　添加对方加密密钥

（3）点击“下一步”（如图 2-3-23 所示）。

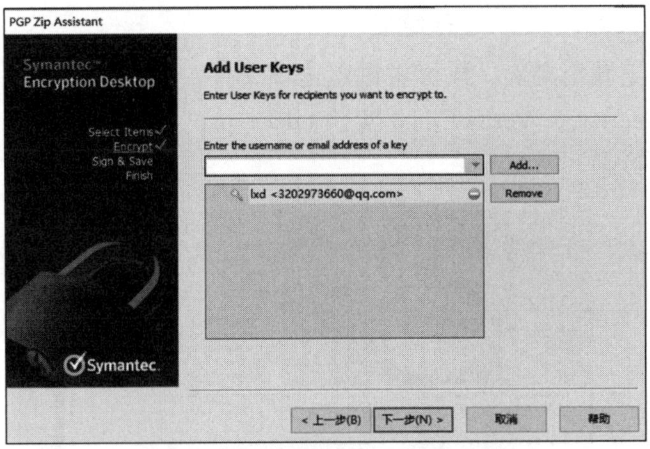

图 2-3-23　使用自己的密钥加密

（4）选择自己的密钥签名，点击“下一步”，生成密钥文件（如图 2-3-24 所示）。

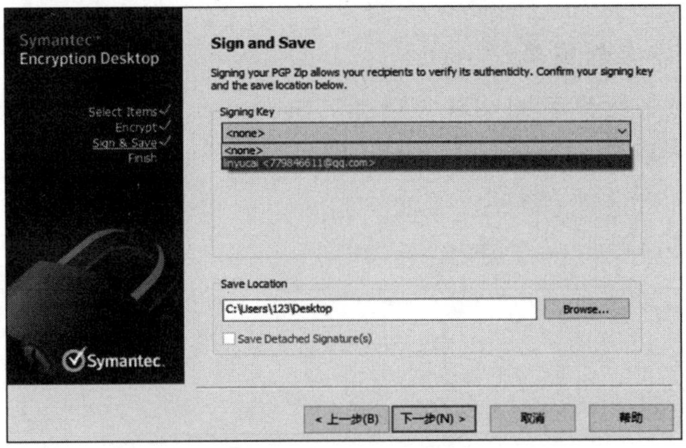

图 2-3-24　完成加密

（5）将生成的密钥文件通过电子邮箱发送给收件人（如图 2-3-25 所示）。

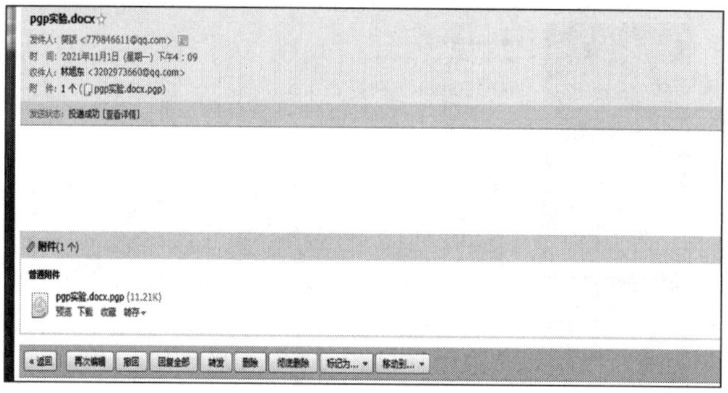

图 2-3-25　发送所需文件

实验 2. 文件的加解密及签名验证

步骤 1. 对所收到的文件进行解密

将收到的文件下载至桌面，鼠标右键点击该文件，选择“Symantec Encryption Desktop”选项中的“Decrypt & Verify ‘pgp 实验 . docx. pgp’”进行解密，即可将文件解密（如图 2-3-26 所示）。

图 2-3-26　解密选项位置

步骤 2. 邮件方文件签名

（1）右击想要进行签名的文件，选择“Symantec Encryption Desktop”中的“Sign as...”（如图 2-3-27 所示）。

图 2-3-27　签名选项位置

（2）保存到桌面，点击“下一步”（如图 2-3-28 所示）。

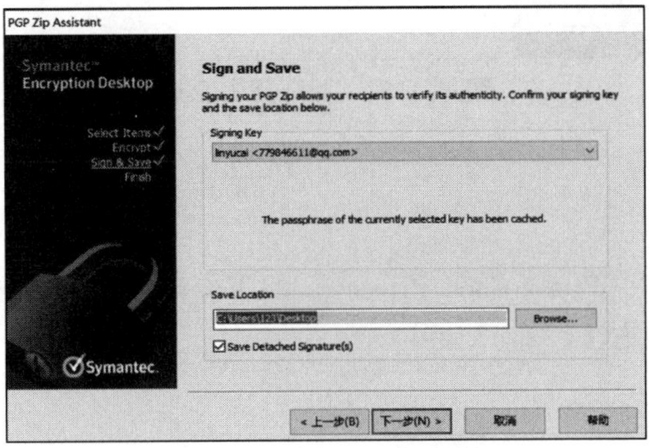

图 2-3-28　签名设置框

（3）在桌面中将原文件和签名的文件通过邮箱一起发送给对方（如图 2-3-29 所示）。

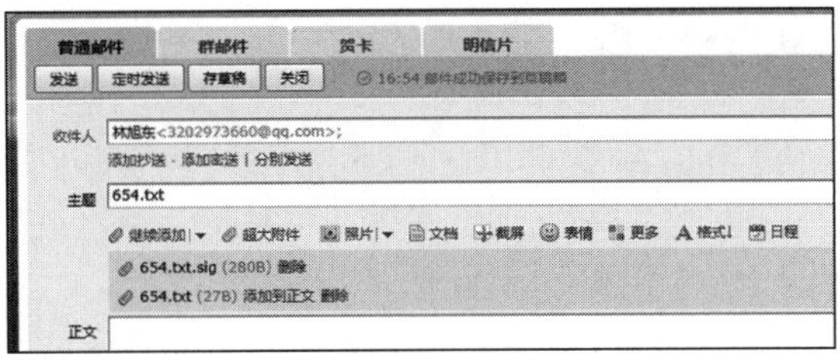

图 2-3-29　文件和签名的文件发送

步骤 3. 收邮件方文件签名验证

右击想要进行签名验证的文件，选择 Symantec Encryption Desktop 中的“Verify...”；随后在 PGP Desktop 主界面可以看到一条验证记录（如图 2-3-30、图 2-3-31 所示）。

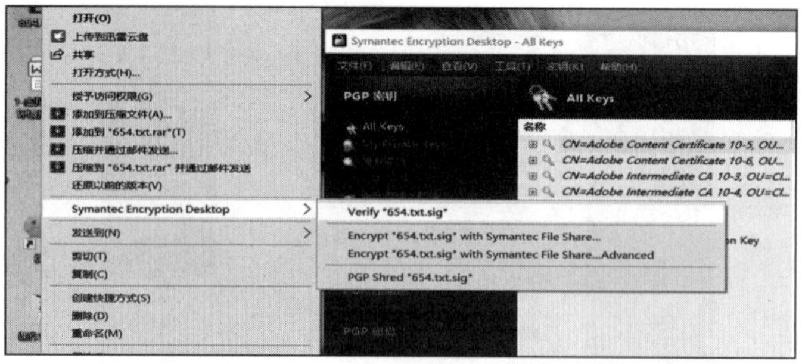

图 2-3-30　签名验证选项位置

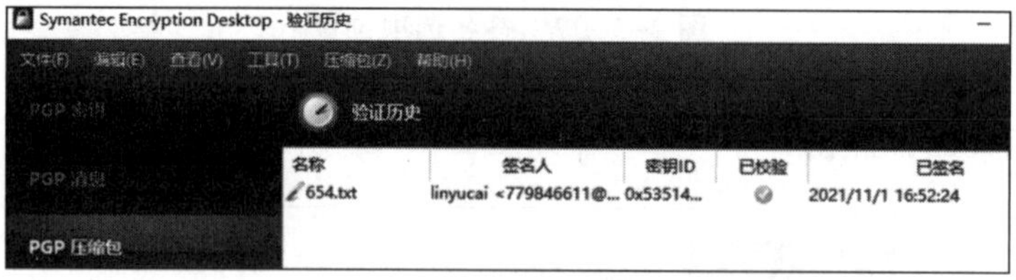

图 2-3-31　验证历史记录

（七）实验小结

通过实验了解 PGP（Pretty Good Privacy）的工作机制，并通过使用 PGP Desktop 掌握创建加密虚拟磁盘的方法。

思考题

1. 为什么要使用 PGP？
2. 将公钥发布到网上，会被其他人破解吗？
3. 忘记了私钥的密码，有办法破解吗？
4. PGP 只能对 E-mail 做加密吗？
5. 公钥、私钥、私钥密码，哪个最重要？

第三章
磁盘数据复制与镜像

电子数据是电子数据取证中最关键的要素。由于电子数据具有虚拟性、易丢失、易被篡改等特点，因此通常需要及时且有效地对涉案的电子数据进行获取，也常称为证据固定。电子数据证据固定实际上就是对存储介质中的数据进行位对位的复制或镜像，并采用哈希算法计算源数据的完整性校验值。

磁盘数据复制与镜像通常是采用硬盘复制机（拷贝机）、只读锁结合镜像工具，对源磁盘进行位对位的全盘复制或镜像的过程。磁盘复制也被称为磁盘克隆。在司法取证中，通常要求采用对源盘具有写保护能力的专用设备（如硬盘复制机、只读锁），且要求设备或软件具备硬盘数据哈希校验的功能，确保制作出的硬盘副本或镜像文件中的数据与源盘完全一致。

实验一　物理磁盘镜像获取

（一）实验目的

了解电子数据证据保全常用的方法，包括磁盘数据克隆复制、磁盘数据镜像的方法，使用 WinHex、FTK Imager 等工具对磁盘制作镜像。

（二）实验类型

演示型、基础实验。

（三）实验原理

在电子数据证据保全中要求对源盘数据进行位对位（bit by bit）的克隆，从而保证克隆后的数据与源盘一致，通过哈希计算得出的摘要值可以验证源盘与证据盘数据的一致性。

磁盘镜像（Disk Imaging）是指对存储介质中的电子数据精确地进行复制，并以镜像文件的形式存储。目前国内外使用不同的镜像获取工具，然而多数取证人员还是采用国际通用的文件格式比较多，以便能使用不同取证软件打开证据文件。国内外司法取证中，通常习惯采用两种类型的证据文件格式，一种为位对位镜像证据文件，即将存储介质中的所有数据进行镜像获取，生成特定格式的证据文件，典型的证据文件格式有：E01、Ex01、DD（原始数据镜像）、DMG、AFF/AFF4 和 Smart。另一种为特定数据证据文件，即逻辑证据文件，仅针对选中的文件或特定磁盘对象进行数据获取，并生成逻辑证据文件，典型的逻辑证据文件格式有：L01、Lx01、AD1、AFF4 和 CTR。

（四）实验环境

1. 1 台装有 Windows 10 系统的计算机。
2. WinHex。
3. FTK Imager。
4. 案例文件：镜像实验 . VHD。

（五）实验摘要

1. 挂载 VHD 虚拟磁盘。
2. 使用 WinHex 将虚拟磁盘制作为镜像文件。
3. 使用 FTK Imager 将虚拟磁盘制作为镜像文件。
4. 使用 FTK Imager 制作逻辑镜像文件。

（六）实验内容

实验 1. VHD 虚拟磁盘只读模式挂载

步骤 1. 进入磁盘管理

右击桌面“此电脑”图标，然后选择“管理”，再选择“磁盘管理”（如图 3-1-1、图 3-1-2 所示）。

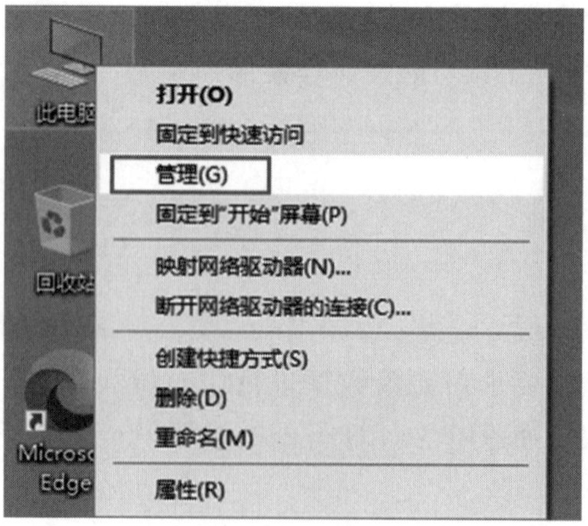

图 3-1-1 点击“此电脑”打开“管理”

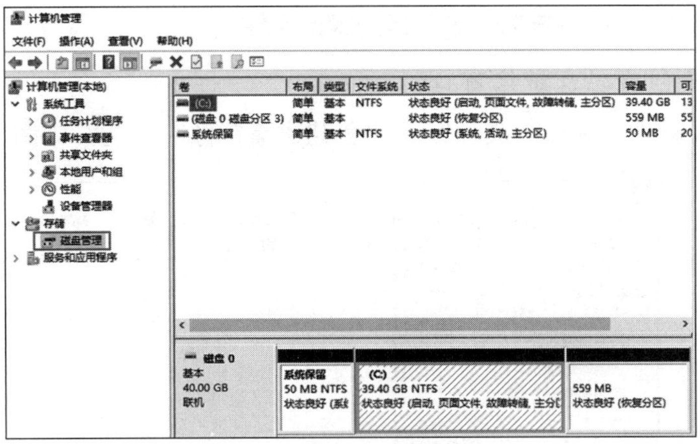

图 3-1-2　打开“磁盘管理”

步骤 2. 挂载 VHD 并设置只读模式

右击“磁盘管理”→“附加 VHD”→选择“镜像实验 . vhd”并勾选“只读”（如图 3-1-3、图 3-1-4 所示）。

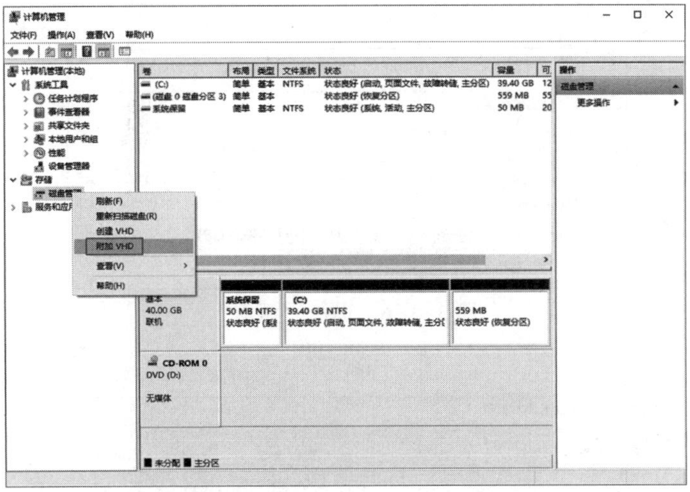

图 3-1-3　选择“附加 VHD”

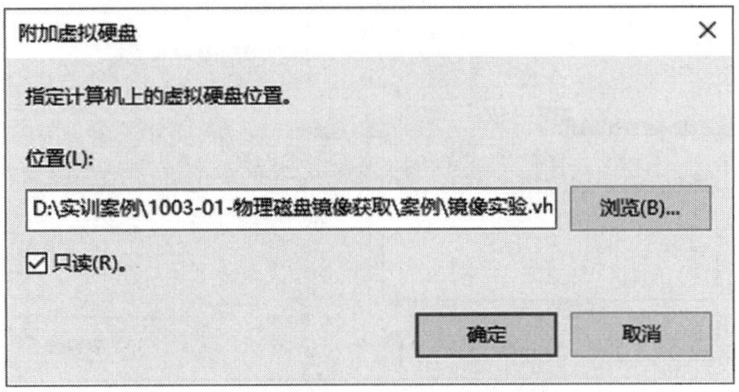

图 3-1-4　选择 VHD 文件并勾选只读

实验 2. 使用 WinHex 将虚拟磁盘制作为镜像文件

步骤 1. 打开创建磁盘镜像窗口

打开 WinHex 软件，选择“文件”→“创建磁盘镜像”功能（如图 3-1-5 所示）。

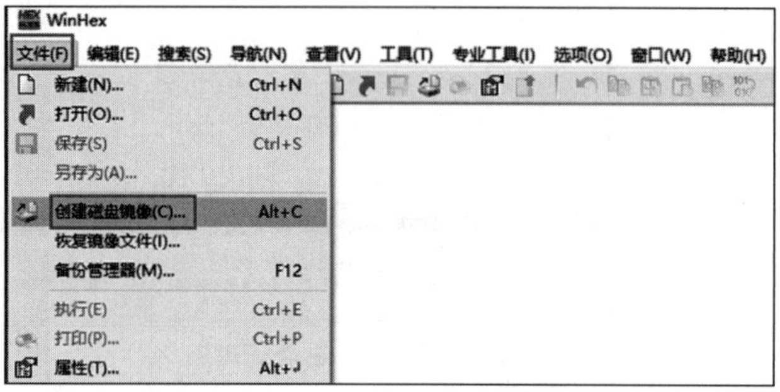

图 3-1-5　选择“创建磁盘镜像”功能

步骤 2. 添加 VHD 虚拟磁盘

选择“源盘”（加载的 VHD 虚拟磁盘），然后选择镜像存储位置，点击开始制作镜像（如图 3-1-6、图 3-1-7 所示）。

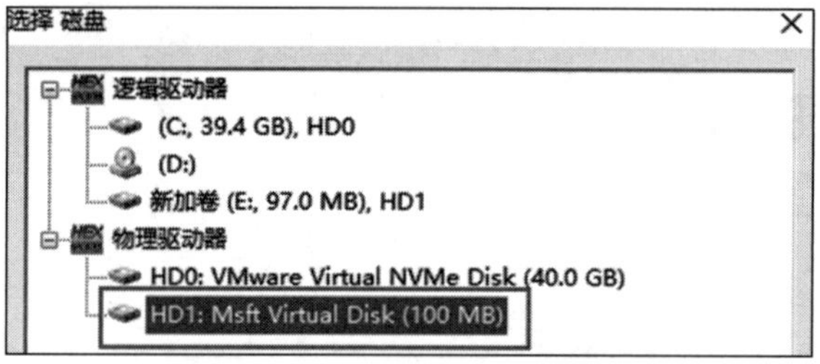

图 3-1-6　选择“源盘”

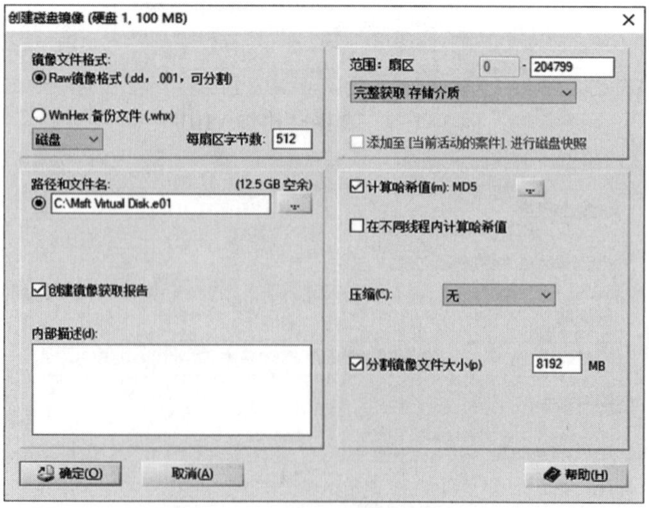

图 3-1-7　选择镜像存储位置

实验 3. 使用 FTK Imager 将虚拟磁盘制作为镜像文件

步骤 1. FTK Imager 创建磁盘镜像

打开 FTK Imager，选择菜单“File”，并选择“Create Disk Image”（如图 3-1-8 所示）。

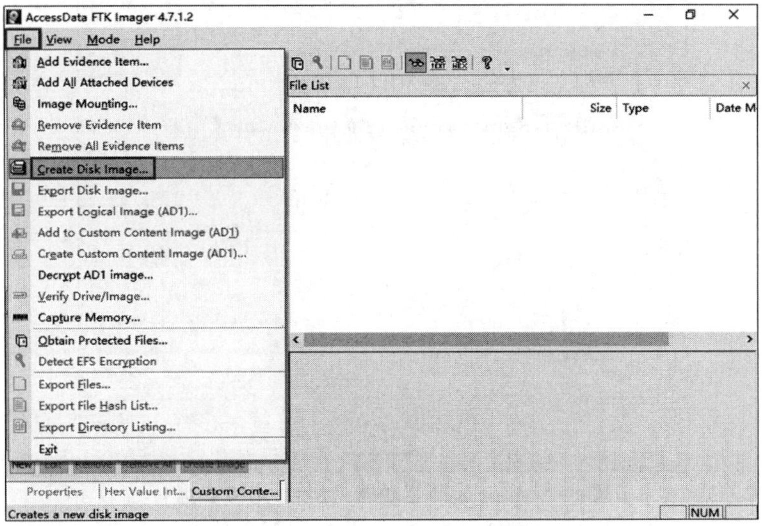

图 3-1-8　选择“创建磁盘镜像”

步骤 2. 选择“物理驱动器”

VHD 虚拟磁盘挂载后将模拟为物理磁盘，此步骤选择“Physical Drive”（如图 3-1-9 所示）。

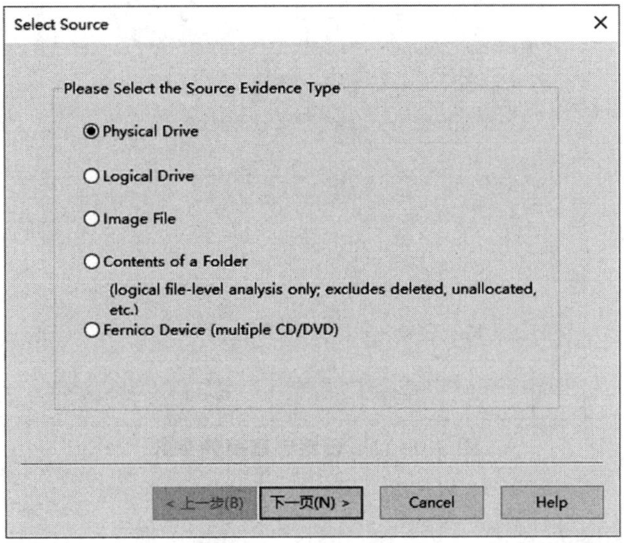

图 3-1-9　选择数据源

步骤 3. 选择源盘

需从可用驱动器下拉列表中选择带有“Microsoft 虚拟磁盘”标识的驱动器（如图 3-1-10 所示）。

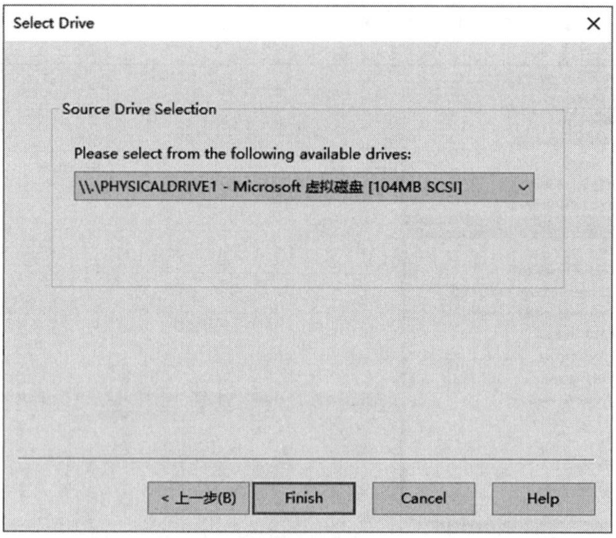

图 3-1-10 选择驱动器（VHD 虚拟磁盘）

步骤 4. 添加镜像目标

点击“Add”，选择镜像类型、镜像存储位置便可开始镜像制作，可勾选“Verify images after they are created”对镜像进行校验（如图 3-1-11 所示）。

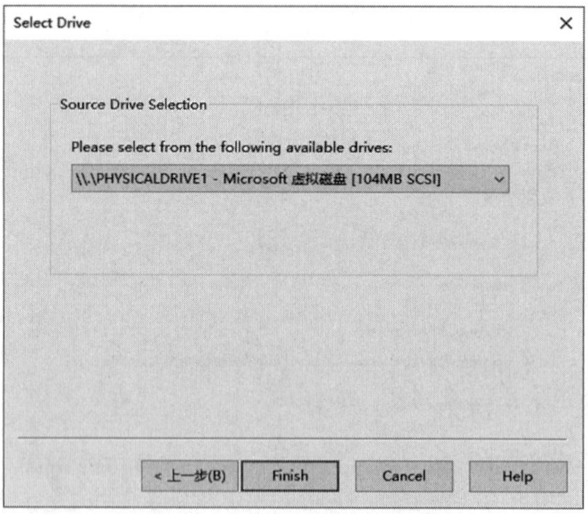

图 3-1-11 设置创建镜像参数

步骤 5. 选择镜像类型

选择“Raw（dd）”格式，并点击“下一页”（如图 3-1-12 所示）。

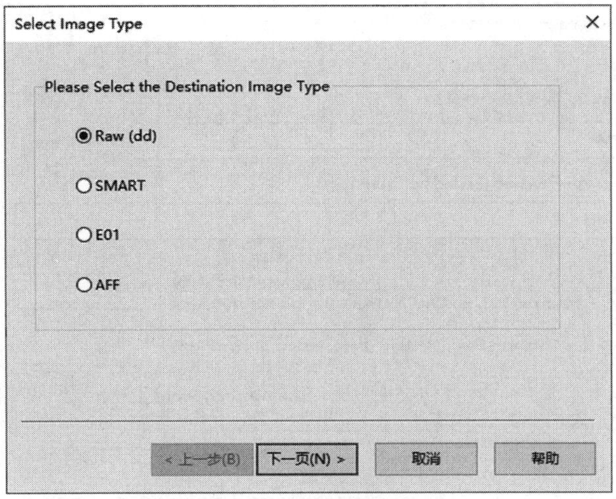

图 3-1-12　选择镜像类型

步骤 6. 填写该证据的相关信息

输入相关信息，如案件编号、证据编号、唯一描述、检查员、备注等信息。证据项信息为选填项（如图 3-1-13、图 3-1-14 所示）。

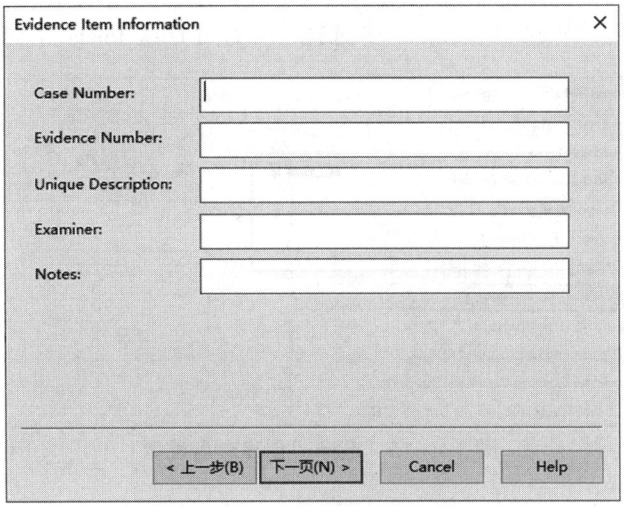

图 3-1-13　填写证据项信息

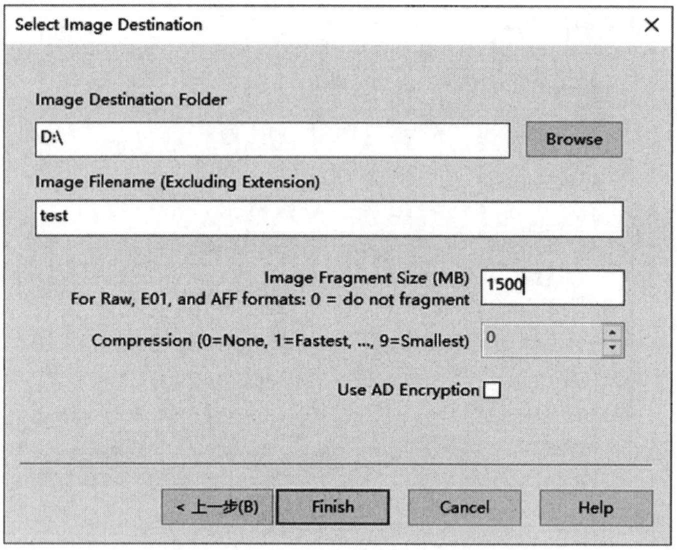

图 3-1-14　指定镜像名及存储位置

实验 4. 使用 FTK Imager 制作逻辑镜像文件

步骤 1. 打开创建磁盘镜像

打开 FTK Imager，从菜单“File”中选择“Create Disk Image”（如图 3-1-15 所示）。

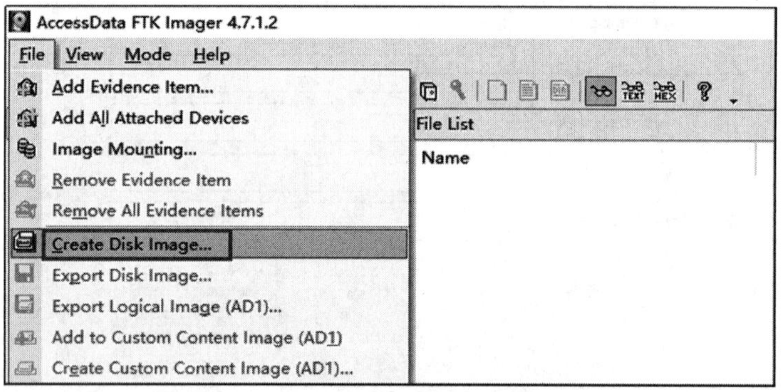

图 3-1-15　选择“创建磁盘镜像”

步骤 2. 选择数据源

选中“Contents of Folder”并点击“下一页”（如图 3-1-16、图 3-1-17 所示）。

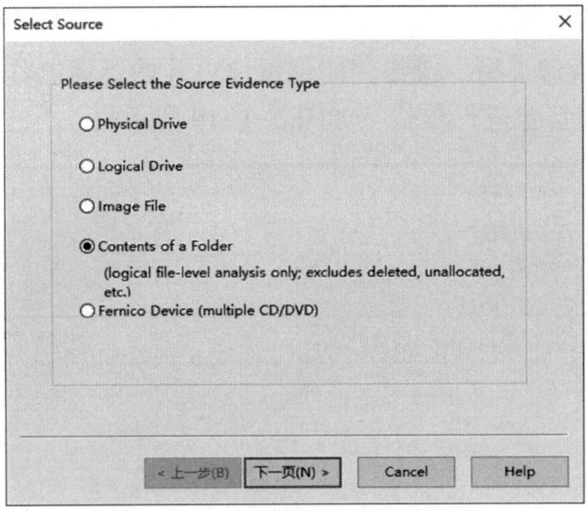

图 3-1-16 选择“文件夹内容”

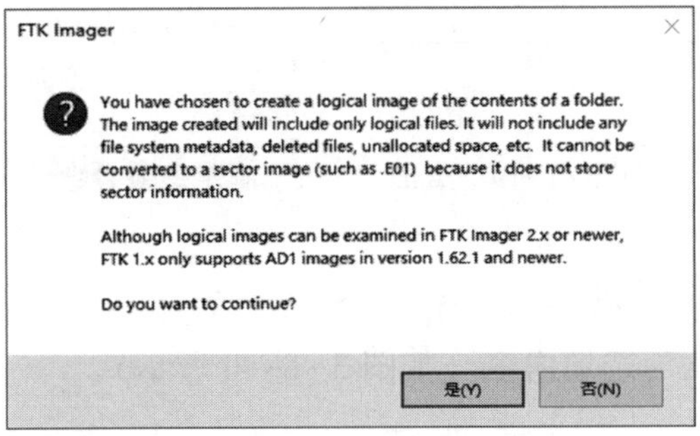

图 3-1-17 点击“是”继续

步骤 3. 选择待获取的源文件（文件或文件夹）

本实验中选择虚拟磁盘中的“资料”文件夹（如图 3-1-18 所示）。

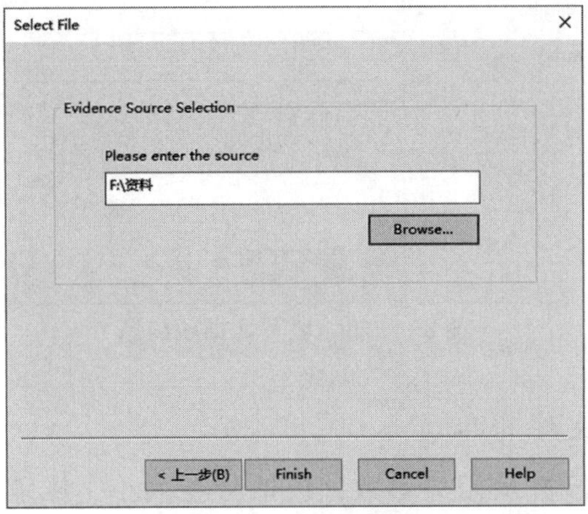

图 3-1-18 选择源文件夹

步骤 4. 添加镜像目标

点击“Add”选择镜像类型、镜像存储位置便可开始镜像制作，可勾选“Verify image after they are created”对镜像进行校验（如图 3-1-19 所示）。

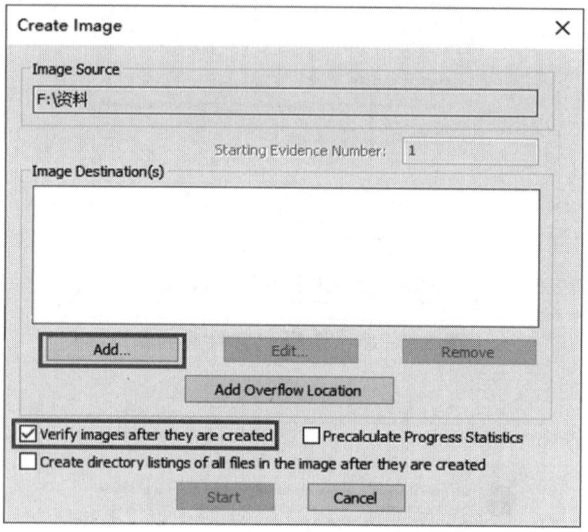

图 3-1-19　点击“Add”制定镜像参数

步骤 5. 填写证据项信息

填写证据项信息，均为选填内容（如图 3-1-20 所示）。

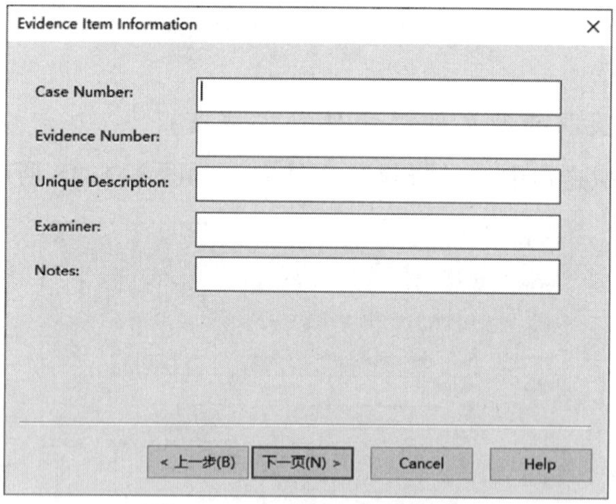

图 3-1-20　填写证据项信息

步骤 6. 设置镜像文件的参数

选择镜像文件存储位置及相关参数，包括分卷大小、压缩率及是否使用 AD 加密（如图 3-1-21 所示）。

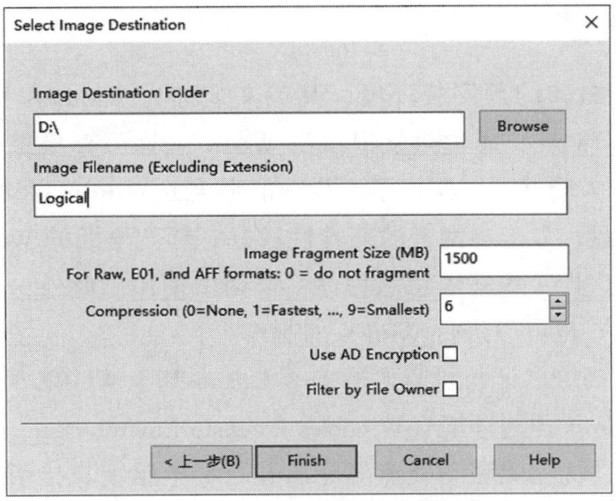

图 3-1-21　指定镜像名及存储位置

（七）实验小结

磁盘镜像是指对存储介质中的电子数据进行精确的位对位复制，并以镜像文件的形式存储，其存储格式也很多，需要了解不同镜像格式之间的区别，并掌握镜像制作的方法。

思考题

1. 同一个存储介质使用只读锁设备进行数据获取，分别制作 DD、E01 两种不同格式的证据文件，使用取证软件加载生成的证据文件，并对其包含的源数据进行 MD5 哈希计算，两者的 MD5 值是否相同？

2. 同一个存储介质使用只读锁设备进行数据获取，分别制作 DD、E01 两种不同格式的证据文件，对最终生成的 DD 和 E01 文件本身分别进行 MD5 哈希计算，两者的 MD5 值是否相同？

实验二　WinFE 取证引导盘制作

（一）实验目的

了解 WinFE 和 WinPE 引导盘工作机制差异，掌握将普通的 WinPE 改为符合司法规范的 WinFE 引导盘的制作方法。

（二）实验类型

演示型、基础实验。

（三）实验原理

Windows PE 是指微软的预安装环境，其英文全称为 Windows Preinstallation Environment（简称 WinPE）。WinPE 通过微软提供的 WAIK 工具可直接进行制作。早期国内有一些 WinPE 制作的个人爱好者，制作了不少功能强大的 WinPE 启动盘，增加了不少计算机的驱动程序，对硬盘、显卡、网卡的兼容性较好。然而早期的 WinPE 启动盘质量参差不齐，有些甚至内置广告、木马等恶意程序，需谨慎使用。此外，通过第三方的工具软件（如 WinBuilder 等）也可以进行 WinPE 的制作。

2008 年，微软的高级取证与研究人员 Troy Larson 基于 WinPE 研发出了一款适合用于电子数据取证的 Windows 预装环境（Windows Forensic Environment，简称 WinFE）。WinFE 引导系统可通过光盘、优盘或移动硬盘等介质在目标电脑上直接引导并运行。WinFE 系统可自行添加取证工具、驱动程序等。

WinFE 则是微软基于 WinPE 基础上进行相关的注册表修改，系统启动后不自动对磁盘进行挂载或分配盘符，避免使用者对目标电脑中的源磁盘进行任何写入操作，从而符合电子数据取证对证据保护的要求。

WinFE 需要对原有 WinPE 进行注册表多个项目的修改，如下：

1. 不自动加载本地物理磁盘策略设置

HKEY_LOCAL_MACHINE\System\ControlSet<ID>\Services\MountMgr

其 NoAutoMount 值修改为 1

2. 磁盘脱机策略设置

HKEY_LOCAL_MACHINE\System\ControlSet<ID>\Services\partmgr\Parameters

Windows 7 及以下版本：SanPolicy 值设置为 3（内部磁盘、外置移动存储介质均脱机）

Windows 8 及以上版本：SanPolicy 值设置为 4（内部磁盘脱机、外部介质和引导启动盘均联机）

注意事项：

1. 如果将卷（分区）以只读方式（READ ONLY）方式挂载，目标电脑使用的是 Linux 系统磁盘，那么可能会往磁盘写入一个控制代码（即一个 4 字节的磁盘签名）。除此之外，卷的只读挂载操作不会对任何其他用户数据进行修改。

2. 如果以整个物理磁盘挂载为只读，不会对源盘有任何改变数据的操作。

（四）实验环境

1. 1 台装有 Windows 系统的计算机。
2. 1 个 U 盘（容量不小于 8GB）。
3. UltraISO、WimTool 及 Rufus 等。
4. 案例：Win10PE_x64. iso 文件。

（五）实验摘要

1. 制作 WinFE 取证引导盘镜像。
2. 使用虚拟机测试 WinFE。
3. 制作 WinFE 启动盘。

（六）实验内容

实验 1. 制作 WinFE 取证引导盘镜像

步骤 1. 导出 Win10PE_x64. iso 中的 boot. wim 文件

准备 1 个 Win10PE_x64. iso 镜像文件，使用 UltraISO 将 Win10PE_x64. iso 镜像打开，并将 sources 目录下的 boot. wim 提取导出到本地（如图 3-2-1、图 3-2-2 所示）。

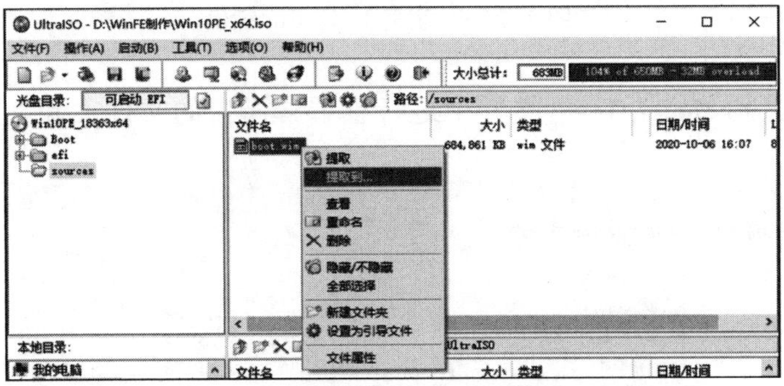

图 3-2-1 从 Win10PE_x64. ISO 导出 boot. wim

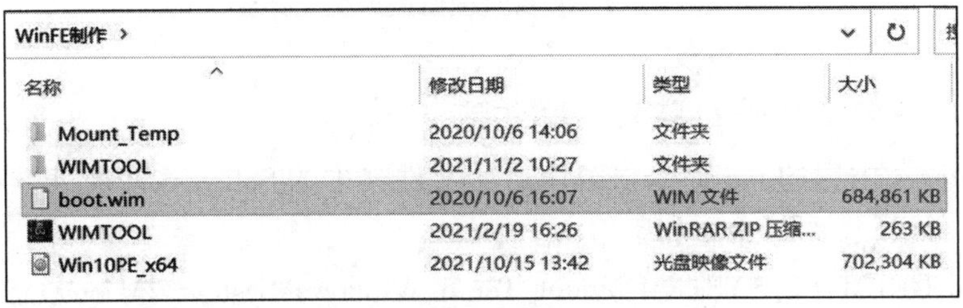

图 3-2-2 查看导出的 boot. wim 文件

步骤 2. 释放 boot. wim 文件并修改注册表键值并重新封装

使用 WIM 工具软件 WimTool 将 boot. wim 文件中的内容解压到 Mount_Temp 文件夹，运行 WimTool. exe 时要求以管理员权限运行。通过“浏览”按钮选择“选择要挂载或解开的 WIM 文件”和“选择挂载或解开的目标文件夹”，然后点击“解开映像”（如图 3-2-3 所示）。

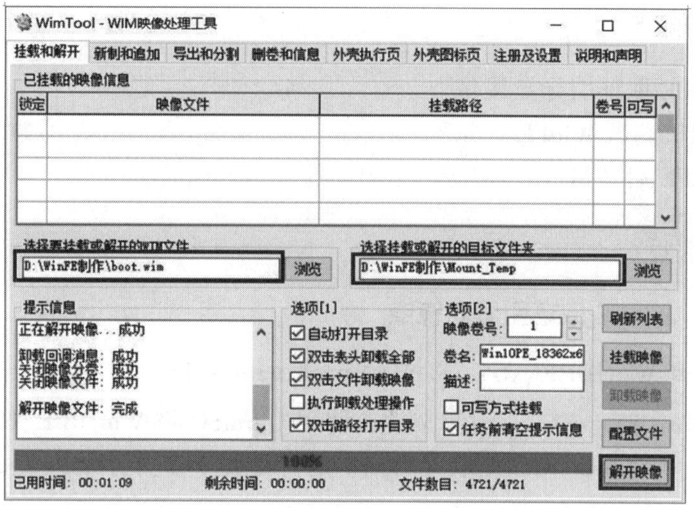

图 3-2-3　**解开 boot. wim 镜像**

解压后可切换到 Mount_Temp 文件中进行查看解压后的文件夹和文件（如图 3-2-4 所示）。

图 3-2-4　**查看镜像解压后的文件夹**

步骤 3. 将注册表文件挂载到本地电脑

使用 Windows 内置的 reg 命令将解压后的文件夹中的 Software 注册表挂载到本地电脑（如图 3-2-5 所示），参考命令如下：

- reg load HKLM\FE_SYSTEM Mount_Temp\Windows\System32\Config\SYSTEM

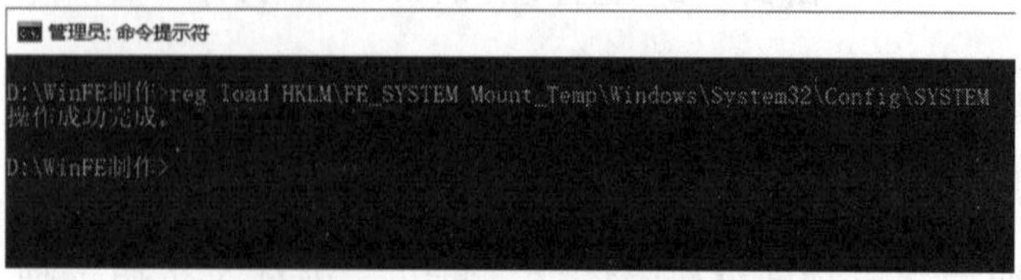

图 3-2-5　reg **命令挂载注册表**

修改注册表（如图 3-2-6 所示），参考命令如下：

- reg add HKLM\FE_SYSTEM\ControlSet001\Services\partmgr\Parameters /v SanPolicy /t REG_DWORD /d 4 /f

● reg add HKLM\FE_SYSTEM\ControlSet001\Services\MountMgr\ /v NoAutoMount /t REG_DWORD /d 1 /f

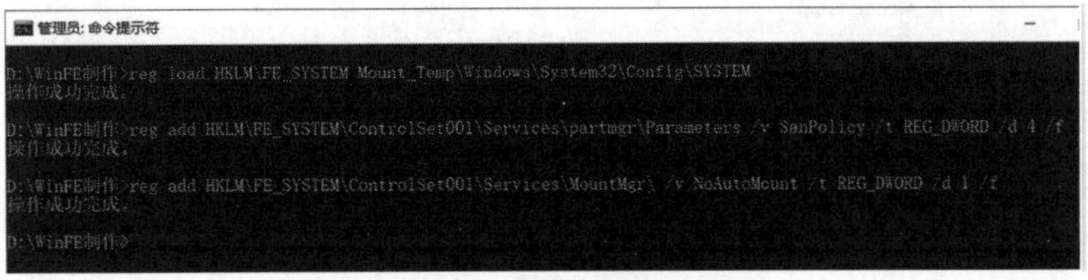

图 3-2-6 修改注册表键值

步骤 4. 关闭注册表挂载

关闭所有挂载到本地电脑的注册表文件（如图 3-2-7 所示），参考命令如下：

● reg unload HKLM\FE_SYSTEM

注意：如挂载了多个注册表文件，务必关闭已加载的注册表文件，否则 WIM 工具重新打包时可能无法成功。

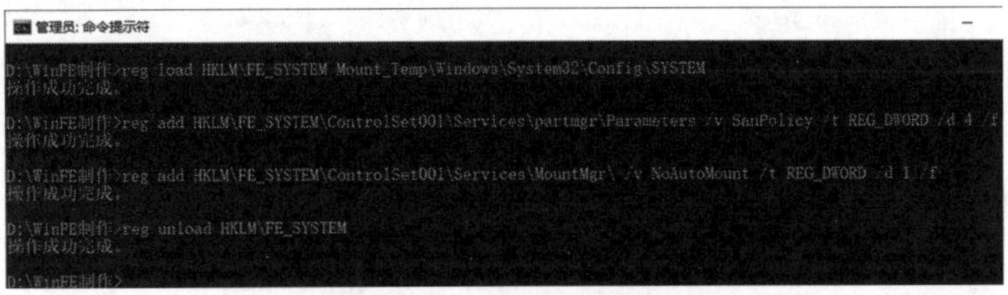

图 3-2-7 关闭注册表挂载

步骤 5. 重新将 Mount_Temp 文件夹打包为 wim 文件

选择要制作成 WIM 映像的源目录，选择保存 WIM 映像的文件名，配置映像名称，显示名称等信息后，即可重新打包为 WIM 文件（如图 3-2-8 所示）。

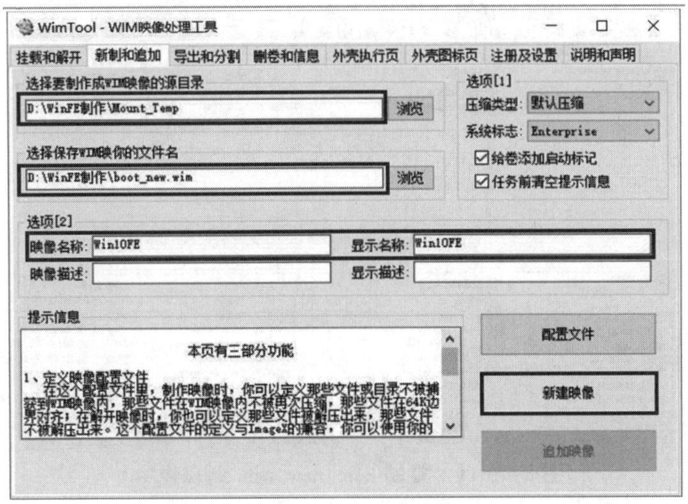

图 3-2-8 重新打包生成新 WIM 文件

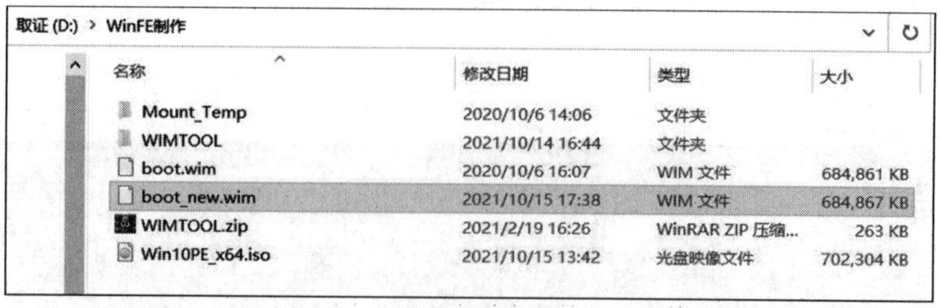

图 3-2-9　查看生成的 WIM 文件

步骤 6. 制作一个原有 ISO 文件的副本

将修改后的 WIM 文件替换到 Win10PE_x64. iso 中，并保存为 WinFe_x64. iso。使用 Ctrl 拖动 Win10PE_x64. iso 文件，制作一个副本，并重命名为 Win10FE_x64. iso（如图 3-2-10 所示）。

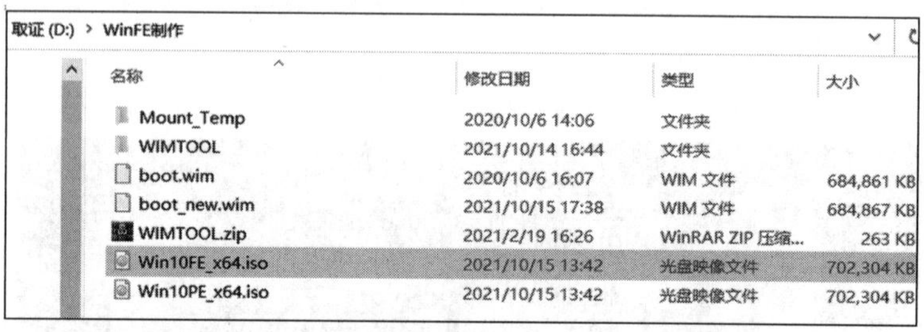

图 3-2-10　创建 Win10PE_x64. iso 副本并重命名

步骤 7. 更新后的 WIM 文件替换 ISO 文件中的原文件

使用 UtraISO 打开 Win10FE_x64. iso 镜像，删除原有的 boot. wim，然后将 boot_new. wim 复制到 sources 文件夹（如图 3-2-11 所示）。

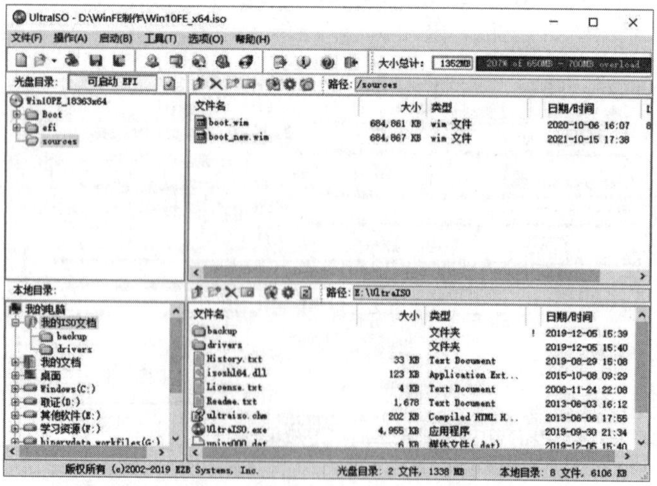

图 3-2-11　复制 boot_new. wim 到镜像中

将右侧的 boot_new. wim 重命名为 boot. wim，最后将所有更改变动进行保存即可。

步骤 8. 保存更新后的 ISO 文件

将 boot_new. wim 改为 boot. wim，然后保存 ISO 镜像的数据修改（如图 3-2-12、图 3-2-13 所示）。

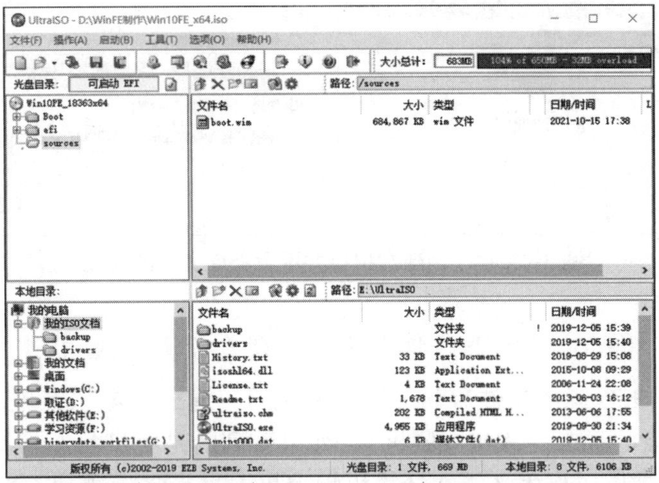

图 3-2-12 将 boot_new. wim 重命名为 boot. wim

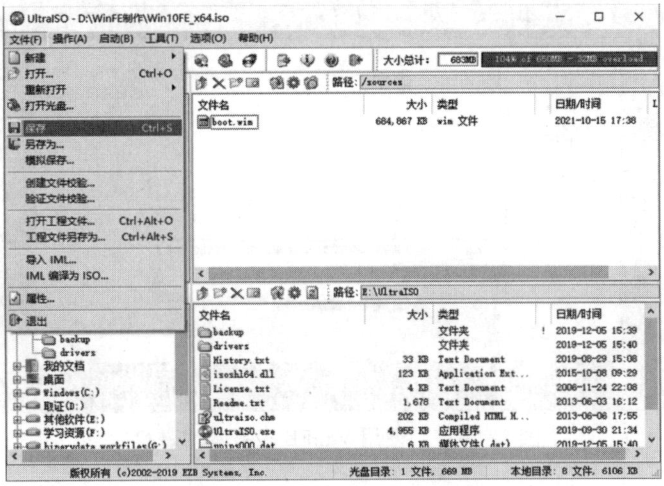

图 3-2-13 保存 ISO 镜像

实验 2. 使用虚拟机测试 WinFE

步骤 1. 使用 WinFE 的 ISO 镜像文件启动目标虚拟机

以 VMware Workstation 为例进行测试，将 Win10FE_x64. iso 文件作为光盘镜像，打开一个已安装 Windows 操作系统的虚拟机（如图 3-2-14 所示）。注意，本实验测试的虚拟机的磁盘应配置为 IDE 或 SATA 接口。

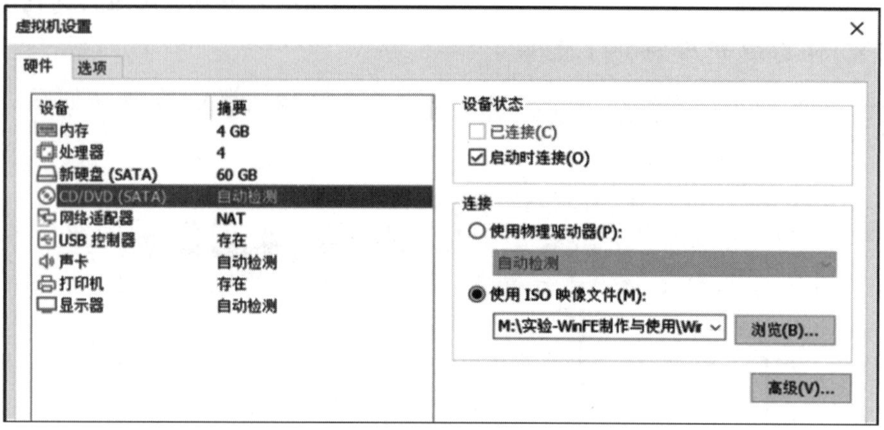

图 3-2-14　创建虚拟机并配置 ISO 文件的路径

步骤 2. 检查 WinFE 是否默认将本地物理硬盘设置为脱机

使用 WinFE 的 ISO 镜像文件启动，进入系统后，通过右击“此电脑”，选择“磁盘管理”，可查看磁盘的状态（联机或脱机）。如果看到的是脱机状态就符合电子数据取证的基本要求，当然实际工作中还需在计算机物理机上进行实际测试，检验 WinFE 引导盘是否可以做到对源盘数据的保护（如图 3-2-15 所示）。

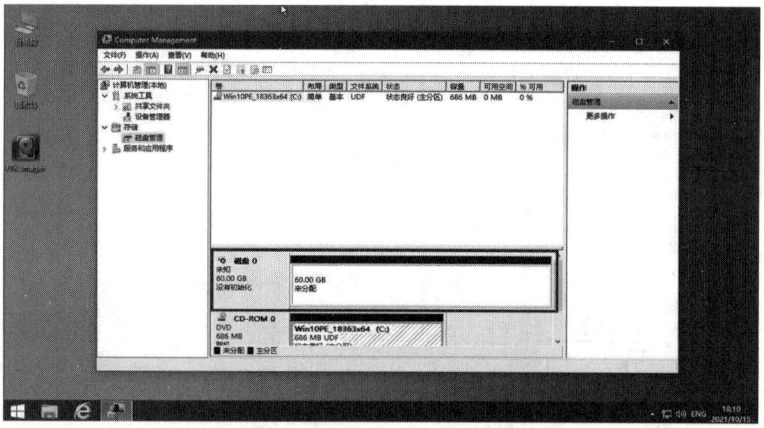

图 3-2-15　使用 WinFE 查看本地磁盘

注意：使用虚拟机进行 WinFE 引导盘测试，建议添加 IDE 或 SATA 接口的虚拟硬盘进行测试。虚拟机中添加的 SCSI 或 NVME 接口虚拟磁盘可能导致测试不正常，本地磁盘未能脱机。然而在实际的电脑上测试，不存在该问题。

实验 3. 制作 WinFE 启动盘

步骤 1. 使用 Rufus 制作 WinFE 启动盘

通过虚拟机测试 Win10FE_x64. iso，确认无问题后，便可通过 Rufus 或者其他引导盘写入工具来制作 WinFE 引导 U 盘（如图 3-2-16 所示）。

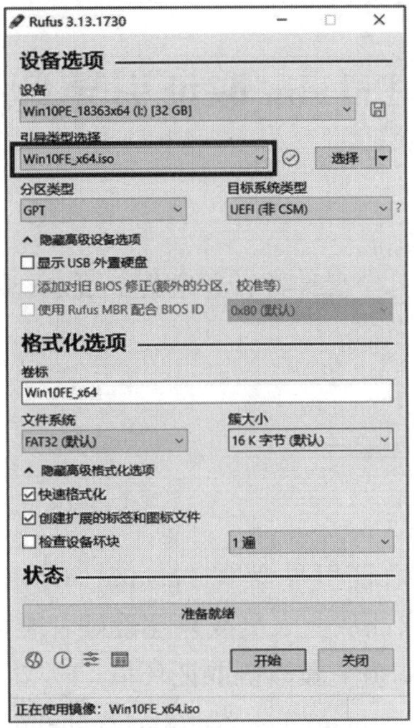

图 3-2-16 制作 WinFE 引导盘

步骤 2. 使用 Ventoy 制作 WinFE 可引导启动盘

国产 Ventoy 工具是一款支持将 ISO、WIM、VHD 等镜像直接开机时进行加载启动，因此 ISO 可引导的镜像文件可直接放入 Ventoy 启动盘中即可（如图 3-2-17 所示），无须使用 Rufus 或 UltraISO 等工具将 ISO 镜像写入 U 盘中。

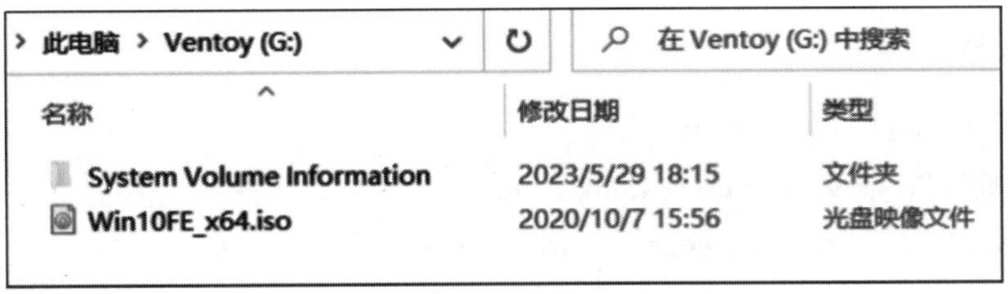

图 3-2-17 基于 Ventoy 的 WinFE 引导盘

（七）实验小结

WinFE 是基于 WinPE 启动环境进行定制修改，通过对注册表多个键值的修改及策略配置，实现对计算机本地磁盘进行默认设置脱机，也可以设置只读模式。WinFE 实质上是一种具备写保护功能的迷你版 Windows 操作系统，适合用于现场免拆机取证。

思考题

1. WinFE 和 WinPE 最大的区别是什么？

2. WinFE 是否可用于司法实践中的电子数据证据保全？

实验三　Paladin 取证引导盘制作镜像

（一）实验目的

熟悉常见的 Linux 的取证引导盘种类，并掌握 Paladin 取证引导盘的启动及镜像制作。

（二）实验类型

演示型、基础实验。

（三）实验原理

目前，国外流行的 Linux 取证引导盘有 Paladin、CAINE、DEFT 和 Raptor 等，多数 Linux 取证引导盘均是由一些取证从业人员或兴趣爱好者维护，可免费下载使用。国外的 SANS 培训机构还提供了 SANS SIFT 虚拟机取证环境。

1. Paladin LiveCD：https://sumuri.com/software/paladin/
2. DEFT LiveCD：http://na.mirror.garr.it/mirrors/deft/
3. SANS SIFT：https://digital-forensics.sans.org/community/downloads
4. Caine LiveCD：https://www.caine-live.net/

Linux 取证引导盘基于不同的 Linux 发行版本进行定制，以符合电子数据取证的要求，对目标计算机的硬盘进行数据保护。Linux 系统与 Windows 系统相比，更加容易对磁盘及文件系统进行管理，支持以只读方式进行加载。

（四）实验环境

1. 1 台装有 Windows 系统的计算机。
2. 虚拟机软件 VMware Workstation。
3. ISO 镜像文件"paladin_edge_64_v8.01.iso"。

（五）实验摘要

1. 创建 Windows 系统虚拟机作为待取证的目标计算机。
2. 使用 Paladin 启动盘启动虚拟机并使用内置的工具制作硬盘镜像。

（六）实验内容

本实验是以 ISO 镜像文件虚拟为光驱，通过光驱模拟引导启动虚拟机，然后使用镜像工具对虚拟机的磁盘进行证据固定。

实验 1. 创建 Windows 系统虚拟机作为待取证的目标计算机

步骤 1. 创建 Windows 10 虚拟机（模拟为待取证的目标计算机）

运行 VMware 软件，选择新建虚拟机，选择 Microsoft Windows 客户机操作系统，并设定虚拟机默认的磁盘大小为 60GB（如图 3-3-1、图 3-3-2 所示）。

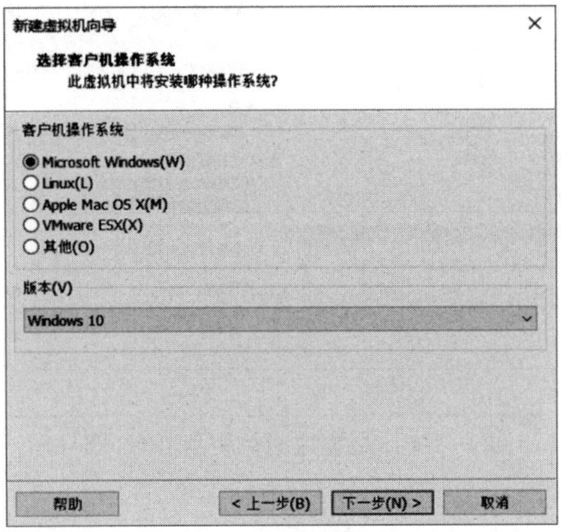

图 3-3-1　新增虚拟机

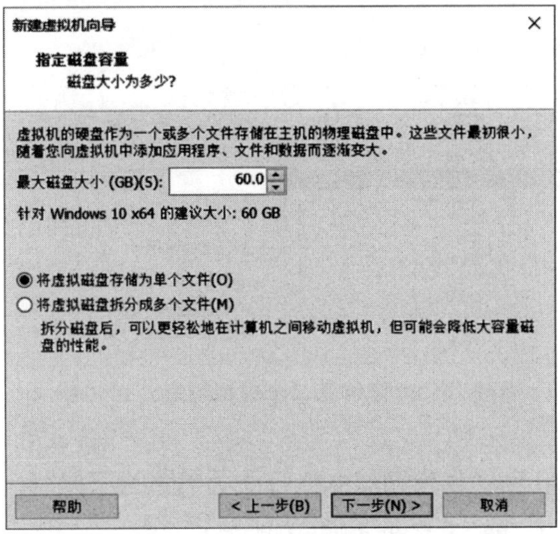

图 3-3-2　设置磁盘容量

步骤 2. 高级配置中选择“BIOS”

完成虚拟机创建后进入虚拟机设置，在“高级”选项中的“固件类型”选择 BIOS（如图 3-3-3 所示）。

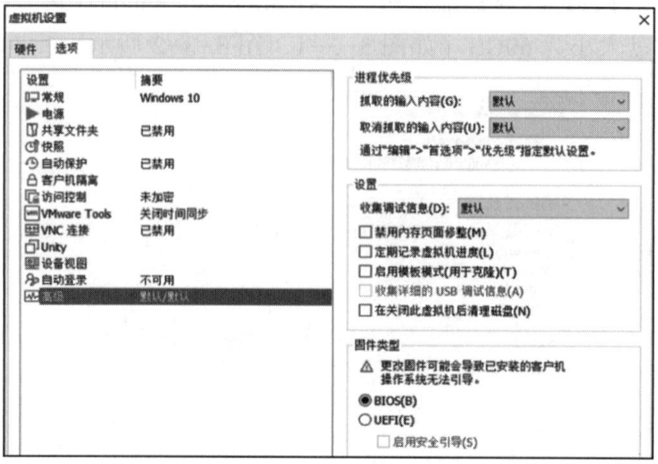

图 3-3-3　配置虚拟机使用 BIOS 固件

步骤 3. 添加硬盘（模拟为证据盘）

添加 100GB 的虚拟硬盘，用于模拟证据盘使用（如图 3-3-4 所示）。

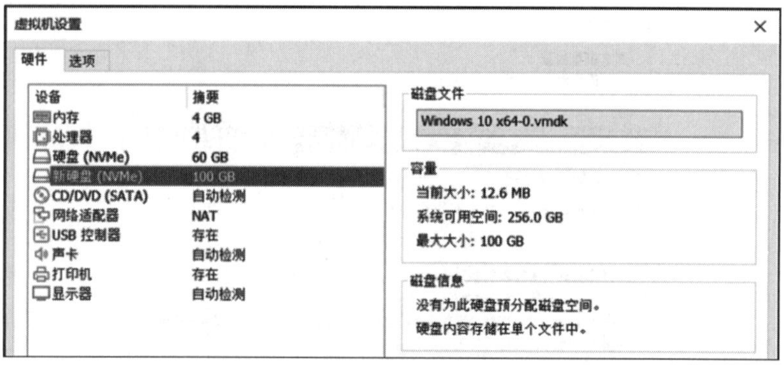

图 3-3-4　添加第二个虚拟硬盘（100GB）

实验 2. 使用 Paladin 启动盘启动虚拟机并使用内置的工具制作硬盘镜像

步骤 1. 使用 Paladin 取证引导系统启动虚拟机

将 ISO 镜像文件添加至 Paladin 虚拟机（如图 3-3-5 所示）。Paladin Linux 启动画面中通常选择带 Forensics Mode 的选项，Non-Forensic Mode 非取证模式，默认不对源盘进行数据写保护，部分选项则支持 Sumuri Remote Services 远程服务。

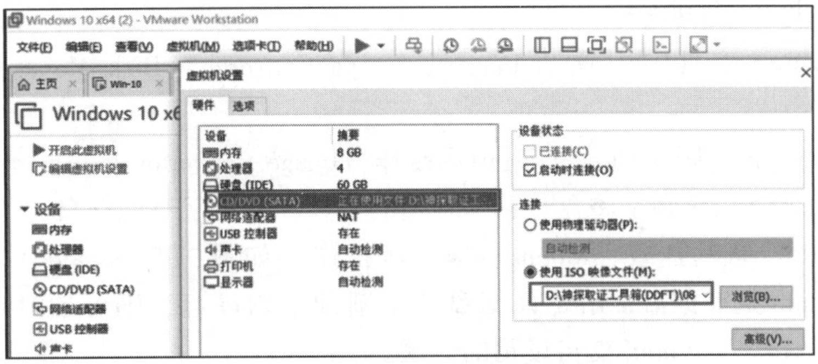

图 3-3-5　配置虚拟机使用的 ISO 映像文件

步骤 2. 引导启动菜单及系统主界面

启动主界面存在多种模式的选择，适用于司法取证的通常带有关键字“Forensics”(如图 3-3-6、图 3-3-7 所示)。

图 3-3-6　Paladin Linux 系统启动主界面

图 3-3-7　Paladin Linux 取让模式启动界面

步骤 3. Paladin Toolbox

Paladin Toolbox 工具中内置了 Imager、Image Converter、Disk Manager 等多个工具软件。

Imager 用于硬盘克隆（Clone）或镜像制作，Image Converter 是用于不同镜像格式之间的转化，Disk Manager 则是磁盘查看和管理的工具，可用于对证据盘进行格式化、只读挂载（Mount-R）、读写挂载（Mount-RW）等操作（如图 3-3-8 所示）。其中/dev/sda 是源盘、/dev/sdb 是证据盘，由于证据盘是全新的空白硬盘，则可通过点击“Format”进行格式化，创建一个 Linux 支持读写的分区。

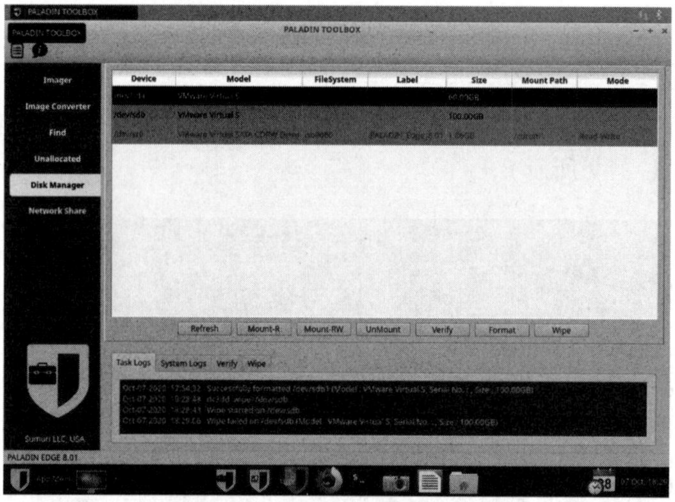

图 3-3-8　**磁盘管理工具** Disk Manager

步骤 4. 证据盘文件系统选择及格式化

Linux 默认对 NTFS 文件系统只能读取，无法写入。因此推荐使用 exFAT、ext4 等文件系统。exFAT 文件系统在 Windows、Linux、macOS 等系统均可以读写操作，因此通常情况下优先考虑将证据盘格式化为 exFAT 文件系统。

/dev/sdb1 是物理硬盘 sdb 格式化后的分区序号，卷标（Label）为 Evidence，文件系统为 exFAT，可用容量为 100 GB（如图 3-3-9、图 3-3-10 所示）。

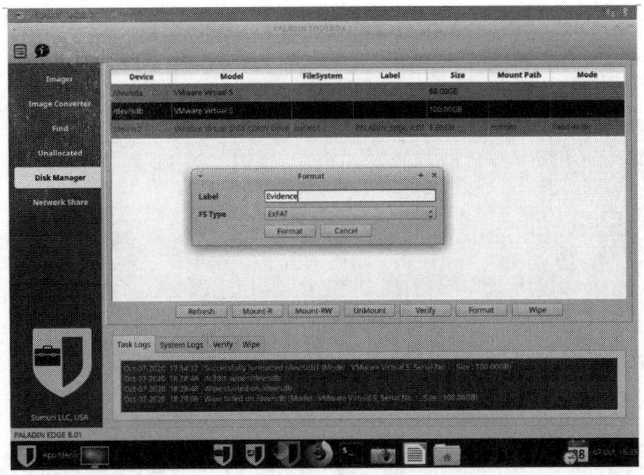

图 3-3-9　**证据盘 sdb 格式化为 exFAT**

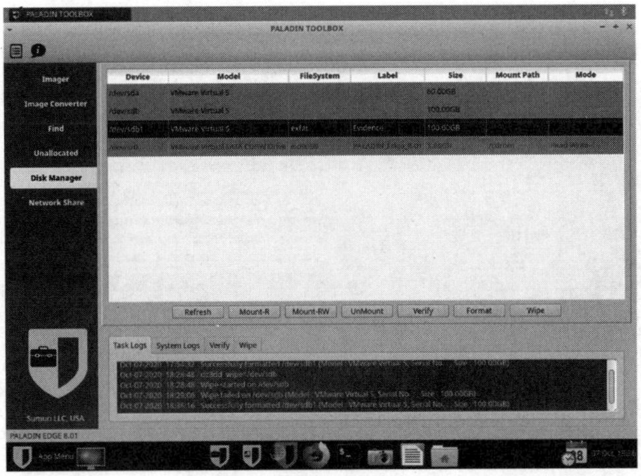

图 3-3-10　**证据盘 sdb 格式化为 exFAT 后的分区**

切换到 Imager 主界面，将源盘 sda 制作为镜像文件 E01。从 Source（源盘）选择/dev/sda 物理硬盘，Image Type（镜像类型）选择 EWF（E01），输入制作 E01 镜像所需的案件编号（Case Number）、证据编号（Evidence Number）、调查员姓名（Examiner Name）等信息（如图 3-3-11、图 3-3-12 所示）。

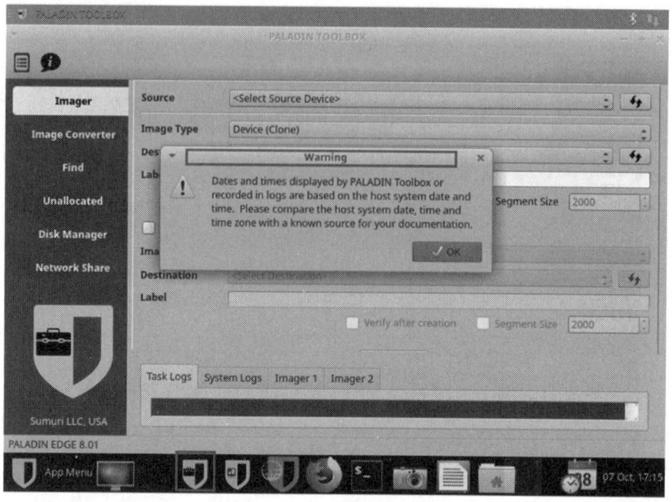

图 3-3-11　**创建 Imager**

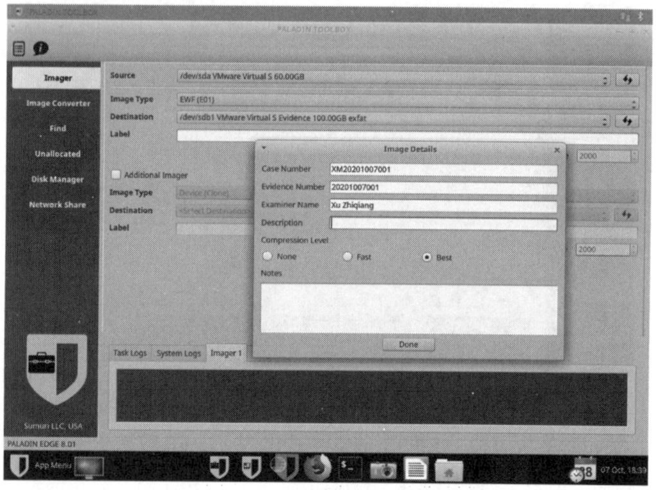

图 3-3-12　**源盘 sda 镜像制作**

配置生成镜像文件的相关参数并启动镜像制作（如图 3-3-13、图 3-3-14 所示）。

Label：设置证据盘的标签名称

Verify after creation：完成镜像后自动进行证据文件的哈希校验

Segment Size：证据文件的分段大小设置，默认为 2000MB

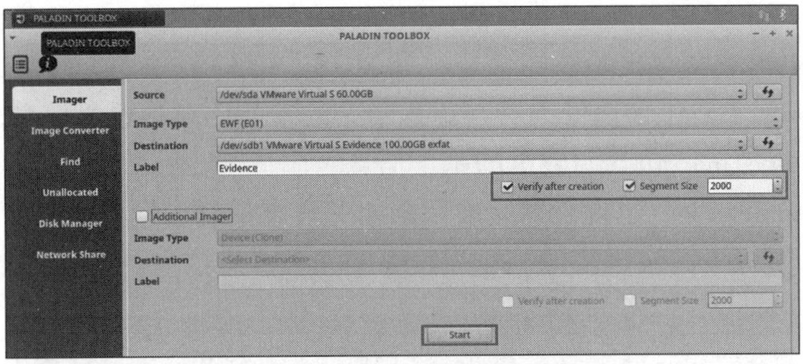

图 3-3-13　源盘 sda 镜像制作选项

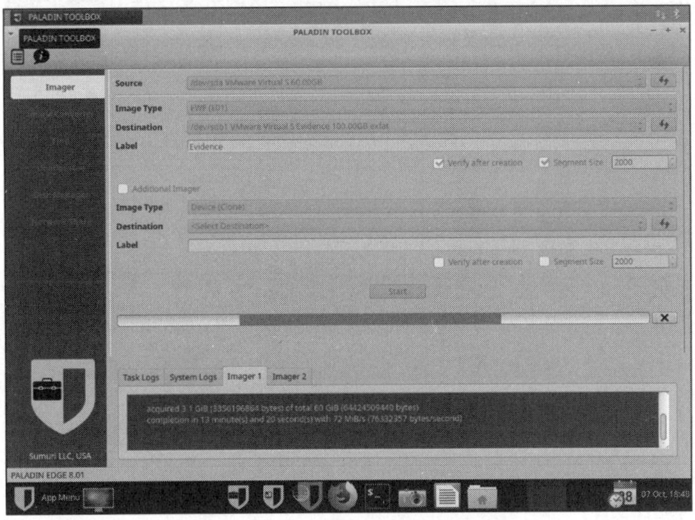

图 3-3-14　源盘 sda 镜像过程

镜像完成制作后进行查看（如图 3-3-15、图 3-3-16 所示）。

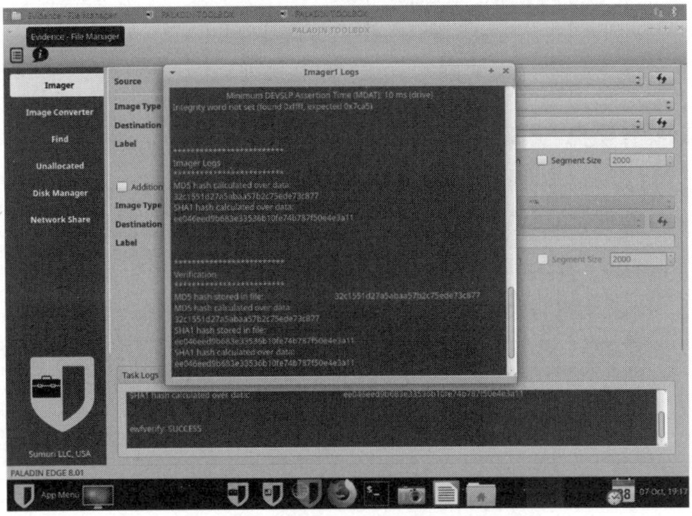

图 3-3-15　镜像完成日志信息

镜像完成后产生了多个 log 日志文件，Evidence 均为自定义的设备标签名称，如下：
Evidence. log：包含源盘的哈希值信息，如 MD5、SHA-1。
Evidence. verify. log：包含镜像文件与源盘哈希的校验比对哈希值信息。
Evidence. source_info：包含源磁盘的基本信息。
Evidence. complete. log：包含镜像完成后的相关日志信息。
Evidence. process. log：包含镜像制作过程中的相关日志信息。

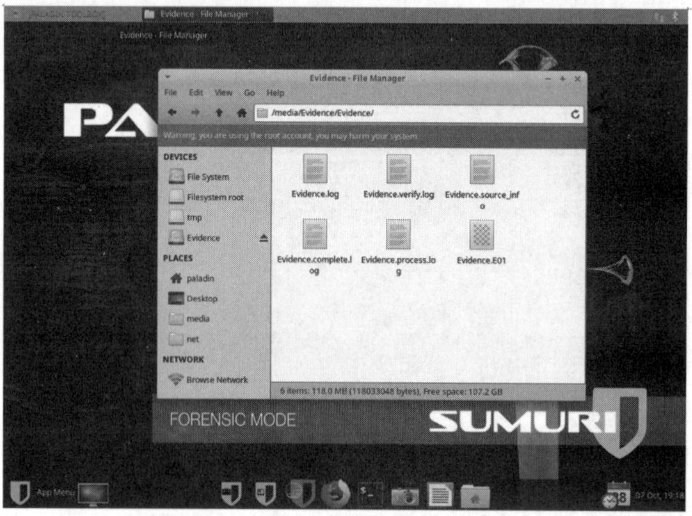

图 3-3-16　镜像完成后产生的相关文件

（七）实验小结

Paladin 引导盘是基于 Linux 内核定制的一款适合进行现场取证的证据保全工具。引导盘启动目标计算机后，默认以只读方式读取源盘数据。通过内置的 Paladin Toolbox 中的 Imager 工具来实现盘到盘复制、盘到镜像制作。

思考题

1. Paladin 取证引导盘与 WinFE 取证引导盘有什么差异？
2. Paladin 进行盘到盘复制操作时，对目标盘的容量有什么要求？
3. Paladin 进行盘到镜像文件制作时，对目标盘的容量有什么要求？

第四章
哈希与校验

Hash 一般翻译为散列、杂凑，或音译为哈希，是把任意长度的输入（又叫作预映射）通过散列算法变换成固定长度的输出，该输出就是散列值。简单地说，就是一种将任意长度的消息压缩到某一固定长度的消息摘要的函数。在电子数据取证时，通常可使用 MD5、SHA-1、SHA-256、SHA-512 等哈希算法来对文件、分区或物理磁盘进行哈希计算，从而生成一个哈希摘要值（也可称为“数字指纹”）。

在电子数据取证中，哈希可用于数据一致性比较，也可以称为“数字校验”。在电子数据的证据固定中，通常就需要对源盘数据和镜像文件的数据进行哈希计算和校验，比较其各自内部存储的数据是否一致，从而确认镜像文件的完整性，确保获取的镜像与源盘完全一致，符合司法规范的要求。

实验一　文件哈希计算

（一）实验目的

了解常见哈希算法种类，并掌握使用取证大师、HashMyFiles 及系统内置命令行进行文件哈希值计算的操作方法。

（二）实验类型

验证型、基础实验。

（三）实验原理

通常情况下，不同文件、分区、磁盘的哈希值都是唯一的。常用的哈希算法有 MD5、SHA-1、SHA-256、SHA-512 等。不同的哈希算法通常生成不同长度的哈希值，常见的有 128bit、160bit、256bit 和 512bit，分别可用 32、40、64 和 128 个的十六进制字符来进行表示，计算复杂度和安全性越来越高。Windows 内置工具和常用的综合取证软件都支持这些算法类型的哈希值计算。另外，SM3 是中华人民共和国政府采用的一种密码散列函数标准，由国家密码管理局于 2010 年 12 月 17 日发布。相关标准为“GM/T 0004-2012《SM3 密码杂凑算法》”。在商用密码体系中，SM3 主要用于数字签名及验证、消息认证码生成及验证、随机数生成等，其算法公开。据国家密码管理局表示，其安全性及效率与 SHA-256 相当。

本次实验使用 Windows 自带的命令行工具、注册表添加算法、取证大师、HashMyFiles 等方法分别对文件进行哈希值的计算。

（四）实验环境

1. 1 台装有 Windows 10 系统的计算机。
2. 取证大师。
3. HashMyFiles。

（五）实验摘要

1. Windows 自带命令工具 Certutil 计算文件哈希值。
2. Windows10 系统注册表添加算法计算文件哈希值。
3. 使用 Windows PowerShell 进行哈希值的批量计算。
4. 取证大师计算哈希值。
5. HashMyFiles 计算哈希值。

（六）实验内容

实验 1. Windows 内置工具 Certutil 计算文件哈希值

Certutil 是一个命令行程序，作为证书服务的一部分安装在 Windows 系统中。Windows XP 及更高版本的系统均有内置该工具，它支持丰富的功能，包括文件哈希值计算和 Base64 编解码等（如图 4-1-1 所示）。其中参数“-hashfile”可用于计算文件的哈希值（如图 4-1-2 所示）。

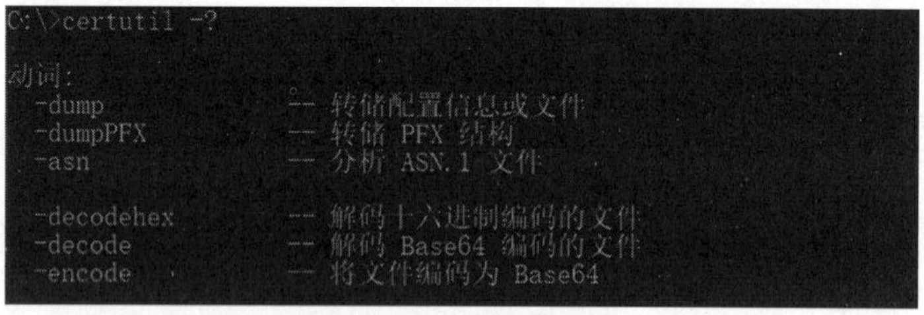

图 4-1-1　Certutil 工具

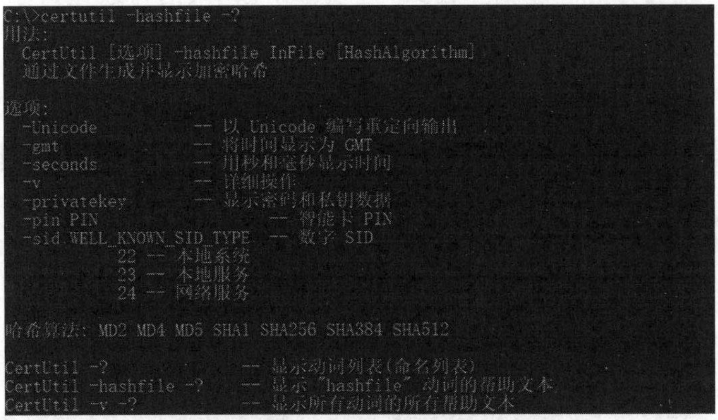

图 4-1-2 Hashfile 参数说明

步骤 1. 打开 Windows 内置的记事本工具，输入内容“test”，并将其保存至桌面，保存时选择编码为 UTF-8，将文件命名为 data. txt（如图 4-1-3 所示）。

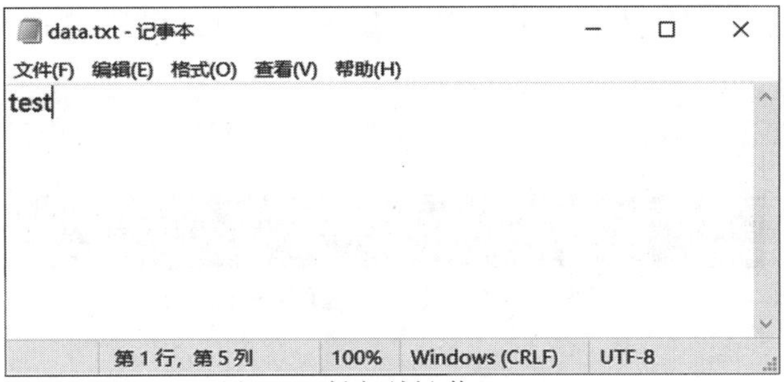

图 4-1-3 创建示例文件“data. txt”

步骤 2. 在 Windows 中按 Win+S 快捷键，输入“命令提示符”，找到后点击即可打开命令提示符窗口（也可通过 Win+R 快捷键输入 cmd）。

步骤 3. 打开后，通常系统默认自动进入当前用户的主目录，只需输入“cd Desktop”或“cd %UserProfile%\Dekstop”直接进入当前登录用户账户的“桌面”文件夹。

步骤 4. 最后输入以下命令即可返回该文件的 SHA-1 计算结果（如图 4-1-4 所示）。

图 4-1-4 文件的 SHA-1 计算

Certutil 计算文件哈希除了 SHA-1、MD5 算法，还有 MD4、SHA-256、SHA-384 和 SHA-512 等算法。此外，除了在当前路径下进行哈希值的计算，同样可在其他路径下进行该文件的哈希计算，只需要将完整路径输入即可。

如需要计算其他算法的哈希值，在<文件名 . 扩展名>后空格接算法名即可（如图 4-1-5、图 4-1-6 所示）。

参考命令：certutil -hashfile data. txt MD5

图 4-1-5　文件的 MD5 哈希值计算

参考命令：certutil -hashfile data. txt SHA256

图 4-1-6　文件的 SHA-256 哈希值计算

步骤 5. 如需对指定文件进行哈希值计算并保存信息，可通过命令行的管道方式将计算结果输出为文件（如图 4-1-7 所示）。

参考命令：certutil -hashfile <文件名 . 扩展名> <算法> >> <文件名 . 扩展名>

图 4-1-7　保存计算的哈希值

步骤 6. 打开桌面目录下的 FileHash. txt 文件，查看其计算出的哈希值（如图 4-1-8 所示）。

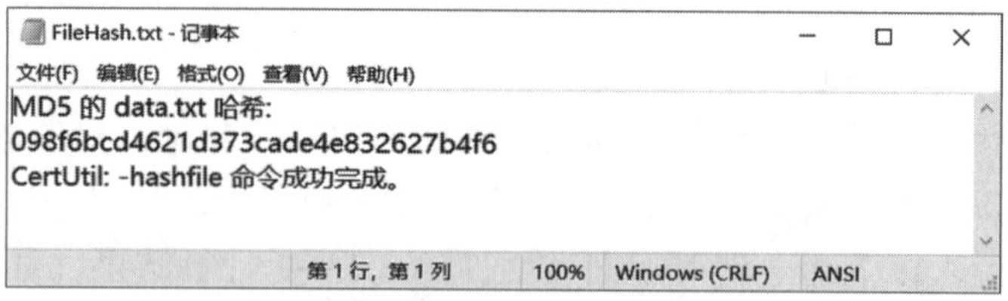

图 4-1-8　查看计算结果

实验 2. Windows 10 系统注册表添加算法计算文件哈希值

注册表（Registry）是 Microsoft Windows 中的一个重要的数据库，用于存储系统和应用程序的设置信息。通过在注册表中添加算法的方式可在文件所在位置直接对文件进行哈希值的计算，但与 certutil-hashfile 相同，其只能计算文件哈希值而不能计算分区或磁盘的哈希值。

步骤 1. 在 Windows10 系统“运行”中输入“regedit”并回车打开“注册表编辑器”。选择“HKEY_CLASSES_ROOT”→“ * ”→“shell”（如图 4-1-9 所示）。

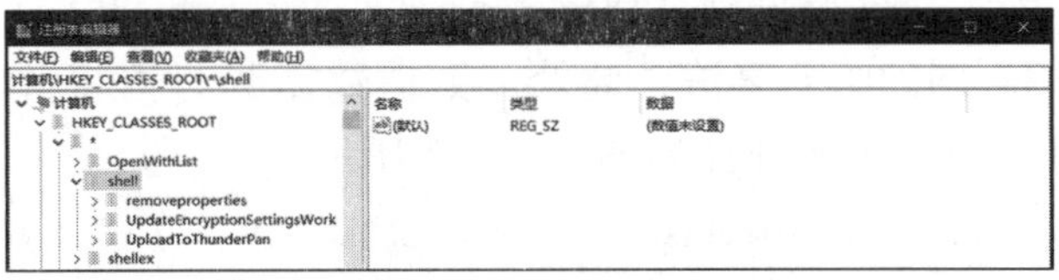

图 4-1-9 注册表编辑器

步骤 2. 右键点击“shell”→“新建”→“项”（如图 4-1-10 所示）。

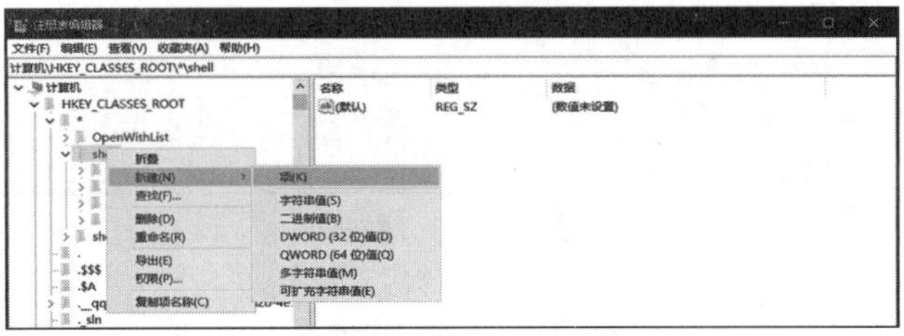

图 4-1-10 新建项

步骤 3. 将该项命名为“计算 SHA-1”，右键点击“计算 SHA-1”→“新建”→“项”，命名为“command”，左键双击“command”后双击“默认”（如图 4-1-11 所示）。

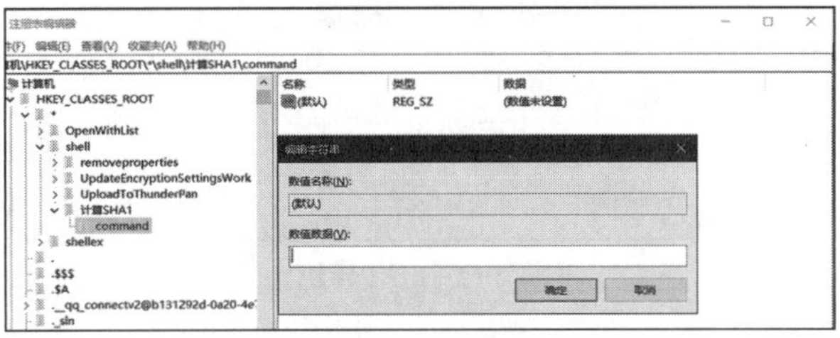

图 4-1-11 默认

将“数值数据”设置为以下内容，点击“确定”（如图 4-1-12 所示）。注意：引号均为英文格式。

参数设置：PowerShell Get-FileHash -Algorithm SHA1 \"%1\" | format-list;\"任意键退出...\";[Console]::Readkey()|Out-Null;exit

图 4-1-12 数值数据

返回注册表编辑器窗口，可见到默认的数据为："PowerShell Get-FileHash-Algorithm SHA1..."。如需使用不同的哈希算法，此处"数值数据"只需将"SHA1"改为对应的算法名即可，且字符同为英文字符（如图 4-1-13 所示）。

参数设置：PowerShell Get-FileHash -Algorithm MD5 \"%1\" | format-list;\"任意键退出... \";[Console]::Readkey()|Out-Null;exit

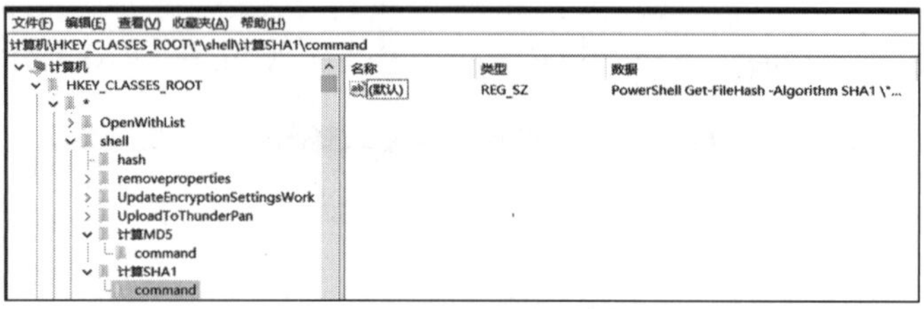

图 4-1-13　数据

步骤 4. 点击窗口左上角的"文件"，在下拉菜单中点击"导出"。选择保存路径填写文件名后点击"保存"，导出注册表配置备用，后续可根据需要更改（如图 4-1-14 所示）。

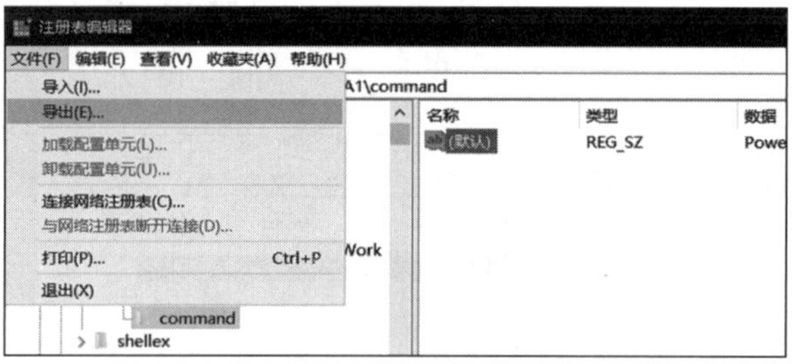

图 4-1-14　导出

步骤 5. 选中需要进行哈希计算的文件，右键点击"计算 SHA1"（如图 4-1-15 所示）、计算结果如图 4-1-16 所示。

图 4-1-15　计算 SHA1

图 4-1-16　计算结果

步骤 6. 为了更为快捷地将 Windows 自带的哈希算法采用注册表的方式进行使用，可以直接将导出的文件修改内容。找到文件保存的位置右键点击“打开方式”并选择“记事本”（如图 4-1-17 所示）。

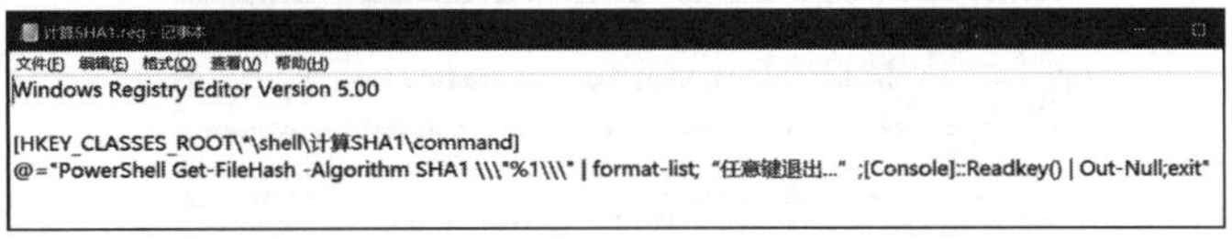

图 4-1-17　导出的注册表文件内容

步骤 7. 将原本文件内容修改输入以下语句并将文件重命名为“hash. reg”（如图 4-1-18 所示）。注意：此处的文件名必须与以下文本中的文件名一致，且为英文。

```
Windows Registry Editor Version 5.00
[HKEY_CLASSES_ROOT\*\shell\hash]
"SubCommands"="MACTripleDES;MD5;RIPEMD160;SHA1;SHA256;SHA384;SHA512"
"MUIVerb"="hash"
[HKEY_LOCAL_MACHINE\SOFTWARE\Microsoft\Windows\CurrentVersion\Explorer\CommandStore\shell\MACTripleDES]
@="MACTripleDES"
[HKEY_LOCAL_MACHINE\SOFTWARE\Microsoft\Windows\CurrentVersion\Explorer\CommandStore\shell\MACTripleDES\command]
@="PowerShell Get-FileHash -Algorithm MACTripleDES \\\"%1\\\" | format-list;;[Console]::Readkey() | Out-Null;exit"
[HKEY_LOCAL_MACHINE\SOFTWARE\Microsoft\Windows\CurrentVersion\Explorer\CommandStore\shell\MD5]
@="MD5"
[HKEY_LOCAL_MACHINE\SOFTWARE\Microsoft\Windows\CurrentVersion\Explorer\CommandStore\shell\MD5\command]
@="PowerShell Get-FileHash -Algorithm MD5 \\\"%1\\\" | format-list;;[Console]::Readkey() | Out-Null;exit"
[HKEY_LOCAL_MACHINE\SOFTWARE\Microsoft\Windows\CurrentVersion\Explorer\CommandStore\shell\RIPEMD160]
@="RIPEMD160"
[HKEY_LOCAL_MACHINE\SOFTWARE\Microsoft\Windows\CurrentVersion\Explorer\CommandStore\shell\RIPEMD160\command]
@="PowerShell Get-FileHash -Algorithm RIPEMD160 \\\"%1\\\" | format-list;;[Console]::Readkey() | Out-Null;exit"
[HKEY_LOCAL_MACHINE\SOFTWARE\Microsoft\Windows\CurrentVersion\Explorer\CommandStore\shell\SHA1]
```

```
@="SHA1"
[HKEY_LOCAL_MACHINE\SOFTWARE\Microsoft\Windows\CurrentVersion\Explorer\CommandStore\shell\SHA1\command]
@="PowerShell Get-FileHash -Algorithm SHA1 \\\"%1\\\" | format-list;;[Console]::Readkey() | Out-Null;exit"
[HKEY_LOCAL_MACHINE\SOFTWARE\Microsoft\Windows\CurrentVersion\Explorer\CommandStore\shell\SHA256]
@="SHA256"
[HKEY_LOCAL_MACHINE\SOFTWARE\Microsoft\Windows\CurrentVersion\Explorer\CommandStore\shell\SHA256\command]
@="PowerShell Get-FileHash -Algorithm SHA256 \\\"%1\\\" | format-list;;[Console]::Readkey() | Out-Null;exit"
[HKEY_LOCAL_MACHINE\SOFTWARE\Microsoft\Windows\CurrentVersion\Explorer\CommandStore\shell\SHA384]
@="SHA384"
[HKEY_LOCAL_MACHINE\SOFTWARE\Microsoft\Windows\CurrentVersion\Explorer\CommandStore\shell\SHA384\command]
@="PowerShell Get-FileHash -Algorithm SHA384 \\\"%1\\\" | format-list;;[Console]::Readkey() | Out-Null;exit"
[HKEY_LOCAL_MACHINE\SOFTWARE\Microsoft\Windows\CurrentVersion\Explorer\CommandStore\shell\SHA512]
@="SHA512"
[HKEY_LOCAL_MACHINE\SOFTWARE\Microsoft\Windows\CurrentVersion\Explorer\CommandStore\shell\SHA512\command]
@="PowerShell Get-FileHash -Algorithm SHA512 \\\"%1\\\" | format-list;;[Console]::Readkey() | Out-Null;exit"
```

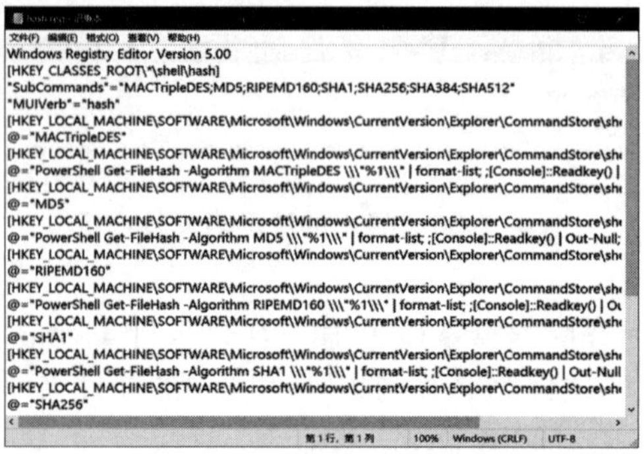

图 4-1-18　存入文本

步骤 8. 双击修改后的文件，点击“是”（如图 4-1-19 所示）。提示成功添加。

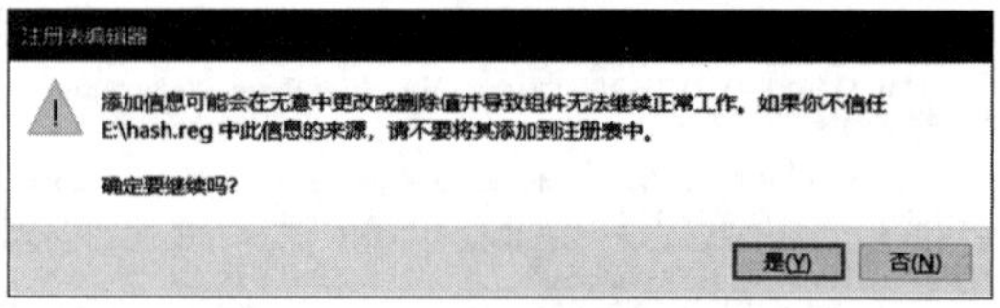

图 4-1-19　注册表编辑器

步骤 9. 选中需要进行哈希计算的文件，右键点击“hash”中对应的算法名，例如，选择 SHA1（如图 4-1-20 所示）。

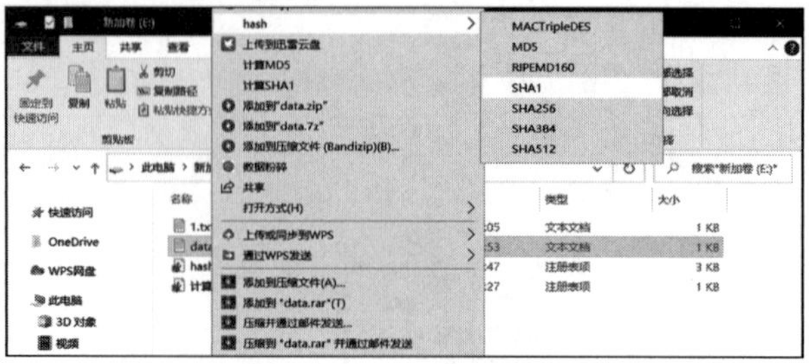

图 4-1-20　计算 SHA1

实验 3. Windows PowerShell 进行哈希值的批量计算

PowerShell 是一种命令行界面和脚本语言，专门为系统管理而设计。Windows PowerShell 构建在 Microsoft . NET Framework 之上，可帮助 IT 人员控制和自动管理 Windows 操作系统和在 Windows 上运行的应用程序。

PowerShell 是增强型的命令提示符，在 PowerShell 中输入命令“Get-FileHash 文件名 -algorithm 算法名称”，即可批量计算文件的哈希值方法。

步骤 1. 在 Windows10 系统中按快捷键 Win+S 并在搜索框输入 PowerShell 或按快捷键 Win+X，选择 Windows PowerShell（如图 4-1-21 所示）。

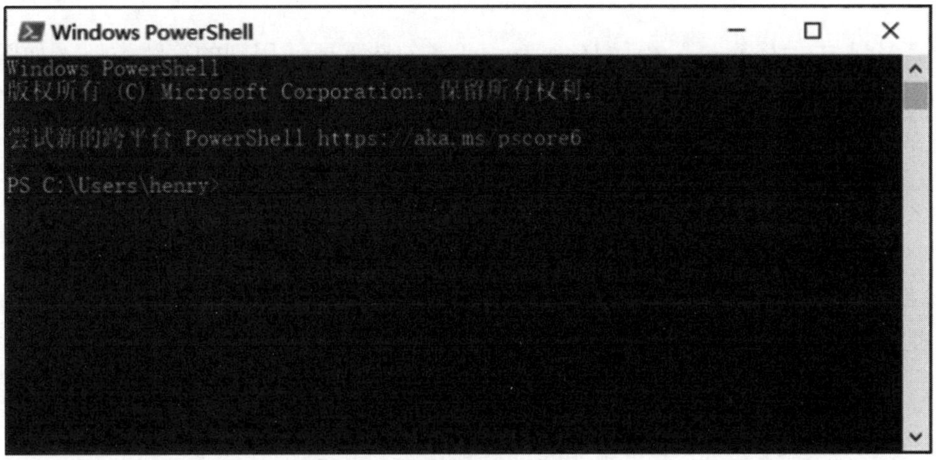

图 4-1-21　Windows PowerShell

步骤 2. 以下命令计算文件夹内所有文件的 SHA-1 哈希值（如图 4-1-22 所示）。

参考命令：Get-FileHash ＊.＊ -algorithm sha1

图 4-1-22　批量计算文件夹中文件的哈希值

实验 4. HashMyFiles 计算哈希

HashMyFiles 是一款用于计算文件哈希值的工具。可以集成到右键菜单中，可批量计算文件夹下所有文件哈希值（支持 MD5、SHA-1 及其他哈希算法）。

步骤 1. 打开软件 HashMyFiles（如图 4-1-23 所示）。

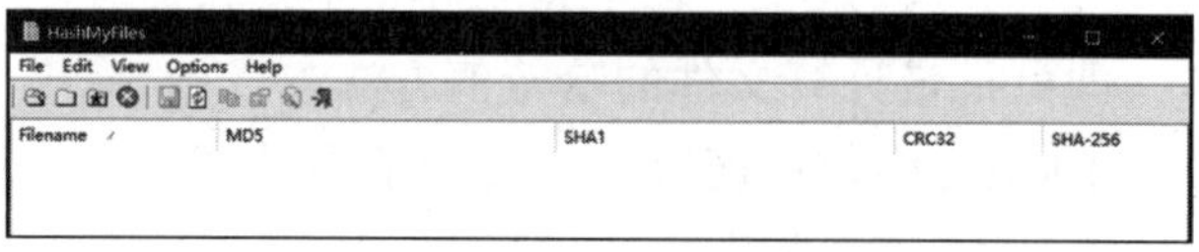

图 4-1-23　HashMyFiles 主界面

步骤 2. 点击“Options”→“Hash Types”，勾选需要使用到的算法类型（如图 4-1-24 所示）。

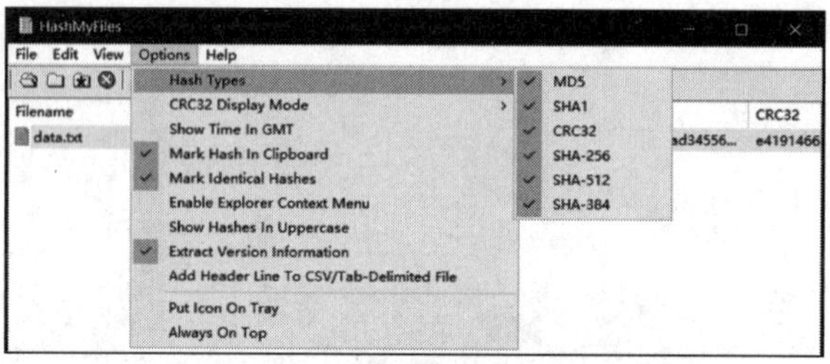

图 4-1-24　选择哈希算法类型

步骤 3. 打开样本文件所在位置将文件拖入 HashMyFiles 中（如图 4-1-25 所示）。

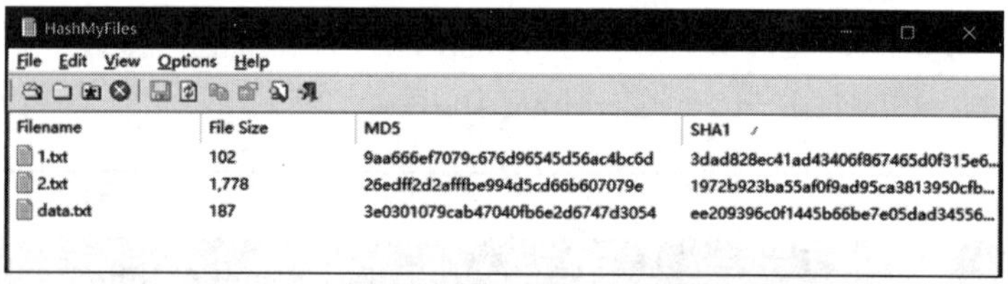

图 4-1-25　HashMyFiles 哈希值计算

此外，也可直接在 HashMyFiles 中点击“File”→“Add Files”→“打开”来对选定的文件进行哈希计算（如图 4-1-26 所示）。

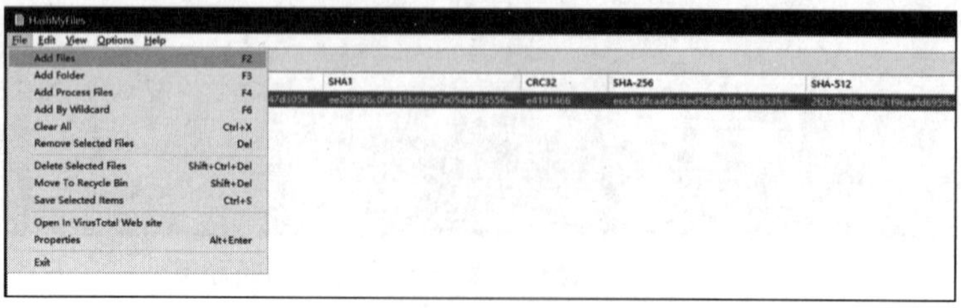

图 4-1-26　HashMyFiles 添加文件

步骤 4. 右键选中已加入的样本文件选择“Save Selected Items”，选择保存路径进行导出（如图 4-1-27 所示）。

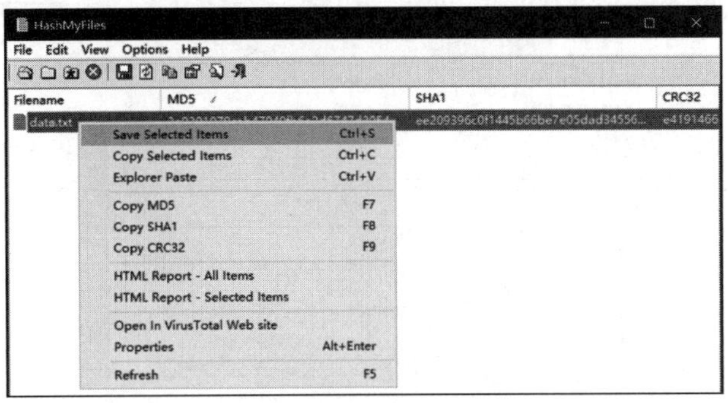

图 4-1-27　导出

步骤 5. 打开导出文件，查看计算的哈希值（如图 4-1-28 所示）。

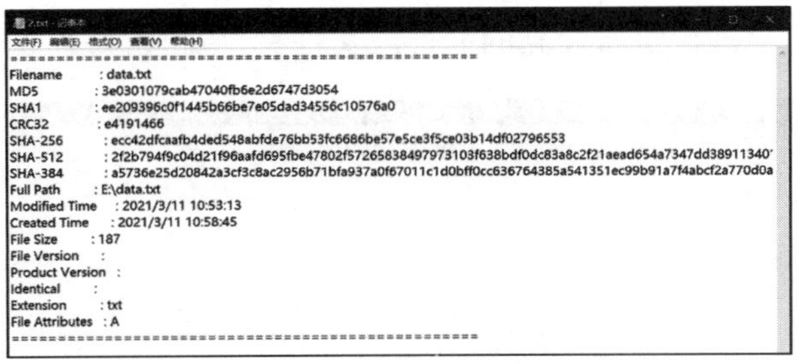

图 4-1-28　计算结果

实验 5. 取证大师计算哈希值

相较于 Windows 10 自带的哈希计算工具，取证大师支持对文件进行哈希计算，还可对文件夹、分区、磁盘进行哈希值的计算。

步骤 1. 运行“取证大师”，进入主界面（如图 4-1-29 所示）。

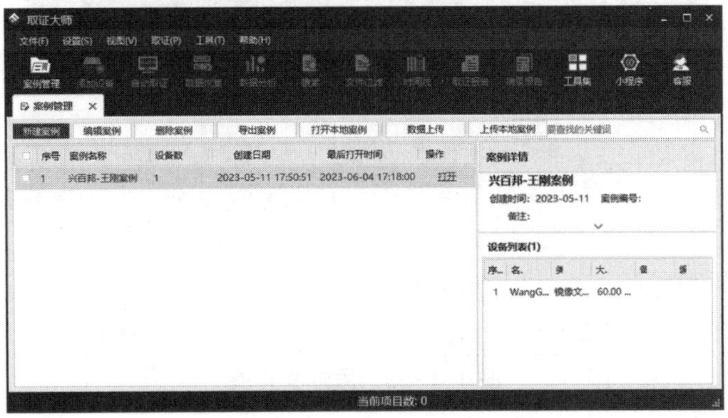

图 4-1-29　取证大师主界面

步骤 2. 在主界面中，选择“文件”，然后选择“新建案例”并将其命名为“文件哈希计算”（如图 4-1-30 所示）。

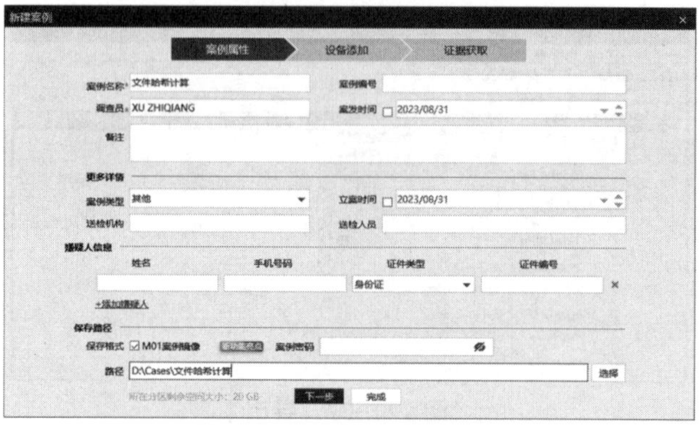

图 4-1-30　填写案例属性

步骤 3. 选择“下一步”进入“设备添加”，选择“单一文件/文件夹”，然后点击“选择文件”，选择需要进行哈希计算的文件或文件夹（如图 4-1-31、图 4-1-32 所示）。

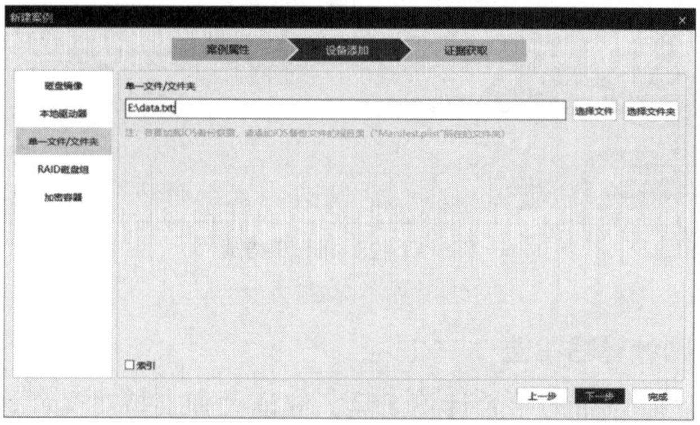

图 4-1-31　添加文件

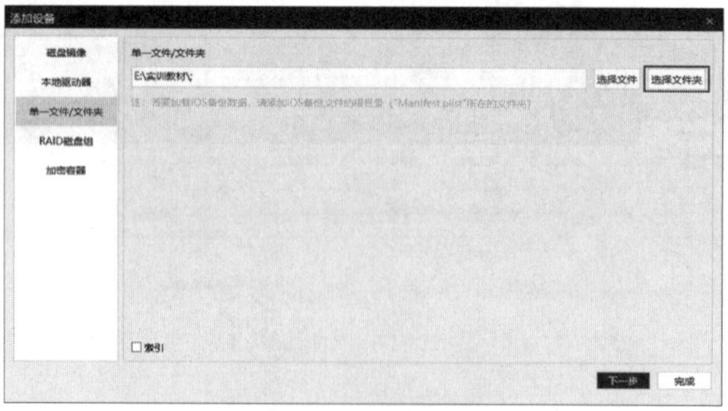

图 4-1-32　添加文件夹

步骤 4. 点击“下一步”，根据需要选取相应的取证策略（如图 4-1-33 所示）。

图 4-1-33　取证策略

步骤 5. 选择“开始取证”，执行完后点击“确定”（如图 4-1-34 所示）。

图 4-1-34　自动取证

步骤 6. 在“证据文件”中点击“单一文件/文件夹”左边的“+”，选中样本文件“并”即可。右键点击，选择“哈希值计算”选项（如图 4-1-35 所示）。

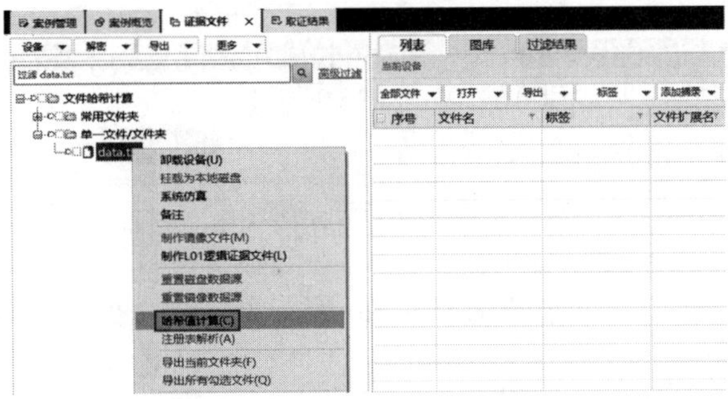

图 4-1-35　文件哈希值计算

分区及磁盘的哈希值计算与文件哈希计算操作方法基本类似，均是选定对象后通过右键菜单“哈希值计算”进行（如图 4-1-36 所示）。分区及磁盘哈希值计算实验请参考本章节实验二内容。

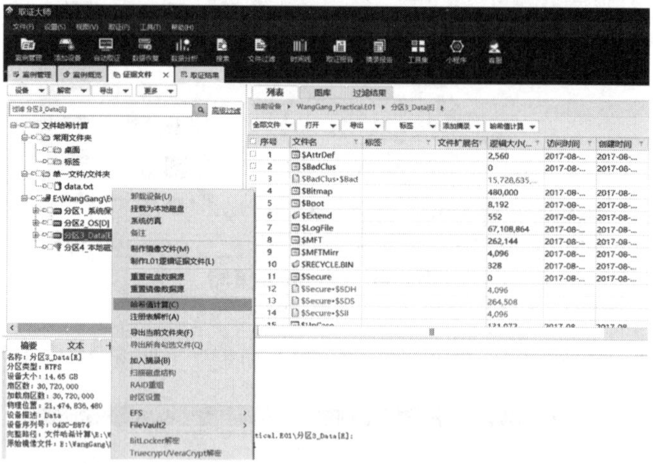

图 4-1-36　磁盘哈希值计算

步骤 7. 提示操作完成后，点击“确定”（如图 4-1-37 所示）。

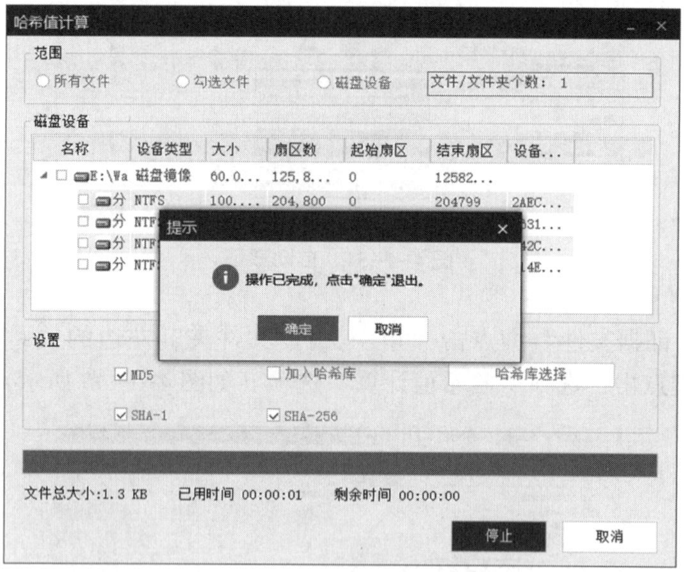

图 4-1-37　确定

步骤 8. 点击“确定”后，哈希值显示在“摘要”中（如图 4-1-38 所示）。

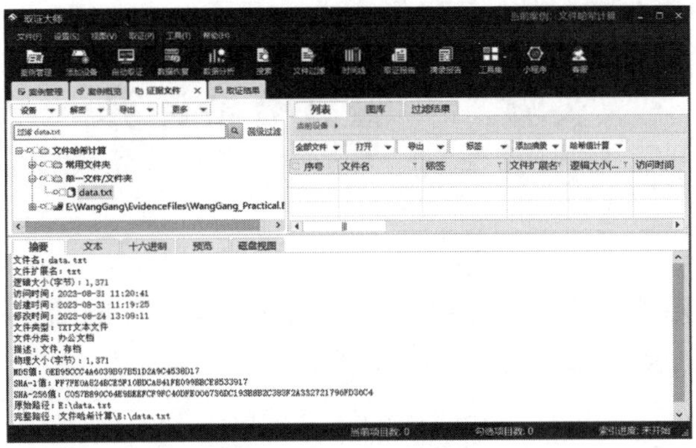

图 4-1-38 **计算结果**

对于 EnCase 证据文件（E01/Ex01）的哈希计算存在两种不同的计算方式，一种是使用取证分析软件添加证据文件并计算其解析出的物理磁盘哈希值，而另一种则是以“单一文件/文件夹”方式添加证据文件并计算证据文件本身的哈希值。大多数电子数据取证从业人员通常选择第一种方式对 EnCase 证据文件进行哈希计算，采用该方式对磁盘进行哈希计算得出的哈希值是证据文件中所有数据块的哈希，并不包括 E01/Ex01 证据文件自身的元数据及文件内部结构数据。对于取证人员而言，关注的是证据文件中原始磁盘数据的完整性，而其完整性则可通过取证分析软件对加载后的证据文件中的整个物理磁盘进行哈希值计算，并与证据文件中内嵌的哈希值进行比较，从而可以检验证据文件中的磁盘数据与证据保全时原硬盘的数据是否一致。以下使用取证大师和 HashMyFiles 两个不同工具对同一个证据文件使用两种不同方式进行哈希值计算，最终哈希值是不相同的（如图 4-1-39 所示）。

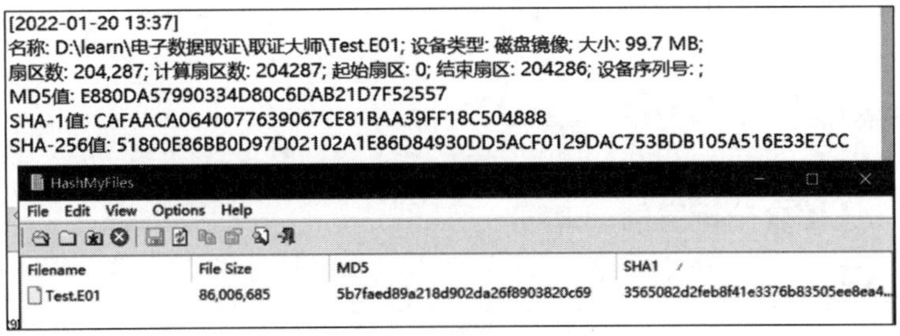

图 4-1-39 **镜像文件哈希值**

（七）实验小结

本实验主要学习运用 Windows 10 自带工具 certutil、注册表及第三方软件对文件进行常见哈希算法的计算，熟练掌握文件哈希计算的多种方法便于灵活地在实战中使用。

思考题

1. 在 Windows 操作系统下可以通过哪些系统自带的方法进行文件哈希计算？

2. 零字节文件有没有哈希值？

实验二　磁盘哈希计算

（一）实验目的

了解磁盘及卷的哈希计算方式，熟练掌握取证工具对与电脑连接的物理磁盘或证据文件中的完整磁盘（全盘）及卷进行哈希计算。

（二）实验类型

验证型、基础实验。

（三）实验原理

在电子数据取证过程中，很多场景下需要对涉案的源盘或已制作的证据文件（如DD、E01、Ex01 等）进行哈希计算。分区（Partition）和卷（Volume）是两个不同的概念，分区一般指定扇区范围区间作为一个独立的使用区域，分区格式化后就形成了一个带有文件系统的卷。然而，卷可以是多个分区形成一个逻辑卷，磁盘分区表中定义的分区大小和卷实际大小可能存在差异。在取证分析软件（如 EnCase、取证大师等）中，一般是针对卷进行哈希计算的。在哈希计算时，应当注意的是源盘与取证电脑连接一般需要使用写保护设备，例如，只读锁，避免对原始存储介质进行数据修改。

（四）实验环境

1. 1 台装有 Windows 10 系统的计算机。
2. 取证大师。
3. FTK Imager。
4. X-Ways Forensics。
5. 案例：个人综合分析案例 . E01。

（五）实验摘要

1. 取证大师磁盘哈希计算。
2. FTK Imager 磁盘哈希计算。
3. X-Ways Forensics 磁盘哈希计算。

（六）实验内容

实验 1. 取证大师磁盘哈希计算

（1）计算卷哈希值

点击整个镜像文件，右侧可以看到各个分区被描述成“卷”。所以，要计算卷哈希值，即计算各分区的哈希值（如图 4-2-1 所示）。

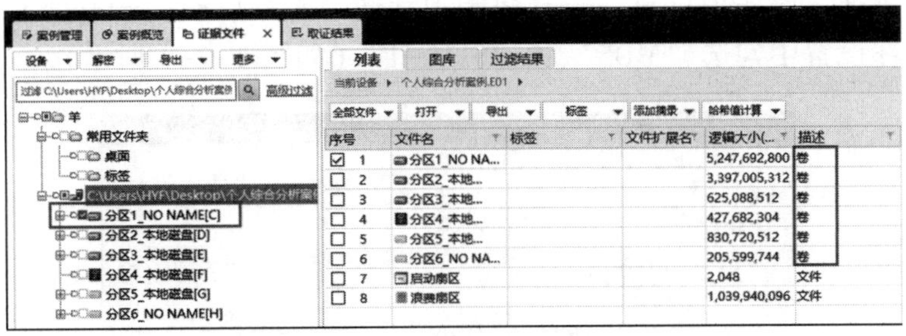

图 4-2-1　**查看分区的描述**

在工具中选择“哈希值计算”→在范围中选择“磁盘设备”→在磁盘设备中选择要计算哈希值的分区（可选择一个或多个分区），本实验选择“分区 1”计算它的哈希值→在设置中勾选“MD5”和“SHA-1”（如图 4-2-2 所示）。

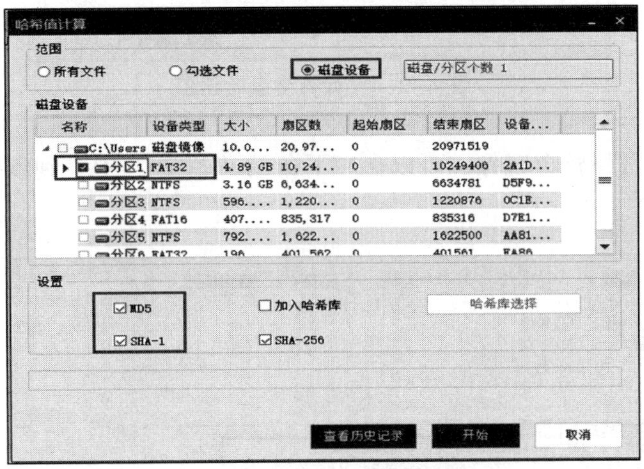

图 4-2-2　**计算卷哈希值**

计算结束后，在左下角的“摘要”中可以查看该分区的基本信息以及计算完的哈希值（如图 4-2-3 所示）。

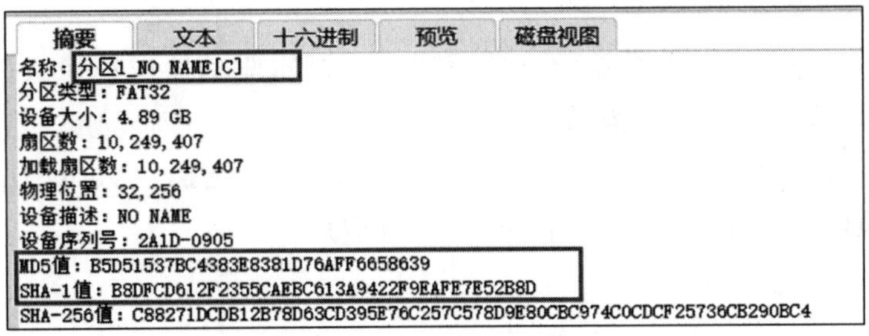

图 4-2-3　**哈希值计算结果**

(2) 计算全盘哈希值

在工具中选择“哈希值计算”→在范围中选择“磁盘设备”→在磁盘设备中选择整个磁盘镜像→在设置中勾选“MD5”和“SHA-1”(如图 4-2-4 所示)。

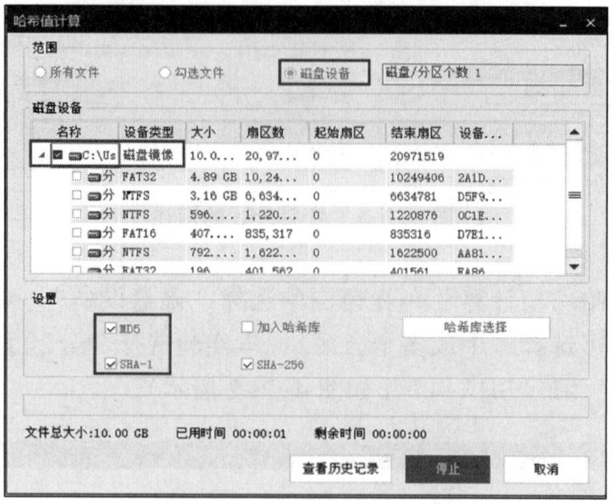

图 4-2-4 计算全盘哈希值

计算结束后,选择整个镜像,可以在左下角的“摘要”中看到该镜像全盘的哈希值(如图 4-2-5 所示)。

图 4-2-5 哈希计算结果

实验 2. FTK Imager 磁盘哈希计算

(1) 计算卷哈希值

FTK Imager 支持对添加的数据源(物理磁盘、逻辑驱动器或镜像文件)进行哈希计算验证,需选择“验证驱动器/镜像”。

选择要计算哈希值的分区→点击左上角的“File”→选择“Verify Drive/Image”,即“验证驱动器/镜像”(如图 4-2-6、图 4-2-7 所示)。

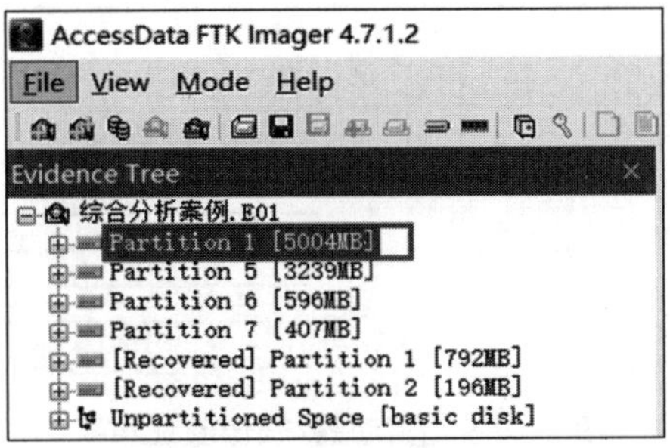

图 4-2-6 选择分区

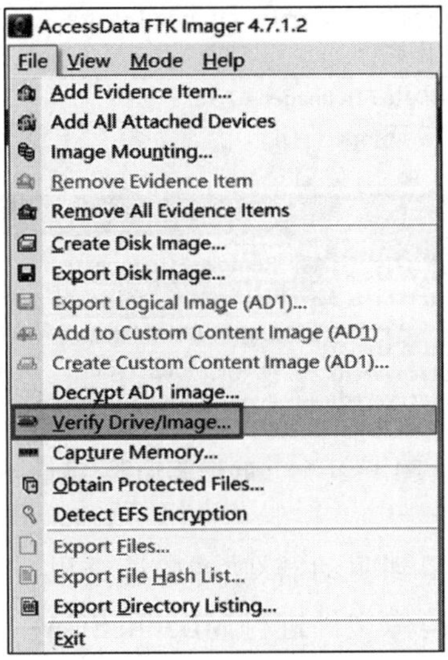

图 4-2-7 验证驱动器/镜像

开始验证，验证结束后，得到驱动器/映像验证结果，可以看到计算得到的“分区1”哈希值，FTK Imager 默认对磁盘或镜像文件进行 MD5 和 SHA-1 哈希计算（如图 4-2-8、图 4-2-9 所示）。

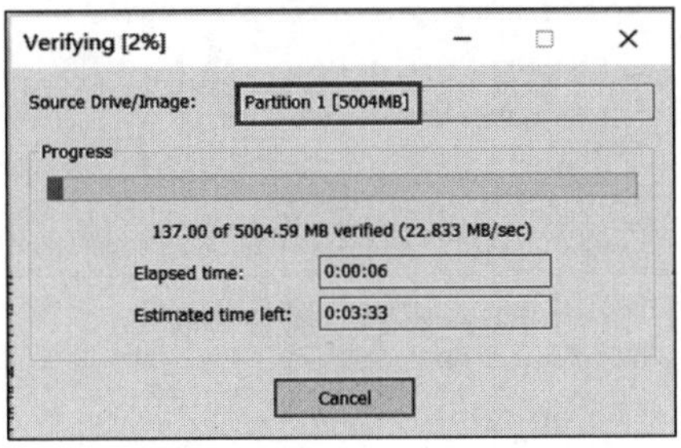

图 4-2-8 分区 1 验证过程

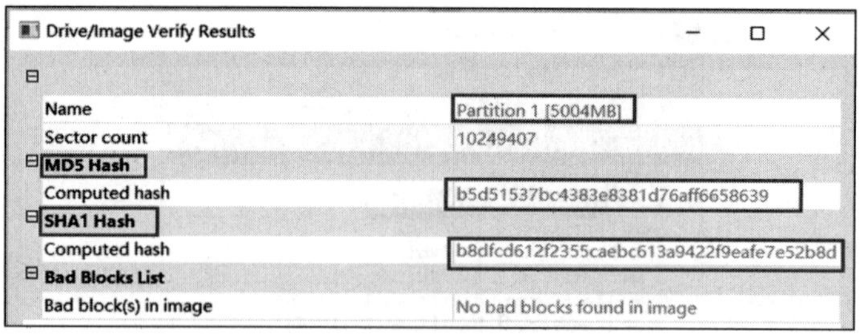

图 4-2-9　驱动器/映像验证结果

（2）计算全盘哈希

点击整个镜像文件→右键选择“Verify Drive/Image...”（如图 4-2-10 所示）。

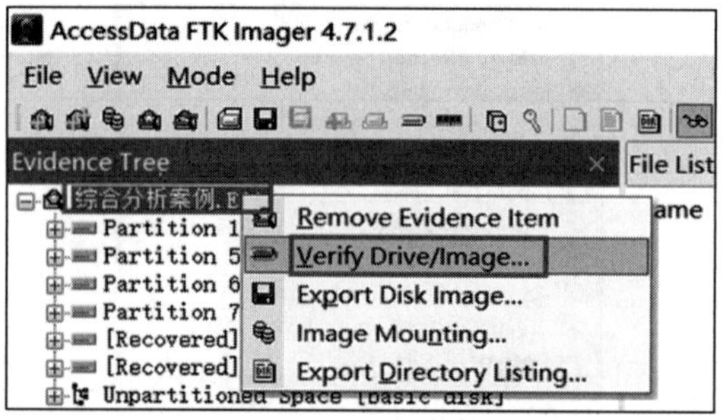

图 4-2-10　验证驱动器/镜像

开始验证，验证结束后，得到驱动器/映像验证结果，可以看到计算得到的全盘哈希值，FTK Imager 默认对磁盘或镜像文件进行 MD5 和 SHA-1 哈希计算（如图 4-2-11、图 4-2-12 所示）。

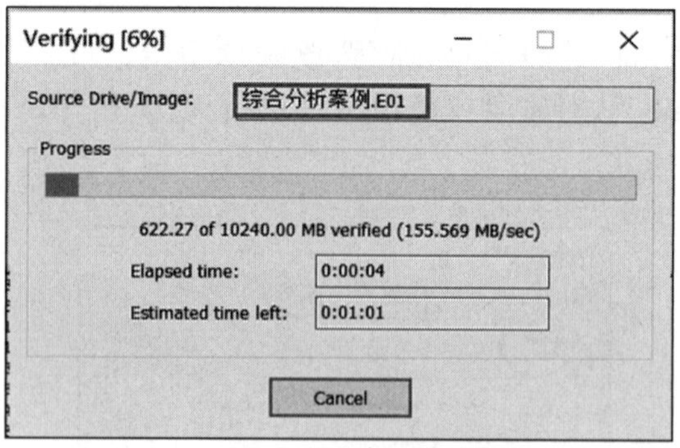

图 4-2-11　验证过程

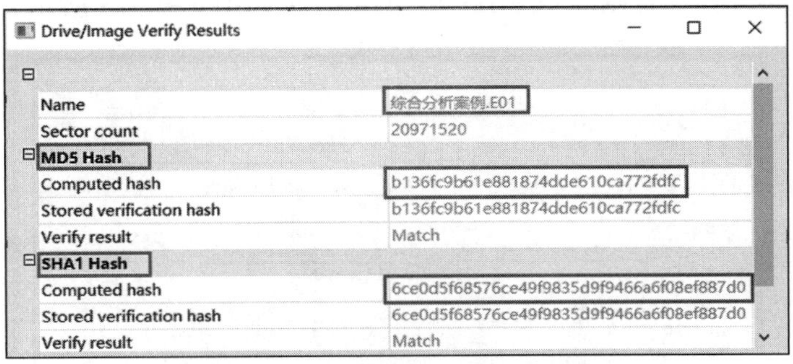

图 4-2-12　驱动器/映像验证结果

实验 3. X-Ways Forensics 磁盘哈希计算

(1) 计算卷哈希值

点击“案件根目录”可以看到分区的文件类型是“卷”，计算卷哈希值，即计算各分区的哈希值（如图 4-2-13 所示）。

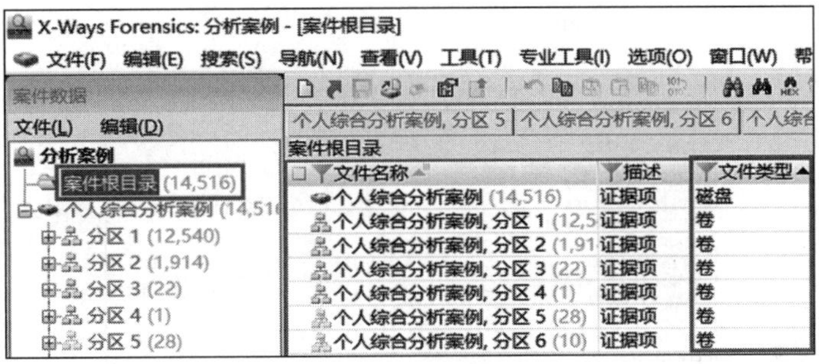

图 4-2-13　查看分区的描述

有以下两种方法：

• 选择一个分区，这里选择“分区 1”→点击“文件”→选择“创建磁盘镜像”（如图 4-2-14 所示）。

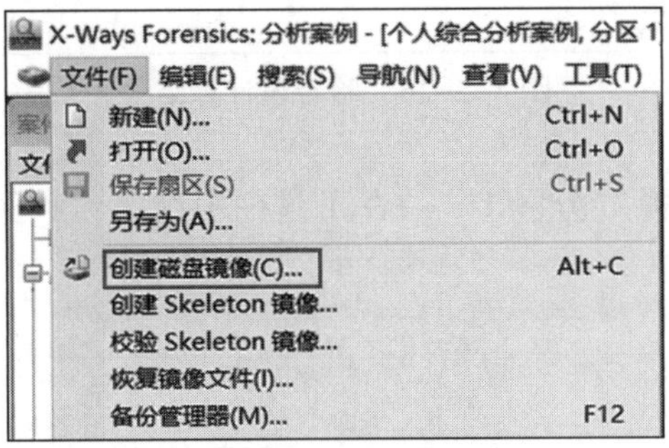

图 4-2-14　创建磁盘镜像

选择“卷”→选择计算哈希值 MD5 和 SHA-1（如图 4-2-15 所示）。

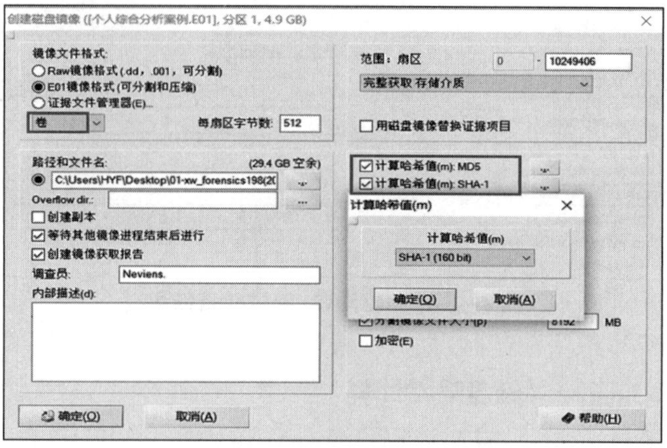

图 4-2-15　**计算分区 1 哈希值**

创建结束后，将会新建一个分区 1. txt 文件，从文件内容可以看到分卷镜像的 MD5 值和 SHA-1 值（如图 4-2-16 所示）。

源盘: [C:\Users\HYF\Desktop\01-xw_forensics198(20200427可用含查看器需配置路径)\
扇区 0-10249406

文件系统: FAT32
总容量: 5,247,696,384 字节 = 4.9 GB
扇区统计: 10,249,407
可用扇区: 10,229,384
数据扇区起始位置: 20,016
每扇区字节数: 512
每簇字节数: 4,096
空余簇: 441,275 = 35% 空余
簇总数: 1,278,673
FAT1 = FAT2
Clean shut down: 是
I/O error-free: 是
序列号: 05091D2A (hex)
序列号: 2A1D0905 (hex, rev)
序列号: 706545925 (dec, rev)

目标: C:\Users\HYF\Desktop\01-xw_forensics198(20200427可用含查看器需配置路径)\
[x] 分割镜像文件大小(p) 8.0 GB

源数据的哈希值: B5D51537BC4383E8381D76AFF6658639 (MD5)
源数据的哈希值: B8DFCD612F2355CAEBC613A9422F9EAFE7E52B8D (SHA-1)

2022/03/24, 22:06:47
磁盘镜像结束: 1.2 GB
持续时间: 0:34 min. 8.5 GB/min.
压缩(C): 快速
压缩率: 75%
分卷镜像, 1 个分段。

图 4-2-16　**哈希值计算结果**

• 选中一个分区，选择“分区 1”→在工具栏中选择“计算哈希值”（如图 4-2-17 所示）。

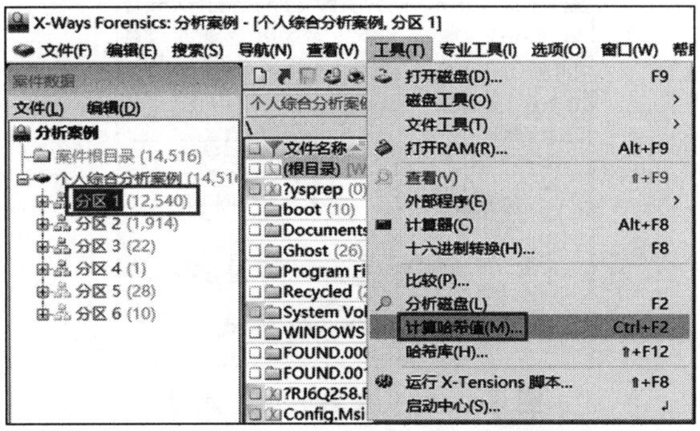

图 4-2-17 计算分区 1 哈希值

选择要计算的哈希值，计算结束后，会直接得到计算所得的哈希值。或者选中“分区 1”→右键选择“属性”，也可以在分区 1 的属性中查看哈希值 MD5 和 SHA-1（如图 4-2-18、图 4-2-19、图 4-2-20 及图 4-2-21 所示）。

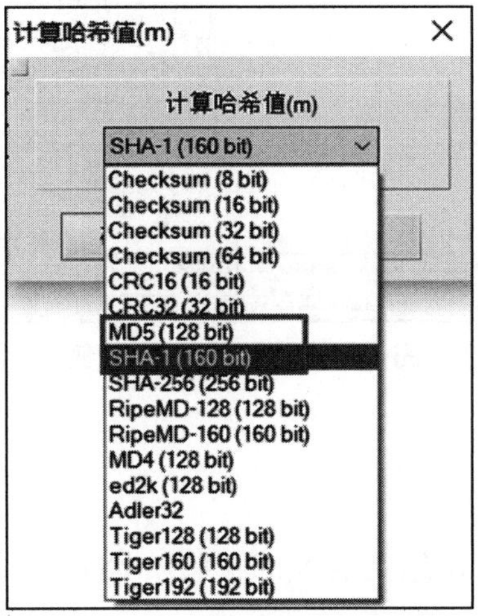

图 4-2-18 选择要计算的哈希值

图 4-2-19 计算结果

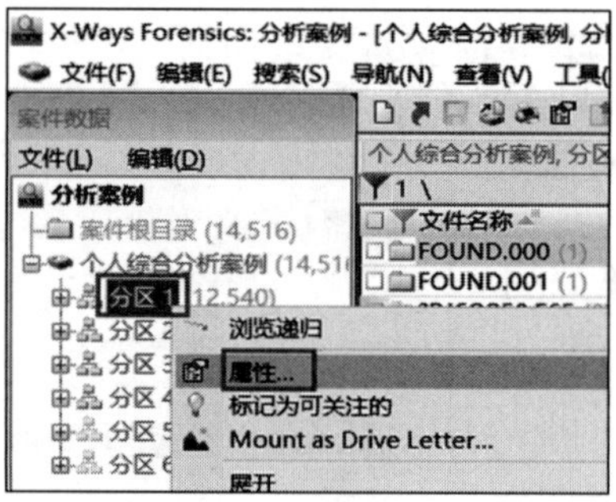

图 4-2-20 查看分区 1 属性

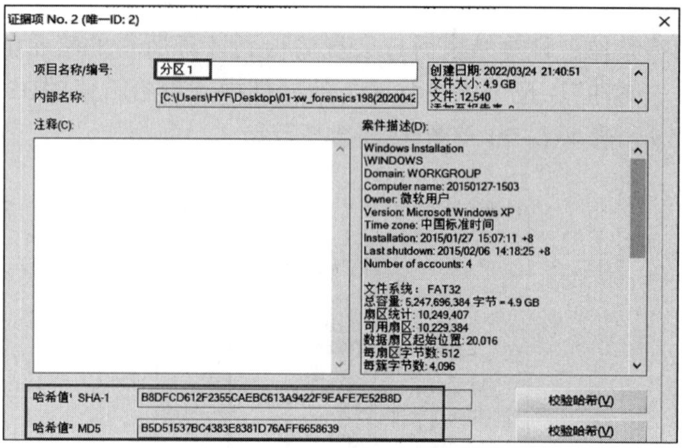

图 4-2-21 分区 1 哈希值

（2）计算全盘哈希值

有以下两种方法：

- 创建案件时，勾选“镜像结束后立即校验哈希值/计算哈希值”（如图 4-2-22 所示）。

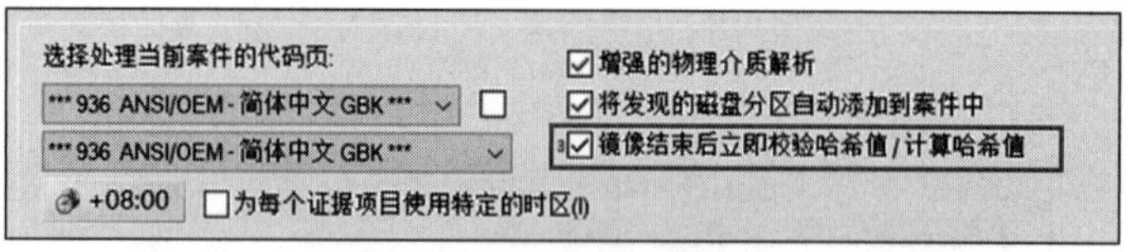

图 4-2-22 创建案件

添加镜像文件后，就会自动计算哈希值（如图 4-2-23 所示）。

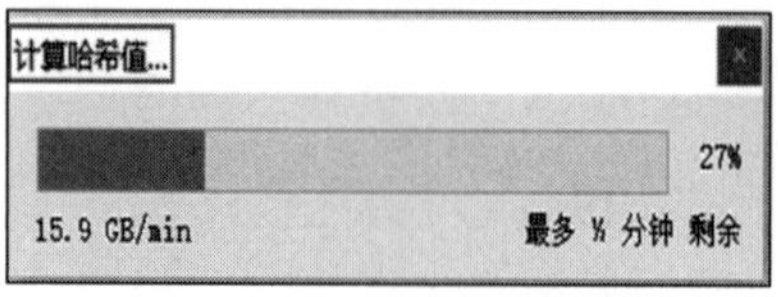

图 4-2-23 计算哈希值

选中整个镜像文件→右键点击“属性”，可以看到哈希计算结果，有哈希值 SHA-1 和哈希值 MD5（如图 4-2-24、图 4-2-25 所示）。

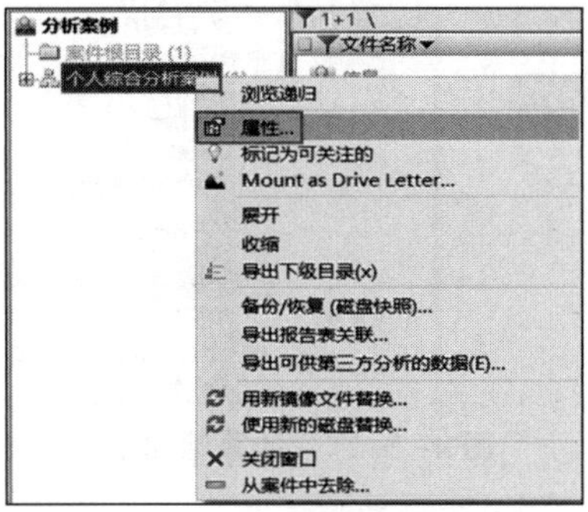

图 4-2-24　查看镜像属性

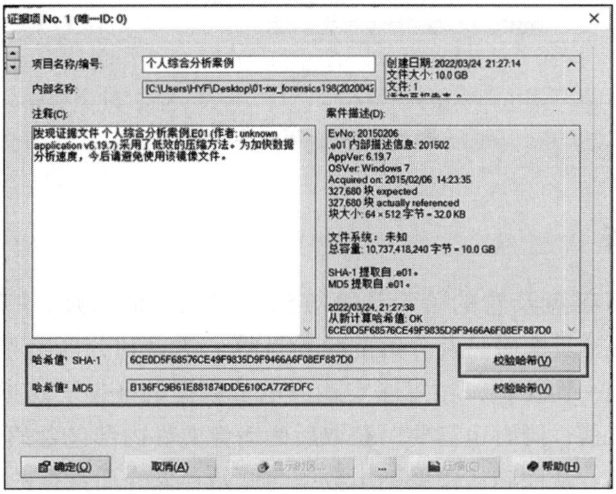

图 4-2-25　全盘哈希值

点击右方的“校验哈希”，会再次计算检材哈希值，校验通过说明数据没有发生变化（如图 4-2-26 所示）。

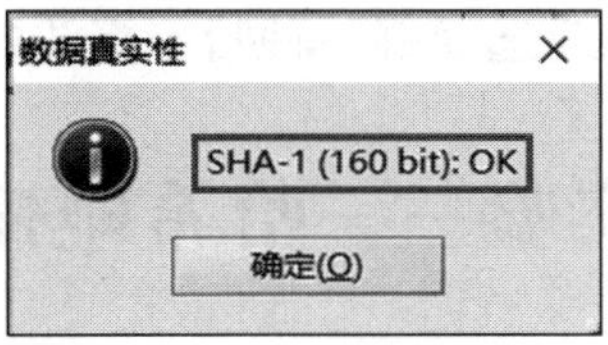

图 4-2-26　数据真实性

• 点击整个镜像文件→选择工具中的“计算哈希值”→选择要计算的哈希值。计算结束后，会直接得到计算所得的哈希值（如图 4-2-27、图 4-2-28 所示）。

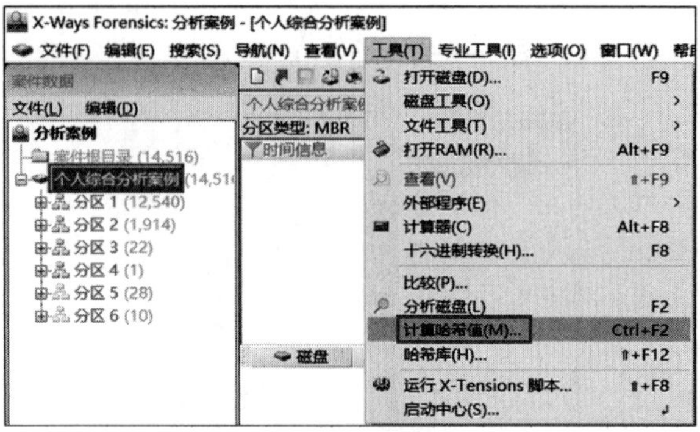

图 4-2-27　计算哈希值

图 4-2-28　全盘哈希值

（七）实验小结

本实验主要学习磁盘及卷的哈希计算方法，掌握取证大师、FTK Imager、X-Ways Forensics 等主流取证工具的磁盘及分区的哈希计算。磁盘和分区哈希计算有助于对分区或磁盘级别的数据同一性校验，在司法实践中电子数据的证据固定通常需要计算原始存储介质中数据的哈希值，同时也需要对获取后的镜像文件内部包含的数据进行哈希计算，通过比对两个哈希值，从而确认镜像副本数据与原始存储介质数据的一致性。

思考题

1. 使用 FTK Imager 将 1 个 U 盘制作为一个 USB. E01，发现 E01 文件内部记录的 MD5 哈希和使用 HashMyFiles 计算 USB. E01 的 MD5 哈希值不同。请解释相关原因。
2. 进行证据一致性校验时，应选择哪一种哈希算法？

实验三　哈希碰撞

（一）实验目的

使用同一种哈希算法对不同数据进行哈希计算获得相同的哈希摘要值，可以称为哈希碰撞（Hash Collision）。常见的 CRC、MD5、SHA-1 均存在一定的碰撞概率，通过借助工具来产生相同哈希的数据，进一步加深对哈希碰撞的理解。

（二）实验类型

验证型、基础实验。

（三）实验原理

哈希碰撞是指不同的数据使用相同哈希算法进行计算，最终生成的哈希摘要值相同。王小云院士主要从事密码理论及相关数学问题研究。在密码分析领域，她于 2004 年提出了密码哈希函数的碰撞攻击理论，即模差分比特分析法，先后发表了多篇关于哈希碰撞攻击的论文，破解了包括 MD5、SHA-1 在内的 5 个国际通用哈希函数算法。哈希值长度越短的算法安全性越低、越容易出现哈希碰撞，因此 CRC、MD5、SHA-1 都存在一定的哈希碰撞概率。

（四）实验环境

1. 1 台装有 Windows 10 系统的计算机。
2. Fastcoll、PstPassword 及 Mutool 等工具。
3. 案例文件：PST_Protected. pst、spectre. pdf 和 meltdown. pdf。

（五）实验摘要

1. 使用 fastcoll 生成 MD5 哈希值相同的文件。
2. 使用 Collision 脚本生成两个内容不同但哈希值相同的 PDF 文件。
3. 使用 PstPassword 工具计算可用于打开 PST 文件的密码。

（六）实验内容

实验 1. MD5 碰撞生成工具 fastcoll

fastcoll 是一款 MD5 碰撞生成工具，可用来对给定的前缀快速生成 MD5 碰撞，也即生成两个不同的文件，每个文件均为在给定的内容后面附加一段内容生成。

步骤 1. 新建一个 txt 文本，命名为 one. txt（如图 4-3-1 所示）。

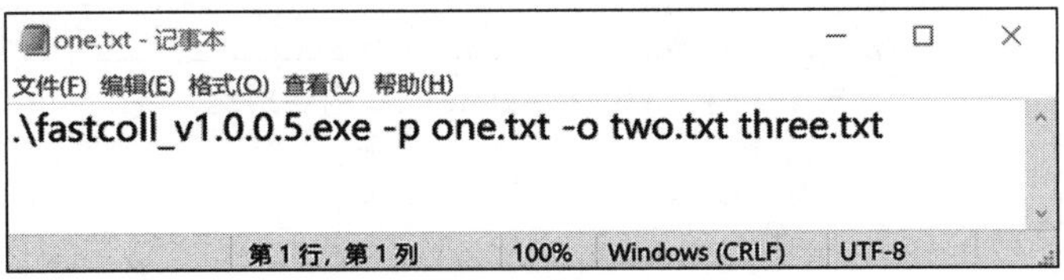

图 4-3-1 创建文件 one. txt

步骤 2. 利用 fastcoll 工具对源文件进行加工，基于源文件产生两个 MD5 值相同的文件。打开命令提示符，输入命令：fastcoll -p 源文件 -o 目标文件 1 名称 目标文件 2 名称，回车运行等待几秒即可完成（如图 4-3-2 所示）。

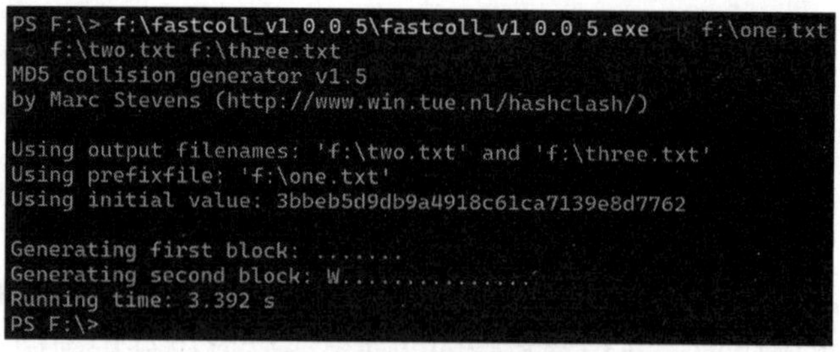

图 4-3-2　fastcoll 命令

步骤 3. 验证生成的两个新文件的 MD5 值。通过 HashMyFiles 分别计算 one. txt、two. txt、three. txt 的 MD5 值和 SHA-1 值（如图 4-3-3 所示）。

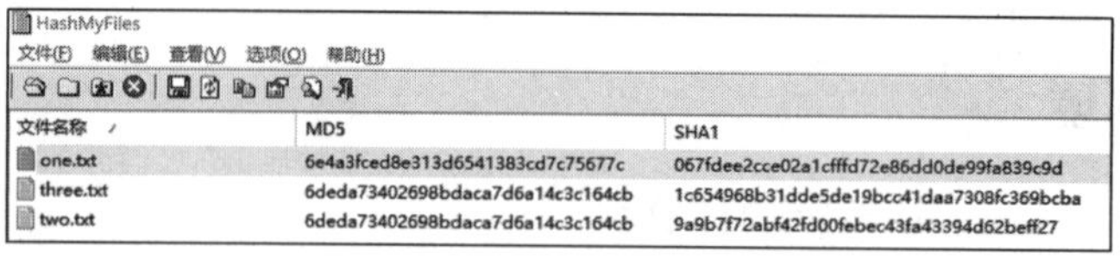

图 4-3-3　三个 txt 文件哈希值

计算哈希值后发现，two. txt 和 three. txt 的 MD5 相同，但是它们的 SHA-1 值却不相同，也就是它们是不同的文件却有相同的 MD5 值，也即 MD5 值出现了碰撞。

步骤 4. 比较 two. txt 和 three. txt 的内容也可发现它们的内容不相同（如图 4-3-4 所示）。

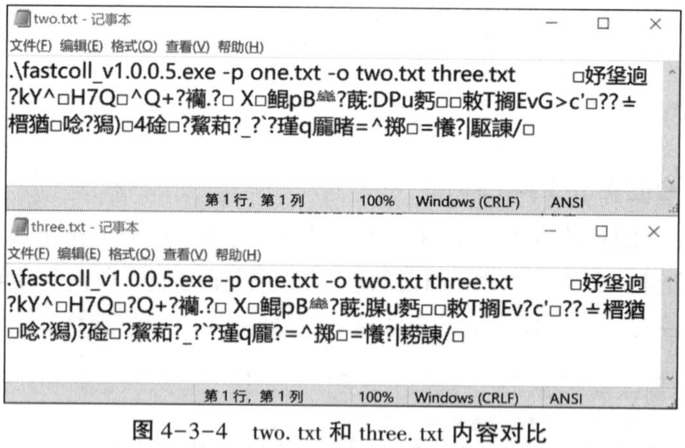

图 4-3-4　two. txt 和 three. txt 内容对比

实验 2. PDF 文件的哈希碰撞

PDF 具有与其他文件格式不同的结构，它使用对象编号和引用来定义结构，整个文档依赖于 Root 元素。使用 MD5 碰撞（或其他碰撞模式），可以在文档级别进行 PDF 碰撞，该方法对任何一个 PDF 文件都没有任何限制。因此只需要获取两个 PDF 文档，对其对象和引用重新编号，以免重叠，制造碰撞，以便在保持相同哈希值的情况下更改引用为 Root 对象的元素编号，这样就可以安全地碰撞任何一对 PDF 文档，如页码、尺寸、图像等。

使用 collisions-master\scripts\pdf. py 脚本，只需不到一秒的时间就可以完成两篇公共 PDF 论文的哈希碰撞。

步骤 1. 准备两个用于实验的 PDF 文件：spectre. pdf 和 meltdown. pdf。并将这两个 PDF 文件放入 collisions-master 文件夹下的 scripts 文件夹内。两个 PDF 文件的 MD5 值（如图 4-3-5 所示）。

文件名称	MD5
meltdown.pdf	883ceb20e0b066e4df55e4c2f6a5459e
spectre.pdf	49626fa1ea90631b66135f4ba2e10ef2

图 4-3-5　碰撞前 PDF 文件 MD5 值

步骤 2. 该脚本用到 mutool，它可以将 PDF 规范化输入，并修复合并的 PDF，同时保持文件的重要部分不被修改。因此，同样要将从 mupdf. zip 解压得到的 mutool. exe 放入 scripts 文件夹内。

步骤 3. 为方便脚本的运行，需要将 scripts 文件夹下的目录路径添加到系统变量当中。

步骤 4. 在命令提示符中运行脚本，输入命令：pdf. py spectre. pdf meltdown. pdf。等待执行完毕后，会在同一目录下生成两个新的 PDF 文件，名称分别为 collision1. pdf 和 collision2. pdf，计算它们的 MD5 值，即完成 PDF 文档格式的哈希碰撞（如图 4-3-6 所示）。

文件名称	MD5
collision1.pdf	bcc4be725bbc03c6c3dfc42f59b3df96
collision2.pdf	bcc4be725bbc03c6c3dfc42f59b3df96

图 4-3-6　碰撞后生成的 PDF 文件 MD5 值

实验 3. 基于 CRC 哈希碰撞生成加密 PST 的打开密码

步骤 1. 使用微软 Outlook 打开带有密码保护的 PST 文件，Outlook 软件会提示输入密码（如图 4-3-7 所示）。

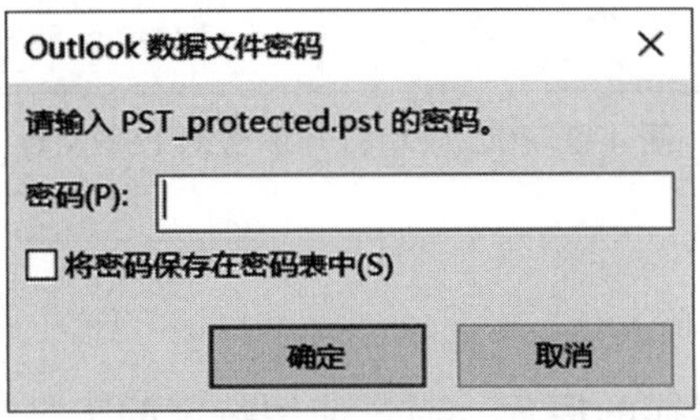

图 4-3-7　使用微软 Outlook 打开带密码保护的 PST 文件

步骤 2. 运行 PstPassword，将带有密码保护的 PST 文件拖动到该软件主窗口中，该工具会自动读取 PST 文件的 CRC 值，并自动计算出 3 个可以打开此 PST 文件的密码（如图 4-3-8 所示）。

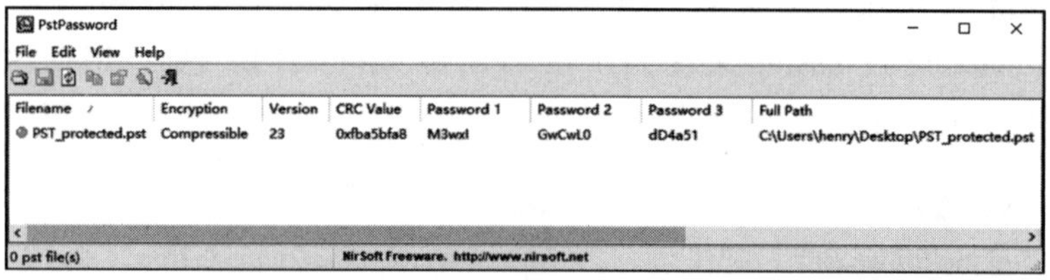

图 4-3-8 PstPassword 利用哈希碰撞生成 3 个可打开 PST 文件的密码

步骤 3. 使用 Outlook 客户端打开该 PST，并使用 3 个密码中的任意一个进行尝试（如图 4-3-9 所示）。

图 4-3-9 使用其中一个密码尝试打开带密码保护的 PST

步骤 4. 使用通过哈希碰撞算出的密码成功打开 PST 文件（如图 4-3-10 所示）。

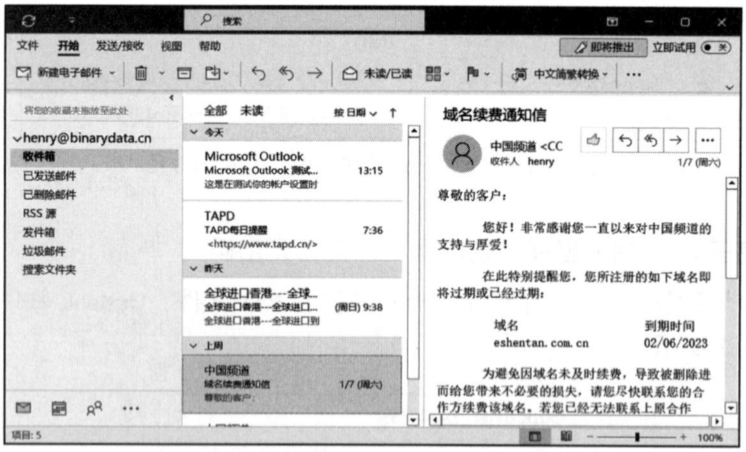

图 4-3-10 成功打开加密的 PST 文件

（七）实验小结

本实验主要了解哈希碰撞的原理，通过使用特定的工具来产生哈希碰撞，让读者能更加深入了解哈希碰撞的机制。

思考题

1. MD5、SHA-1 哈希算法既然存在碰撞的可能性，那么在电子数据取证领域，MD5、SHA-1 算法是否可以继续用于司法领域的数据一致性校验?

实验四　哈希库创建与应用

（一）实验目的

了解哈希库的概念及哈希库的应用场景，掌握哈希库应用操作，通过哈希库加速对已知的、恶意的、无关的、重要的文件进行查找，提高取证工作的速度和效率。

（二）实验类型

验证型、基础实验。

（三）实验原理

哈希库（Hash Library）也称为哈希集（Hash Set），它是各种操作系统、应用程序安装后的文件和其他各类相关文件的哈希摘要值的集合。

在国际上最为知名的哈希库应用就是美国国家软件参考库（National Software Reference Library，简称 NSRL）。NSRL 是美国国家标准与技术研究院（NIST）下的一个项目，旨在促进在调查涉及计算机的犯罪时高效率和有效地使用计算机技术。该项目同时得到了美国国土安全部、联邦、州和地方执法部门的支持。NSRL 从各种来源收集文件，并对收集的文件进行哈希计算生成数据集（RDS）。执法部门、政府和行业组织可以使用 NRSL 中的数据集（RDS）来快速识别文件，可识别白名单和黑名单文件，用于排除无关文件或发现重点关注文件。数据集（RDS）是已知、可追踪的各类软件应用程序、操作系统文件的哈希摘要值的集合。哈希集中有一些应用程序哈希值可能被认为是恶意的，如隐写工具和黑客脚本。

除了基于哈希计算技术的 NSRL 哈希库外，国际上还存在两个非营利性的项目，分别是 ProjectVIC 和 PhotoDNA。然而这两个项目并非使用真正意义的哈希计算技术，而是对收集的图片文件（儿童色情、性剥削及虐待等）进行关键特征信息提取，形成一个庞大的图像特征信息库。

国际 ProjectVIC 组织与世界各地的执法机构伙伴合作，共同维护所发现的儿童性虐待材料，并形成一个庞大的儿童性虐待情报数据库。每个经营 VIC 云的伙伴国家都保留自己的 VIC 格式的情报数据库。只有被指派调查儿童性虐待和性剥削问题的执法官员才能进入其中一个数据库。执法人员将这一情报（通常称为 ProjectVIC）下载到他们选择的电子数据取证工具中，然后使用这一工具在案件中检索已知的儿童性虐待材料。ProjectVIC 的智能分类要比人工检查容易得多，效率也更高。通常情况下，在涉及儿童虐待的案件中会发现30%或更多的虐待儿童的材料（特别是图片）。在自动分类完成之后，该工具将向执法人员显示它根据执法人员所在国使用的分类得出了多少调查结果。

全球知名的取证软件 EnCase Forensic、X-Ways Forensics 等均支持让取证人员创建哈希集（HashSet），通过自定义的哈希集来做文件的快速比对，发现可疑的文件或排除无关的文件。美国 NSRL 哈希库数据集（RDS）已被比较多的取证工具所支持，随着 ProjectVIC 的发展，ProjectVIC 儿童性虐待信息库越来越多地被取证软件（如 Magnet AXIOM、ADF 现场取证工具等）所支持。

国内自主研发的取证大师、取证神探等计算取证分析软件也均支持取证人员自建哈希库，使用哈希库进行文件排除或重点关注文件的快速发现。

（四）实验环境

1. 1 台装有 Windows 10 系统的计算机。
2. 取证大师。
3. 案例：Disk. E01。

（五）实验摘要

1. 通过取证大师创建哈希库。
2. 利用哈希库进行哈希比对。

（六）实验内容

实验 1. 通过取证大师创建哈希库

步骤 1. 运行取证大师软件，新建案例并命名为“哈希库”，添加磁盘镜像“Disk. E01”，使用默认 Windows 策略进行自动取证。在列表中勾选部分文件，右击选择“哈希计算勾选文件”（如图 4-4-1 所示）。

图 4-4-1　哈希计算勾选文件

步骤 2. 计算完成之后，勾选需要加入哈希库的哈希类型，此处仅选择“MD5”→勾选“加入哈希库”→点击“哈希库选择”→选好哈希库所要存放的类型→再点击“开始”即完成对一个小型哈希库的创建（如图 4-4-2 所示）。

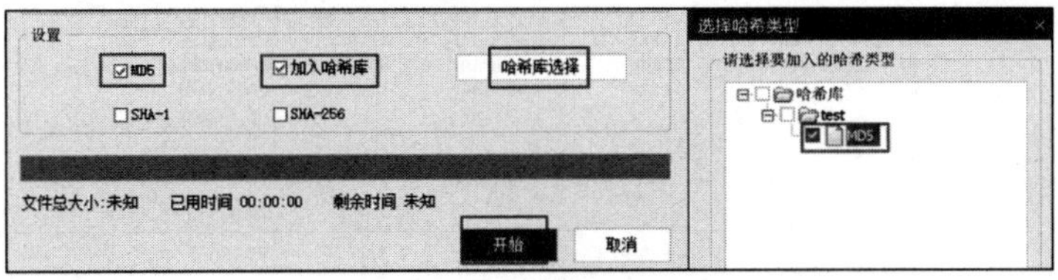

图 4-4-2 创建哈希库

步骤 3. 创建完成后，可以点击取证大师菜单栏中的“设置”→选择“哈希库”进行查看（如图 4-4-3 所示）。

序号	哈希类型	哈希值
1	MD5	0326CE549E8BC9E3F52295FCD62B9235
2	MD5	A7BA6D136DE496218ECEC2738E1BF133
3	MD5	08A5166FCCA551CC2E1C32553965E090
4	MD5	B3FD4440E960A87F9103E817D2CFA684

图 4-4-3 查看创建的哈希库

实验 2. 利用哈希库进行哈希比对

步骤 1. 在“证据文件”中勾选需要进行哈希比对的文件→选择取证大师菜单栏中“工具”→选择“哈希比对”→选择要进行哈希比对的哈希库→点击“比对”（如图 4-4-4 所示）。

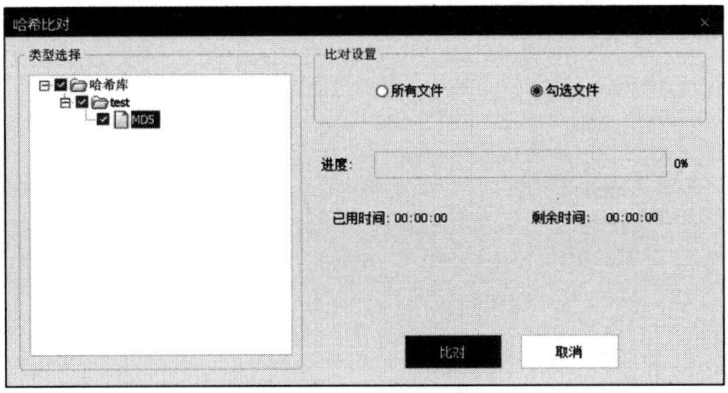

图 4-4-4 哈希比对

步骤 2. 比对完成后，点击“确定”查看结果，也可以点击“导出列表”将结果导出为 csv 格式文件（如图 4-4-5 所示）。

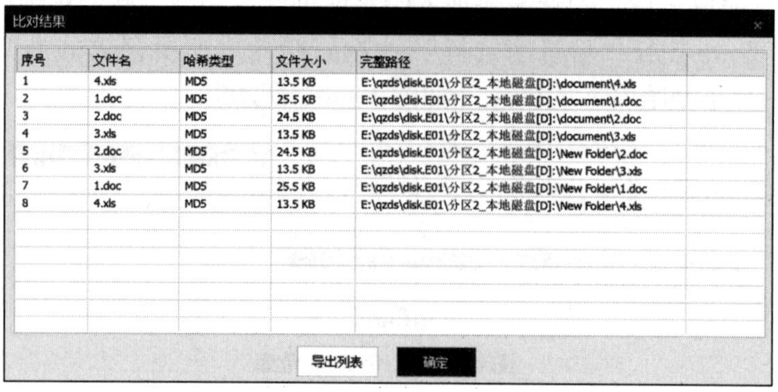

序号	文件名	哈希类型	文件大小	完整路径
1	4.xls	MD5	13.5 KB	E:\qzds\disk.E01\分区2_本地磁盘[D]:\document\4.xls
2	1.doc	MD5	25.5 KB	E:\qzds\disk.E01\分区2_本地磁盘[D]:\document\1.doc
3	2.doc	MD5	24.5 KB	E:\qzds\disk.E01\分区2_本地磁盘[D]:\document\2.doc
4	3.xls	MD5	13.5 KB	E:\qzds\disk.E01\分区2_本地磁盘[D]:\document\3.xls
5	2.doc	MD5	24.5 KB	E:\qzds\disk.E01\分区2_本地磁盘[D]:\New Folder\2.doc
6	3.xls	MD5	13.5 KB	E:\qzds\disk.E01\分区2_本地磁盘[D]:\New Folder\3.xls
7	1.doc	MD5	25.5 KB	E:\qzds\disk.E01\分区2_本地磁盘[D]:\New Folder\1.doc
8	4.xls	MD5	13.5 KB	E:\qzds\disk.E01\分区2_本地磁盘[D]:\New Folder\4.xls

图 4-4-5　哈希比对结果

（七）实验小结

本实验主要了解哈希库的创建方法及实践中的常见应用场景，通过取证大师软件实际操作哈希库的创建并运用哈希库进行快速比较。

思考题

1. 电子数据取证分析中，哈希库有什么用途？
2. ProjectVIC 是基于收集图像文件的 MD5、SHA-1 哈希信息进行比对吗？

第五章
文件过滤

文件过滤是电子数据取证分析中一种常见的文件快速查找的方法。通常是基于文件的属性，包括原有基本属性及取证软件解析后附加的属性（如 EFS 加密标识、SID）进行过滤筛选从而实现快速查找。

文件过滤是大多数计算机取证分析软件必备的功能。常见的取证软件，如取证大师、取证神探、X-Ways Forensics、EnCase Forensic、Magnet AXIOM 等均具备强大的文件过滤功能。文件过滤可根据文件基本属性进行快速过滤，如文件名、扩展名、大小、时间戳（创建时间、修改时间、最后访问时间等）及哈希值等属性。

实验一　常用文件过滤

（一）实验目的

学习使用取证分析软件对文件属性进行过滤，熟练掌握对文件的名称、扩展名、大小、时间戳及其他属性（如 EFS、加密、签名等）的过滤。

（二）实验类型

验证型、基础实验。

（三）实验原理

文件属性信息主要来自文件系统解析出的文件信息，部分属性是取证软件进行计算或综合分析的结果。因此，文件属性包括文件常见属性和扩展属性，常见属性如文件名、扩展名、文件大小、创建时间、修改时间等，而扩展属性如文件哈希值、签名、文件分类及哈希类型等。

常见的取证工具中，都提供了基于文件名称、文件类型、大小范围、时间范围、文件哈希等属性的文件过滤，通过文件过滤可以快速地查找相关数据内容，缩小搜索范围，有效缩短取证时间。

本实验使用取证大师，通过实验让学生理解文件过滤的基本概念，以及如何根据所给的文件属性过滤出有价值的文件，有效缩短取证时间。

（四）实验环境

1. 1 台装有 Windows 10 系统的计算机。
2. 取证大师。
3. 案例文件：文件过滤案例 . E01。

（五）实验摘要

1. 基于文件扩展名的文件过滤。
2. 基于文件名和通配符的文件过滤。
3. 基于逻辑大小的文件过滤。
4. 基于时间的文件过滤。

（六）实验内容

实验 1. 基于文件扩展名的文件过滤

本实验的文件过滤条件：筛选出所有 Word 和 Excel 文件。

步骤 1. 运行取证大师软件，新建案例“文件过滤案例”，添加案例文件“文件过滤案例 . E01”。

步骤 2. 使用绿色“全显”按钮将整个物理硬盘所有分区中的所有文件及文件夹显示在右侧列表视图中（如图 5-1-1 所示）。

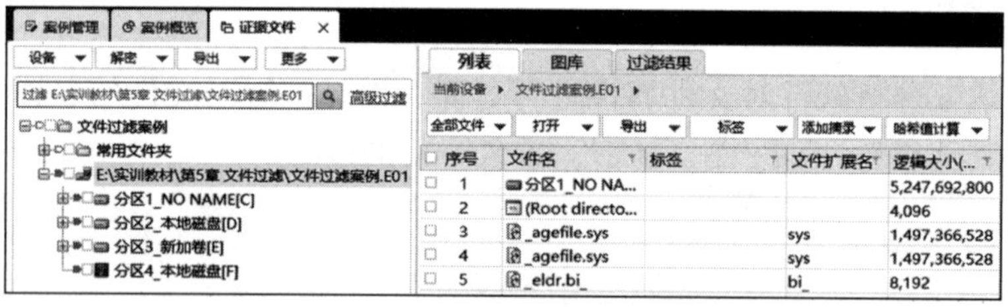

图 5-1-1　基于文件扩展名的文件过滤

步骤 3. 点击“文件过滤”图标，在文件名过滤中输入“ * . doc * . docx * . docm * . xls * . xlsx * . xlsm”，中间需用空格隔开，即可以设置多个关键词，多个关键词之间用空格隔开，表示逻辑“或”关系（如图 5-1-2、图 5-1-3 所示）。

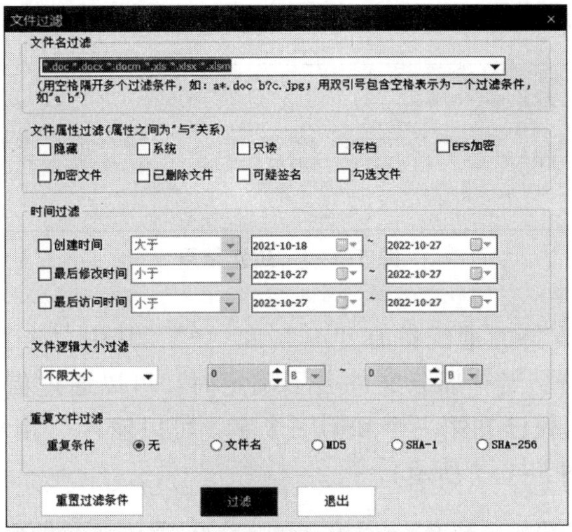

图 5-1-2　基于文件扩展名的文件过滤

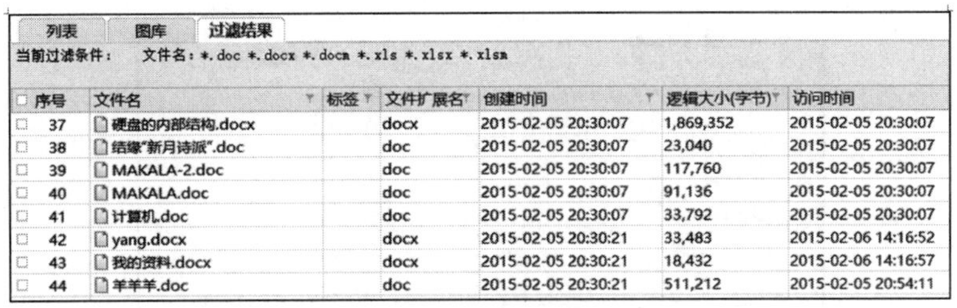

序号	文件名	标签	文件扩展名	创建时间	逻辑大小(字节)	访问时间
37	硬盘的内部结构.docx		docx	2015-02-05 20:30:07	1,869,352	2015-02-05 20:30:07
38	结缘"新月诗派".doc		doc	2015-02-05 20:30:07	23,040	2015-02-05 20:30:07
39	MAKALA-2.doc		doc	2015-02-05 20:30:07	117,760	2015-02-05 20:30:07
40	MAKALA.doc		doc	2015-02-05 20:30:07	91,136	2015-02-05 20:30:07
41	计算机.doc		doc	2015-02-05 20:30:07	33,792	2015-02-05 20:30:07
42	yang.docx		docx	2015-02-05 20:30:21	33,483	2015-02-06 14:16:52
43	我的资料.docx		docx	2015-02-05 20:30:21	18,432	2015-02-06 14:16:57
44	羊羊羊.doc		doc	2015-02-05 20:30:21	511,212	2015-02-05 20:54:11

图 5-1-3　过滤结果

实验 2. 基于文件名和通配符的文件过滤

本实验的文件过滤条件：过滤出名为“相关资料 . doc”的文件。

步骤 1. 点击文件过滤选项，在文件名过滤中输入“相关资料 . doc”（如图 5-1-4 所示）。

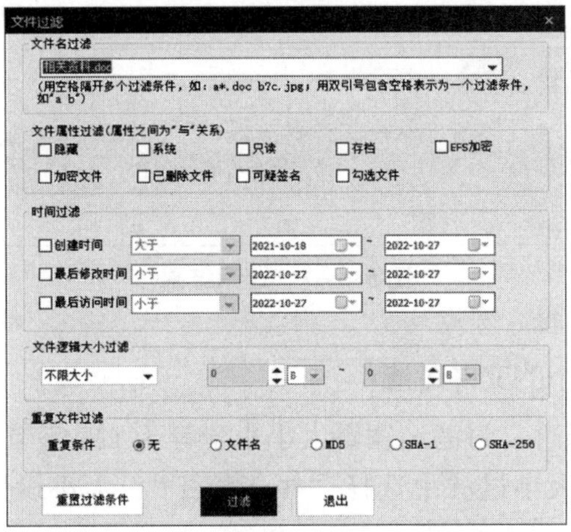

图 5-1-4　基于文件名的文件过滤

步骤 2. 切换至“过滤结果”标签页查看结果（如图 5-1-5 所示）。

图 5-1-5 过滤结果

步骤 3. 取证大师支持的通配符有“ * ”和“?”，其中“ * ”代表任意字符组合，“?”代表任意一个字符。当有部分文件名不确定时，可以通过借助通配符进行模糊过滤。例如，上述文件名仅已知第一个和第三个字，可以输入“相? 资?”对文件名进行过滤（如图 5-1-6、图 5-1-7 所示）。

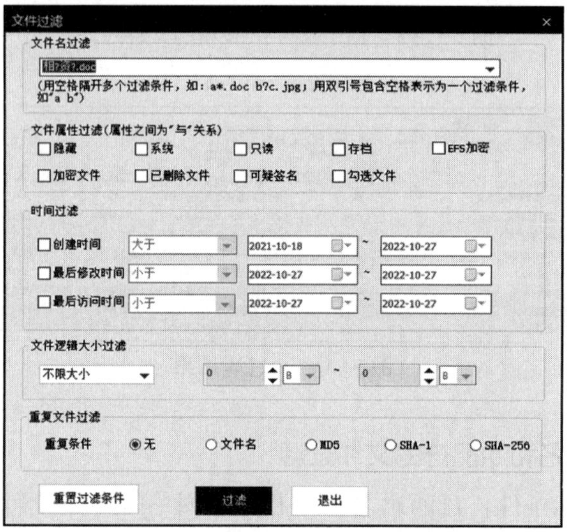

图 5-1-6 基于通配符的文件过滤

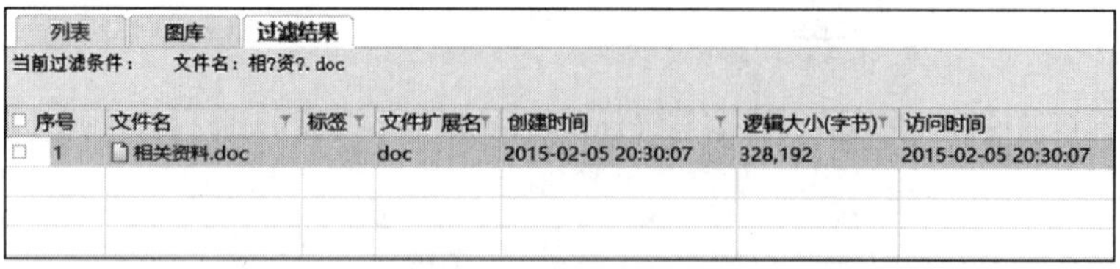

图 5-1-7 过滤结果

实验 3. 基于逻辑大小的文件过滤

本实验的文件过滤条件：过滤出逻辑大小小于等于 128 字节的文件。

步骤 1. 在文件逻辑大小过滤中选择“小于等于”，大小设置成 128，单位为 B（如图 5-1-8 所示）。

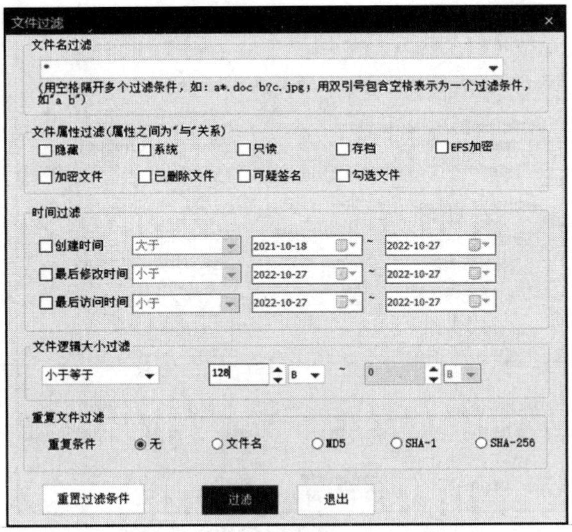

图 5-1-8　基于逻辑大小的文件过滤

步骤 2. 切换至“过滤结果”查看符合条件的文件列表信息（如图 5-1-9 所示）。

列表　图库　过滤结果

当前过滤条件：　文件名：*　文件大小：小于等于 128B(字节)

序号	文件名	标签	文件扩展名	创建时间	逻辑大小(字...	访问时间
1	btn_bg_e97a70...		png	2015-01-27 16:15:42	128	2015-01-27
2	administrator...		txt	2015-02-04 12:09:24	128	2015-02-04
3	bubbles.spec		spec	2008-05-04 05:29:00	125	2008-05-04
4	_gim_eng.bin		bin	2015-01-27 16:36:03	124	2015-02-04
5	sgim_eng.bin.sg...		sgbak	2015-01-27 16:36:03	124	2015-01-27
6	62B5AF9BE9A...			2015-01-27 16:11:38	124	2015-02-06
7	dummy[1].png		png	2015-02-04 10:35:21	124	2015-02-04
8	62B5AF9BE9A...			2015-01-27 16:11:06	124	2015-02-04
9	dr.web.wyz		wyz	2015-02-05 20:30:23	123	2015-02-05 20:30:23
10	Desktop.ini		ini	2008-04-29 01:15:23	122	2008-07-13
11	Desktop.ini		ini	2015-01-27 15:08:02	122	2015-02-06 13:59:58

图 5-1-9　过滤结果

实验 4. 基于时间的文件过滤

本实验的文件过滤条件：过滤出 2008-01-01 到 2008-07-31 创建的所有文件。

步骤 1. 在时间过滤中，勾选创建时间，选择两者之间，时间选择 2008-01-01 和 2008-07-31（创建时间、最后修改时间、最后访问时间三者可多选）（如图 5-1-10 所示）。

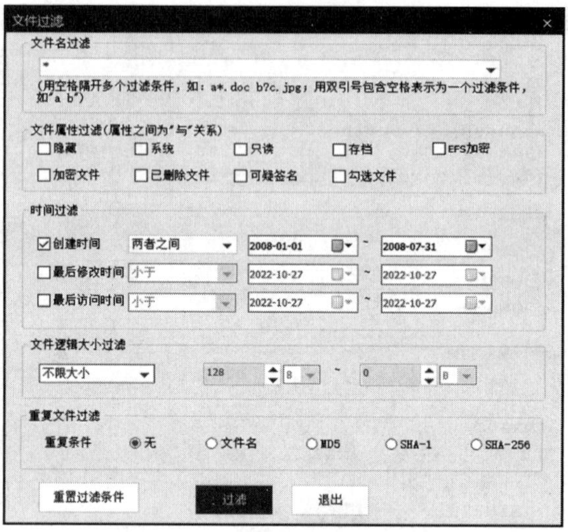

图 5-1-10　基于时间的文件过滤

步骤 2. 切换至“过滤结果”查看符合条件的文件列表信息（如图 5-1-11 所示）。

序号	文件名	标签	文件扩展名	创建时间	逻辑大小(字节)	访问时间
1	iteatapi.sys		sys	2008-01-02 11:59:43	27,648	2008-01-03
2	vmscsi.sys		sys	2008-01-02 17:38:03	11,029	2008-01-03
3	DMX3191.SYS		SYS	2008-01-02 17:38:32	11,459	2008-01-03
4	FD16_700.SYS		SYS	2008-01-02 17:38:32	11,280	2008-01-03
5	FIREPORT.SYS		SYS	2008-01-02 17:38:32	22,416	2008-01-03
6	DMX3194.SYS		SYS	2008-01-02 17:38:32	16,144	2008-01-03
7	DPTSCSI.SYS		SYS	2008-01-02 17:38:32	13,808	2008-01-03
8	SISIDE.SYS		SYS	2008-01-02 17:38:36	4,096	2008-01-03
9	ramdriv.sys		sys	2008-01-02 17:38:36	35,200	2008-01-03
10	spddlang.sys		sys	2008-01-02 17:38:36	17,920	2008-01-03
11	setupdd.sys		sys	2008-01-02 17:38:36	498,432	2008-01-03
12	_etupreg.hiv		hiv	2008-01-02 17:45:33	253,952	2008-01-03
13	BIOSINFO.INF		INF	2008-01-02 17:45:33	43,338	2008-01-03
14	vgaoem.fon		fon	2008-01-02 17:45:33	5,168	2008-01-03
15	aar81xx.sys		sys	2008-01-02 17:58:37	267,264	2008-01-03

图 5-1-11　过滤结果

（七）实验小结

通过以上实验学习基于常见文件属性进行过滤从而快速找到所需的文件。常见的文件属性包括对文件名称、扩展名、逻辑大小及时间戳（创建时间、修改时间和最后访问时间）等。

思考题

1. 基于文件属性文件扩展名的过滤，能否查找出所有真实 Word 文档？
2. TrueCrypt/VeraCrypt 加密容器文件通常可以用什么方法来快速找到？
3. 某企业的计算机终端遭受某种新型恶意程序感染，用什么方法可以快速评估企业内部有哪些计算机也被感染？

实验二 高级文件过滤

（一）实验目的

学习使用取证分析软件对文件的扩展属性、标签进行过滤，熟练掌握对文件扩展属性、分析结果标签及其他文件相关属性等的过滤。

（二）实验类型

演示型、基础实验。

（三）实验原理

取证分析软件可对文件进行签名分析、哈希计算和加密检测，在完成操作后，取证分析软件可对文件的扩展属性（如 EFS 加密文件）、哈希值、签名分析结果标签等进行过滤。

大多数取证分析软件内置有文件签名库及文件类型库（扩展名），取证软件可以对文件签名和后缀进行比对，以取证大师为例，如果两者均在库中，且可以对应则显示“匹配”；如果文件签名在库中，但文件后缀未匹配，则显示“可疑签名”；如果文件类型不在签名库中，而文件的扩展名在签名库中，则显示“坏签名”；如果文件类型和文件的扩展名都不在签名库中，无法判断是否匹配，则显示“未知”。因此，可以通过文件签名和后缀的匹配关系快速获取目标可疑文件。

一个被修改过扩展名的 JPG 图片文件，即图像文件原本是 JPG 格式，但后缀名被修改成其他文件格式，而文件的签名特征没有被改变，根据文件的实际签名特征与当前文件的后缀名是否匹配的规则，该文件会被识别为可疑签名文件。

哈希值在电子数据取证中可以用于快速发现或排除文件，高效过滤出所要查找文件。在实践办案中，经常会碰到因原文件名被更改而找不到原有文件，这种情况就可以通过文件的哈希值进行过滤，无论文件名称和属性是否一致，只要文件内容与样本一致，其哈希值也必然相同。根据此思路，可以计算已知样本文件的哈希值，通过取证分析工具的筛选器进行哈希值的匹配来检测是否存在相同哈希值的文件。

（四）实验环境

1. 1 台装有 Windows 10 系统的计算机。
2. 取证大师。
3. 案例文件：文件过滤案例 . E01。

（五）实验摘要

1. 基于文件签名分析结果的文件过滤。

2. 基于哈希值的文件过滤。
3. 基于组合条件的文件过滤。

(六) 实验内容

实验 1. 基于文件签名分析结果的文件过滤

本实验的文件过滤条件：过滤出被修改过扩展名的 JPG 图片。

步骤 1. 运行取证大师，新建一个案例并命名为“文件签名检验分析”（如图 5-2-1 所示）。

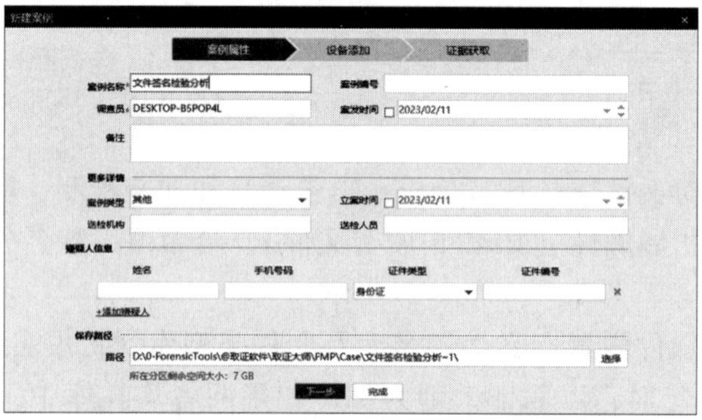

图 5-2-1　新建案例“文件签名检验分析”

步骤 2. 添加证据文件“文件过滤案例 . E01”（如图 5-2-2 所示）。

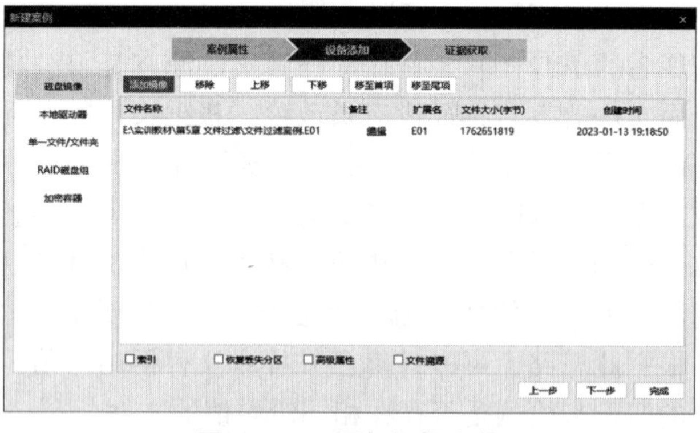

图 5-2-2　添加证据文件

步骤 3. 选择“自动取证”，勾选“检验文件签名”（如图 5-2-3 所示）。

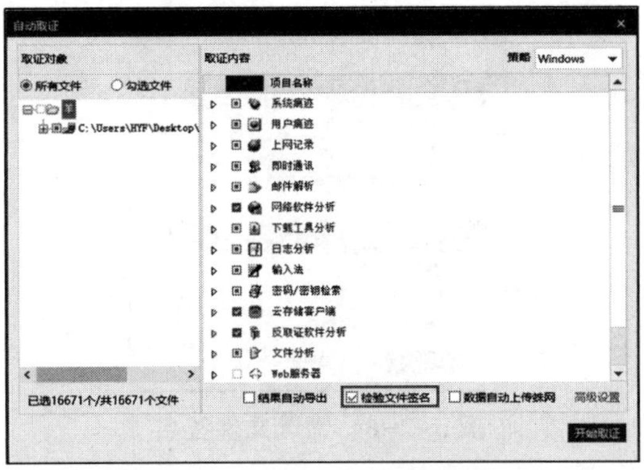

图 5-2-3 勾选“检验文件签名”

步骤 4. 完成自动取证后，选择“文件过滤”，在文件属性过滤器中选择“可疑签名”（如图 5-2-4 所示）。

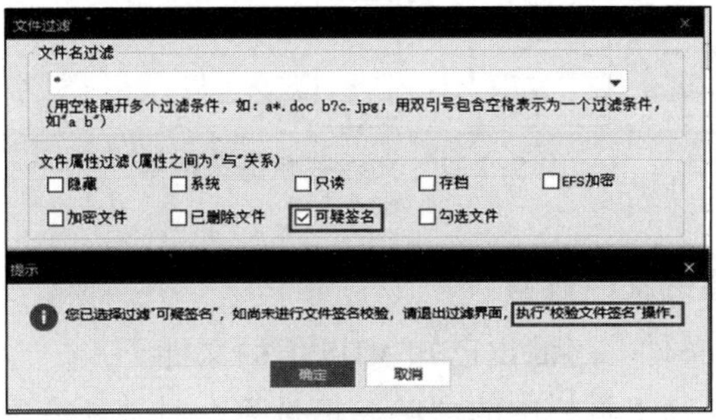

图 5-2-4 基于文件属性的文件过滤

步骤 5. 切换至“过滤结果”标签页视图，并对列表中的“签名”属性为“可疑签名”的文件进一步检验分析（如图 5-2-5 所示）。

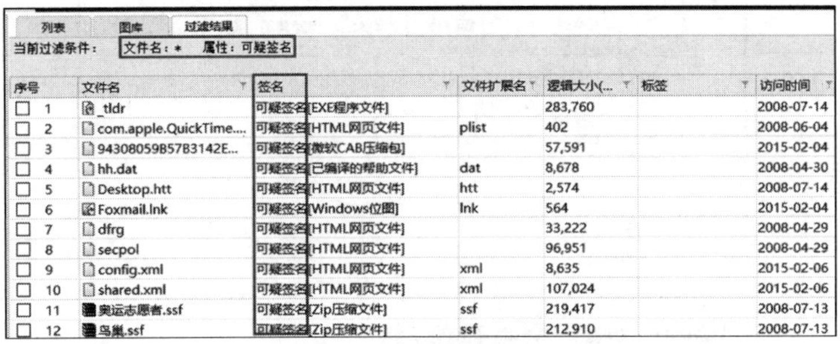

图 5-2-5 过滤结果

步骤 6. 点击“签名”属性后的过滤图标（沙漏形状），从列表中选择“可疑签名［jpeg 图片］”类型（如图 5-2-6 所示）。

图 5-2-6　筛选文件签名

步骤 7. 查看过滤结果，对文件签名进行筛选，可发现 JPG 图片的后缀名被伪装成 tmp、mp3（如图 5-2-7 所示）。

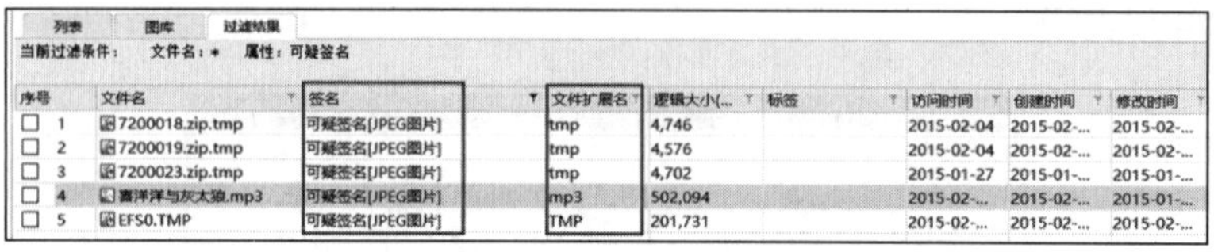

图 5-2-7　文件签名筛选结果

实验 2. 基于哈希值的文件过滤

本实验的文件过滤条件：过滤出已知 MD5 值的文件。

步骤 1. 运行取证大师工具栏中的“哈希值计算”计算所有文件哈希值（如图 5-2-8 所示）。

图 5-2-8　哈希值计算

步骤 2. 完成哈希值计算后，切换至“列表”视图，选择 MD5 值字段进行过滤，输入要查找的 MD5 值（如图 5-2-9 所示）。

图 5-2-9　筛选 MD5 值

步骤 3. 切换至“过滤结果”视图，查看过滤后符合条件的文件列表（如图 5-2-10 所示）。

图 5-2-10　过滤结果

过滤重复文件

哈希值是基于文件内容的摘要信息，内容相同的文件哈希值也相同。因此，可以利用哈希值过滤出内容相同的文件。

步骤 1. 选择“文件过滤”，在重复文件过滤选项中，勾选“MD5”（如图 5-2-11 所示）。

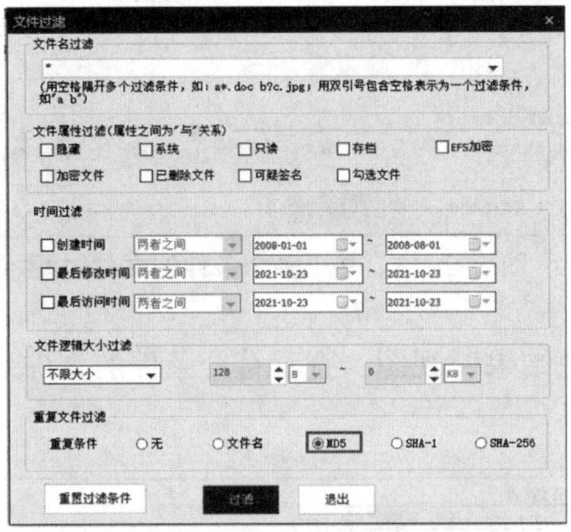

图 5-2-11　基于哈希的文件过滤

步骤 2. 过滤完成后，MD5 值相同的文件，即内容相同的文件仅显示一个（如图 5-2-12 所示）。

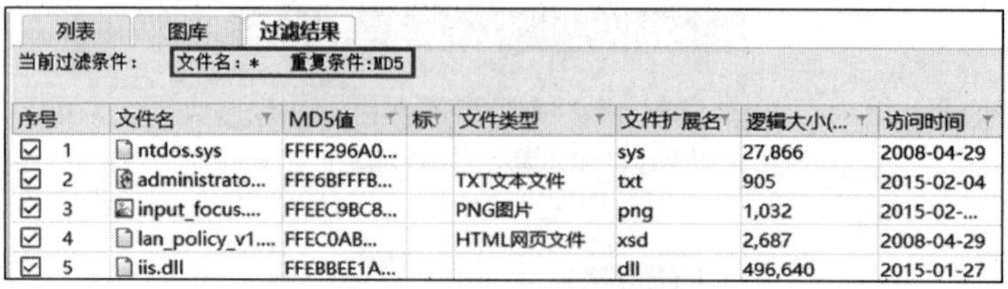

列表 | 图库 | 过滤结果

当前过滤条件： 文件名：* 重复条件:MD5

序号	文件名	MD5值	标	文件类型	文件扩展名	逻辑大小(...	访问时间
☑ 1	ntdos.sys	FFFF296A0...			sys	27,866	2008-04-29
☑ 2	administrato...	FFF6BFFFB...		TXT文本文件	txt	905	2015-02-04
☑ 3	input_focus....	FFEEC9BC8...		PNG图片	png	1,032	2015-02-...
☑ 4	lan_policy_v1....	FFEC0AB...		HTML网页文件	xsd	2,687	2008-04-29
☑ 5	iis.dll	FFEBBEE1A...			dll	496,640	2015-01-27

图 5-2-12 过滤结果

实验 3. 基于组合条件的文件过滤

本实验的文件过滤条件：过滤出用 EFS 加密的图片和文本文件。

设置过滤条件时，文件名的过滤可以使用通配符，也可用空格隔开设置多个过滤条件，文件时间和常见属性的过滤可以根据具体需要组合设置，其中文件属性过滤条件中勾选的属性之间为逻辑“与”的关系。

步骤 1. 在文件名过滤中输入“ *. jpg *. txt”，在文件属性过滤中勾选“EFS 加密”（如图 5-2-13 所示）。

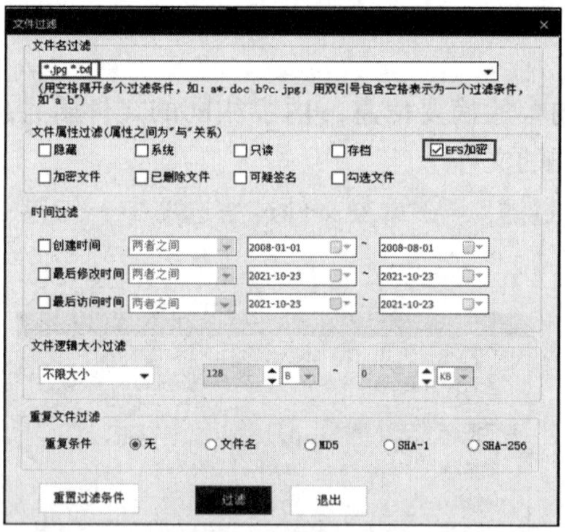

图 5-2-13 基于多个条件的文件过滤

步骤 2. 切换至“过滤结果”视图，查看符合条件的文件列表。顶部可看到当前过滤条件（如图 5-2-14 所示）。

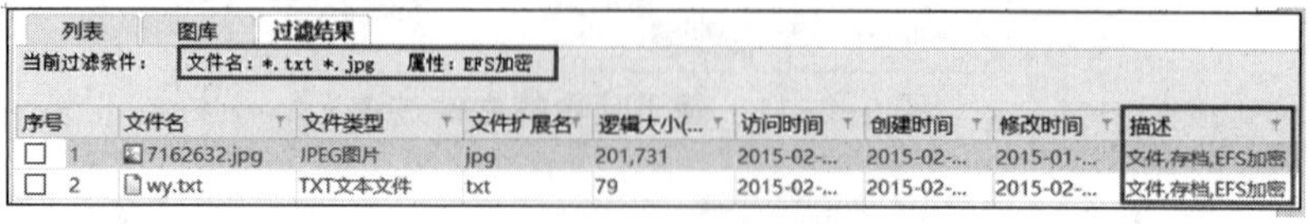

列表 | 图库 | 过滤结果

当前过滤条件： 文件名：*.txt *.jpg 属性：EFS加密

序号	文件名	文件类型	文件扩展名	逻辑大小(...	访问时间	创建时间	修改时间	描述
☐ 1	7162632.jpg	JPEG图片	jpg	201,731	2015-02-...	2015-02-...	2015-01-...	文件,存档,EFS加密
☐ 2	wy.txt	TXT文本文件	txt	79	2015-02-...	2015-02-...	2015-02-...	文件,存档,EFS加密

图 5-2-14 过滤结果

（七）实验小结

通过以上实验掌握基于文件签名分析结果、哈希值及多个组合条件等过滤方法，学习在实际电子数据取证实践中常用的一些高级文件过滤方法。需要注意的是，不同取证软件中的列表视图看到的某些文件属性不一定是文件的常见属性，因此，取证人员在使用不同计算机取证分析软件开展分析过程中，可以根据实际需要，使用取证软件解析出的文件属性进行过滤，从而快速查找相关的文件。

思考题

1. 取证大师软件中通过多个文件属性或附加属性进行文件过滤，其采用的多个条件之间是什么逻辑关系？
2. 取证大师通过文件的“EFS 加密”属性过滤出来的文件或文件夹具备什么共同特征？
3. 取证软件中查看到带有“隐藏”“只读”“系统”等文件属性与什么有关？

实验三　取证神探文件过滤

（一）实验目的

学习使用计算机取证分析软件取证神探对文件属性进行过滤，熟练掌握对文件的扩展名、大小、文件时间戳及其他特殊属性等的过滤。

（二）实验类型

演示型、基础实验。

（三）实验原理

本实验使用取证神探软件对文件的签名分析、哈希值计算及加密检测，在完成操作后，对文件的扩展属性（如 EFS 加密属性）、哈希值、签名分析结果标签等进行过滤。

（四）实验环境

1. 1 台装有 Windows 10 系统的计算机。
2. 取证神探。
3. 案例文件：文件过滤案例 . E01。

（五）实验摘要

1. 基于文件签名分析结果的文件过滤。
2. 基于哈希值的文件过滤。

3. 基于组合条件的文件过滤。

（六）实验内容

实验 1. 基于文件签名分析结果的文件过滤

本实验的文件过滤条件：过滤出被修改过扩展名的 JPG 图片。

在取证神探软件中，如果被检文件的签名和后缀名均在库中，且可以对应则会被标记为“匹配”；如果文件签名在库中，但文件后缀名未对应匹配，则会被标记为“重新标识”。通过文件签名和后缀的匹配关系可以快速获取目标可疑文件。通常，一个被修改过扩展名的文件具有一定可疑性，一般会被标记为“重新标识”。

步骤 1. 运行取证神探软件，新建案例“文件签名分析”（如图 5-3-1 所示）。

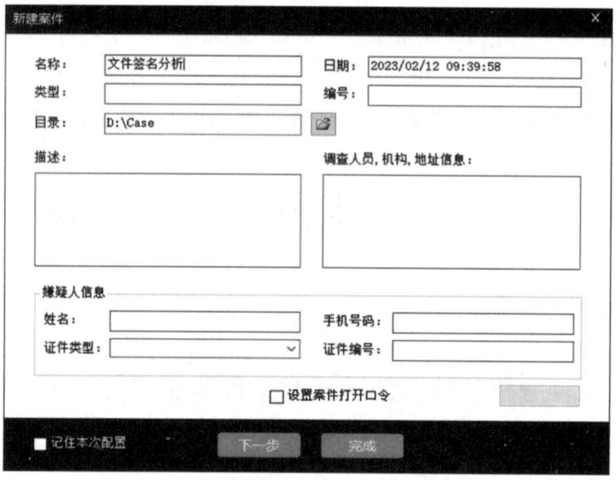

图 5-3-1　新建案例“文件签名分析”

步骤 2. 添加证据文件“文件过滤案例 . E01”（如图 5-3-2 所示）。

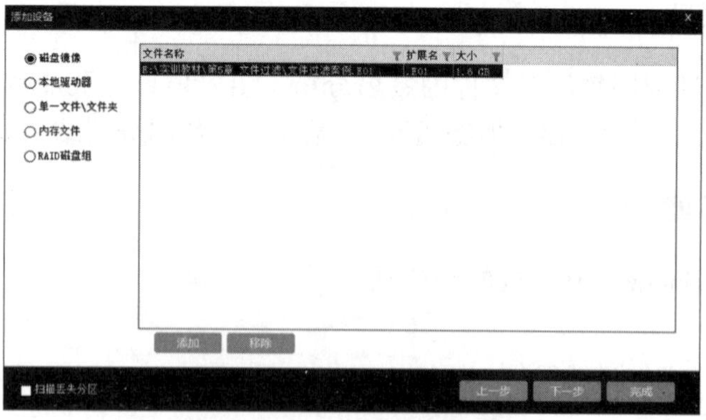

图 5-3-2　添加证据文件

步骤 3. 磁盘文件分析中勾选“基于签名校验文件类型”，过滤文件时，选择整个磁盘镜像即包括所有文件，确保所有文件都进行过滤（如图 5-3-3 所示）。

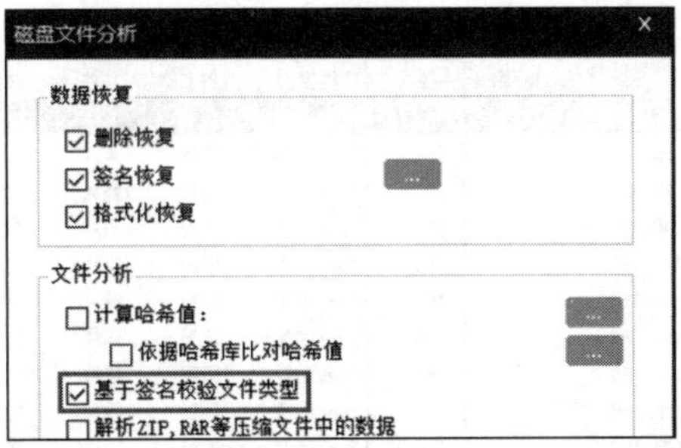

图 5-3-3　勾选“基于签名校验文件类型”

步骤 4. 完成签名校验后，切换至“案件”视图，将整个证据文件下的所有文件全部显示在右侧列表中（如图 5-3-4 所示）。

图 5-3-4　选择所有文件

步骤 5. 点击“类型”字段右侧的过滤图标（沙漏形状），进入类型过滤，勾选“Jpeg 图像（.jpg）”，点击“激活”（如图 5-3-5 所示）。

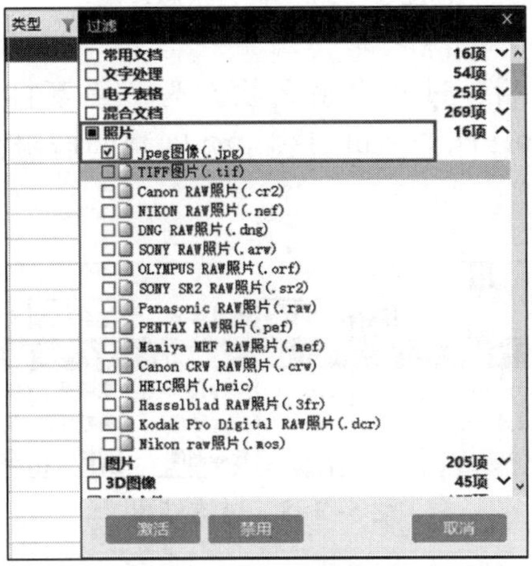

图 5-3-5　类型过滤

步骤6. 点击“激活”后，取证神探将会过滤出所有的 JPG 文件（如图 5-3-6 所示）。

文件过滤案例\磁盘

	文件名	标签	类型	类型描述	签名状态	文件分类	路径	大小
1	0f00025RIEjhw_nU...		.jpg	Jpeg图像	匹配	照片	文件过滤...	44 KB
2	1[1].jpg		.jpg	Jpeg图像	匹配	照片	文件过滤...	16....
3	100_1182.JPG		.JPG	Jpeg图像	匹配	照片	文件过滤...	3.2 MB
4	100_1203.JPG		.JPG	Jpeg图像	匹配	照片	文件过滤...	2.8 MB
5	100_1206.JPG		.JPG	Jpeg图像	匹配	照片	文件过滤...	2.4 MB
6	100_1208.JPG		.JPG	Jpeg图像	匹配	照片	文件过滤...	2.2 MB
7	100_1211.JPG		.JPG	Jpeg图像	匹配	照片	文件过滤...	2.2 MB
8	100_1228.JPG		.JPG	Jpeg图像	匹配	照片	文件过滤...	2.1 MB
9	100_1236.JPG		.JPG	Jpeg图像	匹配	照片	文件过滤...	2.1 MB
10	100_1244.JPG		.JPG	Jpeg图像	匹配	照片	文件过滤...	2 MB
11	110551072.jpg		.jpg	Jpeg图像	匹配	照片	文件过滤...	169...
12	12.jpg		.jpg	Jpeg图像	匹配	照片	文件过滤...	480 KB
13	13.jpg		.jpg	Jpeg图像	匹配	照片	文件过滤...	340 KB
14	1387331112721.jpg		.jpg	Jpeg图像	匹配	照片	文件过滤...	569...

图 5-3-6　JPG 文件过滤结果

步骤7. 点击“签名状态”列右侧的过滤图标，进入签名状态过滤，勾选“重新标识”，点击“激活”（如图 5-3-7 所示）。

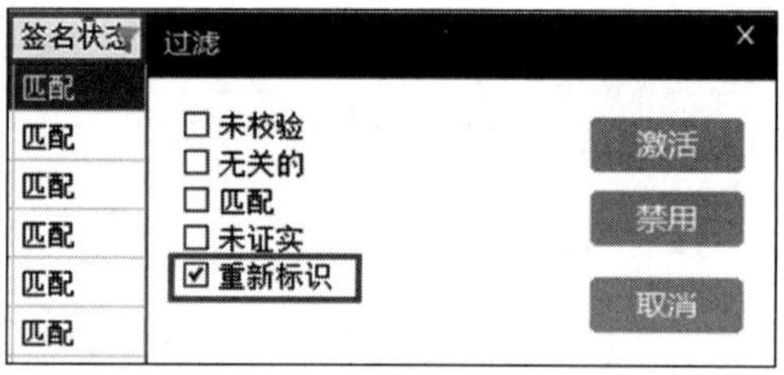

图 5-3-7　签名状态过滤

步骤8. 完成“激活”后，过滤出签名状态为“重新标识”，类型为“.jpg”的文件，即被修改过扩展名的 JPG 图片，可看到 JPG 图片的后缀被修改成 tmp 或 mp3（如图 5-3-8 所示）。

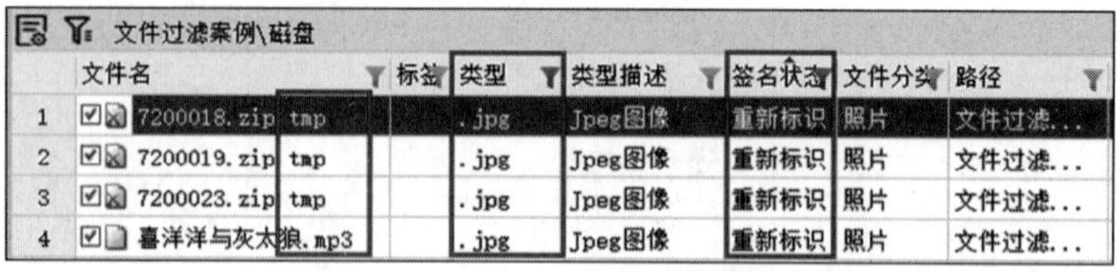

文件过滤案例\磁盘

	文件名	标签	类型	类型描述	签名状态	文件分类	路径
1	7200018.zip tmp		.jpg	Jpeg图像	重新标识	照片	文件过滤...
2	7200019.zip tmp		.jpg	Jpeg图像	重新标识	照片	文件过滤...
3	7200023.zip tmp		.jpg	Jpeg图像	重新标识	照片	文件过滤...
4	喜洋洋与灰太狼.mp3		.jpg	Jpeg图像	重新标识	照片	文件过滤...

图 5-3-8　过滤结果

实验 2. 基于哈希值的文件过滤

本实验的文件过滤条件：过滤出已知 MD5 值的文件。

步骤1. 使用取证神探软件添加镜像文件后，进入“磁盘文件分析”，选择“计算哈希值”（如图 5-3-9 所示）。

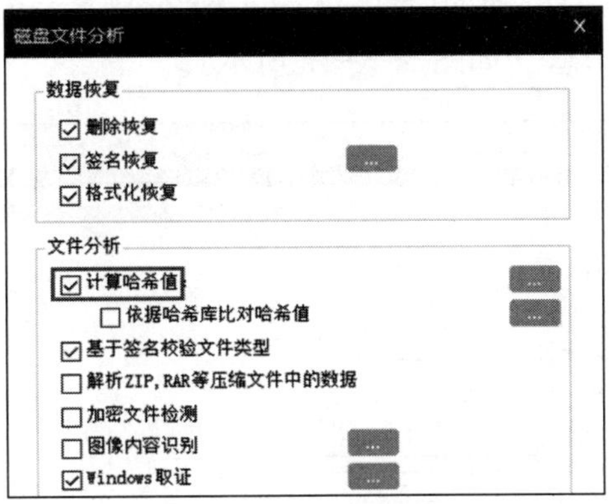

图 5-3-9 磁盘文件分析

步骤 2. 点击“计算哈希值”后的按钮，勾选指定的哈希算法类型，并点击“确定”（如图 5-3-10 所示）。

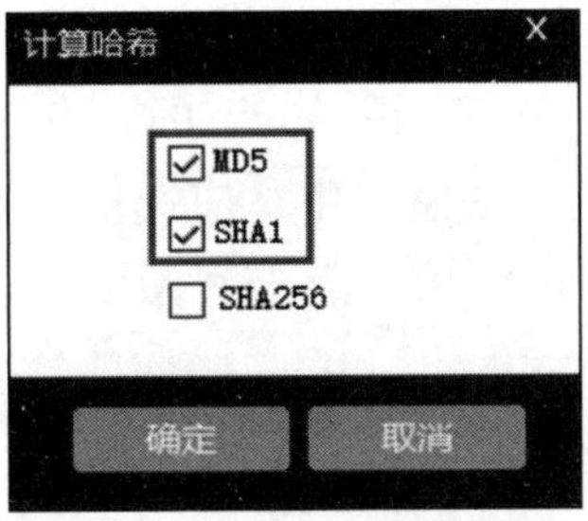

图 5-3-10 选择哈希算法

步骤 3. 完成文件的哈希值计算后，切换至列表视图，并找到属性“MD5”列。

步骤 4. 点击 MD5 右侧的过滤图标打开过滤窗口，选择“匹配全名，允许通配符”，在框内输入已知的 MD5 值“57ab5fbfbb759371703efa90395ed5af”，点击“激活”（如图 5-3-11 所示）。

图 5-3-11 MD5 过滤

步骤 5. 激活后，发现与已知 MD5 匹配的文件名为“羊羊羊 . doc”，通过“详细”视图可查看该文件的详细信息（如图 5-3-12 所示）。

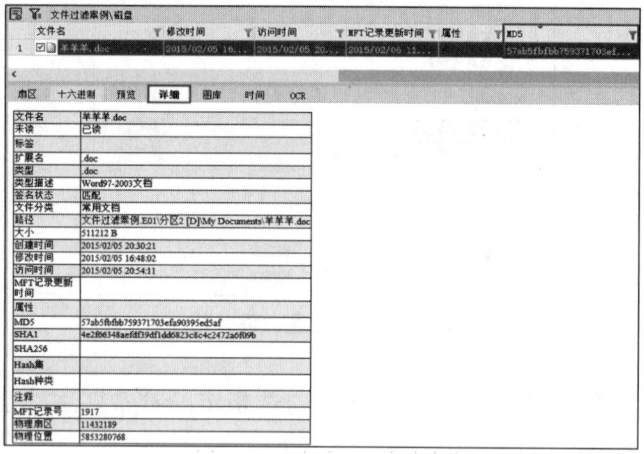

图 5-3-12　完整 MD5 值过滤结果

步骤 6. 若已知的 MD5 值不是完整的，仅仅是哈希值的一部分，如“ab5fbfbb759371703”，在 MD5 的过滤窗口中，应选择“在文件名中搜索子字符”，并在下方的输入框中输入已知部分的 MD5 值，点击“激活”（如图 5-3-13 所示）。

图 5-3-13　过滤部分 MD5

步骤 7. 激活后，可过滤出与部分 MD5 值匹配的文件“羊羊羊 . doc”，需要注意的是，采用该方法进行过滤可能找出多个不同内容的文件（如图 5-3-14 所示）。

图 5-3-14　部分 MD5 值过滤结果

基于文件哈希值排除重复的文件

步骤 1. 查看分区 2 中的 Program Files\Foxmail 7. 2\Template 目录，共有 791 个文件，

对该目录下的文件的 MD5 哈希值进行排序，可发现较多文件的哈希值相同（如图 5-3-15 所示）。

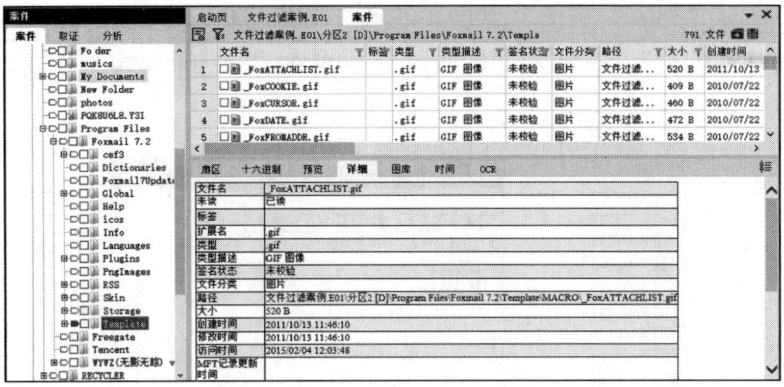

图 5-3-15 查看 Template 目录检查重复文件

步骤 2. 通过取证神探内置的“文件去重”功能可自动将哈希值重复的文件过滤，哈希值相同的文件只显示其中一个文件，以此减少相同文件内容查看耗费的时间（如图 5-3-16 所示）。

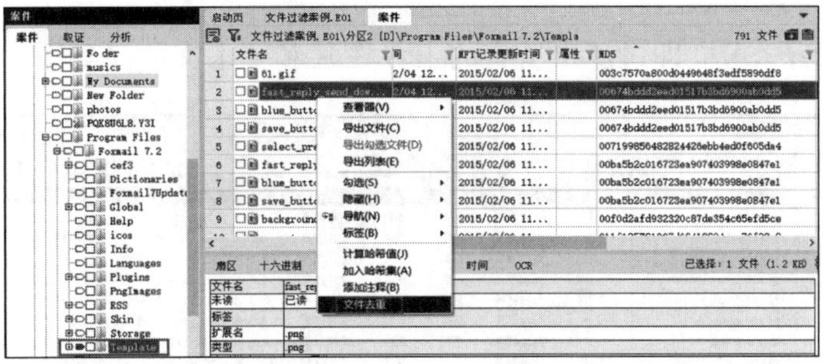

图 5-3-16 使用“文件去重”过滤掉哈希值相同的文件

步骤 3. 通过“文件去重”后，查看列表视图，其中 135 个文件被过滤掉，不重复的文件数量仅 791 个（如图 5-3-17 所示）。

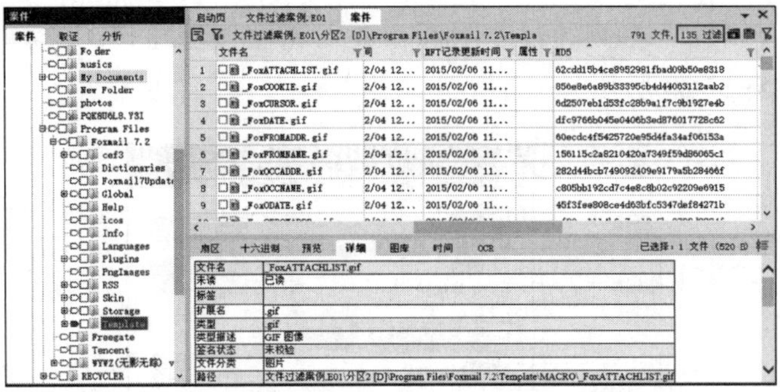

图 5-3-17 文件去重（135 个重复文件被排除）

实验 3. 基于组合条件的文件过滤

本实验的文件过滤条件：过滤用 EFS 加密的 JPG 图片和文本文件。

步骤 1. 切换至“列表”视图，点击文件名右侧的过滤标志，进入文件名过滤，选择“匹配全名，允许通配符”，在输入框的两行分别输入“ *.jpg”和“ *.txt”，点击“激活”（如图 5-3-18 所示）。

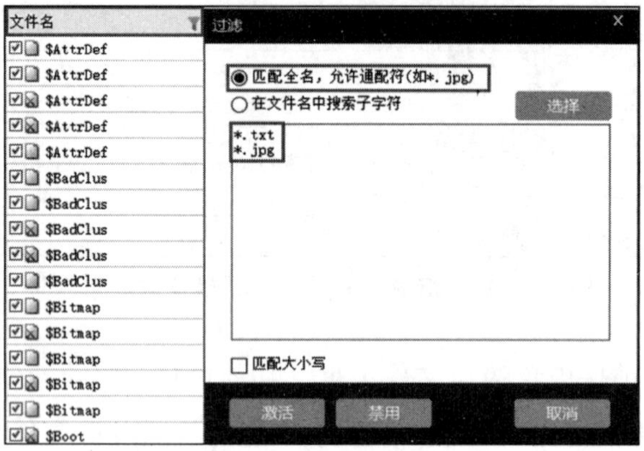

图 5-3-18　文件扩展名过滤

步骤 2. 激活后，可立即过滤出所有的 JPG 图片和文本文件（如图 5-3-19 所示）。

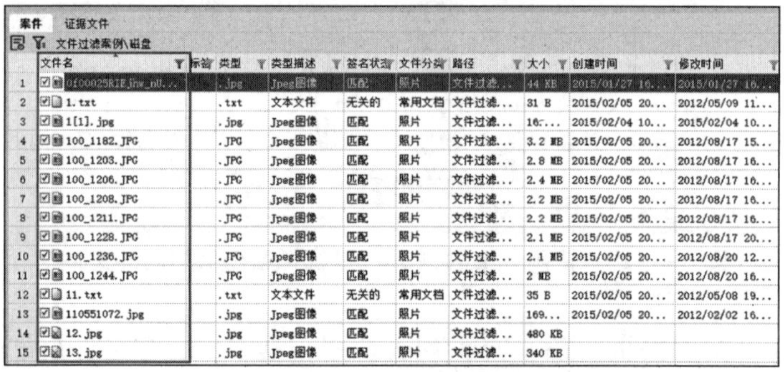

图 5-3-19　文件扩展名过滤结果

步骤 3. 点击“属性”右侧的过滤图标，进入属性过滤窗口，选择“EFS 加密”，点击“激活”（如图 5-3-20 所示）。

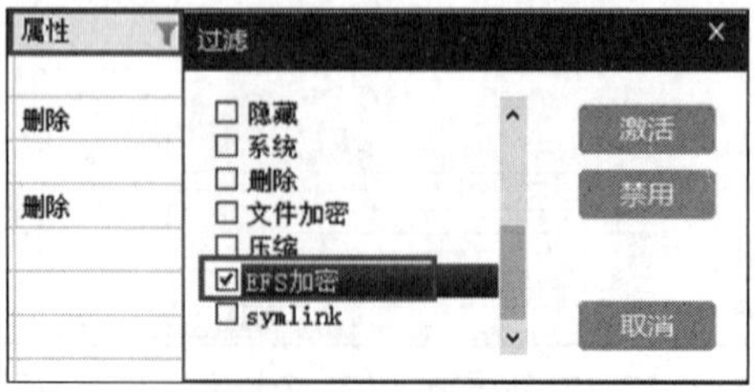

图 5-3-20　过滤 EFS 加密

步骤 4. 激活后，可看到最终过滤结果，找到用 EFS 加密的 JPG 图片和文本文件（如图 5-3-21 所示）。

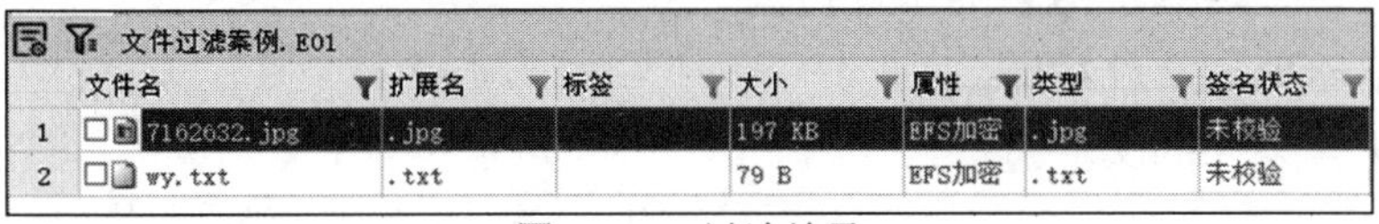

文件过滤案例. E01

	文件名	扩展名	标签	大小	属性	类型	签名状态
1	7162632. jpg	. jpg		197 KB	EFS加密	. jpg	未校验
2	wy. txt	. txt		79 B	EFS加密	. txt	未校验

图 5-3-21　过滤结果

（七）实验小结

通过以上实验掌握基于取证神探软件的文件签名分析结果过滤、基于哈希值的文件过滤及基于组合条件过滤等多种方法，学习在电子数据取证实践中常用的高级文件过滤方法。

思考题

1. 取证神探软件的“列表”视图中，基本每一列都有漏斗形状的图标，其作用是什么？

2. 取证神探软件中进行指定列的过滤时，可提供哪几种过滤规则？

实验四　X-Ways Forensics 文件过滤

（一）实验目的

学习使用计算机取证分析软件 X-Ways Forensics 对文件属性进行过滤，熟练掌握对文件的扩展名、大小、文件时间属性（MAC）、特殊属性等的过滤。

（二）实验类型

演示型、基础实验。

（三）实验原理

本实验使用 X-Ways Forensics 对文件的签名分析、哈希值计算、是否加密进行分析，在完成操作后，对文件的扩展属性（如 EFS 加密属性）、哈希值、签名分析结果标签等进行过滤。

（四）实验环境

1. 1 台装有 Windows 10 系统的计算机。
2. X-Ways Forensics。
3. 案例文件：文件过滤案例 . E01。

（五）实验摘要

1. 基于文件签名分析结果的文件过滤。
2. 基于哈希值的文件过滤。
3. 基于组合条件的文件过滤。

（六）实验内容

实验 1. 基于文件签名分析结果的文件过滤

本实验的文件过滤条件：过滤出被修改过扩展名的 JPG 照片。

步骤 1. 运行 X-Ways Forensics 取证软件，创建一个案例并命名为“文件过滤案例”，添加证据文件“文件过滤案例 . E01”到案例中（如图 5-4-1、图 5-4-2 所示）。

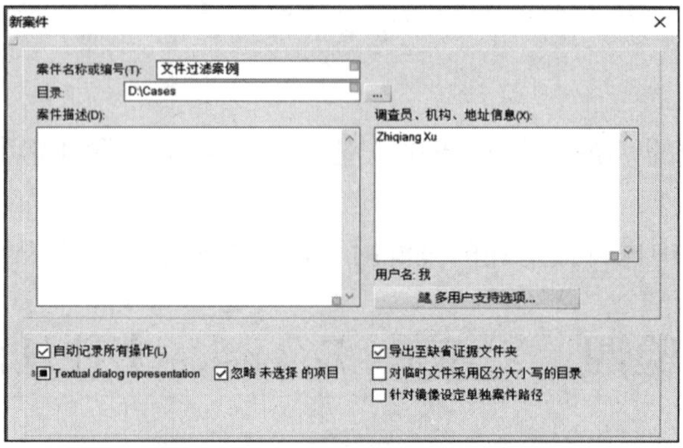

图 5-4-1　创建新案例并命名

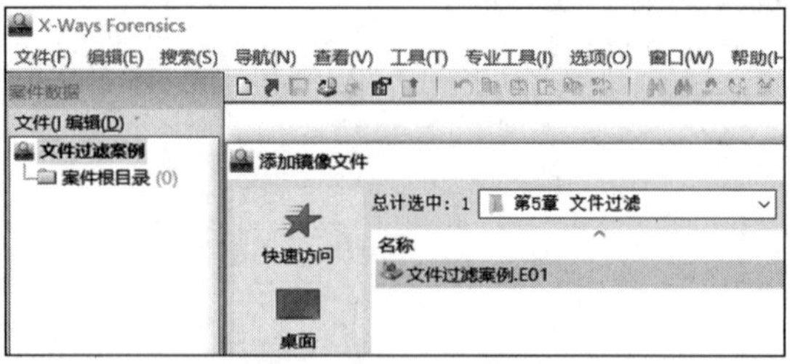

图 5-4-2　添加证据文件

步骤 2. 鼠标右击“案件根目录”，在“展开证据项内容”中选择需要展开的分区。默认会自动选择所有分区，点击“确定”后，即可展开所有证据，列出该磁盘的所有文件（如图 5-4-3 所示）。

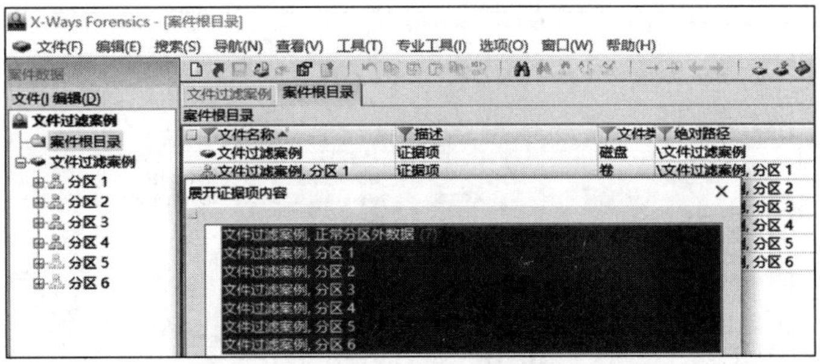

图 5-4-3 浏览磁盘所有分区中的文件

步骤 3. 如仅需对指定分区进行文件查看，可选中指定分区，右键点击“浏览递归”，则可查看该分区内的所有文件（如图 5-4-4 所示）。

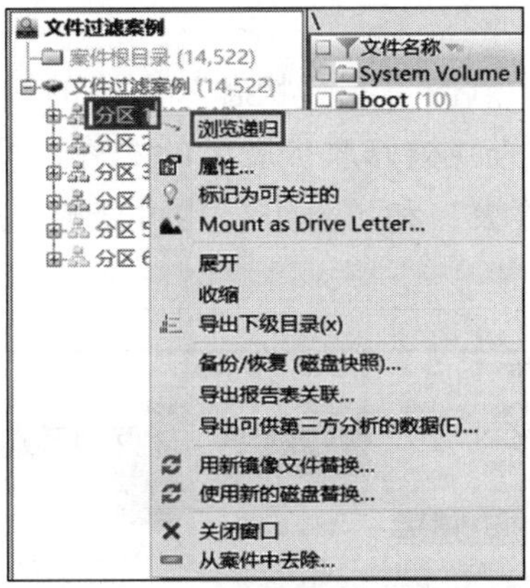

图 5-4-4 浏览单个分区文件

步骤 4. 当选择任何一个文件进行预览时，X-Ways Forensics 会自动对该文件进行签名检验，其“文件类型”属性信息也会更新为实际的文件类型。取证人员也可以手工对文件进行签名分析。在“专业工具”中选择“进行磁盘快照”，勾选“基于文件签名和算法验证文件真实类型”并且应用于所有文件（如图 5-4-5、图 5-4-6 所示）。

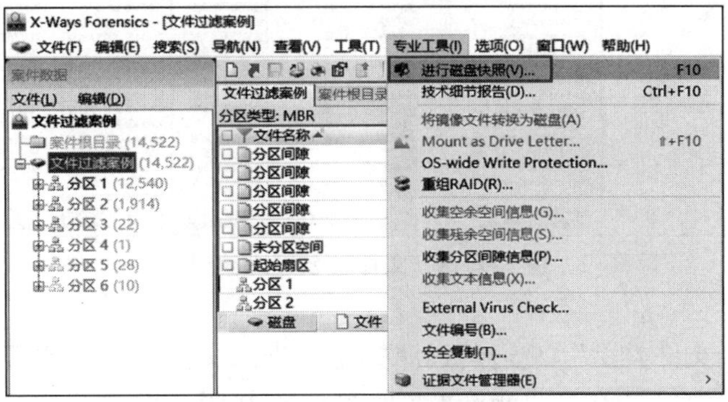

图 5-4-5 进行磁盘快照

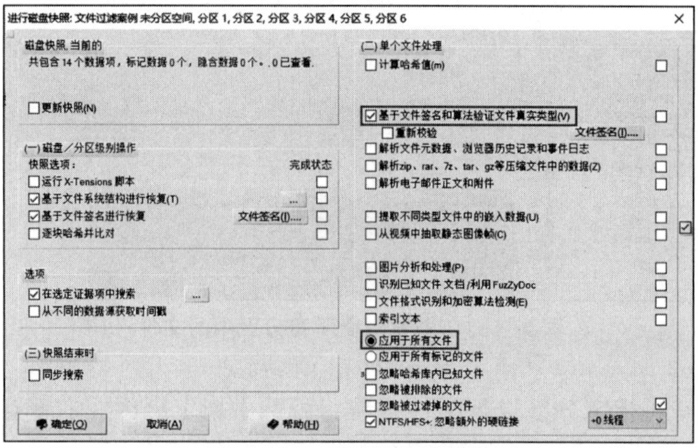

图 5-4-6　文件签名校验

步骤 5. 磁盘快照结束后，点击“签名状态”左边的过滤标志，进入签名状态过滤，签名状态可按 Ctrl 键多选。要查找被修改扩展名的文件，可选择“不匹配”和“检测到不匹配的”，“签名检测”、“等级”和“分组”均可全选，点击“激活”（如图 5-4-7 所示）。

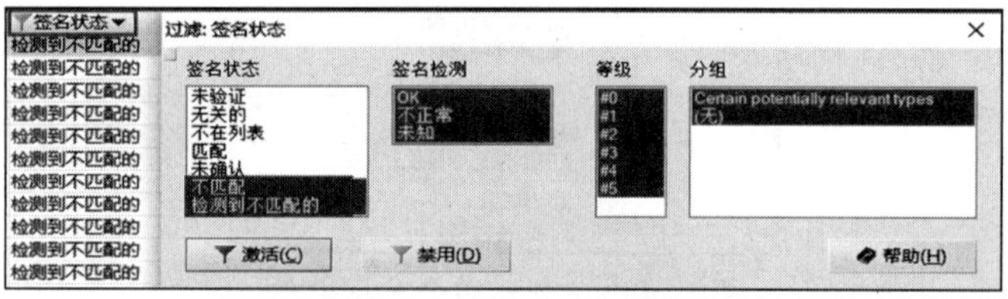

图 5-4-7　过滤文件签名

步骤 6. 操作完成后，在列表视图中查看过滤结果（如图 5-4-8 所示）。

图 5-4-8　文件签名过滤结果

步骤 7. 点击“文件类型”左边的过滤标志，进入文件类型过滤窗口，在图片类中找到“jpg- JPEG”并勾选，点击“激活”（如图 5-4-9 所示）。

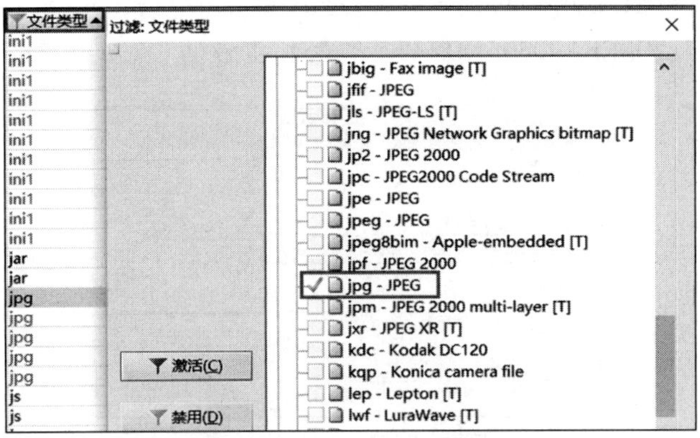

图 5-4-9　**文件类型过滤**

步骤 8. 过滤结果可在左上角看到 2 个过滤条件，签名状态为“不匹配”或“检测到不匹配”，类型为“. jpg”，即被修改过扩展名的 JPG 图片，可以看到 JPG 图片的后缀被修改成 tmp 或 mp3（如图 5-4-10 所示）。

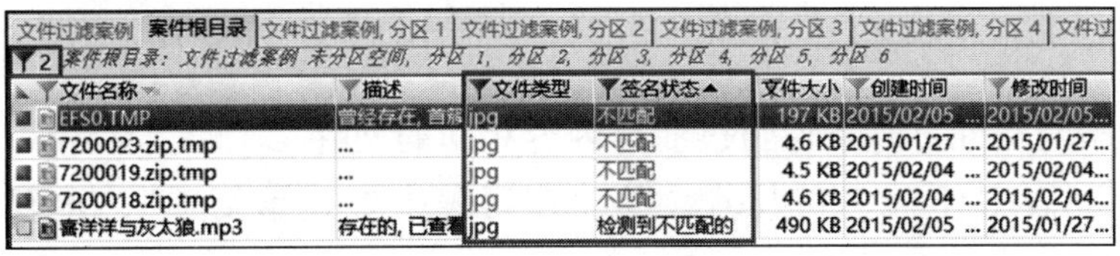

图 5-4-10　**过滤结果**

实验 2. 基于哈希值的文件过滤

（1）本实验的文件过滤条件：过滤出已知哈希值的文件。

步骤 1. 在“专业工具”中选择“进行磁盘快照”，选择“计算哈希值”，并应用于所有文件（如图 5-4-11 所示）。

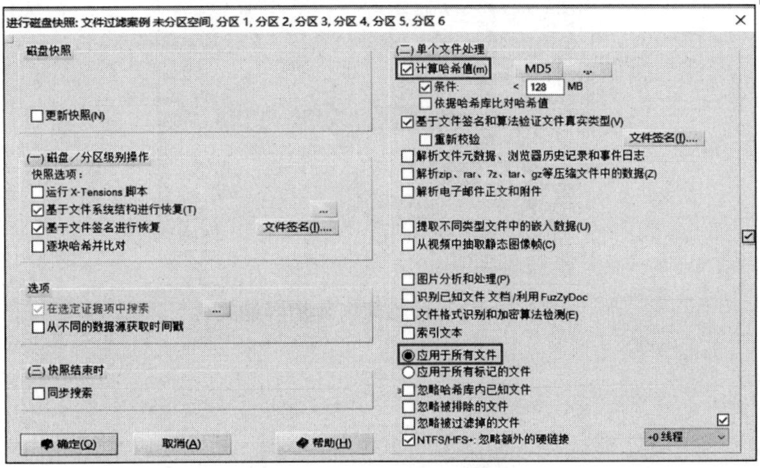

图 5-4-11　**计算文件哈希值**

步骤 2. 点击哈希值左侧的过滤标志，进入哈希值过滤窗口，输入已知的 MD5 值“57AB5FBFBB759371703EFA90395ED5AF”，点击“激活”（如图 5-4-12 所示）。

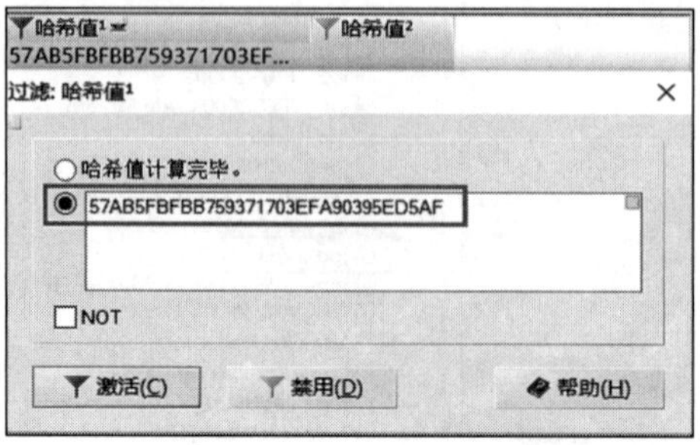

图 5-4-12　哈希值过滤

步骤 3. 激活后，可见到与已知 MD5 匹配的文件“羊羊羊 . doc”（如图 5-4-13 所示）。

图 5-4-13　过滤结果

（2）本实验的文件过滤条件：过滤掉内容相同的文件。

步骤 1. 在列表中任意一列右键选择“在列表中查找重复项”，重复项选择“哈希值”（如图 5-4-14、图 5-4-15 所示）。

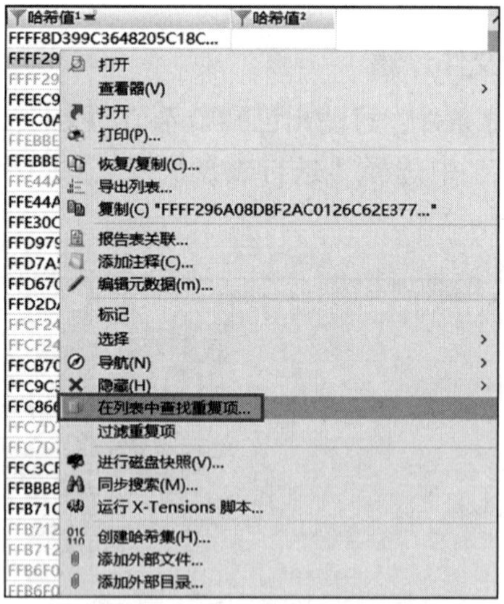

图 5-4-14　过滤掉内容相同的文件

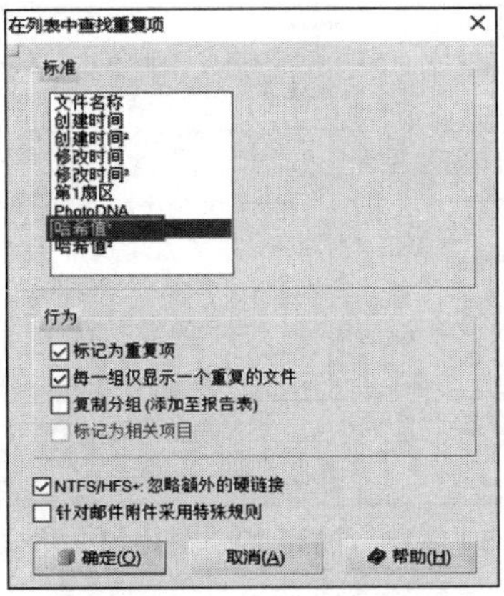

图 5-4-15　选择重复项

步骤 2. 过滤结束后会显示隐藏文件的数量（如图 5-4-16 所示）。

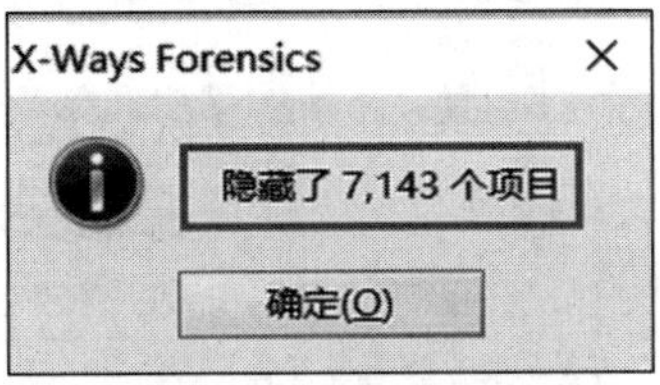

图 5-4-16　隐藏文件数

步骤 3. 列表中的“哈希值”可查看重复文件的哈希，重复文件颜色为浅灰色（如图 5-4-17 所示）。

图 5-4-17　过滤结果

实验 3. 基于组合条件的文件过滤

本实验的文件过滤条件：过滤出加密的 JPG 图片和文本文件。

步骤 1. 点击“文件名称”左边的过滤标志，进入文件名称过滤窗口，选择“通过文件名称过滤，允许使用通配符”的选项，在输入框分别输入“ * . jpg” 和“ * . txt”，并选择“激活”按钮（如图 5-4-18 所示）。

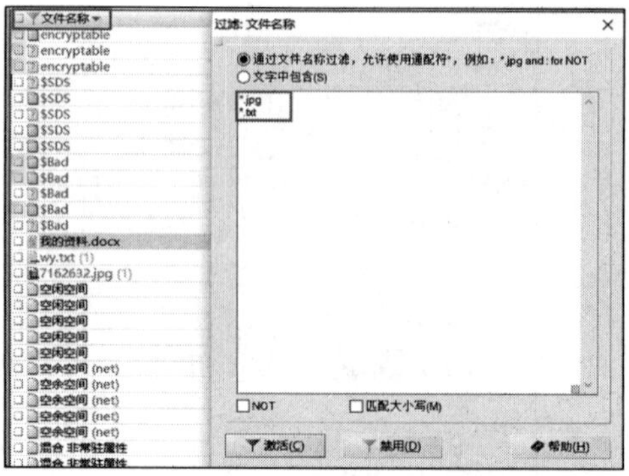

图 5-4-18　过滤 JPG 图片和文本文件

步骤 2. 执行过滤后，符合条件的 TXT 和 JPG 文件被过滤出来（如图 5-4-19 所示）。

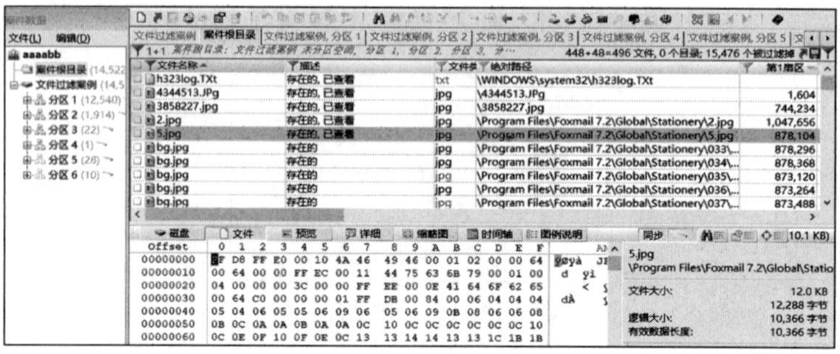

图 5-4-19　根据文件名称过滤

步骤 3. 点击“文件属性”左边的过滤标志，进入文件属性的过滤窗口，勾选“e. e!. E”，即“加密”，点击“激活”，即可过滤出加密的 JPG 图片和文本文件（如图 5-4-20 所示）。

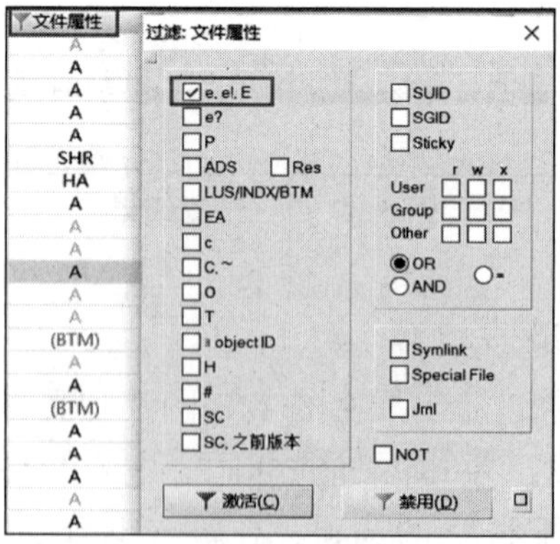

图 5-4-20　过滤文件属性

X-Ways Forensics 中常用文件属性的字符含义为：

A = 文档；R = 只读；H = 隐含；s = 系统；C = 文件系统级压缩；c = ZIP、RAR 等文件

中压缩；E=文件系统级加密（EFS 加密）；e=ZIP、RAR 等压缩文件中的加密文件；e！=特定类型的加密文件或 DRM 保护的文件；e？=熵值较高，可能是压缩或加密的。

步骤 4. 使用两个组合条件进行过滤后，符合条件的文件只有两个（如图 5-4-21 所示）。

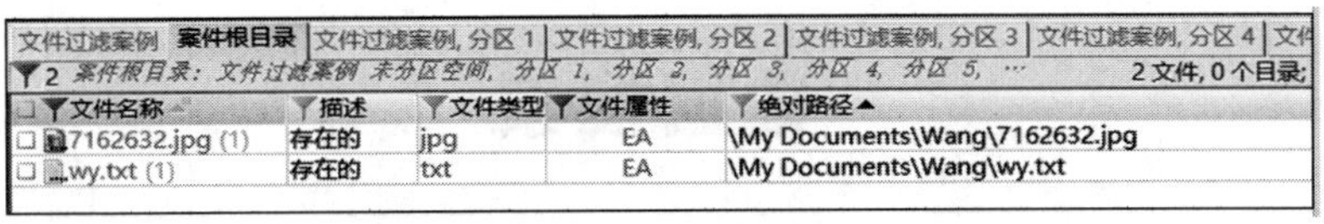

图 5-4-21 过滤结果

（七）实验小结

通过以上实验掌握基于 X-Ways Forensics 软件的文件签名分析结果过滤、基于哈希值的文件过滤及基于组合条件过滤等多种方法，以便在实际电子数据取证实践中能快速找到文件并使用签名分析结果过滤来发现异常文件。

思考题

1. X-Ways Forensics 取证软件中的“文件属性”过滤，带有字母 e 标识的是什么类型的文件？

2. X-Ways Forensics 案例中存在多个磁盘镜像文件，要查看符合过滤条件的所有文件，如何操作才能正确显示结果？

第六章
数据搜索

数据搜索，是指对存储介质或证据文件中存储的数据进行关键词的查找。数据搜索是取证分析软件基础功能之一。

通常数据搜索可以分为两大类：一类是直接对存储介质扇区中的数据进行搜索，一般被称为“原始数据搜索”（Raw Search）；而另一类则是对索引后的数据进行检索，一般被称为“索引搜索”（Index Search）。

原始数据搜索通常是以一个或多个关键词，并选择相应的编码或代码页（如 Unicode、UTF-8、GB2312）对逻辑文件、文件残留区（File Slack）及磁盘扇区（如未分配空间）等区域的内容进行比较。索引搜索则是基于软件对原始数据索引后的内容进行关键词检索，通常关键词检索无须再考虑编码的因素。一些取证软件执行索引功能时，除了将常见支持的文件类型（如文本文件、Office 文档、PDF 文档）进行索引外，对文件的属性信息也进行了索引，因此索引搜索也可对文件属性信息进行快速检索。

实验一　常见字符集编码

（一）实验目的

通过实验，理解字符编码的原理及常见字符编码的基本知识。

（二）实验类型

验证型、基础实验。

（三）实验原理

ASCII 码（美国信息交换标准代码）是最常见的字符编码。每个 ASCII 字符用 1 字节表示，1 个字节包含 8 比特，最多可以编码 256 个字符［从“00000000”（0x00）到“11111111”（0xFF）］。标准的 ASCII 编码中，最高位为“0”，即 ASCII 中编码从“00000000”到“00000001”，共 128 个字符，包括 26 个大写字母、26 个小写字母、0~9

十个数字、常见符号及部分控制符（如换行符等）。

最早的中文字符编码为 GB2312。GB2312 编码全称是《信息交换用汉字编码字符集》，该国家标准 1980 年首次颁布，标准号为 GB/T 2312—1980，1981 年 5 月 1 日开始实施，目前仍广泛应用。GB2312 编码含汉字 3763 个和图形字符 682 个。GB2312 使用 2 字节编码汉字及图形字符，同时 GB2312 完全兼容 ASCII。

由于 GB2312 仅仅覆盖到了常用汉字，还有很多中文字符没有编码进去。1995 年 GBK 编码发布，对 GB2312 向下兼容。GBK 编码全称为《汉字内码扩展规范》，共收录了 21003 个汉字，883 个图形符号。

GB18030 编码对汉字进行了扩充，共收录了 70244 个汉字。最新版本的 GB18030 编码于 2022 年发布。GB18030 编码使用变长多字节编码，每个字符可以由 1 个、2 个或 4 个字节组成。

ASCII、GB2312、GBK、GB18030 既是字符集，也是字符编码方案。

Unicode 编码是国际标准化组织推出的字符集规范，又称万国码，囊括了全球各国文字。Unicode 的具体编码方案有 UTF-8、UTF-16 等多种。UTF-8 使用变长多字节编码，对于 ASCII 字符，使用 1 个字节表示，对于其他语言文字则使用多个字节表示。由于在互联网传输中，英文占了大多数，UTF-8 兼顾了数据长度和各种文字的兼容性，所以被广泛使用。

（四）实验环境

1. 1 台装有 Windows 10 系统的计算机。
2. WinHex 软件。

（五）实验摘要

1. 字符映射表的使用。
2. Windows 下直接输入 ASCII 字符。
3. 使用字符映射表查看中文编码。
4. 体验通过字符编码输入文字。

（六）实验内容

步骤 1. 字符映射表的使用

按快捷键 Win+R 打开运行窗口，输入“charmap”并点击“确认”打开字符映射表（如图 6-1-1 所示）。

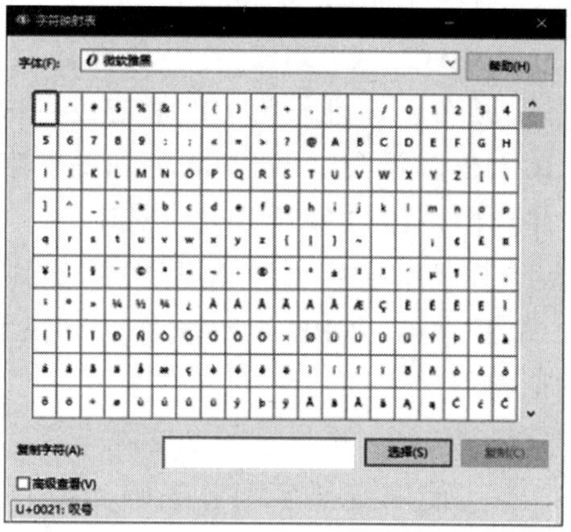

图 6-1-1　字符映射表主界面

勾选“高级查看”，在字符集中选择“DOS：美国”，点击字符“A”，查看底部显示的编码信息（如图 6-1-2 所示）。

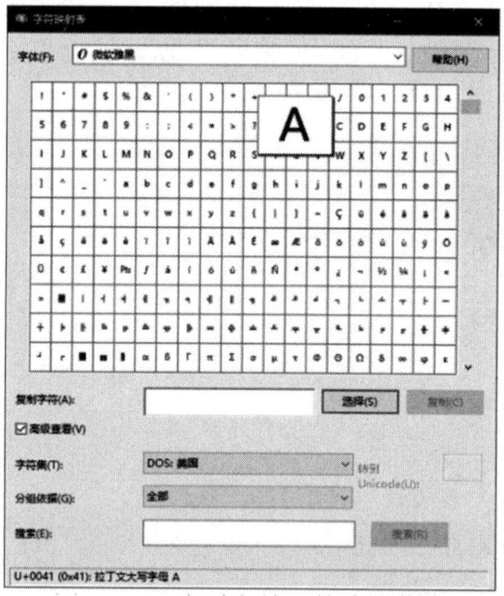

图 6-1-2　查看字符 A 的编码信息

说明：字符映射表中，最下方显示了字符的 Unicode 编码及对应字符集中的编码。大写字母 A 对应的 Unicode 字符集（Unicode 编码）是“0041”（十六进制），大写字母 A 对应的“DOS：美国”字符集（ASCII 编码）是“41”（十六进制）。

在字符映射表中分别找到“Forensics”各字母在“DOS：美国”字符集（ASCII 编码）中对应的信息，并将其十六进制值逐一记录到记事本中，该信息在后面的实验中将会使用到。

找到英镑符号（ £ ），观察其 Unicode 编码与 ASCII 编码二者是否存在差异（如图 6-1-3 所示）。

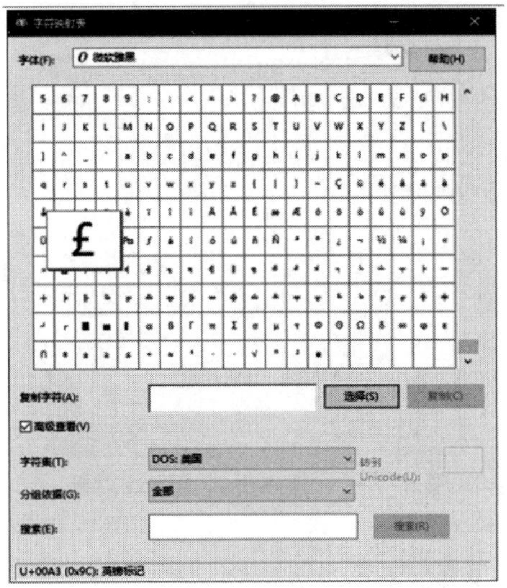

图 6-1-3　查看英镑符号的编码信息

知识点扩展：标准的 ASCII 字符只有 128 个（ASCII 编码从 0 到 127）。Windows 1.0 增加了更多的符号显示，并最终成为国际规范（ANSI/ISO 8859-1-1987），扩展后的字符集对应的编码也被称为“Latin1”编码。Unicode、UTF-8、GB2312、GBK、GB18030 等众多编码，兼容标准的 ASCII 字符但不兼容扩展 ASCII 字符。

步骤 2. Windows 下直接输入 ASCII 字符

按快捷键 Win+R 打开运行窗口，输入“calc”并点击“确认”打开计算器，切换至程序员模式（如图 6-1-4 所示）。

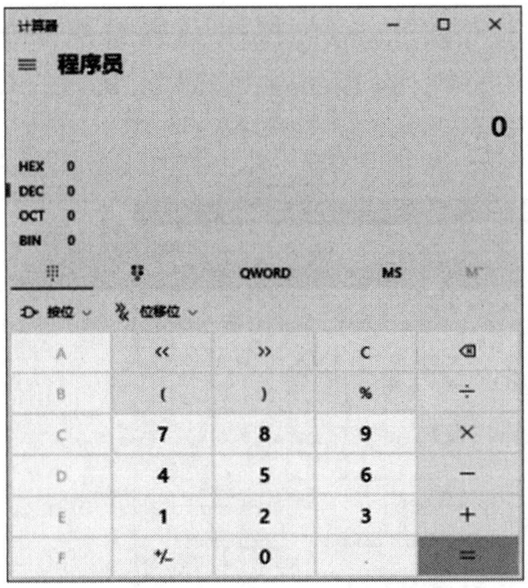

图 6-1-4　Windows 计算器主界面

选择 HEX（十六进制 Hexadecimal 的缩写），并输入 46，观察其对应的 DEC 值（十进制 Decimal 缩写）（如图 6-1-5 所示）。

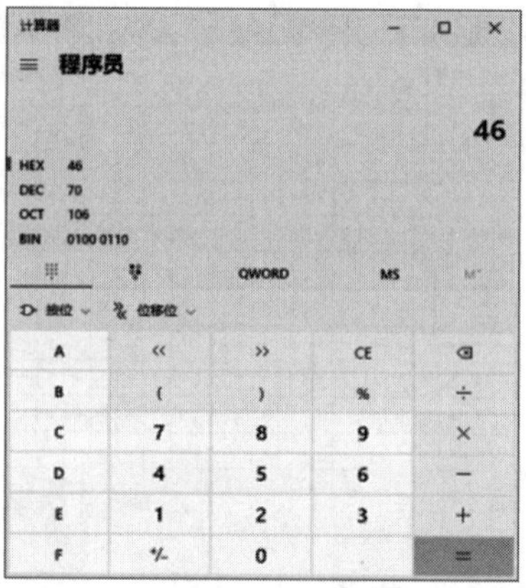

图 6-1-5 程序员模式下计算器

按照上述方法分别计算字母 F、o、r、e、n、s、i、c、s 对应 ASCII 码的十进制值。

打开记事本，按住 Alt 键，然后通过数字小键盘依次按下上一步骤中计算得到的十进制数值，观察输入的内容是否为“Forensics”（如图 6-1-6 所示）。

图 6-1-6 记事本中通过 ASCII 编码输入英文字符

步骤 3. 使用字符映射表查看中文编码

打开字符映射表，字体选择“宋体”，字符集选择“Windows：简体中文”，分组依据选择“按拼音分类的简体中文”，即可按拼音查看汉字的 Unicode 编码及 GB2312/GBK/GB18030 编码。例如，“啊”的 Unicode 编码为 554A，GB2312/GBK/GB18030 编码为 B0A1（如图 6-1-7 所示）。

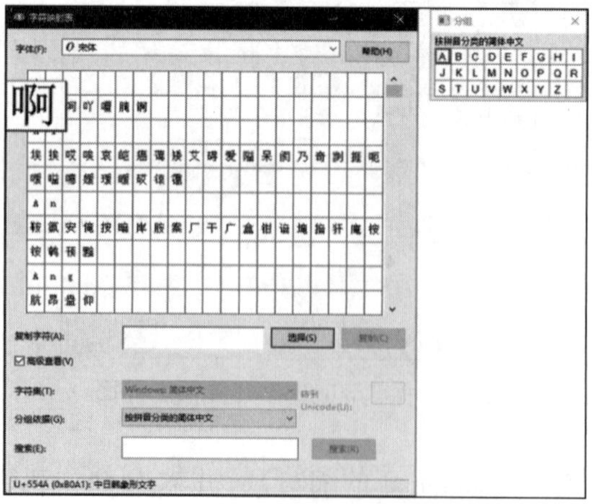

图 6-1-7 查看中文字符的编码

按上述方法查找“电子数据取证”六个字的 Unicode 编码及 GB2312 编码。

实验 4. 体验通过字符编码输入文字

打开 WinHex，点击菜单栏“文件”→“新建”，新建大小为 100 字节的文件（如图 6-1-8 所示）。

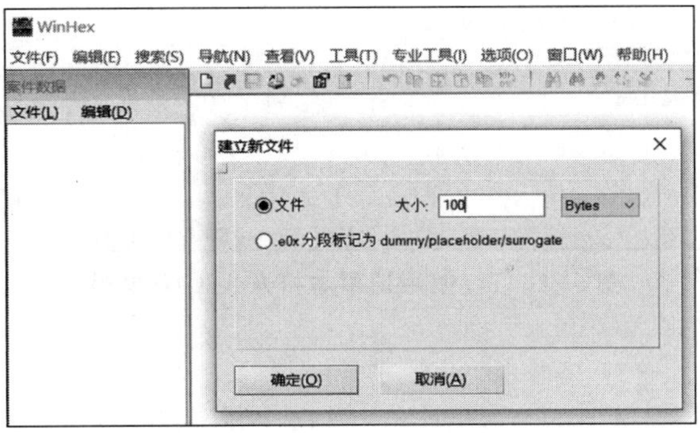

图 6-1-8　WinHex 中新建文件

按键盘上“Insert”键开启“插入模式”（如图 6-1-9 所示）。

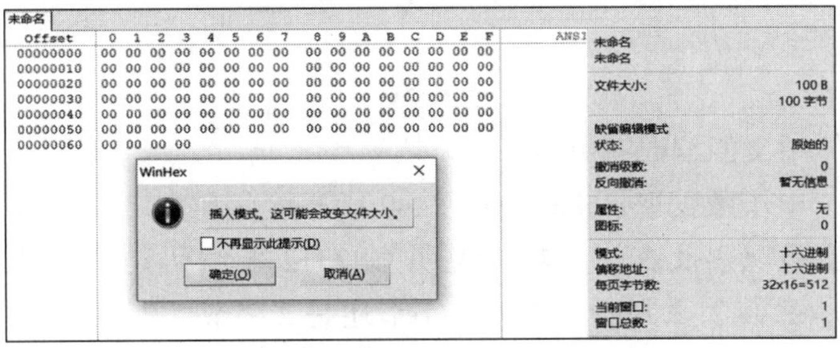

图 6-1-9　WinHex 中更改为插入模式

在 WinHex 中输入“Forensics”（ASCII 编码）的十六进制值，以及“电子数据取证”Unicode 编码的十六进制值，可参考前面两个小实验获得的十六进制信息逐一在 WinHex 软件中输入，并将文件保存为“test. txt”（如图 6-1-10 所示）。

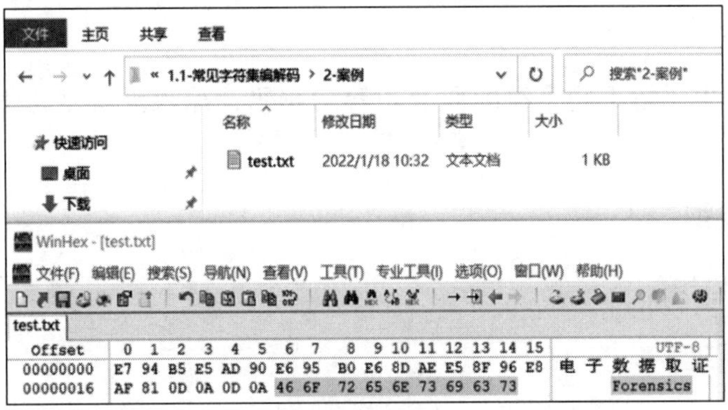

图 6-1-10　WinHex 中手工输入十六进制值

双击使用记事本打开“test. txt”，观察内容是否与预期的一致（如图 6-1-11 所示）。

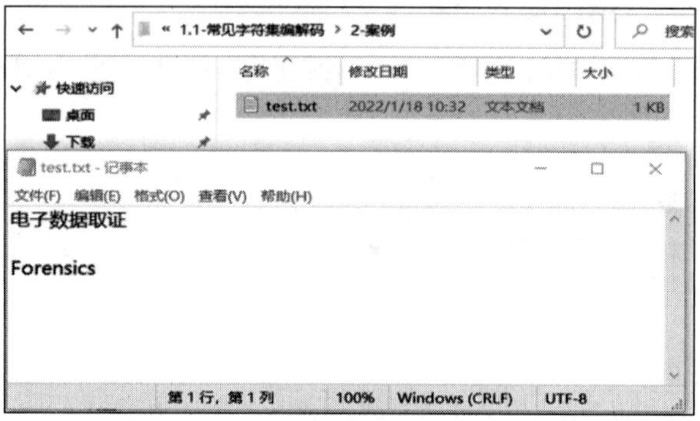

图 6-1-11　使用记事本打开 test. txt 文件

（七）实验小结

通过以上实验操作来了解字符映射表的作用，学习在 Windows 系统中使用 Alt+数字输入 ASCII 字符，使用字符映射表查看中文编码以及体验通过字符编码输入文字，最终对字符集和编码有更为深入的理解。

思考题

1. 常用的简体中文的编码有哪些？
2. 如何查看“电子数据取证 Forensics”的 UTF-8 编码？
3. 通过动手实验观察及查阅资料，说明 GB2312 等编码是怎么兼容 ASCII 编码的？对于 GB2312 编码，系统怎么判断该读取 1 字节还是 2 字节？
4. 字符解码过程中，如果遇到编码方案中没有的编码，会解码失败，有没有什么编码方案进行解码时永远不会出现解码失败的情况呢？

实验二　常见字符编码及内容解析

（一）实验目的

通过实验让学生了解不同字符编码及内容的解码，深入理解字符编码对关键字搜索结果的影响。

（二）实验类型

验证型、基础实验。

（三）实验原理

字符编码（Character Encoding）是一个将数字赋予图形文字的过程，尤其是人类语言的书写文字，允许它们通过数字计算机进行存储、传输和转换。组成字符编码的数值称为“码点”（Code Points），统称为“码空间”、“代码页”或“字符映射”。字符编码是一套符号集合与数字系统之间的对应关系规则。例如，在 ASCII 编码规则中，十进制 65（十六进制 41）对应字符“A”，十进制 66（十六进制 42）对应字符“B”，十进制 90（十六进制 5A）对应字符“Z”。GB2312 编码中，十进制 51361（十六进制 C8A1）对应字符“取”，十进制 54948 代表字符“证”。

根据微软官方网站的资料，Windows 操作系统默认使用 Windows 代码页来处理各国语言文字的显示与存储。Windows 操作系统可以支持多种代码页，微软为每个代码页定义了单独的代码页编号（Codepage ID），每个编号对应一个代码页，可以是 ANSI 代码页、OEM 代码页、扩展代码页中的任何一种，如英文（代码页编号：1251）、简体中文 GB2312（代码页编号 ：936）、Unicode（代码页编号：65001，属于扩展代码页）。任何时候 Windows 只能选择其中一个代码页作为活动代码页（或称为“系统活动代码页”）。Windows 系统内置的工具（如记事本）或第三方软件大多数情况下默认调用 Windows 系统 API 来进行字符处理，包括字符读取及存储，因此默认存储的字符采用活动代码页对应的字符集格式进行保存（如表 6-2-1 所示）。

表 6-2-1 代码页编号及说明

代码页编号	代码页描述	说明
1252	ANSI Latin 1；Western European（Windows）	拉丁英文字符集；西欧（Windows）
936	ANSI/OEM Simplified Chinese（PRC，Singapore）；Chinese Simplified（GB2312）	简体中文（中国内地、新加坡）
950	ANSI/OEM Traditional Chinese（Taiwan；Hong Kong SAR，PRC）；Chinese Traditional（Big5）	繁体中文（中国香港、澳门、台湾等地区
932	ANSI/OEM Japanese；Japanese（Shift-JIS）	日文
949	ANSI/OEM Korean（Unified Hangul Code）	韩文
65001	Unicode（UTF-8）	Unicode（UTF-8）

（四）实验环境

1. 1 台装有 Windows 10 系统的计算机。
2. X-Ways Forensics。

（五）实验摘要

1. 文件不同编码存储。

2. X-Ways Forensics 对比不同编码存储的文件。

3. 相同文件内容不同编码比较。

（六）实验内容

实验 1. 文件不同编码存储

步骤 1. 打开 Windows 系统自带的“记事本”，输入诗歌《水调歌头 · 明月几时有》的内容，可手工输入或从其他地方复制文字。通过记事本右下角状态显示内容，可查看默认使用的编码为 UTF-8（如图 6-2-1 所示）。

注意：Windows 7、Windows 8 及 Windows 10（1903 之前版本）系统内置的记事本默认使用 ANSI；从 Windows 10（1903 版本）开始默认采用 UTF-8 编码。

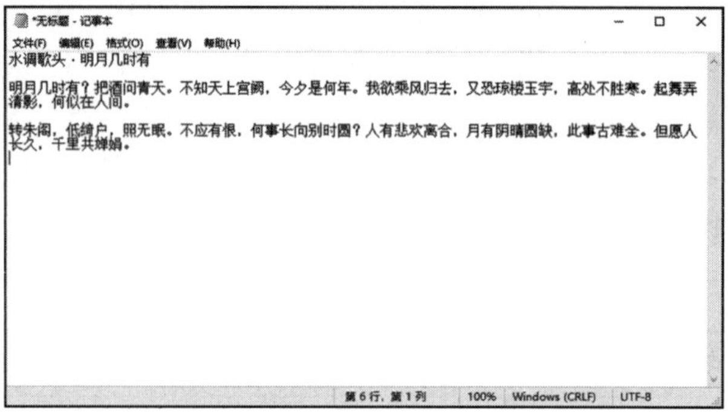

图 6-2-1　新建文本文件并输入内容

步骤 2. 点击菜单栏“文件”→“另存为”，将此文件保存为“水调歌头 1. txt”（如图 6-2-2 所示）。

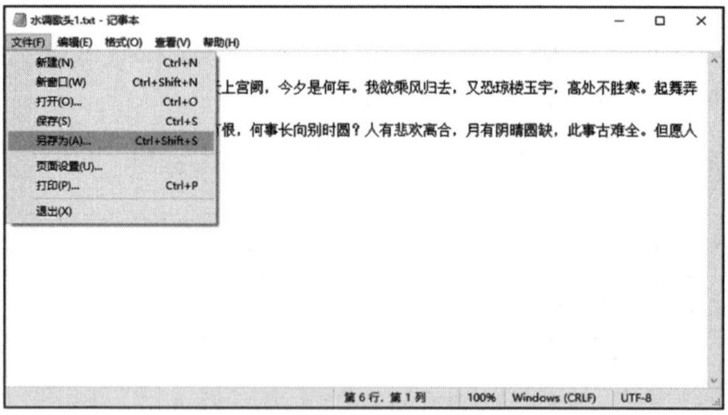

图 6-2-2　保存文件

步骤 3. 再次打开菜单中的“另存为”，此次编码选择“ANSI”，文件名命名为“水调歌头 2. txt”。点击“保存”。需要说明的是简体中文版的 Windows 系统中，记事本中的 ANSI 相当于 GBK 编码（如图 6-2-3 所示）。

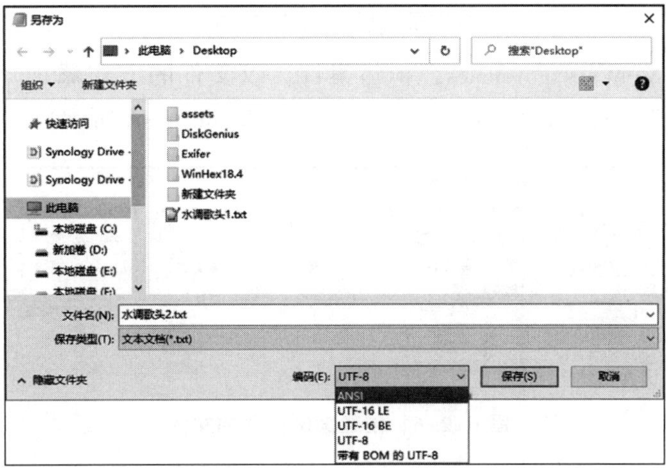

图 6-2-3 选择 ANSI 编码

步骤 4. 使用记事本输入字母 A-Z 及数字 0-9，使用默认的 UTF-8 编码保存为“英文及数字 . txt”（如图 6-2-4、图 6-2-5 所示）。

图 6-2-4 使用 UTF-8 保存文件

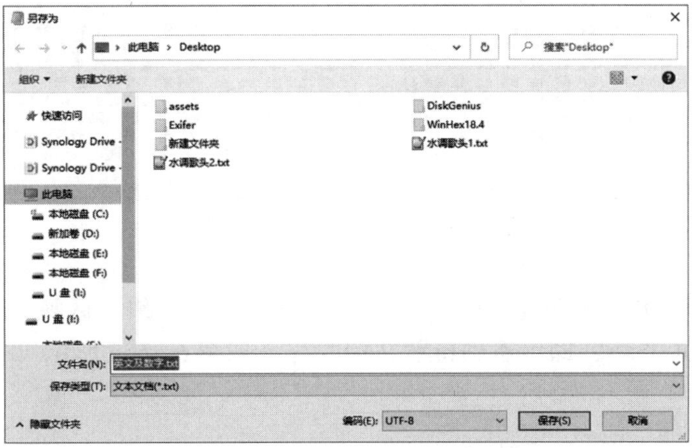

图 6-2-5 使用 UTF-8 保存文件

实验 2. X-Ways Forensics 对比不同编码存储的文件

步骤 1. 打开 X-Ways Forensics，新建案件，以文件的方式添加“水调歌头 1. txt”“水调歌头 2. txt”“英文及数字 . txt”到案件中（如图 6-2-6 所示）。

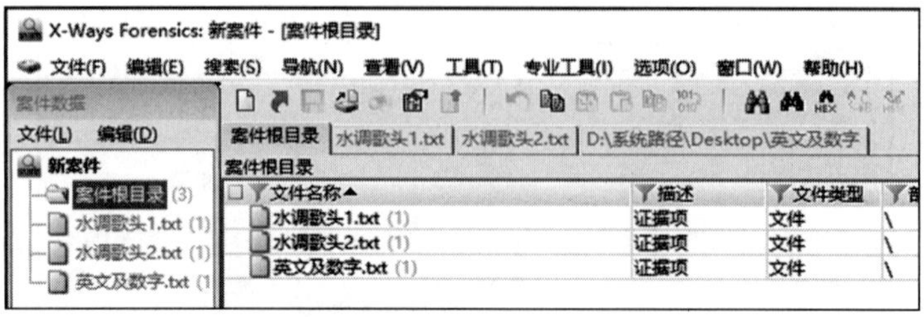

图 6-2-6　创建案例并添加文件

步骤 2. 选中“水调歌头 1. txt”，选择“文件”模式，预览区域顶部选择 UTF-8 编码，可以看到诗歌文字内容（如图 6-2-7 所示）。

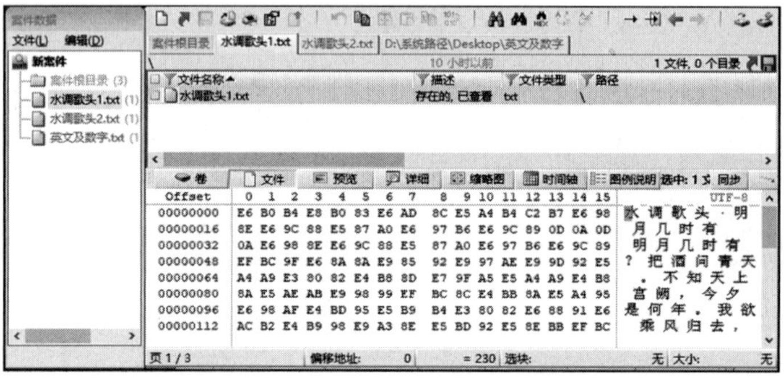

图 6-2-7　以 UTF-8 编码预览文件

步骤 3. 点击“文件”模式按钮，预览区域顶部切换成简体中文 GBK（代码页 936）或 Unicode UTF-16，看是否能正常显示文字（如图 6-2-8 所示）。

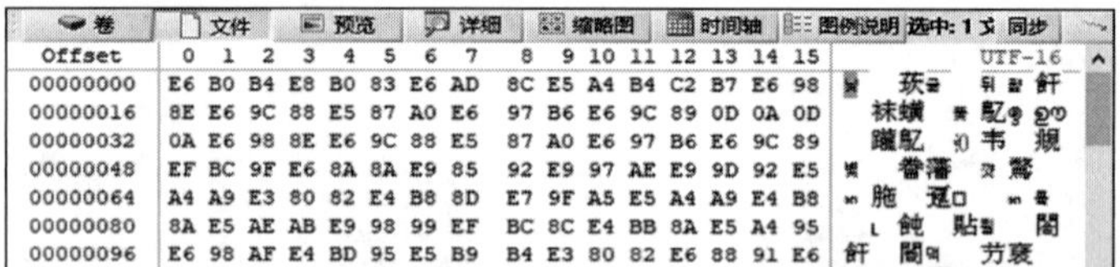

图 6-2-8　以 GBK 编码预览文件

步骤 4. 选中“水调歌头 1. txt”，选择“文件”模式，预览区域顶部选择简体中文 GBK 编码（代码页 936），即可看到诗歌文字内容（如图 6-2-9 所示）。

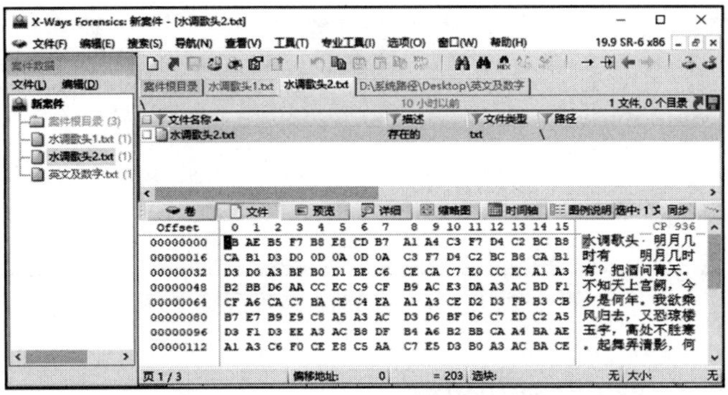

图 6-2-9 以 GBK 编码预览文件

步骤 5. 切换到简体中文 GB2312（代码页 20936），注意观察能否正常显示文字（如图 6-2-10 所示）。

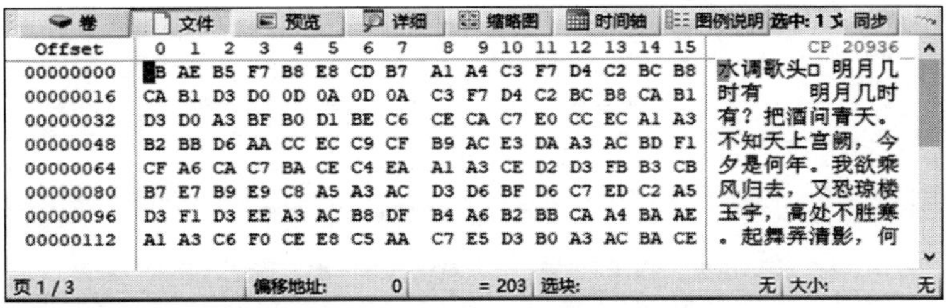

图 6-2-10 以 GB2312 编码预览文件

步骤 6. 选中“英文及数字 . txt”，分别使用 UTF-8 编码、简体中文 GBK 编码（代码页 936）、简体中文 GB2312 编码（代码页 20936），注意观察文字是否能正常显示（如图 6-2-11、图 6-2-12、图 6-2-13 所示）。

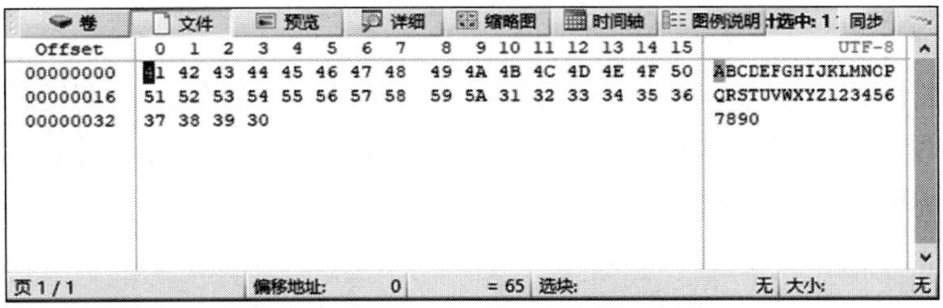

图 6-2-11 以 UTF-8 编码预览文件

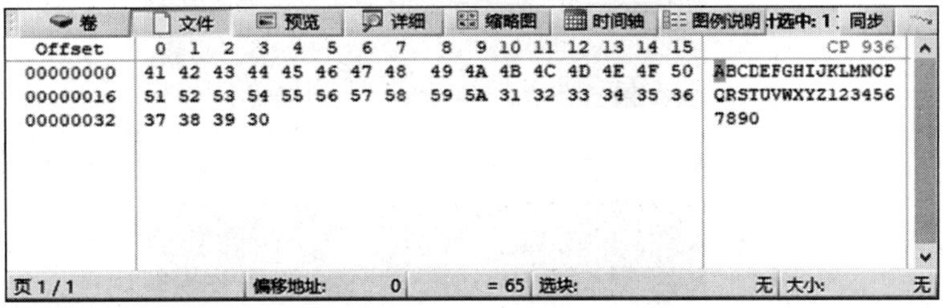

图 6-2-12 以 GBK 编码预览文件

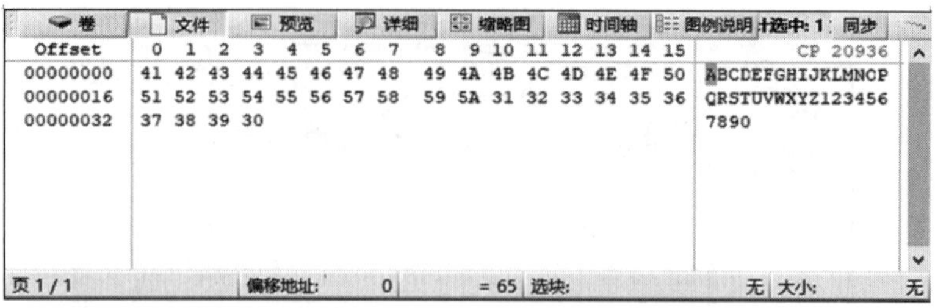

图 6-2-13　以 GB2312 编码预览文件

实验 3. 相同文件内容不同编码比较

步骤 1. “水调歌头 1. txt”使用默认编码 UTF-8 存储，“水调歌头 2. txt”使用 ANSI 编码存储，使用记事本打开两个文件观察比较文本内容，所显示内容是一样的（如图 6-2-14 所示）。

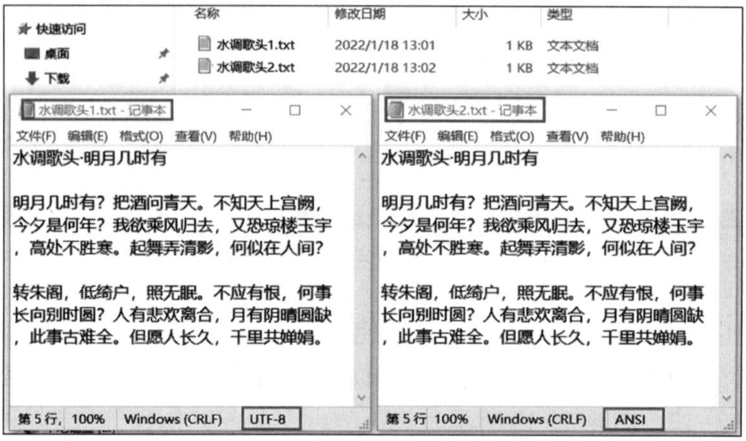

图 6-2-14　相同内容不同编码存储文件比较

步骤 2. 打开 X-Ways Forensics，将两个文件拖到应用窗口，分别定位到文件起始位置，选择“查看”→“同步和比较”，观察比较两个文件底层存储数据内容的异同。结果显示采用编码不同，底层数据存储内容也会不一样（如图 6-2-15 所示）。

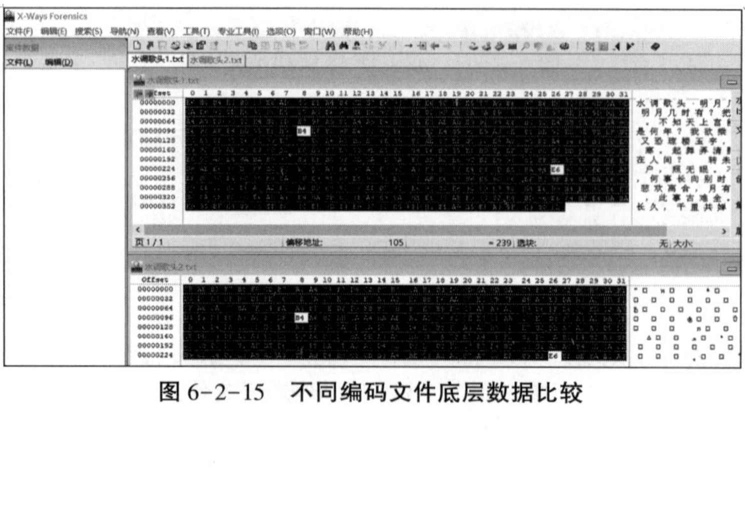

图 6-2-15　不同编码文件底层数据比较

（七）实验小结

通过实验操作熟悉常见的字符编码及内容解析，以记事本编辑一段中文文字为例，将其分别用简体中文（GBK）和 UTF-8 两种不同编码进行保存，再使用 X-Ways Forensics 取证软件将文字对应的十六进制数据进行对比，发现使用不同编码进行数据存储产生的差异。

思考题

1. UTF-8 编码的汉字内容，使用 GBK 编码是否能正常查看？
2. GB2312 编码的汉字内容，使用 GBK 编码是否能正常查看？
3. GBK 编码的汉字内容，使用 GB2312 编码是否能正常查看？
4. UTF-8 编码的英文内容，使用 GB2312 编码、GBK 编码是否能正常查看？

实验三　电子邮件编码与解码

（一）实验目的

了解电子邮件传输及存储常用的编码及其工作原理，掌握搜索不完整邮件内容（邮件头、正文及附件）的方法。

（二）实验类型

验证型、基础实验。

（三）实验原理

电子邮件是信息交流的重要途径之一。电子邮件一般由三大部分组成，即邮件头、正文和附件。对于 Windows、Linux/Unix 及 macOS 等操作系统来说，英文字母及符号都可用 ASCII 码来代表，ASCII 码只用到每个字节的前 7 位。对电子邮件传输来说，如要传输的正文包含简体中文、日文等东亚语言文字，或者需发送带有附件的邮件，则需要电子邮件客户端、邮件服务器能正确处理传输的数据，确保数据的完整性且可以准确还原。因此，用户撰写邮件内容时，电子邮件客户端通常会自动对待传输的内容进行编码，服务器接受到邮件后再转发给收件人邮箱所在的服务器，收件人使用电子邮件客户端（浏览器）查看或收取邮件时，客户端自动将编码的邮件正文内容、附件内容等进行解码，转化为原始的信息内容。

电子邮件常用编码包括：UU、Base64、Quoted-Printable 和 BinHex 等。

- UU 编码：在早期传送非 ASCII 码的文件时，最常用的是 UU 编码（Unix-to-Unix encoding）。Uuencode 和 Uudecode 分别是 Unix 系统中使用的 UU 编码和解码程序，后来被改写成为在 DOS 中亦可执行的程序。

• Base64 编码：将输入的字符或二进制数据流进行重新分组，将每 6 个 bit 数据转化为对应的 ASCII 字符。例如，"中国"（GB2312）编码后变成 1tC5。Base64 的编码可用于传输非 ASCII 码的文字内容，如中文、日文等，也适用于传送附件，如 Word、PDF、RAR 等文件。

• Quoted-Printable 编码（简称：QP 编码）：将输入的非 ASCII 字符转化为十六进制，然后补充符号"="。例如，"中国"（GB2312）编码后变成"D6=D0=B9=FA="。QP 编码适用于非 ASCII 码的文字内容。早期的 Foxmail 邮件客户端软件常使用 QP 编码对邮件正文进行编码。编码的方式不同会影响编码之后的文件大小。多数邮件客户端软件都可以自动判别邮件的编码，然后自动选择用正确编码来进行解码。

• BinHex 编码：常用于苹果电脑，在常用的电子邮件客户端软件中，Eudora 可直接进行 BinHex 解码。

（四）实验环境

1. 1 台装有 Windows 10 系统的计算机。
2. X-Ways Forensics。
3. Base64 邮件编码与解码工具。
4. Windows 内置计算器。

（五）实验摘要

1. 手工对"福建"中文（GB2312）进行编码。
2. 从未分配空间中恢复电子邮件附件（文件类型 JPEG，编码为 Base64）。

（六）实验内容

实验 1. 文字及图片的 Base64 编码

步骤 1. 记事本编辑文字"福建"并以 ANSI 方式保存

使用记事本 Notepad 程序打开文本编辑器，输入"福建"，然后选择"ANSI"编码进行保存，文件命名为 Fujian. txt（如图 6-3-1 所示）。

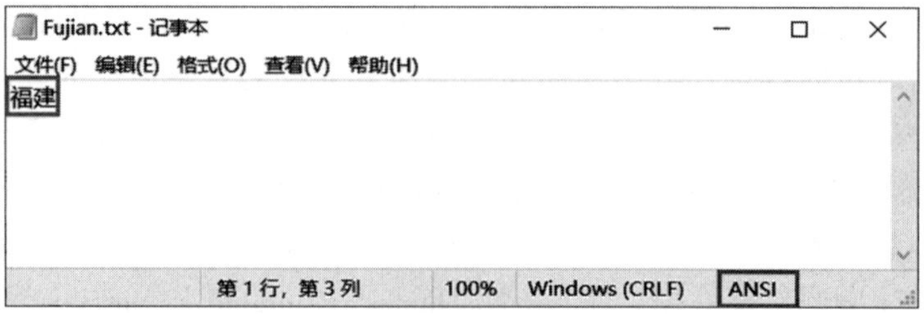

图 6-3-1　记事本编辑文本文件并保存

步骤 2. 打开文件并查看文字对应十六进制

使用 X-Ways Forensics 打开 Fujian. txt 文件，以十六进制视图查看，将其十六进制值记录下来。十六进制值为：B8 A3 BD A8（如图 6-3-2 所示）。

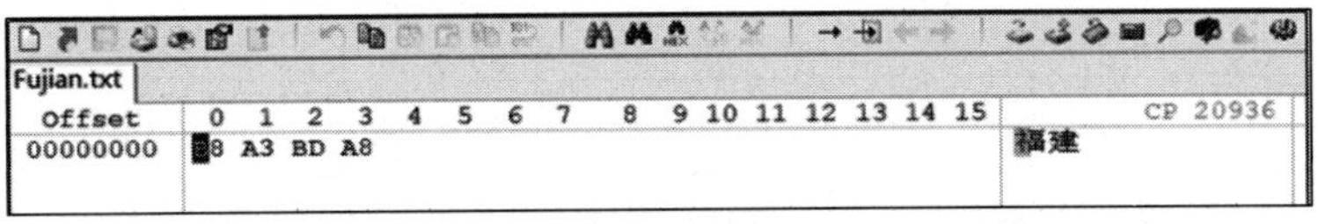

图 6-3-2　查看文字对应的十六进制值

步骤 3. 手工将十六进制值转化为二进制

使用 Windows 内置的计算器（程序员模式）将十六进制值转化为二进制值（如图 6-3-3 所示）。

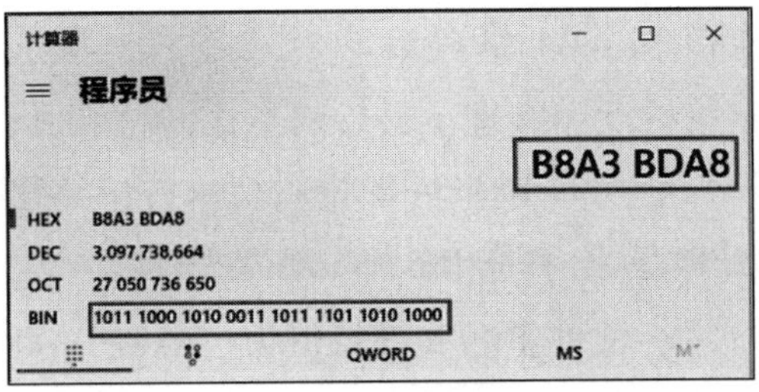

图 6-3-3　十六进制转换为二进制

步骤 4. 手工对字符进行 Base64 编码

将所有二进制值的 bit 位按每六个进行分组，并计算出对应十进制值，再根据 Base64 字符十进制对照表进行对照填写（如表 6-3-1、表 6-3-2 所示）。

表 6-3-1　Base64 字符十进制对照表

十进制	Base64字符	十进制	Base64字符	十进制	Base64字符	十进制	Base64字符
0	A	16	Q	32	g	48	w
1	B	17	R	33	h	49	x
2	C	18	S	34	i	50	y
3	D	19	T	35	j	51	z
4	E	20	U	36	k	52	0
5	F	21	V	37	l	53	1
6	G	22	W	38	m	54	2
7	H	23	X	39	n	55	3
8	I	24	Y	40	o	56	4
9	J	25	Z	41	p	57	5
10	K	26	a	42	q	58	6
11	L	27	b	43	r	59	7
12	M	28	c	44	s	60	8
13	N	29	d	45	t	61	9
14	O	30	e	46	u	62	+
15	P	31	f	47	v	63	/

表 6-3-2　Base64 编码过程对照表

	1	2	3	4	5	6	7	8	9	10	11	12	13	14	15	16
二进制	1	0	1	1	1	0	0	0	1	0	1	0	0	0	1	1
十进制	46						10						14			
Base64	u						K						O			
	17	18	19	20	21	22	23	24	25	26	27	28	29	30	31	32
二进制	1	0	1	1	1	1	0	1	1	0	1	0	1	0	0	0
十进制			61						42							
Base64			9						q							

步骤 5. 整理字符进行 Base64 编码后的对应字符

将转化后的 Base64 字符按次序整理，最后两个比特位和其他字符组合，因此此处不要求填写。福建（GB2312）转化为 Base64 的编码结果为：uKO9q。

步骤 6. JPEG 文件头部签名字符 Base64 编码转换

JPEG 的文件签名特征中，文件签名头部特征为“\xFF\xD8\xFF”，使用 Base64 邮件编码与解码工具，在输入框中输入“FFD8FF”，工具将自动生成 Base64 编码“/9j/”（如图 6-3-4、图 6-3-5 所示）。

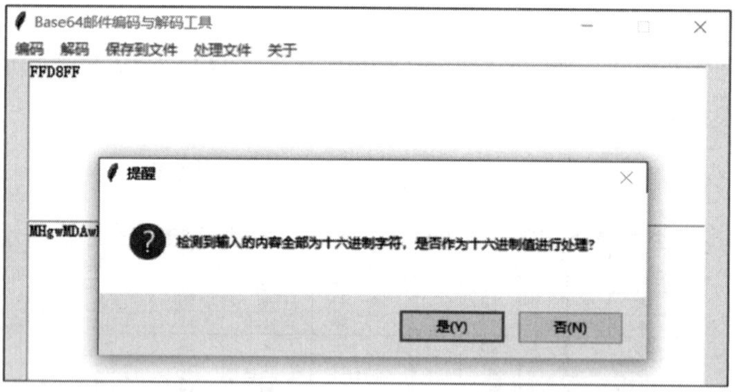

图 6-3-4　使用 BASE64 邮件编码与解码工具

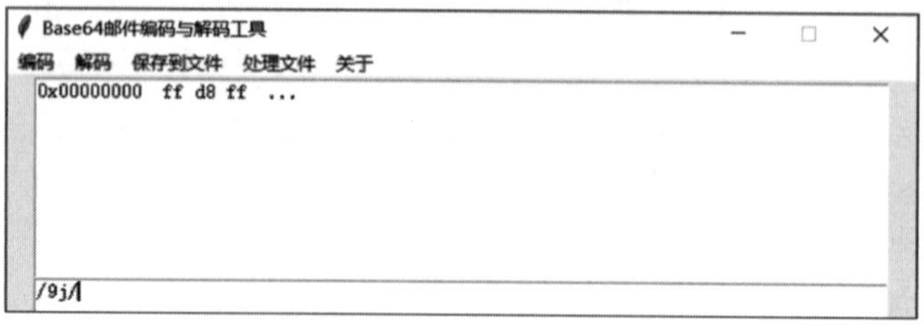

图 6-3-5　JPEG 文件头部特征字符十六进制进行编码转换

实验 2. 使用 X-Ways Forensics 恢复电子邮件附件

步骤 1. 使用 X-Ways Forensics 软件，创建一个案例，并命名为“邮件附件提取与解码”（如图 6-3-6 所示）。

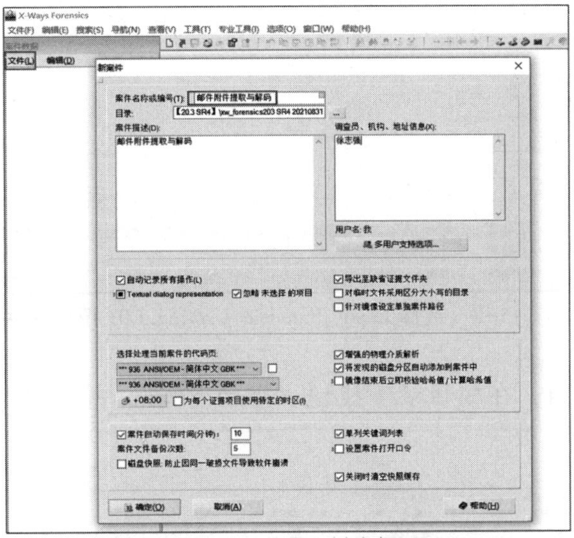

图 6-3-6　X-Ways 创建案例

步骤 2. 找到案例文件 Email_Forensic_Carving. E01，选中并添加到 X-Ways 案例（如图 6-3-7、图 6-3-8 所示）。

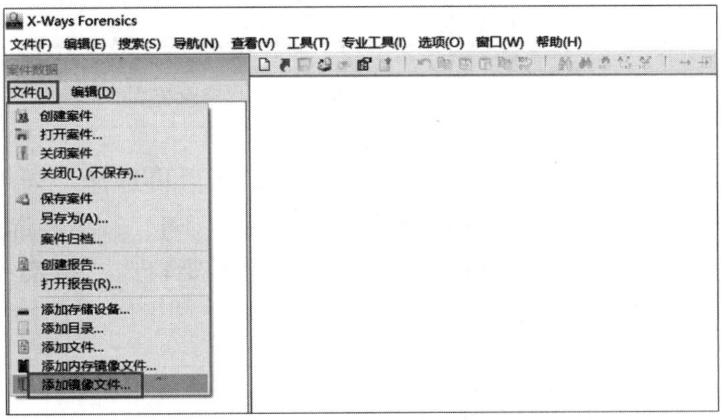

图 6-3-7　添加镜像文件

图 6-3-8　选择 Email_Forensic_Carving. E01 镜像文件

步骤 3. 展开分区 1，在根目录下找到“空余空间”，并高亮选中（如图 6-3-9 所示）。

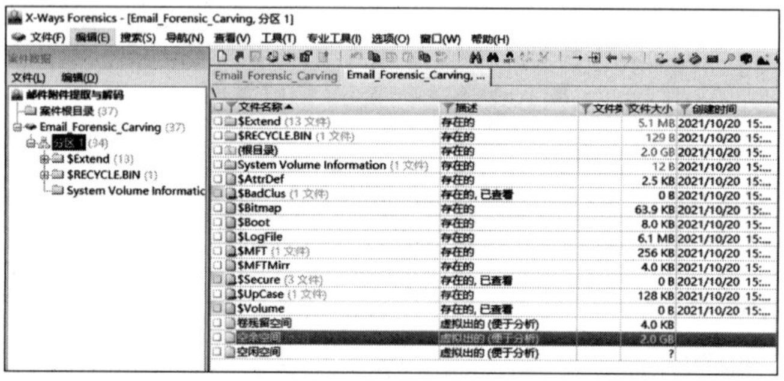

图 6-3-9　展开分区内容并选中“空余空间”

步骤 4. 在 X-Ways 顶部菜单中，选择“搜索”，然后再选择“同步搜索”。在“搜索下列文本（每行一个）”下方的输入框输入关键字“/9j/”，编码选择“ASNI/OEM-简体中文 GBK（936）”，勾选“匹配大小写”，注意不要勾选“搜索过程中自动解析”选项（如图 6-3-10、图 6-3-11 所示）。

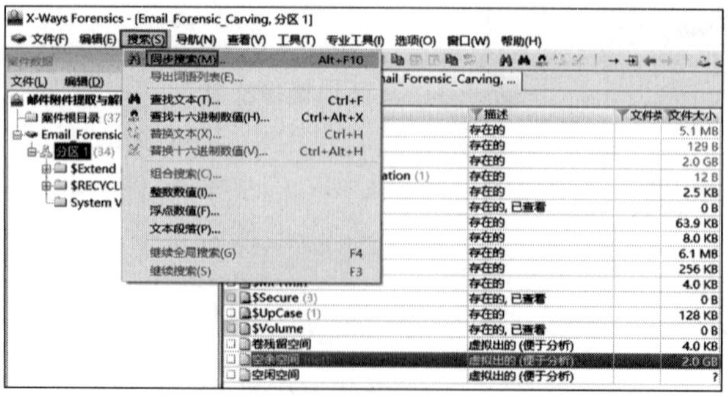

图 6-3-10　选择“搜索”下的“同步搜索”

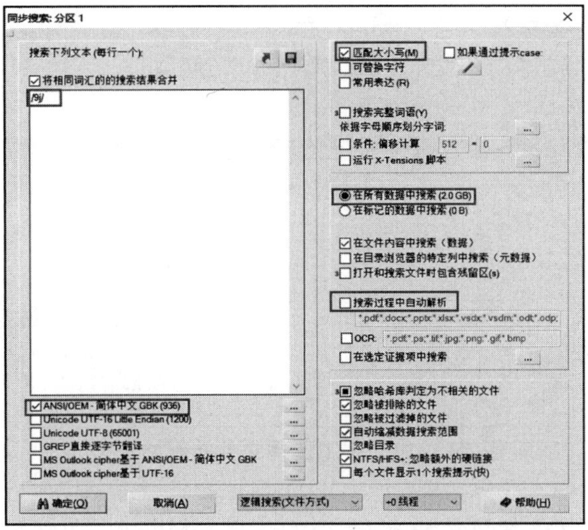

图 6-3-11 输入 JPEG 文件头对应的 Base64 编码字符并选择参数

步骤 5. 搜索完成后，提示搜索到 7 个命中结果（如图 6-3-12、图 6-3-13 所示）。

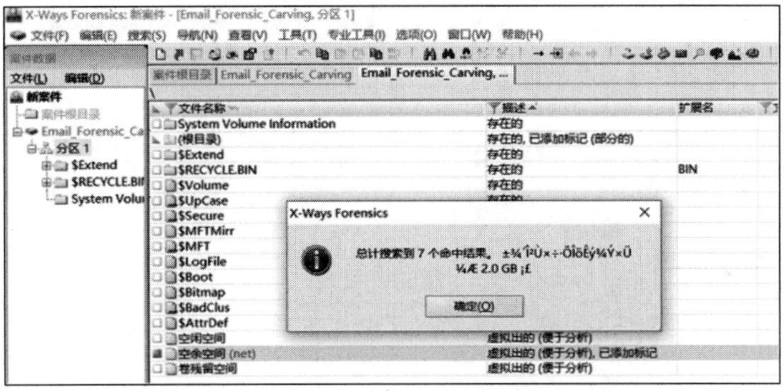

图 6-3-12 完成搜索（发现 8 个命中结果）

图 6-3-13 搜索结果查看

步骤 6. 找到位置后，选择其中一条记录，并在“分区”视图中，选择“/9j/”对应的第一个字节所在位置，建议鼠标单击右侧的“/”字符或右击鼠标从菜单中选择“选块起始位置”或按“Alt+1”快捷键，将选中的位置作为选块起始位置（如图 6-3-14 所示）。

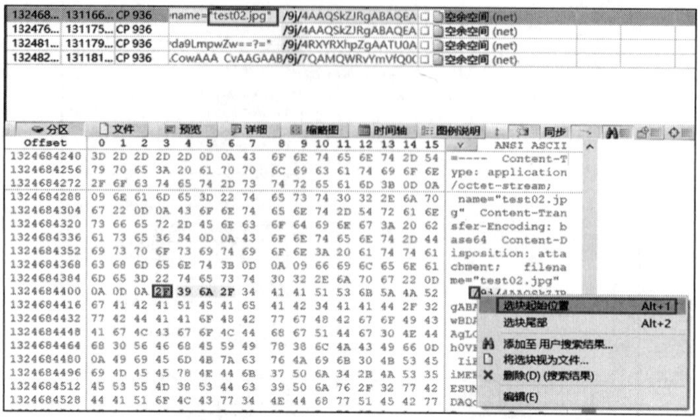

图 6-3-14　手工选择文件的起始位置

步骤 7. 滚动 JPG 文件数据流直到尾部（需人工判断），通常最后会有等于号出现或出现较多的非 Base64 字符。为方便实验，可通过点击左下角的“扇区”位置，可输入逻辑扇区号 2587428，直接跳到对应扇区（如图 6-3-15 所示）。

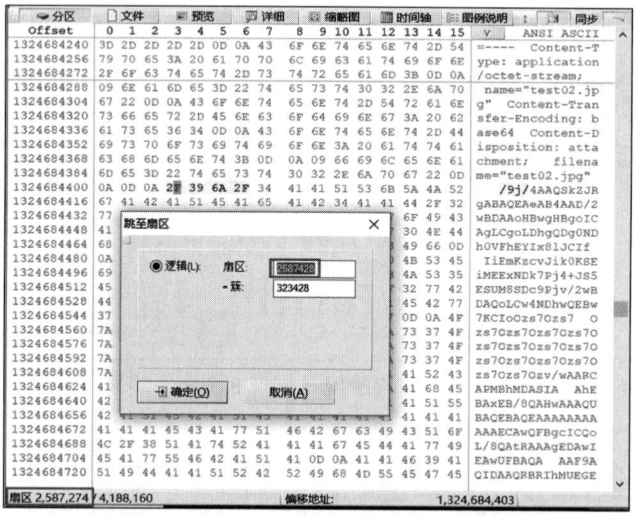

图 6-3-15　跳转到指定扇区（文件尾部位置）

步骤 8. 点击“确定”，软件将会跳转到指定的扇区位置。在尾部最后一个字符“=”（推荐鼠标单击“=”字符位置）并按 Alt+2 或在右击菜单中选择“选块尾部”（如图 6-3-16 所示）。

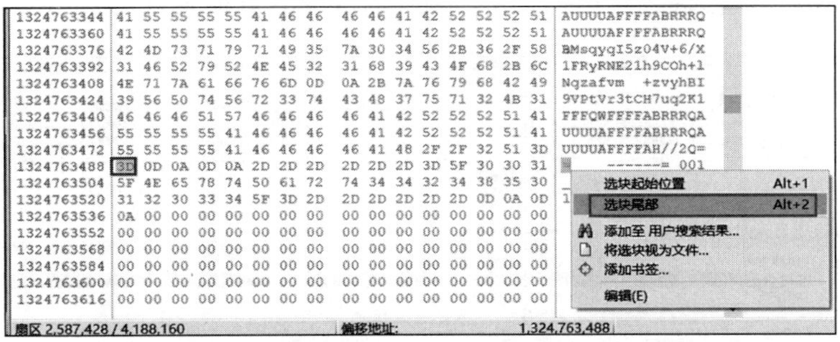

图 6-3-16 选中最后的字节并右击选择“选块尾部”

步骤 9. 右击选择区域，选择“将选块视为文件”，并将其命名为“test02. jpg. base64”（如图 6-3-17、图 6-3-18 所示）。

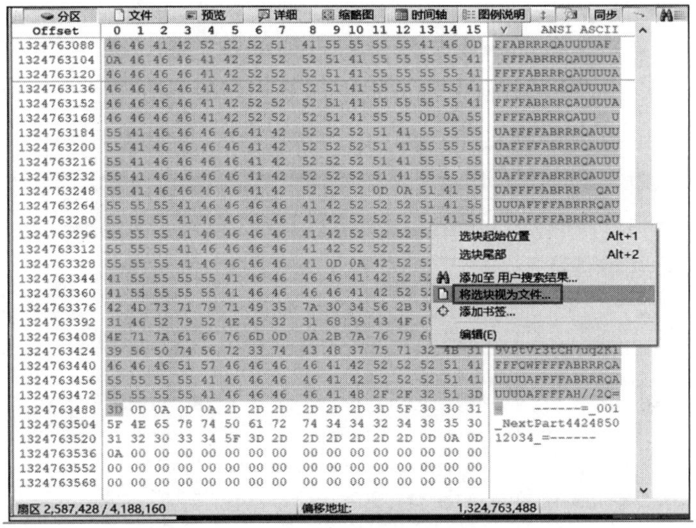

图 6-3-17 将选块区域数据导出为文件

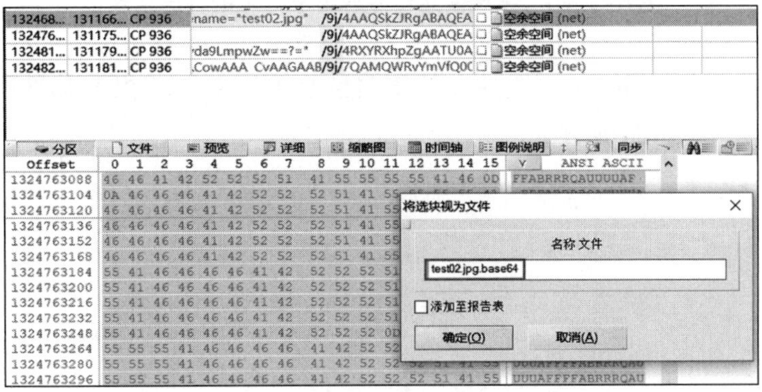

图 6-3-18 输入数据选块导出后的文件名

步骤 10. 点击“望远镜”图标按钮，切换至目录浏览模式（如图 6-3-19 所示）。

图 6-3-19　找到导出的文件并选择目录浏览模式

步骤 11. 选中 test02. jpg. base64 文件，右击菜单并选择“恢复/复制”，选择输出目录，以“D:\Recover”为例，实验中也可根据需要指定其他位置（如图 6-3-20 所示）。

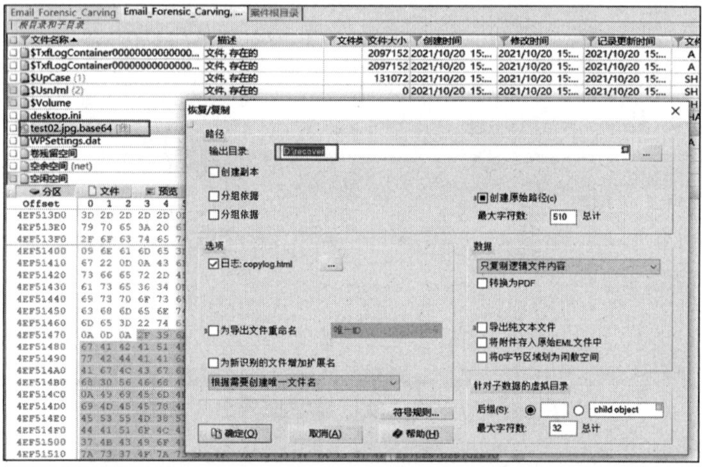

图 6-3-20　恢复该文件并导出至指定的输出目录

步骤 12. X-Ways Forensics 内置的文件签名恢复可用来快速提取邮件附件中的 Base64 字符流数据（如图 6-3-21 所示）。

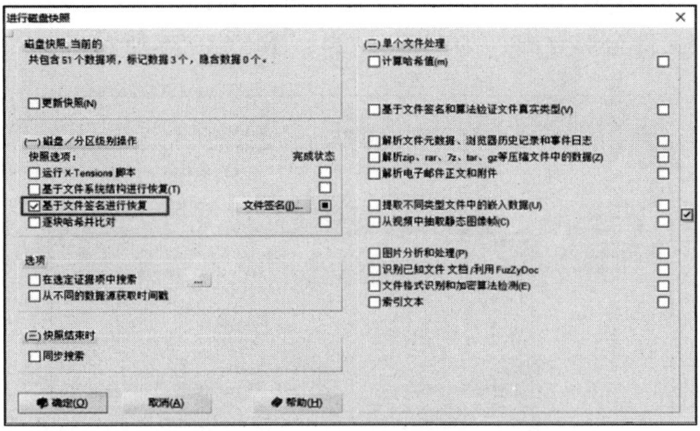

图 6-3-21 基于文件签名进行恢复

步骤 13. 实际上 X-Ways Forensics 已经内置了多个常见的文件类型的文件签名特征对应的 base64 字符，带有（b64）就是属于 Base64 类型的文件签名恢复（如图 6-3-22 所示）。

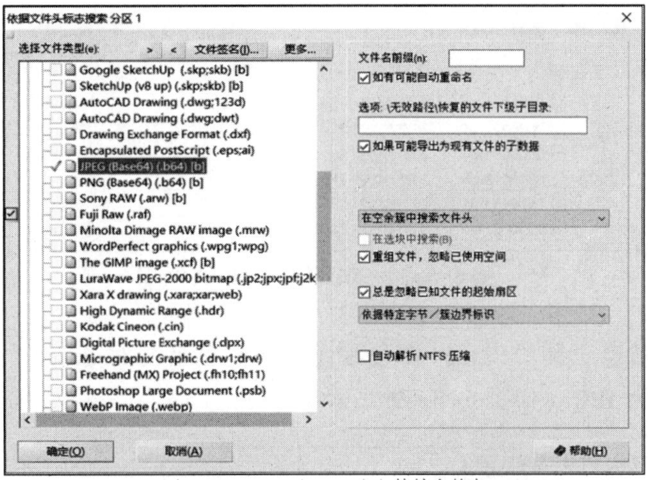

图 6-3-22 JPEG（Base64）文件签名恢复

步骤 14. 勾选 JPEG（Base64）进行恢复后，在案例视图下的“分区 1\无效路径\恢复的文件”可看到成功恢复多个 b64 文件（如图 6-3-23 所示）。

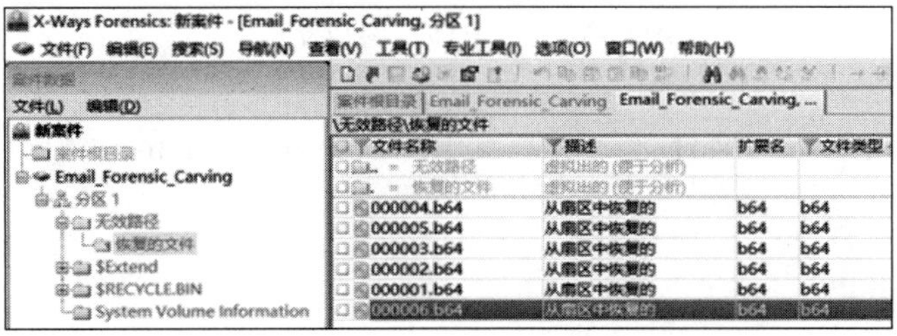

图 6-3-23 JPEG（Base64）文件签名恢复

步骤 15. 选择全部 b64 文件，右击选择的文件，选择菜单“恢复/复制”，指定输出目录，即可将 6 个文件全部导出（如图 6-3-24、图 6-3-25 所示）。

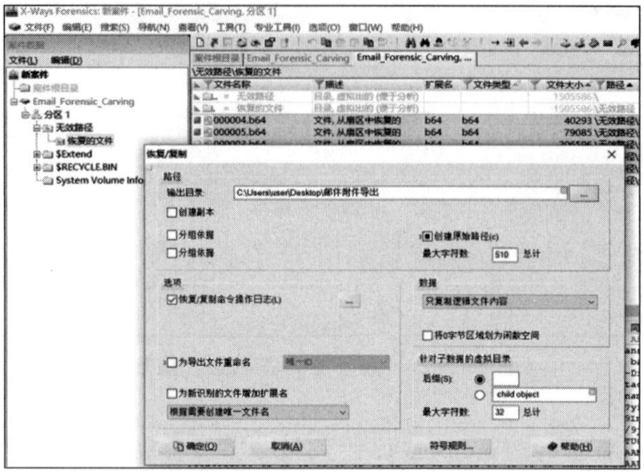

图 6-3-24　将 6 个 b64 文件进行恢复导出

图 6-3-25　恢复提取出的文件

步骤 16. 使用转换工具“Base64 邮件编码与解码工具”对 Base64 文件进行解码，并将文件扩展名命名为 JPG（如图 6-3-26 所示）。

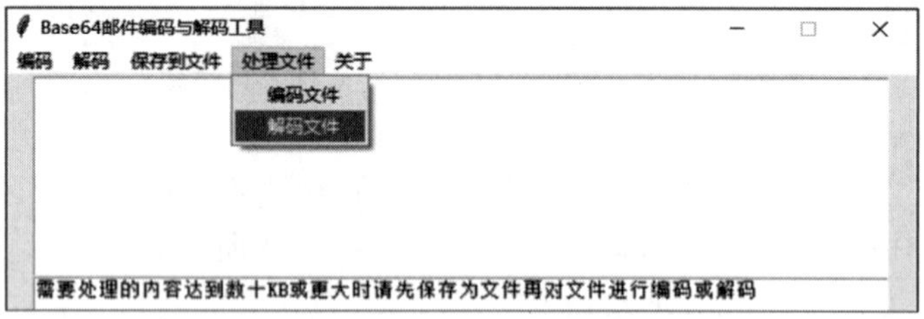

图 6-3-26　选择“解码文件”

步骤 17. 选择待解码的文件（之前恢复出来的 test02. jpg. base64）（如图 6-3-27、图 6-3-28 所示）。

图 6-3-27 选择待解码文件

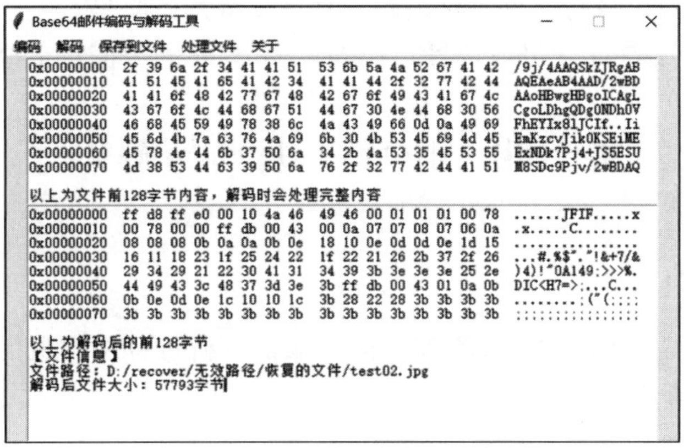

图 6-3-28 成功完成解码

步骤 18. 使用 Windows 内置的图片查看器或任何其他第三方图片查看器进行查看（如图 6-3-29 所示）。

图 6-3-29 解码后的文件内容查看

（七）实验小结

通过以上实验，基本掌握电子邮件的常见编码 Base64 和 Quoted-Printable，重点开展 Base64 编码和解码的动手实验，以加深对邮件编解码的理解。实验同时也开阔了数据恢复的思路，理解并不是所有文件都是以其原始的数据结构存在的，特别是电子邮件附件，一般经过 Base64 编码，就无法通过直接搜索原始文件的文件签名来恢复电子邮件附件。

思考题

1. 用户使用电子邮件客户端（如 Foxmail）编写电子邮件，发送前默认都是将电子邮件内容编码为 Base64？
2. Base64 支持对可执行文件进行编码，且可以将其还原吗？
3. 一个 Base64 字符（字母或符号）代表多少个 bit 的数据？字符分别都包括哪些？

实验四　ROT13 编码与解码

（一）实验目的

了解 ROT13 编码工作机制以及在 Windows 取证分析过程中常见的 ROT13 编码应用，掌握 ROT13 的解码方法。

（二）实验类型

验证型、基础实验。

（三）实验原理

ROT13 是一种基于英文 26 个字母进行编码的方法。英文字母有 26 个，分为两组，并采用对应方式进行字母互换，实现编码转换（如图 6-4-1 所示）。ROT13 的解码和编码是对称的，只需再次进行转换就可以还原原始信息。典型的 ROT13 编码应用有：Windows 系统自动记录用户常运行的程序路径及名称，以 ROT13 编码字符串存储与用户注册表（NTUser. dat）中，内部的注册表路径为 SOFTWARE\Microsoft\Windows\CurrentVersion\Explorer\UserAssist。

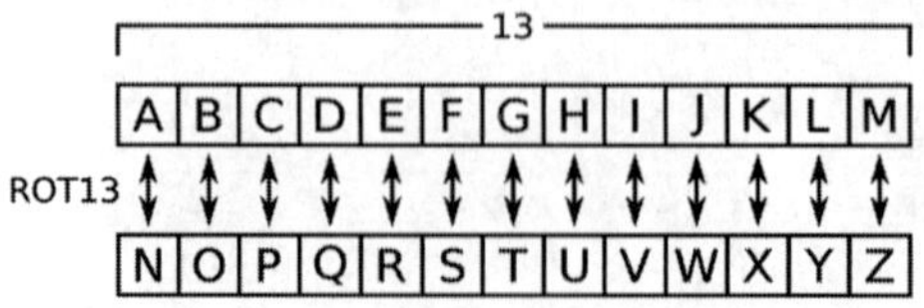

图 6-4-1　ROT13 编码规则

范例：HELLO 经过 ROT13 编码后，则变成 URYYB（如图 6-4-2 所示）。

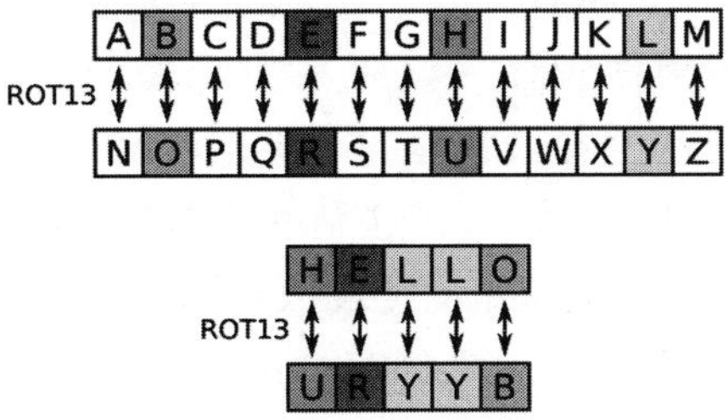

图 6-4-2 ROT13 编码范例

需要注意的是，ROT13 编码仅对字母进行编码转换，对数字、特殊字符、标点符号、中文或非英文语言文字都不会进行转换。

例如，“HELLO，您好!”经过 ROT13 编码转换后就变成“URYYB，您好!”（如图 6-4-3 所示）。

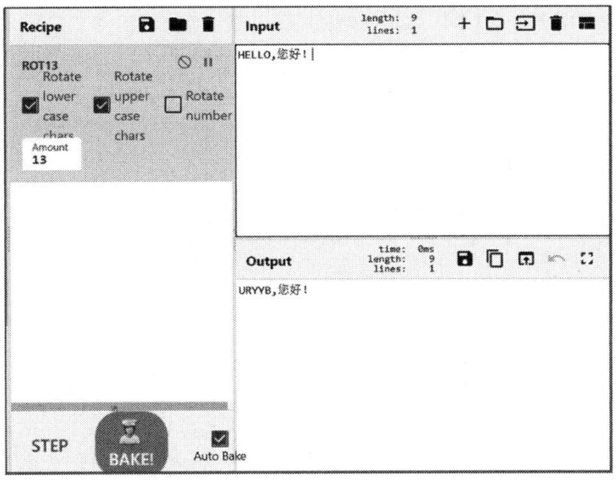

图 6-4-3 使用 CyberChef 进行 ROT13 编码转化

例如，“Most Chinese like the number 8.”经过 ROT13 编码转换后就变成“Zbfg Puvarfr yvxr gur ahzore 8.”（如图 6-4-4 所示）。

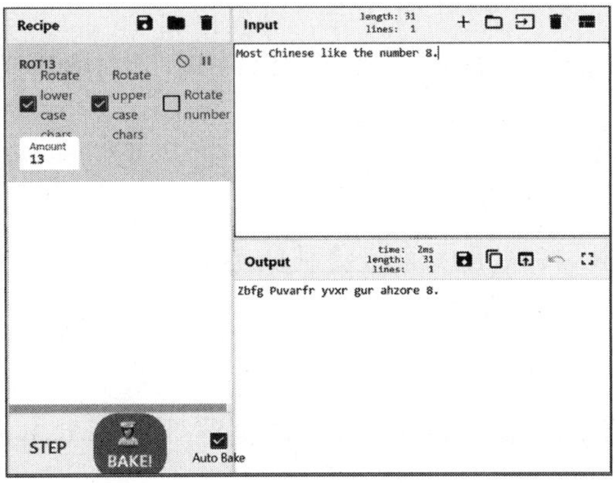

图 6-4-4 使用 CyberChef 进行 ROT13 编码转化

CyberChef 是国际上一款知名的数据编解码、加解密工具，支持大量的各种编码及加解密算法，是广大电子数据取证从业人员、信息安全专业人员常用的工具集。该工具可在线联网使用，也可以下载离线程序。该工具主要基于 JavaScript 编写，使用 Chrome、Chromium 或 Firefox 浏览器即可直接离线运行，无须联网。

CyberChef 翻译为中文，即网络大厨，这是一个形象的比喻，通常使用该工具需要了解 3 个要素：一是“输入”Input，输入代表数据源，即待烹饪的食材；二是“输出”Output，输出代表输出结果，即烹饪出来的菜肴；最后一个要素是“BAKE”，代表烹饪、制作的意思。

（四）实验环境

1. 1 台装有 Windows 系统的计算机。
2. 编解码转换工具 CyberChef v9. 32. 3。
3. 浏览器 Google Chrome 或 Chromium 50+以上版本。
4. 浏览器 Mozilla Firefox 38+以上版本。

（五）实验摘要

1. 手工解码 ROT13 字符串。
2. 使用 Cyberchef 进行 ROT13 解码。

（六）实验内容

实验 1. 手工解码 ROT13 字符串

步骤 1. 查阅 ROT13 字母转换对照表

A	B	C	D	E	F	G	H	I	J	K	L	M
N	O	P	Q	R	S	T	U	V	W	X	Y	Z

步骤 2. 根据转换规则手工解码字符串。

通过对照 ROT13 字母转换对照表，“SBERAFVPF”的解析结果为“FORENSICS”。

实验 2. 使用 Cyberchef 进行 ROT13 解码

步骤 1. CyberChef 运行环境准备与检查

运行 CyberChef 编解码转换工具前需要确认本地计算机已经安装 Chrome 或 Chromium 50+或 Firefox 38+以上版本的浏览器。

步骤 2. CyberChef 工具配置

将 CyberChef 解压，使用 Chrome 或 Firefox 浏览器打开 CyberChef_v9. 32. 3. html 文件（如图 6-4-5 所示）。

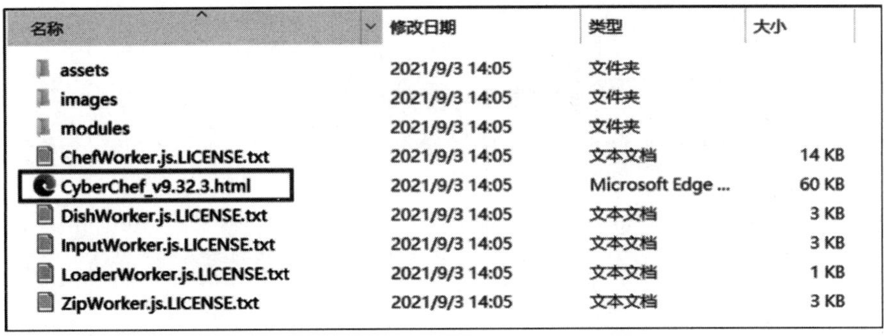

图 6-4-5　使用浏览器打开 CyberChef 主程序

步骤 3. 选择操作类型并选择 ROT13

运行 CyberChef 工具后，在左侧的 Search 输入框输入 ROT13（不区分大小写），将 ROT13 拖动到中间的栏目窗口（如图 6-4-6 所示）。

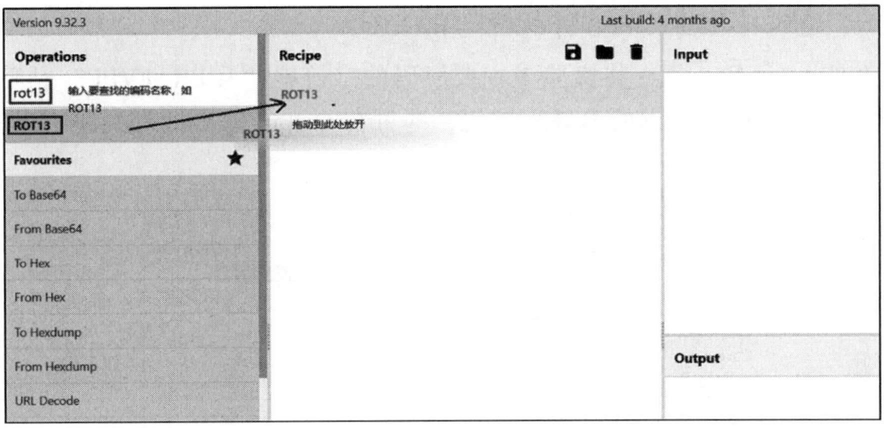

图 6-4-6　选择操作类型（Operations）

步骤 4. ROT13 参数配置选择

默认 CyberChef 自动勾选大小写均进行 ROT13 自动转换（如图 6-4-7 所示）。

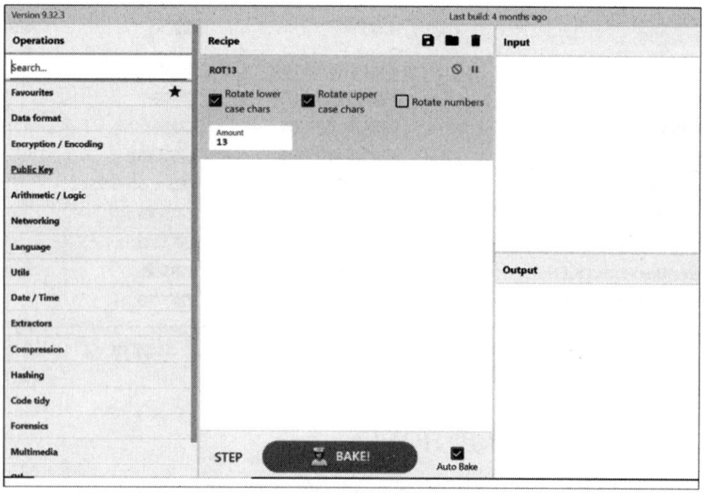

图 6-4-7　进行参数配置

步骤 5. 输入待转换的内容并执行“BAKE!”

在右侧的 Input 输入框，将实验 1 中要解码的字符串“SBERAFVPF”粘贴到此处，然后选择中间栏目窗口下方的 BAKE 按钮，即可在 Output 输出框得到解析后的字符串（如图 6-4-8 所示）。

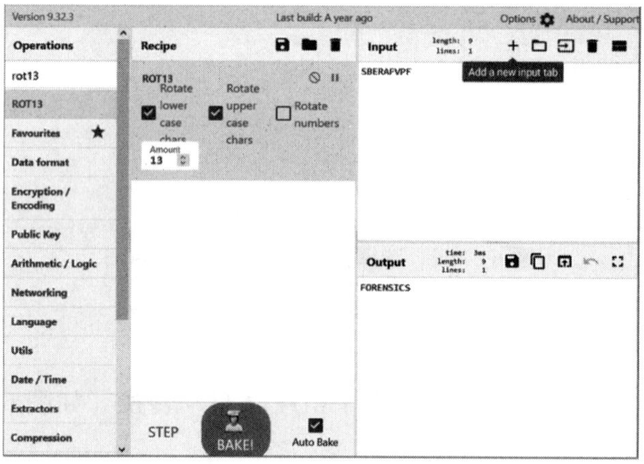

图 6-4-8　选择输入源（字符串或文件）

步骤 6. 使用 CyberChef 对表格中的多个 ROT13 字符串进行解码

ROT13 字符串和解码结果参见表 6-4-1，并观察解码后的结果差异（如图 6-4-9 所示）。

表 6-4-1 ROT13 编码及解码结果

序号	原文(ROT13 编码字符串)	解码后的结果
1	P:\Hfref\urael\Qrfxgbc\hsfkcpv(1).rkr	C:\Users\henry\Desktop\ufsxpci(1).exe
2	P:\Hfref\urael\Qrfxgbc\CPNC 数据包分析\OehgrFunexPyv.rkr	C:\Users\henry\Desktop\PCAP 数据包分析\BruteSharkCli.exe
3	{6Q809377-6NS0-444O-8957-N3773S02200R}\Abgrcnq--\Abgrcnq--.rkr	{6D809377-6AF0-444B-8957-A3773F02200E}\Notepad--\Notepad--.exe

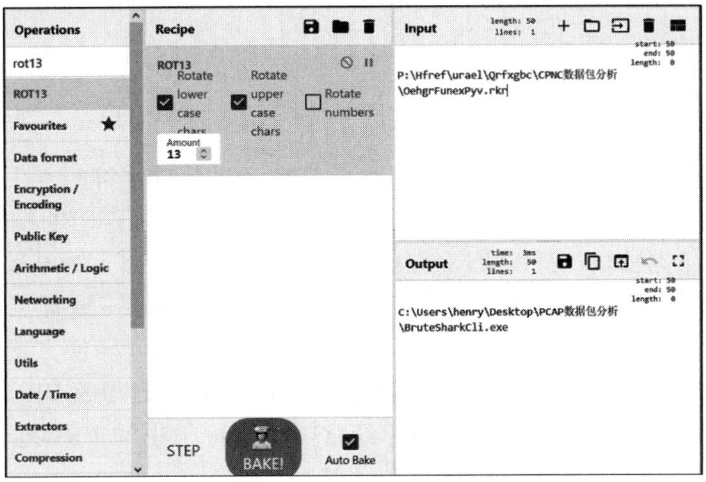

图 6-4-9 对 UserAssit 的字符串进行解码

注意：通过上述步骤可发现 ROT13 仅仅对英文字母（包含大小写）进行编码，不对中文文字、数字、特殊字符等非英文字母字符进行编码转化。

（七）实验小结

通过以上实验学习 ROT13 编解码的工作原理，同时学习国际常用的 CyberChef 工具的基本使用方法，掌握对 ROT13 快速解码的方法。同时，熟悉 CyberChef 工具支持的常见算法，包括常见的 XOR（异或）、Base64 编解码、URL 编解码、时间戳转换、哈希算法（MD5、SHA-1 等）及常见的 AES、DES 加密等。

思考题

1. ROT13 是否有相关的编解码变种？
2. ROT13 可以用来做信息加密码？是否足够安全以保护原始信息不泄密？
3. Windows 注册表中 UserAssist 键下哪些子键（GUID 名称命名）下记录运行过的可执行程序的 ROT13 字符串信息？

实验五　URL 编码与解码

（一）实验目的

了解 URL 常见编码，掌握 Windows、Linux 及 macOS 三大操作系统中各种浏览器访问站点的访问记录的 URL 编码与解码方法。该方法同样适用于进行网络数据流的分析（网络取证）。

（二）实验类型

验证型、基础实验。

（三）实验原理

URL 编码是一种允许浏览器或服务器解释 URL 中的特殊字符的方法，将对应的 URL 转换为 ASCII 码。URL 一般只使用 ASCII 字符，RFC3986 定义了 URL 结构的标准。

互联网上的数据传输一直以美国信息交换标准代码（ASCII）为基础。可用的字符基于英文键盘，包括大写和小写的拉丁字母，以及阿拉伯数字和一些标点符号。URL 编码基于 ASCII 码，主要为 URL 中的空格或其他特殊字符提供编码转换方案，常用在自动生成的 URL 中。例如，当网页中的文章标题转换为 URL 时，编码成 URL 时总是用%初始化；在对浏览器的上网历史记录分析时，经常需要对记录中的 URL 地址中的编码进行还原。

（四）实验环境

1. 1 台装有 Windows 系统的计算机。
2. 编解码转换工具 CyberChef v9. 32. 3。
3. 浏览器 Google Chrome 或 Chromium 50+以上版本或 Mozilla Firefox 38+以上版本。
4. 取证神探。

（五）实验摘要

1. 搜索关键词的 URL 编码。
2. 使用取证神探对上网记录中的 URL 地址进行解码。
3. 使用 CyberChef 进行 URL 地址解码。

（六）实验内容

实验 1. 搜索关键词的 URL 编码

步骤 1：使用百度搜索引擎搜索“学院”

使用浏览器访问 www. baidu. com，在关键词搜索框中输入“学院”两个中文，然后点击“百度一下”（如图 6-5-1 所示）。

图 6-5-1 百度搜索关键词“学院”

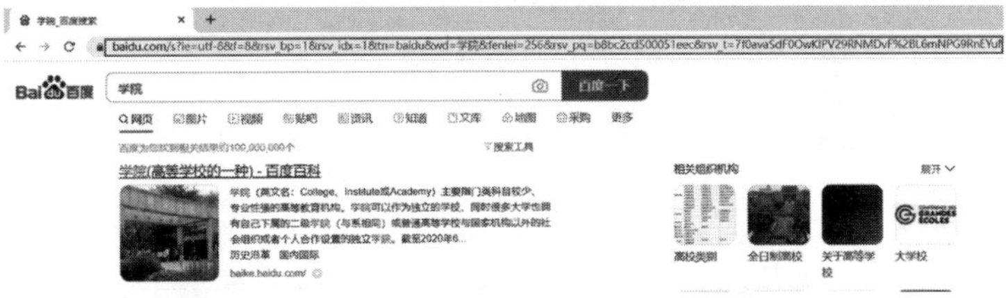

图 6-5-2 浏览器地址栏中的 URL 地址变化

步骤 2. 查看将浏览器地址栏中的 URL 地址信息（如图 6-5-2 所示）

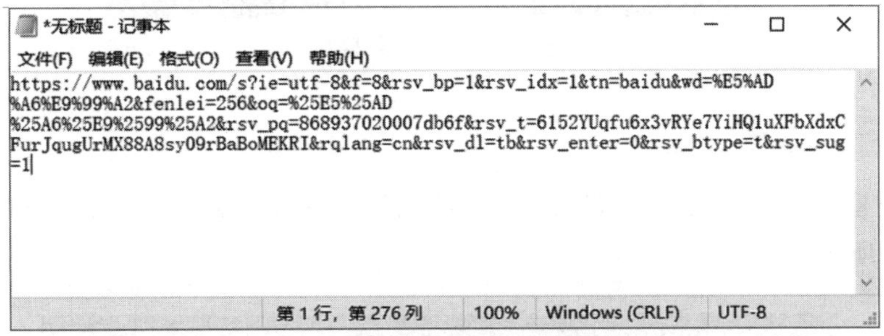

图 6-5-3 复制 URL 地址到记事本

步骤 3. 将地址栏的 URL 地址复制到记事本中（如图 6-5-3 所示）

步骤 4. 分析 URL 地址中的关键词采用的编码方式

查看 wd=后的信息“%E5%AD%A6%E9%99%A2”，其中 E5 AD A6 E9 99 A2 就是“学院”的 UTF-8 编码的十六进制值。

非 ASCII 字符一般采用 URL 编码进行转换，中文进行 URL 编码前需了解该中文是采用什么字符集，如 GB2312、UTF8。大多数中文网站采用 GB2312 或 UTF-8。搜索引擎在进行关键词搜索时，在 URL 参数中可能有明确的指定，如 https://www.baidu.com/s?ie=

utf-8&wd=%E5%AD%A6%E9%99%A2，其中 ie=utf-8 表明关键词采用 UTF-8 编码。

实验 2. 使用取证神探对上网记录中的 URL 地址进行解码

目前国外的计算机取证分析软件（如 EnCase Forensic、FTK、X-Ways Forensics、Magnet AXIOM 等）均未提供上网记录中 URL 地址的自动解码功能，需人工进行解码。国内的取证大师、取证神探等取证分析软件对 URL 地址进行了解码，同时保留了原始的 URL 地址信息。

步骤 1. 新建案例

运行取证神探软件，选择“新建案件”，创建一个名称为“王刚案例”的案件（如图 6-5-4 所示）。

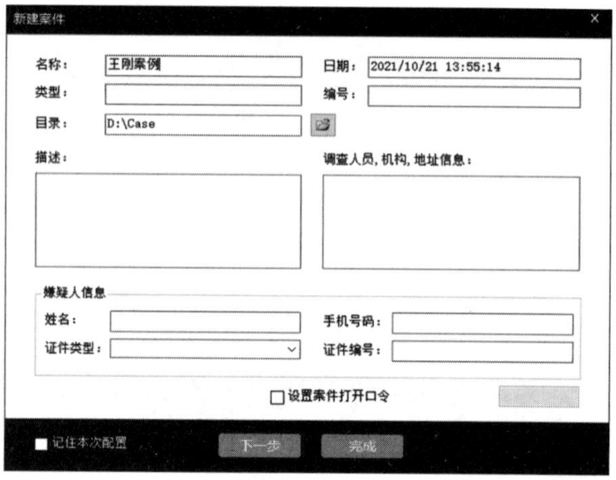

图 6-5-4　新建案例

步骤 2. 添加镜像文件

在添加设备窗口，选择“磁盘镜像”，然后选择 Wanggang_Practical. E01 的所在位置（如图 6-5-5 所示）。

图 6-5-5　添加磁盘镜像文件

步骤 3. 通过 Windows 取证界面勾选“上网记录”

仅勾选 Windows 取证，选择后面的按钮，进入后，勾选“上网记录”（如图 6-5-6 所示）。

图 6-5-6 勾选“上网记录”选项

步骤 4. 查看上网记录结果

在“取证”视图中找到“上网记录”，查看“Google”下的上网记录。在取证结果中包含“原始 URL 地址”和“网址”。原始 URL 地址是指浏览器记录的原始信息记录，网址则是取证软件对 URL 地址进行解码后的信息（如图 6-5-7 所示）。

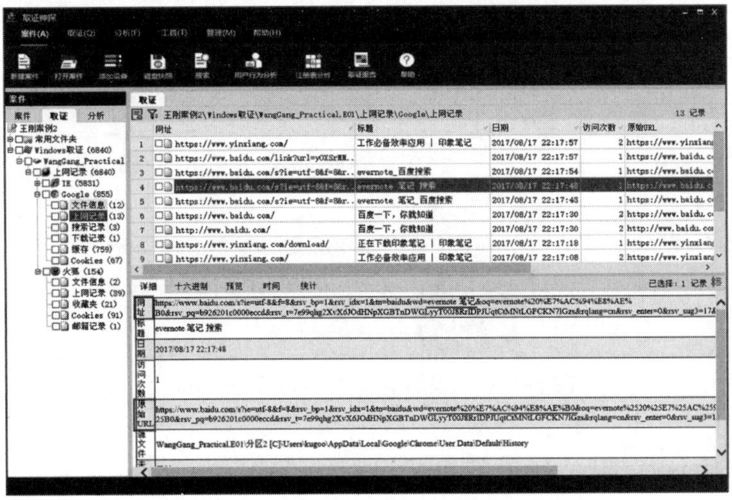

图 6-5-7 对比原始 URL 和解析后的网址

实验 3. 使用 CyberChef 进行 URL 地址解码

步骤 1. 运行 CyberChef 并搜索 URL Decode

运行 CyberChef 工具，在 Search 输入框中输入 URL，找到 URL Decode（如图 6-5-8

所示）。

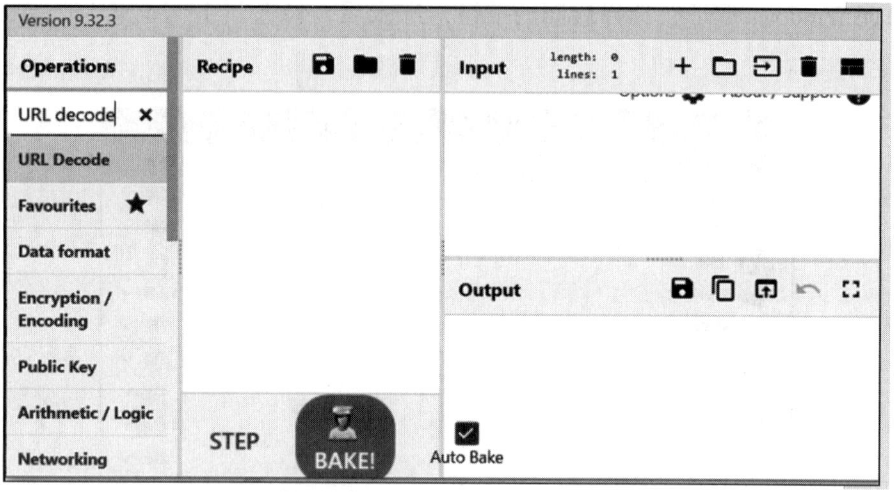

图 6-5-8　搜索 URL Decode 功能

步骤 2. 选中 URL Decode 并将其添加至 Recipe

选择 URL Decode 功能，并将其拖动到 Recipe（中间栏目）（如图 6-5-9 所示）。

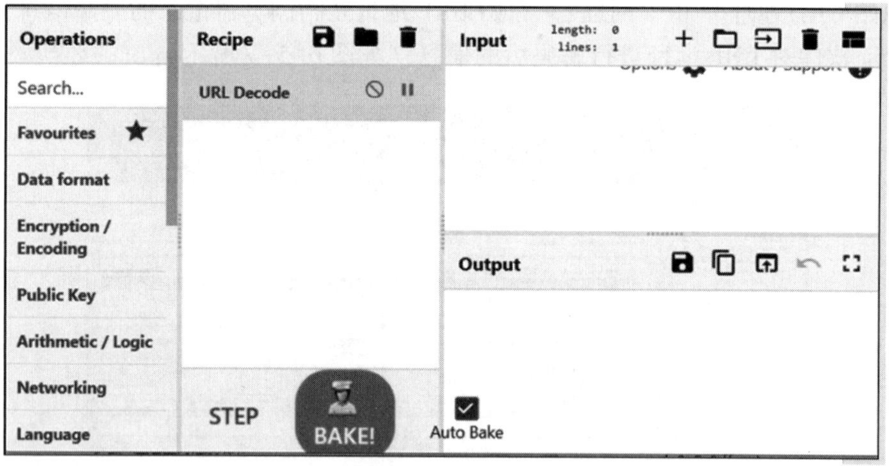

图 6-5-9　添加 URL Decode 至 Recipe

步骤 3. 使用 URL Decode 进行解码

将实验内容指定的 URL 字符串粘贴到 Input 输入框，点击 BAKE 按钮，即可在 Output 输出框得到解析后的字符串（如图 6-5-10 所示）。

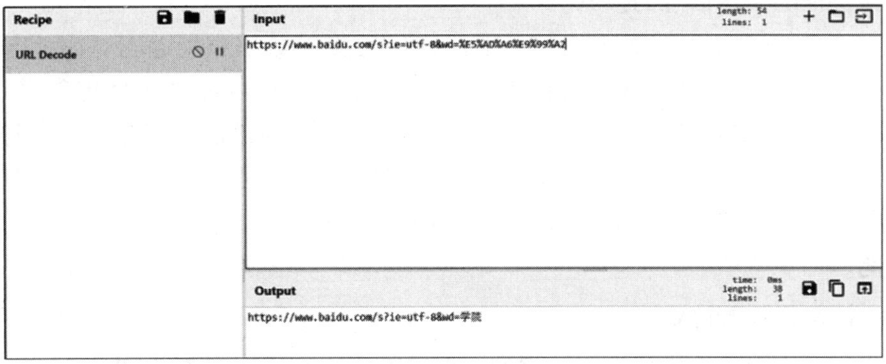

图 6-5-10 使用 CyberChef 进行 URL 地址解码

（七）实验小结

通过以上实验学习 URL 编解码的工作原理，运用常见的取证工具取证神探及 CyberChef 进行 URL 地址解码。

思考题

1. 浏览器在对上网访问地址进行 URL 编码都是采用 UTF-8 对简体中文进行编码转换吗？

2. 在百度搜索引擎输入一个英文词语，显示搜索结果后，浏览器地址栏中的 URL 地址有何变化？

实验六 关键字高级搜索

（一）实验目的

通过实验了解正则表达式中的基础语法，掌握电子数据取证中常用的正则表达式（PCRE）及 GREP 语法。

（二）实验类型

验证型、基础实验。

（三）实验原理

正则表达式

正则表达式（Regular Expression）常缩写为 regex 或 regexp，也称为规则表达式，它是一种对字符串操作的逻辑公式，字符串包括普通字符（如 a 到 z 的字母）和特殊字符（也称为“元字符”）。它可以定义对文本进行模式匹配的语法规则，可用于进行模糊搜索及有规律特征的文本信息的搜索。

正则表达式的概念始于 20 世纪 50 年代，当时美国数学家斯蒂芬·科尔·克莱尼（Stephen Cole Kleen）正式形成了对正则语言的描述。它在 Unix 文本处理程序中得到了普遍使用。自 20 世纪 80 年代以来，编写正则表达式的不同语法一直存在，一种是 POSIX 标准，另一种是广泛使用的 Perl 语法。正则表达式广泛用于各种文本处理程序或文本编辑器（如 sed、AWK、Notepad++等），许多编程语言都提供内置的或通过库提供正则表达式功能。

POSIX 标准正则表达式

POSIX 标准正则表达式分为两种类型，即基础正则表达式（Basic Regular Expression，BRE）和扩展正则表达式（Extended Regular Expression，ERE）。

基础正则表达式和扩展正则表达式之间的唯一区别在于对以下几个特殊字符的处理："?""+""(""){""{""}"和"|"。基础正则表达式是按常规字符来处理这些特殊字符；而扩展正则表达式要表达原有字符，需使用反斜杠"\"来做转义字符。

Linux/Unix 系统中的 sed 命令工具默认使用 POSIX 基础正则表达式（BRE），可通过-E 参数指定为 POSIX 扩展正则表达式（ERE）。然而 awk、less 命令行工具默认使用 ERE 正则表达式。

Perl 兼容正则表达式（PCRE）

Perl 兼容正则表达式（Perl Compatible Regular Expressions，PCRE）是一个用 C 语言编写的库，它实现了一个正则表达式引擎，其灵感来自 Perl 编程语言的功能。1997 年夏天，菲利普·黑兹尔开始写作 PCRE。PCRE 的语法比 POSIX 正则表达式（BRE，ERE）和其他许多正则表达式库都要强大和灵活得多。国外多个电子数据取证软件（如 FTK、Nuix、Magnet AXIOM 等）均支持 PCRE 正则表达式的搜索。

PCRE 正则表达式常用的语法规则如下：

.	除换行符以外的所有字符
^	字符串开头
$	字符串结尾
\d, \w, \s	匹配数字、字符、空格
\D, \W, \S	匹配非数字、非字符、非空格
[abc]	匹配 a、b 或 c 中的任意一个字母
[a-z]	匹配 a 到 z 中的一个字母
[^abc]	匹配除了 a、b 或 c 中的其他字母
aa | bb	匹配 aa 或 bb
?	0 次或 1 次匹配
*	匹配 0 次或多次
+	匹配 1 次或多次
{n}	匹配 n 次

{n,}	匹配 n 次以上
{m, n}	最少 m 次，最多 n 次匹配

GREP 表达式

GREP 是 Linux/Unix 系统中一个功能强大的内容搜索工具。GREP 命令行工具支持三种正则表达式语法，基础模式、扩展模式及 Perl 兼容语法。简单地讲，如果指定语法类型，那么 GREP 模式使用基础模式的语法。基础模式和扩展模式没有很大功能差异，唯一不同的是，基础模式的语法中一些字符，例如“?”“+”“{”“|”“(”和“)”被当作特定的操作符。如果保持其原始的文本文字，需要增加反斜杠 \ 符号进行转义。

常用的 GREP 语法规则：

\xFF	匹配十六进制数为 FF 的一个字符
ab	匹配含有 ab 的字符串
(a|b)	匹配含有 a 或者 b 的字符串，要加括号
.	匹配包括换行符的任意一个字符
[0-9]	匹配含有 0-9 中的任意一个字符
[a-z]	匹配含有 a-z 中的任意一个字符
[A-Z]	匹配含有 A-Z 中的任意一个字符
[^0-9]	匹配排除 0-9 以外的任意一个字符
[^a-z]	匹配排除 a-z 以外的任意一个字符
[^A-Z]	匹配排除 A-Z 以外的任意一个字符
[XYZ]	匹配含有 X 或者 Y 或者 Z 的一个字符
[^XYZ]	匹配不包括 X 或者 Y 或者 Z 的一个字符
(ab)	把 ab 组成一组后面可加操作符?、+、+ * 或 |
x?	匹配重复 0 或 1 次的 x 字符
(a)?	匹配重复 0 或 1 次的 a 字符串
x+	匹配重复至少 1 次的 x 字符
(a)+	匹配重复至少 1 次的 a 的字符串
x *	匹配重复 0 次以上的 x 字符
(a) *	匹配重复 0 次以上的 a 字符串
{m}	匹配重复 m 次的指定字符串
{m,n}	匹配重复 m 到 n 次的指定字符串
{m,}	匹配重复 m 次以上的指定字符串
#	匹配 0-9 中的任意数字（部分取证软件支持，如 EnCase、取证大师）

不同的取证分析软件支持的模糊搜索功能可能存在细微的区别。EnCase Forensic、X-Ways Forensics 和取证大师支持 GREP 语法，FTK、AXIOM 和 Nuix 支持 PCRE 语法。即使不同取证软件使用的是同一种语法，实际上也存在少量的差异，因此在使用不同取证分析软件进行关键词的高级语法搜索时需特别注意（如表 6-6-1 所示）。

表 6-6-1 常见取证软件及文本编辑器正则表达式支持对比

软件名称	高级搜索支持	备注
EnCase Forensic	GREP 正则表达式	
Forensic Toolkit（FTK）	PCRE 正则表达式	
X-Ways Forensics	GREP 正则表达式	
Magnet AXIOM	PCRE 正则表达式	遵循微软 .NET Framework 支持的正则表达式语法
Nuix	PCRE 正则表达式	
取证大师	GREP 正则表达式（不完全兼容）	基本遵循 GREP 语法，符号“-”不需要进行转义，被定义为正常字符
取证神探	正则表达式（不完全兼容）（兼容基础 GREP）	暂不支持\x 搜索十六进制值
Notepad++	PCRE 正则表达式	
UltraEdit	PCRE 正则表达式	

（四）实验环境

1. 1 台装有 Windows 10 系统的计算机。
2. Regex Match Tracer。
3. 取证大师。

（五）实验摘要

1. 身份证号正则表达式。
2. BitLocker 恢复密钥正则表达式。
3. 取证大师内置电子邮件地址正则表达式分析。

（六）实验内容

实验 1. 身份证号码 PCRE 正则表达式编写

步骤 1. 运行 Regex Match Tracer 软件

启动 Regex Match Tracer 后，在软件主窗口的中部上方可输入正则表达式，其下方可输入待匹配的内容（如图 6-6-1 所示）。

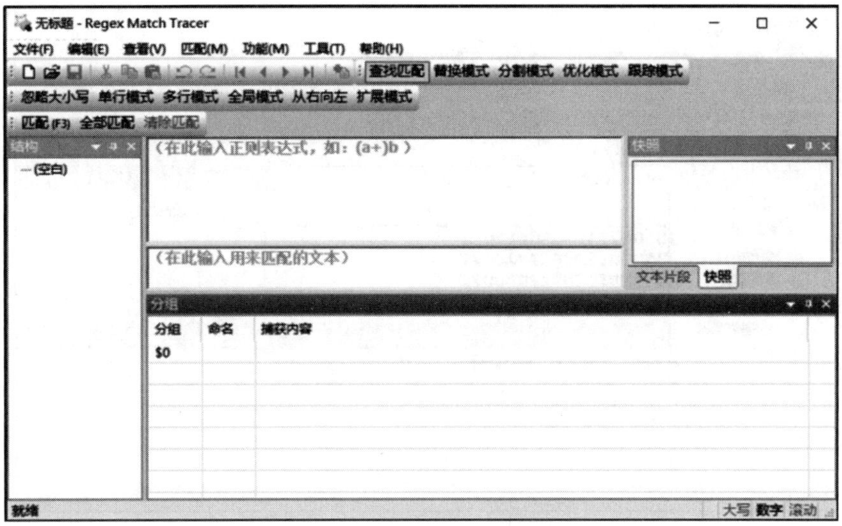

图 6-6-1 运行 Regex Match Tracer

步骤 2. 使用多个不同正则表达式测试身份证号码匹配

由于目前第二代身份证号一般为 18 位，最简单的身份证号正则表达式为 18 个数字，即“\d{18}”或“[0-9]{18}”。请在正则表达式中输入对应的表达式并点击“匹配”按钮，观察是否匹配成功。\d{18}可成功匹配输入的身份证号码（如图 6-6-2 所示）。

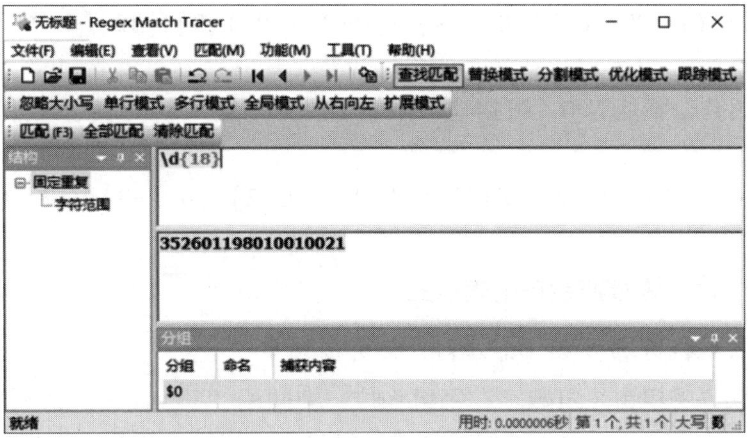

图 6-6-2 正则表达式测试结果

身份证号第 7 位至第 14 位为日期，其中 7—10 位为年份，一般以 19、20 开头，可以对此进行限制。请输入新的表达式并观察是否可以匹配成功（如图 6-6-3 所示）。

提示：\d{6}(19|20)\d{9}[\dXx]

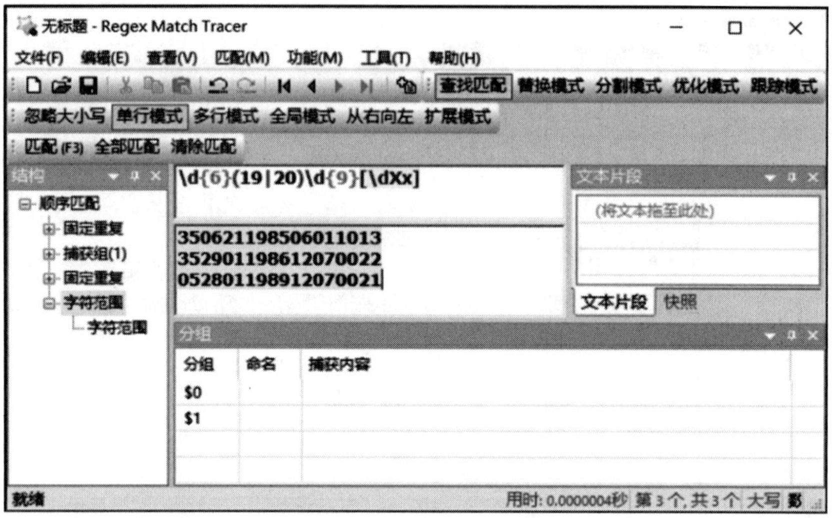

图 6-6-3　正则表达式测试

身份证号 11、12 位是生日中的月份，只可能是 01—12。根据这一限制条件，请输入新的表达式并观察是否可以匹配成功。

提示：\d{6}(19|20)\d{2}(0[1-9]|1[0-2])\d{5}[\dXx]

身份证号 13、14 位只可能是 01—31。根据这一限制条件，请输入新的表达式并观察是否可以匹配成功。

提示：\d{6}(19|20)\d{2}(0[1-9]|1[0-2])(0[1-9]|[12][0-9]|3[01])\d{3}[\dXx]

身份证号码首位不能为 0。根据这一限制条件，请输入新的表达式并观察是否可以匹配成功。

提示：[1-9]\d{5}(19|20)\d{2}(0[1-9]|1[0-2])(0[1-9]|[12][0-9]|3 [01])\d{3}[\dXx]

实验 2. BitLocker 恢复密钥正则表达式

步骤 1. 观察和辨别多组 BitLocker 恢复密钥串

BitLocker 恢复密钥为 8 组数字，每组 6 位，中间用“-”连接。请写出 BitLocker 恢复密钥的正则表达式，并对以下 5 组数据进行测试，找出符合恢复密钥规则的组。

```
692054-577841-412071-304128-516296-636086-300982-570438
377014-431563-666281-526955-516230-430353-038973-663058
577885-406362-711029-002816-622039-481294-653015-003102
518089-315073-092939-128810-448371-464277-164516-096547
671198-112145-179751-394504-649594-718487-529265-090046
```

注意：取证大师软件中的“-”符号不需要特别处理，默认代表其原有字符，而其他取证软件（如 EnCase、X-Ways Forensics）中的“-”默认代表区间符号，因此，在该符号前加转义符“\”进行转义，用“\-”才能表示该“-”的原有意义。

步骤 2. 在取证大师软件中编写正则表达式进行测试

在取证大师软件中使用以下多种正则表达式测试是否可以匹配 BitLocker 恢复密钥。

- 表达式 1：#{6}-#{6}-#{6}-#{6}-#{6}-#{6}-#{6}-#{6}，测试结果如图 6-6-4 所示。
- 表达式 2：[0-9]{6}-[0-9]{6}-[0-9]{6}-[0-9]{6}-[0-9]{6}-[0-9]{6}-[0-9]{6}-[0-9]{6}
- 表达式 3：[0-9]{6}(-[0-9]{6}){7}
- 表达式 4：#{6}(-#{6}){7}

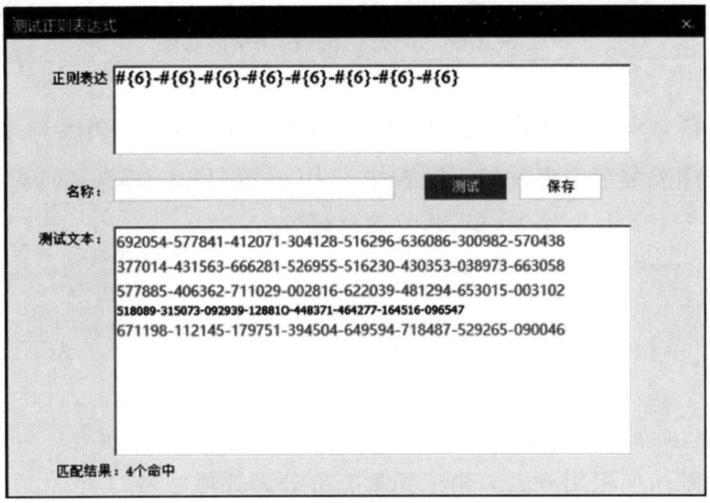

图 6-6-4　取证大师测试 BitLocker 正则表达式

实验 3. 取证大师内置电子邮件地址正则表达式分析

步骤 1. 通过“原始数据搜索”选定“全部的电子邮件地址”

打开取证大师，创建案例后，点击搜索功能，选择“原始数据搜索”→“选择关键词”，找到“全部的电子邮件地址”（如图 6-6-5 所示）。

图 6-6-5　取证大师关键字搜索功能

步骤 2. 观察该关键词的内容，请尝试分析其内容并说明具体表达的条件

取证大师常用关键字中邮件的正则表达式为[a-z#~_\. !\#$%\^&*\(\)\-]+@[a-z#_\-]+\.[a-z#_\-\.]{2,3}，该表达式共分为五部分。

第一部分：[a-z#~_\. !\#$%\^&*\(\)\-]+

第二部分：@

第三部分：[a-z#_\-]+

第四部分：\.

第五部分：[a-z#_\-\.]{2,3}

第一部分为邮箱前缀用户名，第三到第五部分为邮箱域名。

邮箱前缀由一个或多个字符构成，字符可能是小写英文字母、数字，符号［~_.！#$%^&*()-］，二级域名由一个或多个字符构成，字符可能为小写字母、符号、数字、符号（_-），顶级域名为两个或三个字符，字符可能为小写字母、数字、符号（_-.）。

步骤 3. 带有多级域名的电子邮件地址

取证大师内置的正则表达式：[a-z#~_\. !\#$%\^&*\(\)\-]+@[a-z#_\-]+\.[a-z#_\-\.]{2,3}

该表达式并未考虑多级域名的情况（如 user@mail.example.com），无法匹配二级、三级域名的电子邮件地址。此外，目前顶级域名的字母长度为 2~4 个字符。因此，需根据实际情况进行表达式的修改。参考表达式如下（如图 6-6-6 所示）：

[a-z#~_\. !\#$%\^&*\(\)\-]+@([a-z#_\-]+\.)?([a-z#_\-]+\.)?[a-z#_\-]+\.[a-z#_\-\.]{2,4}

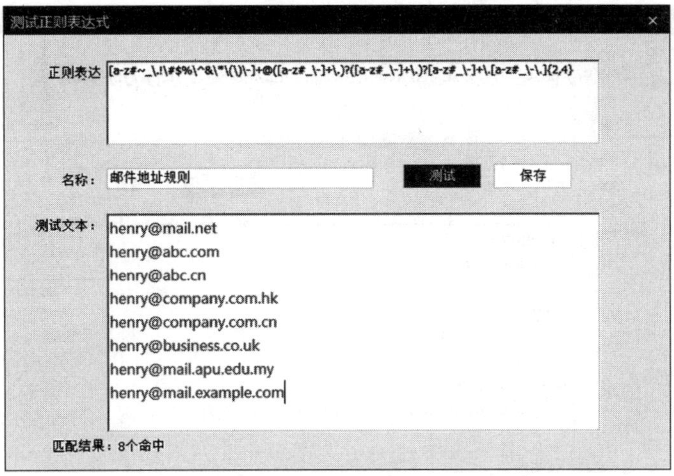

图 6-6-6　多级域名电子邮件地址的正则表达式测试

步骤 4. 顶级域名（TLD）电子邮件地址

常见的顶级域名后缀，如 com、net、gov、edu、mil、tv、top、xyz、club、shop、vip、mobi、wang、biz、site、link、art、cc 等。此外还有一类带有国家或地区的缩写（通常为两个字母），如 cn、hk、jp、my、ru、de、uk、ca 等。

取证大师软件中内置了一个顶级域名（TLD）电子邮件地址的正则表达式，其表达式为：

[a-z#~_\.!\#$%\^&*\(\)\-]+@[a-z#_\-]+\.((com)|(biz)|(de)|(edu)|(gov)|(info)|(mil)|(net)|(org)|(tv)|(uk)|(jp))。

取证大师软件内置的带 TLD 顶级域名的电子邮件地址表达式也并不完整，在司法鉴定实践中，可进一步完善该规则。

参考的表达式如下（如图 6-6-7 所示）：

[a-z#~_\.!\#$%\^&*\(\)\-]+@([a-z#_\-]+\.)?([a-z#_\-]+\.)?[a-z#_\-]+\.((com)|(biz)|(edu)|(gov)|(info)|(mil)|(net)|(org)|(top)|(xyz)|(club)|(shop)|(vip)|(mobi)|(wang)|(biz)|(site)|(link)|(art)|(tv)|(de)|(uk)|(jp)|(my)|(hk)|(cn))。

图 6-6-7　顶级域名（TLD）电子邮件地址的正则表达式测试

（七）实验小结

通过实验学习正则表达式语法，通过身份证号、BitLocker 恢复密钥等实例熟悉正则表达式语法，并学习使用取证大师软件进行电子邮件地址的搜索。

思考题

1. 身份证号前两位为省份编码规则，请在原有实验步骤基础上继续完善身份证号的正则表达式。

（华北：北京 11，天津 12，河北 13，山西 14，内蒙古 15；东北：辽宁 21，吉林 22，黑龙江 23；华东：上海 31，江苏 32，浙江 33，安徽 34，福建 35，江西 36，山东 37；华中：河南 41，湖北 42，湖南 43；华南：广东 44，广西 45，海南 46；西南：四川 51，贵州 52，云南 53，西藏 54，重庆 50；西北：陕西 61，甘肃 62，青海 63，宁夏 64，新疆 65；特别行政区：香港 81，澳门 82；台湾 71）。

2. 比特币钱包地址的正则表达式为（[13][a-km-z-A-HJ-NP-Z1-9]{25,34}）|（bc1[0-9a-z]{39}），请根据表达式说明比特币钱包地址的规则。

第七章
文件签名

文件签名是指同一类型的文件共同具备的特征信息，通常是指文件的头部或尾部特征信息，一般也称为文件头（File Header）和文件尾（File Footer/Trailer），该特征信息可用 ASCII 文本或十六进制数值来表示。取证软件通常内置了一个常见文件类型的签名信息库（文件签名库）。

文件签名在电子数据取证中主要有两种经典应用，分别是签名分析和签名恢复。

ISO 国际组织登记了大量的文件类型，同一类文件通常默认都带有相同的文件扩展名。在电子数据取证分析中，取证人员经常需要对存储介质中的文件进行签名分析。签名分析实际上就是将待分析的文件的扩展名、文件签名与文件签名库中的信息进行比对的过程。比较典型的应用就是，签名分析可用来发现通过修改文件扩展名进行隐藏的一些文件。取证软件通过签名分析功能可快速找出所有扩展名与实际类型不匹配的文件，此类文件就属于可疑文件，需取证人员进一步查看和分析。

签名恢复通常是指借助文件签名（文件头、文件尾）特征进行的数据提取与恢复。大多数的取证软件均支持签名恢复功能，通过该功能可对内嵌于文件中的数据或文件（如 Word 文档内嵌的图片、隐藏拼接的文件）以及未分配空间数据进行文件恢复。当文件被删除后，文件系统内部文件所记录的信息也已缺失的情况下，签名恢复就能发挥其重要作用。

实验一　文件签名分析

（一）实验目的

通过实验了解文件结构，熟悉常见文件类型的文件签名特征（文件头、文件尾），掌握签名分析发现文件签名异常的文件。

（二）实验类型

验证型、基础实验。

（三）实验原理

文件签名（File Signature）

文件签名通常是指同一类文件的共同特征信息，有时也称为神奇数字（Magic Number），该特征通常出现在文件的头部或尾部。在文件头部称为文件头部签名，在尾部一般称为文件尾部签名。大部分文件类型均有文件头部签名，没有文件尾部签名，也有少数文件同时具备文件头部和尾部签名，如 JPG 图片头部签名为十六进制“FFD8”，文件尾部签名为十六进制“FFD9”。当然，也存在少量文件类型没有文件签名特征信息，如常见的 TrueCrypt 和 VeraCrypt 加密容器文件。

文件签名是大多数文件类型的标识性信息，可通过读取文件的头部和尾部信息，与签名数据库进行对比，从而快速识别出文件的真实类型。

文件扩展名（File Extension）

文件扩展名常用于区分文件类型。Windows 操作系统默认使用文件扩展名来调用关联的程序打开相应的文件，此配置信息均保存在注册表中。通常情况下，文件扩展名为 TXT 的文件在 Windows 系统中默认使用“记事本”打开，RTF 文档默认使用“写字板”打开，其他第三方应用产生的文件，一般默认与其关联，在安装第三方软件时，软件自动往系统注册表中进行文件扩展名的注册与关联打开程序的设置。因此，如果计算机用户误操作将原有文件扩展名修改为未知的名称，Windows 系统可能无法使用内部的程序或第三方应用打开查看内容。

大多数文件的签名特征和文件扩展名是相对应的，常见的文件均有属于文件本身固定的后缀名和文件签名；文件扩展名比较容易修改，用户使用重命名操作就可以进行更改；而文件签名，则需要用专业的文件编辑工具进行修改。

大多数的取证分析软件会内置一个文件类型与文件签名匹配的数据库（如表 7-1-1 所示）。计算机取证分析软件内置的签名分析功能通常就是调用内部自带的文件签名数据库来与证据文件中的文件进行签名比较，从而实现自动化快速检测文件的真实类型。

表 7-1-1　常见文件类型扩展名及签名对照表

文件类型	扩展名	头部签名	尾部签名
Bitmap 图片	BMP	BM	无
GIF 图片	GIF	GIF8[79]a	无
PNG 图片	PNG	\x89PNG	无
JPEG 图片	JPG、JPE、JPEG	\xFF\xD8\xFF	\xFF\xD9
RAR 压缩文件	RAR	Rar!	无
ZIP 压缩文件	ZIP	PK	无

（续表）

文件类型	扩展名	头部签名	尾部签名
Office97-2003 文档	DOC、XLS、PPT	\xD0\xCF\x11\xE0	无
Word 2007+文档	DOCX	PK	无
PDF 文档	PDF	%PDF	无

取证软件可以对文件签名和文件扩展名进行比对，如果两者均在库中，且可以对应则显示“匹配”；如果文件签名在库中，但文件扩展名未匹配，则显示“可疑签名”；如果文件类型不在签名库中，而文件扩展名在签名库中，则显示“坏签名”；如果文件类型和文件扩展名都不在签名库中，无法判断是否匹配，则显示“未知”。因此，可以通过文件签名和后缀的匹配关系快速获取目标可疑文件。

（四）实验环境

1. 1 台安装有 Windows 10 系统的计算机。
2. Hex Workshop。
3. 取证大师。
4. X-Ways Forensics。

（五）实验摘要

1. 手工检查文件真实类型。
2. 使用取证分析软件执行签名分析。

（六）实验内容

实验 1. 手工检查文件真实类型

步骤 1. 使用 Hex Workshop 打开待检查的文件

双击打开 Hex Workshop，使用该软件可以方便地进行十六进制编辑、插入、填充、删除、剪切、复制和粘贴工作，配合查找等操作。

打开文件，可以直接将文件拖入，或者点击左上角的“File”，点击“Open”选择一个扩展名为“zip”的文件，打开文件（如图 7-1-1、图 7-1-2 所示）。

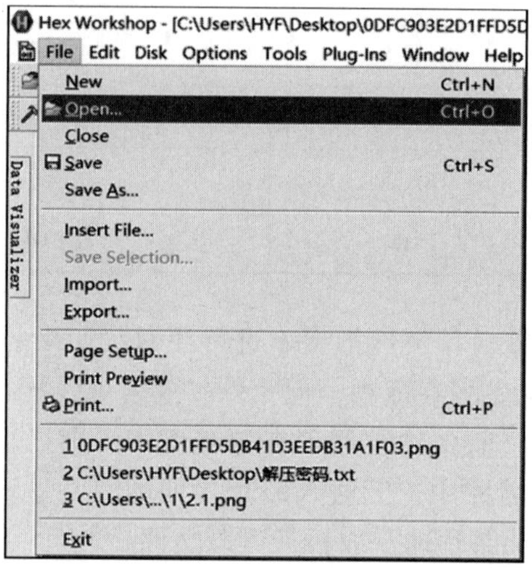

图 7-1-1　打开文件

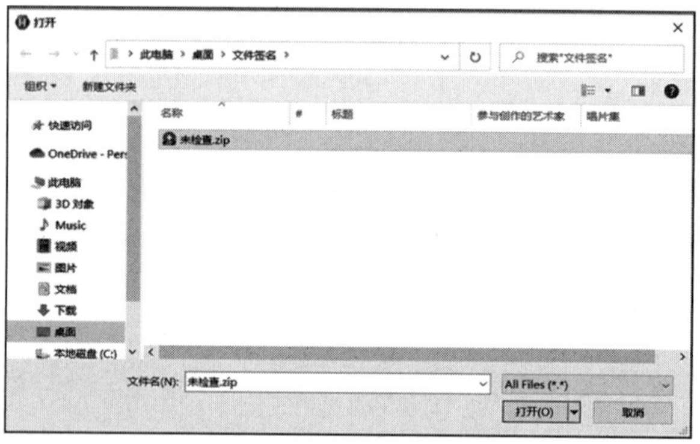

图 7-1-2　选择文件

步骤 2. 查看文件首扇区及最后一个扇区（JPEG）

打开文件后，通过文件的十六进制可查看文件签名头部和签名尾部。文件签名头部是 FFD8FF，文件签名尾部是 FFD9（如图 7-1-3、图 7-1-4 所示）。

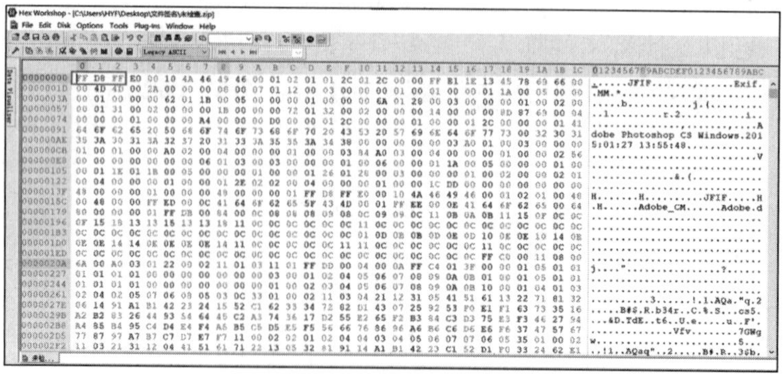

图 7-1-3　文件签名头部

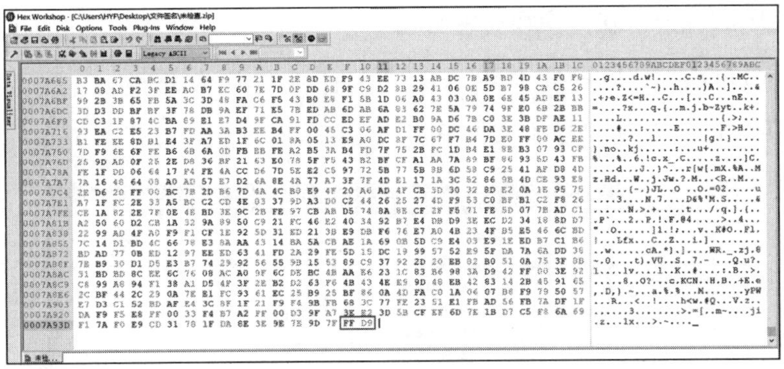

图 7-1-4 文件签名尾部

步骤 3. 根据常见文件类型及签名特征对照表判断文件真实类型

根据表 7-1-1 常见文件类型扩展名及签名对照表，文件签名头部为 FFD8FF，文件签名尾部为 FFD9 应该是 JPG 文件，而非 ZIP 文件。即文件真实类型是 JPG 图片，只是扩展名被修改成了 ZIP。通过图片相关工具查看文件也可以发现该文件是一张图片（如图 7-1-5、图 7-1-6 所示）。

图 7-1-5 打开文件

图 7-1-6 查看图片

实验 2. 使用取证分析软件执行签名分析

步骤 1. 使用取证大师对镜像中的所有文件进行签名分析

进行自动取证时，勾选“检验文件签名”，选择所有文件（如图 7-1-7 所示）。

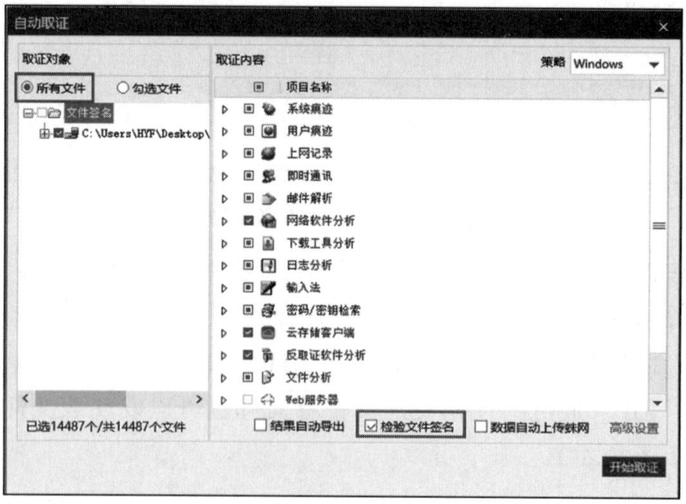

图 7-1-7　签名分析

步骤 2. 找出所有具有可疑文件签名的文件

取证结果中，展开文件分析，可直接查看可疑签名文件及文件个数。或者通过文件过滤功能过滤出所有可疑签名文件（如图 7-1-8、图 7-1-9、图 7-1-10 所示）。

图 7-1-8　取证结果查看可疑签名文件

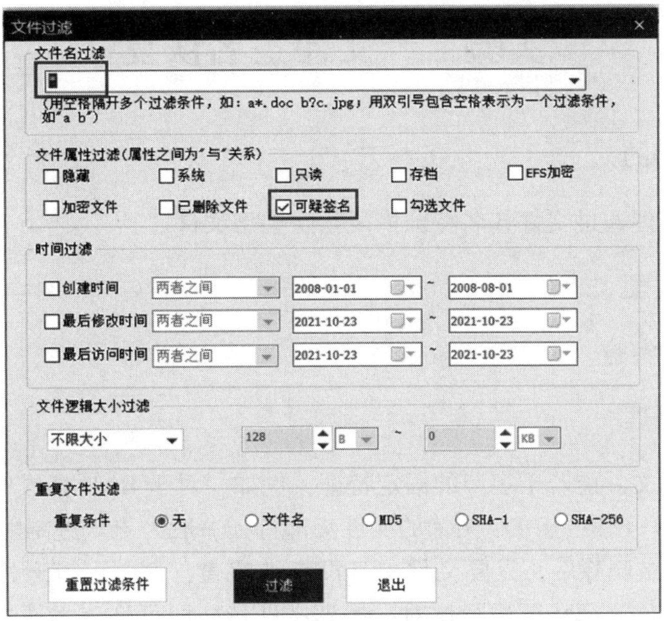

图 7-1-9　过滤可疑签名

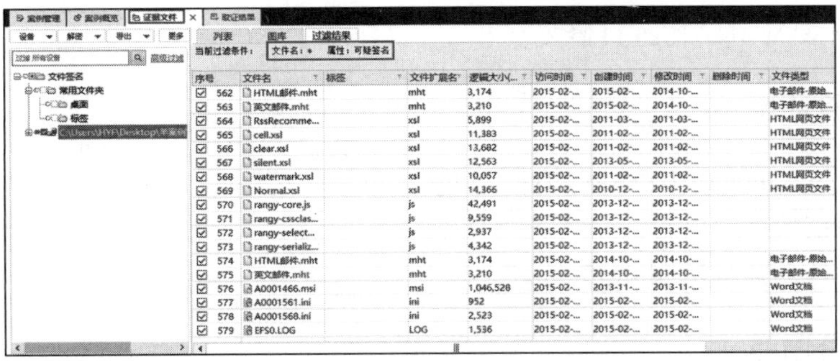

图 7-1-10　文件过滤查看可疑签名文件

（七）实验小结

通过文件签名实验了解常见的文件签名特征（文件头及文件尾），并通过使用常见的取证工具对修改扩展名的文件进行快速检查。

思考题

1. 是不是所有的文件都有其特定的文件签名？

2. 开展电子数据取证分析工作中，遇到新的未知文件类型，如何归纳提炼出其文件签名特征？

3. 没有文件扩展名的文件，是否可以识别出实际文件类型？

4. 是否可能使用某些反取证方法躲避签名分析判断？

实验二　文件签名恢复

（一）实验目的

通过本实验掌握通过文件签名特征恢复指定类型文件。

（二）实验类型

验证型、基础实验。

（三）实验原理

文件签名是指文件前若干字节的固定特征，例如，对于 RAR 格式的文件，文件均以“526172211A0700”开头。JPEG 图片的文件头部特征一般为十六进制的 FF D8 FF，尾部为 FF D9。当文件被删除后，只要文件本身没有被覆盖，那就可以通过对磁盘未分配空间进行搜索，以文件头部特征进行比对，找到文件特征即可将该文件进行恢复。如删除的文件是连续存储的数据块（不存在多个数据片段），使用文件签名进行恢复的效果较好。如果删除文件是由多个不连续存储的数据块组成，使用文件签名进行恢复，通常还需要借助修复工具对其结构进行修复。

（四）实验环境

1. 1 台装有 Windows 10 系统的计算机。
2. 取证神探软件。
3. 案例文件：数据恢复实验 . vhd。

（五）实验摘要

使用取证神探软件的签名恢复功能恢复指定类型文件。

（六）实验内容

步骤 1. 新建案例

运行取证神探软件，新建案例“签名恢复实验”（如图 7-2-1 所示）。

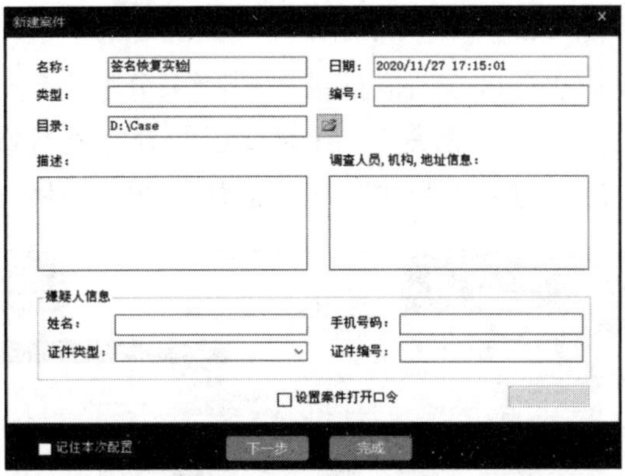

图 7-2-1 新建案例

步骤 2. 添加案例 VHD 文件

在添加设备界面选择“磁盘镜像”，并选择添加“数据恢复实验 . vhd”（如图 7-2-2 所示）。

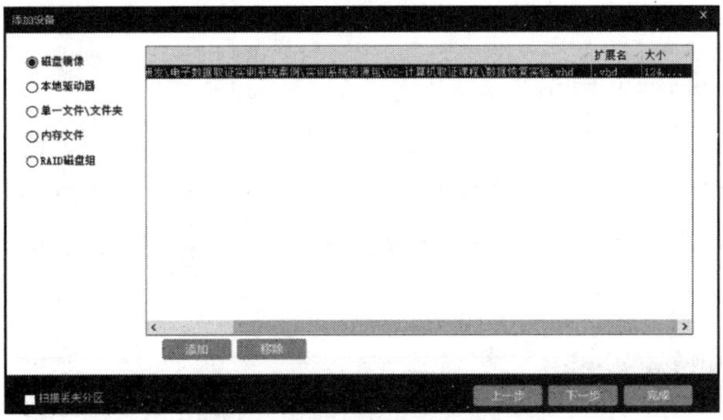

图 7-2-2 添加 VHD 文件

步骤 3. 执行“磁盘文件分析”

磁盘文件分析配置，勾选“删除恢复”，其他选项暂时不做选择（如图 7-2-3 所示）。

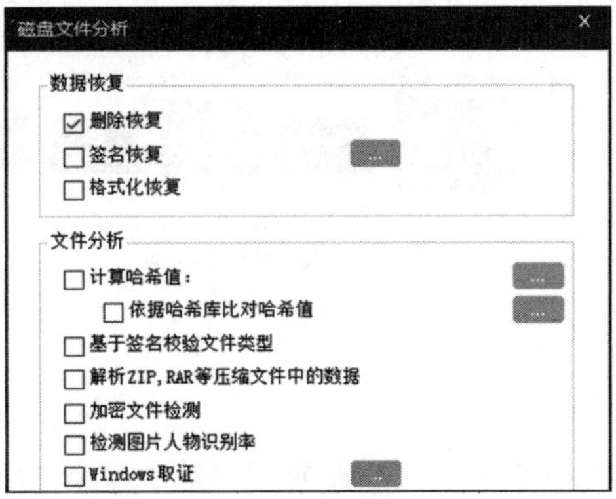

图 7-2-3 勾选“删除恢复”

步骤 4. 勾选“签名恢复”

在“案件”视图中找到“分区 3”根目录下的“未分配空间”，并进行勾选操作。选择“磁盘快照”按钮，勾选“签名恢复”，针对选定的分区进行选择，只勾选“分区 3”，点击“签名恢复”后的按钮，勾选“照片”和“图片”两个项目（如图 7-2-4 所示）。

图 7-2-4　进行签名恢复

步骤 5. 查看签名恢复结果

完成后，在“分区 3”下的“签名恢复”文件夹中，找到“照片 \ Jpeg 图像（jpg）”，即可看到通过文件签名恢复技术恢复出来的所有 JPEG 图片文件。通过“预览”和“图库”可进行单独查看或批量查看，也可通过过滤器做进一步筛选分析（如图 7-2-5 所示）。

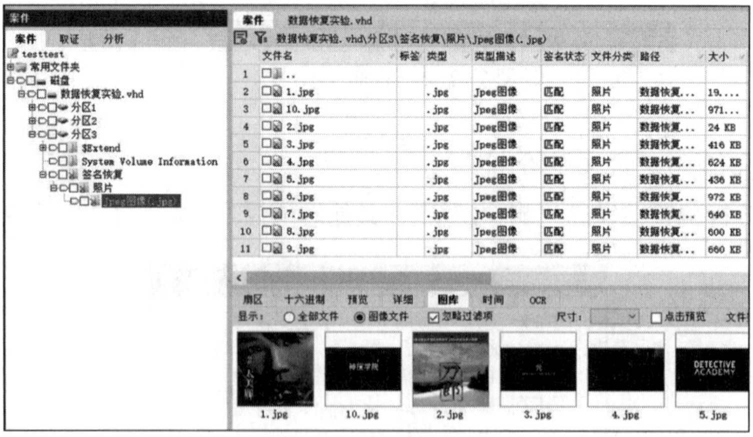

图 7-2-5　查看恢复结果

（七）实验小结

文件签名恢复是基于文件特征（文件头或文件尾）来恢复特定类型的文件。大多数情况下，通过签名恢复可较好地恢复连续存储的已删除文件。部分文件类型在文件头部除了有文件头特征字符外，还有其他元数据信息。因此，计算机取证软件可基于该元数据信息（文件大小）来精确恢复已删除文件，恢复出的文件大小与原始文件大小完全一致。

思考题

1. 签名恢复可以恢复出完整的原始文件内容吗？
2. 为什么签名恢复出来的文件经常打不开，提示文件损坏？
3. 嵌入在 Word 文档中的图片如何执行签名恢复？

实验三 基于签名及元数据的文件精准恢复

（一）实验目的

了解部分文件的内部结构，例如文件头部元数据定义的文件长度，掌握特定文件类型的文件长度计算方法，能够根据文件签名及内部元数据手工精准恢复被删除的文件。

（二）实验类型

验证型、基础实验。

（三）实验原理

常见的文件类型都有其自己的内部结构，有些文件结构有公开文档，有些则没有。通过对文件结构的分析，了解其结构中对自身文件长度的描述信息，可以实现对连续存储的删除文件的精准恢复。

本实验以位图文件 Bitmap 为例，在尝试文件精准恢复之前需了解 Bitmap 文件的内部结构，Bitmap 文件结构中除了文件签名“BM”外，在偏移量 2 的位置记录了文件的长度，占用 4 个字节（如表 7-3-1 所示）。

表 7-3-1 Bitmap 文件的内部结构

偏移量（十六进制）	偏移量（十进制）	长度	描述
00	0	2 字节	前两个字节为 Bitmap 文件头（签名），通常为十六进制 42 4D（ASCII 字符为 BM，大写）。除了该文件头特征外，还可能是其他信息。 BM：Windows 3.1x，95，NT，2000，7，8，10 BA：OS/2 struct bitmap array CI：OS/2 struct color icon CP：OS/2 const color pointer IC：OS/2 struct icon PT：OS/2 pointer

（续表）

偏移量（十六进制）	偏移量（十进制）	长度	描述
02	2	4 字节	BMP 文件大小（文件的字节数）
06	6	4 字节	保留
0A	10	4 字节	位图文件数据（像素数组）所在字节的偏移量，即起始地址

（四）实验环境

1. 1 台装有 Windows 系统的计算机。
2. FTK Imager。
3. 镜像文件 File_Carving. 001。

（五）实验摘要

1. 使用 FTK Imager 查看未分配簇。
2. 基于文件头部元数据信息计算文件大小。
3. 原始文件导出并验证文件的完整性。

（六）实验内容

实验 1. FTK Imager 查看未分配簇

步骤 1. 运行 FTK Imager 并添加镜像

运行 FTK Imager，选择“Add Evidence Item”（添加证据项），选择“Image File”（镜像文件）（如图 7-3-1 所示）。

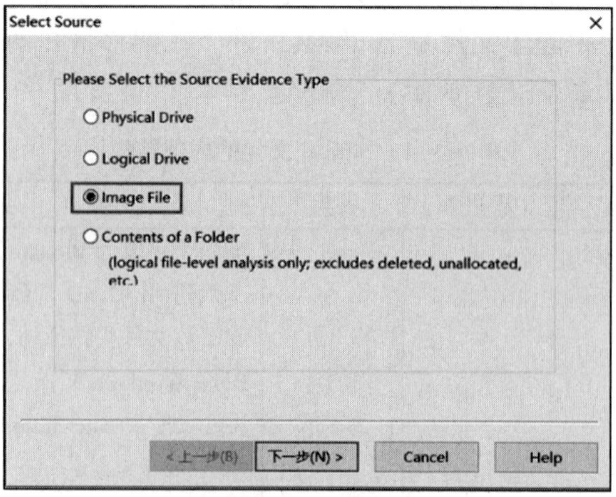

图 7-3-1　选择镜像文件“Image File”

步骤 2. 选择镜像文件。

选择镜像文件“File_Carving. 001”所在位置（如图 7-3-2 所示）。

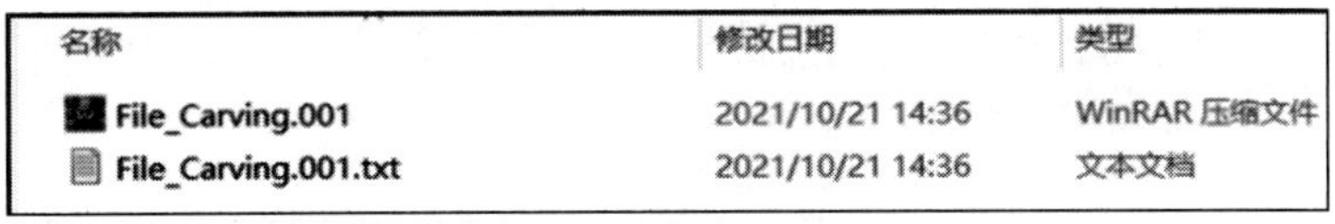

图 7-3-2　选择镜像文件位置

步骤 3. 找到未分配空间中的 01480 文件

加载完成后，找到“Partition 1”下的“unallocated space”，选中“01480”文件，该文件为未分配空间的残余数据。FTK Imager 软件会对未分配空间中的未分配簇进行解析，每个连续的未分配簇数据块都虚拟为一个单独的文件，下图中名称为“01480”的虚拟对象即是已删除的位图文件所在的区域（如图 7-3-3 所示）。

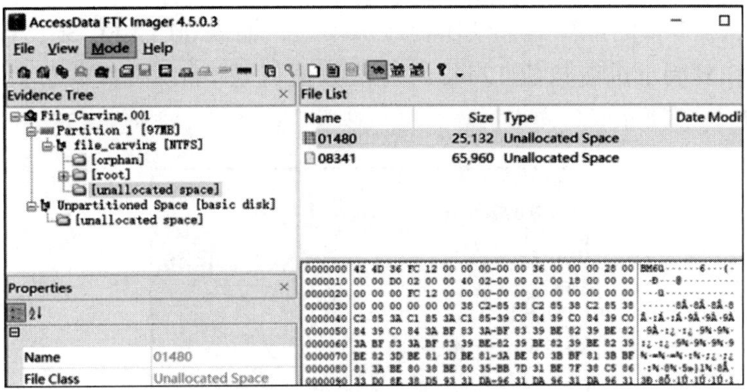

图 7-3-3　找到未分配空间

实验 2. 基于文件头部元数据信息计算文件大小

步骤 1. 查看该扇区中的十六进制值。

根据 Bitmap 文件的存储结构，扇区前面 2 个字节为 Bitmap 的文件签名，后面 4 个字节记录该文件大小的数值 36 FC 12 00。由于系统多数采用小端（Little Endian）来存储数据，因此需转换为 00 12 FC 36（如图 7-3-4 所示）。

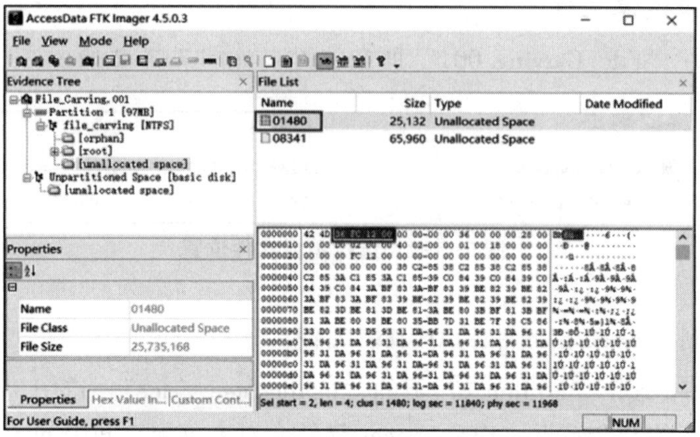

图 7-3-4 Bitmap 文件大小信息

步骤 2. 将十六进制值转化为文件的逻辑大小（字节数）

打开 Windows 自带的计算器，使用程序员模式，输入 00 12 FC 36，点击 DEC 行，可直接使用 Ctrl+C 复制十进制数值 1244214（该数值就是 BMP 文件的总大小，即 1244214 字节）（如图 7-3-5 所示）。

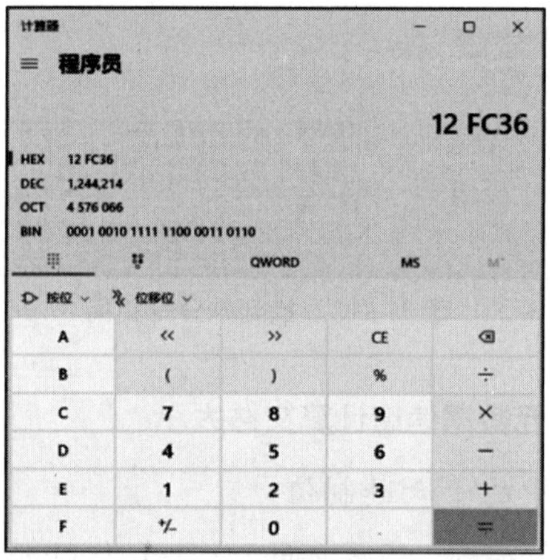

图 7-3-5 十六进制转化为十进制

实验 3. 原始文件导出并验证文件的完整性

步骤 1. 选择该文件的数据块长度。

将光标移动到起始位置（十六进制 42 的位置），右击选择“Set Selection Length...”（如图 7-3-6 所示）。

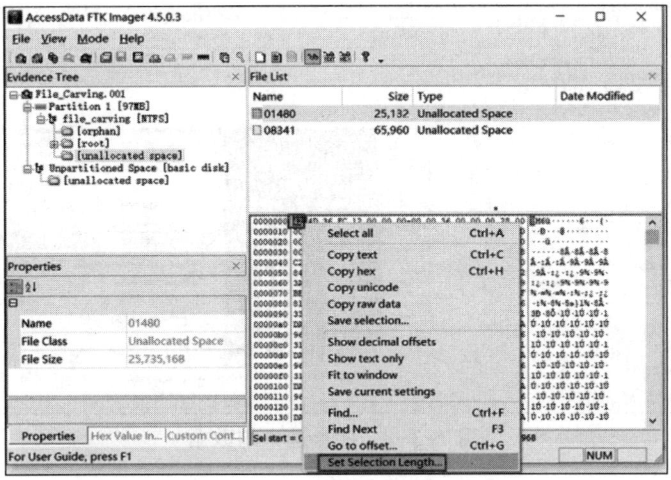

图 7-3-6 数据的选择长度设置

步骤 2. 设置文件长度

输入文件长度 1244214，选择 Decimal（十进制），然后点击“OK”（如图 7-3-7 所示）。

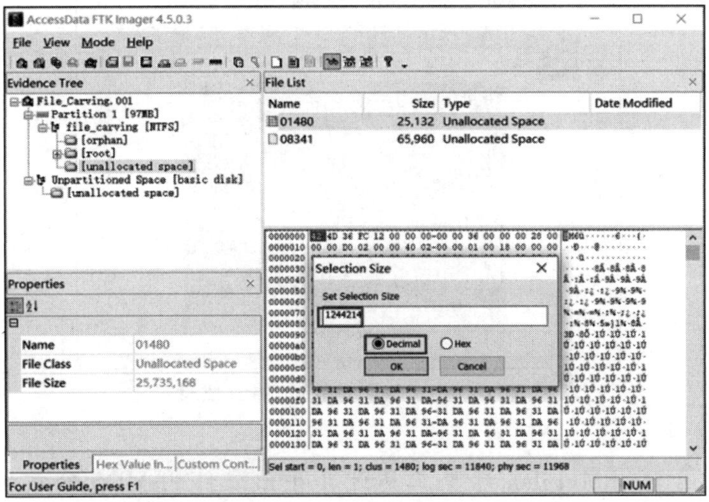

图 7-3-7 输入所选数据的长度（十进制）

步骤 3. 将选中的数据块导出为文件

设置选择数据的长度后，被选中的数据将会变成蓝色高亮，右击菜单，选择“Save selection”，将选中的数据保存为文件，命名为 Bitmap_Carved. bmp（如图 7-3-8 所示）。

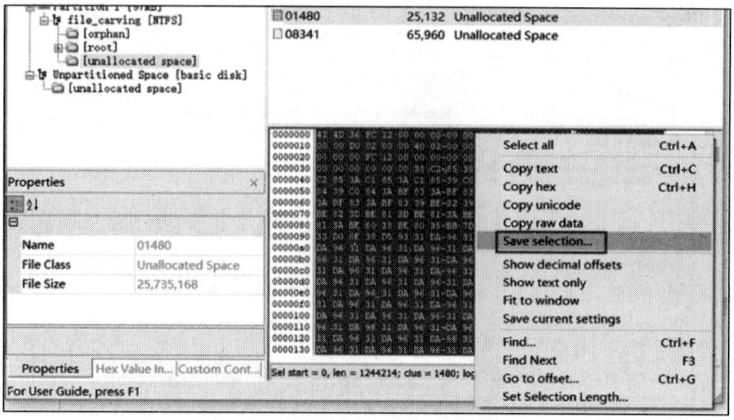

图 7-3-8　保存选中的数据

步骤 4. 查看导出的文件是否完整

将文件保存后，可使用图片查看器查看 BMP 文件，文件大小为 1244214 字节（如图 7-3-9 所示）。

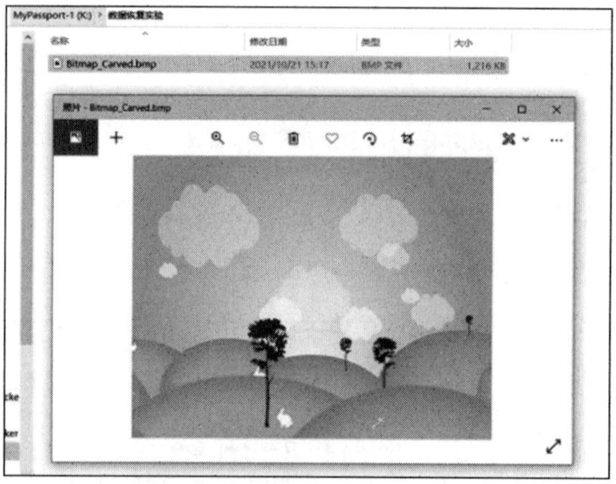

图 7-3-9　恢复出来的 BMP 文件

步骤 5. 使用 HashMyFiles 计算工具计算导出文件的 MD5 哈希值

使用哈希计算工具 HashMyFiles 计算恢复的 BMP 文件，计算其 MD5 哈希值，结果为：787090c45af0e8c6930d290ec9ebdef0（如图 7-3-10 所示）。该步骤用于确认恢复出来的文件的数据完整性。

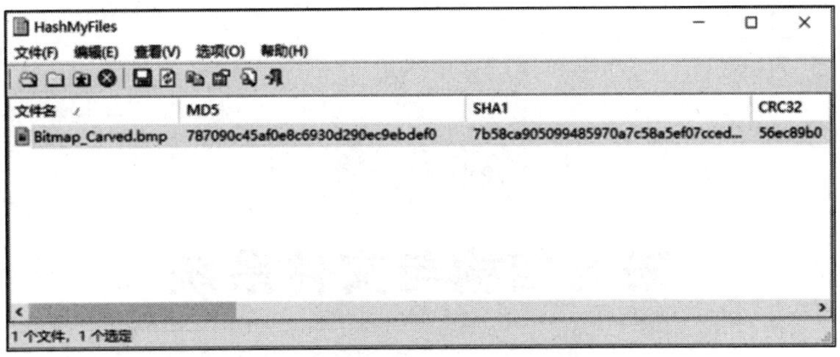

图 7-3-10　计算导出文件的哈希值（MD5）

（七）实验小结

通过此实验了解常见位图文件（Bitmap）的数据结构，了解其文件头部特征、文件大小等结构。掌握使用 FTK Imager 取证工具从未分配空间精准提取被删除的 Bitmap 文件。

思考题

1. Bitmap 位图文件如果文件比较大，由多个不连续的簇（Cluster）组成，用该方法是否可以精准恢复文件？

2. 除了 Bitmap 位图文件其文件结构内部有记录文件大小的元数据，还有哪些文件也可以采用类似的方法来实现精准恢复？

第八章
磁盘结构与文件系统

在电子数据取证分析中，了解磁盘分区方式及常见的文件系统是很有必要的，也是各种数据恢复方法的基础。目前磁盘分区形式有两种：MBR 分区结构和 GPT 分区结构。MBR 分区结构中有主分区和逻辑分区的区别，在 GPT 分区结构中，没有主分区和逻辑分区的概念，所有分区都是一样的，以 GUID 进行区分。

MBR 是一种比较传统的分区形式，最多支持 4 个主分区；对于扇区大小 512 字节的磁盘，MBR 分区结构仅支持管理 2TB 的分区。对于扇区大小为 4096 字节的磁盘，MBR 分区结构则支持 16TB 的分区。

GPT 是源自 UEFI 标准的一种较新的磁盘分区，提供了更加灵活的分区机制，能够支持 128 个主分区，最大支持 18EB 的磁盘，引导 GPT 分区上的操作系统需要主板的 UEFI 支持。

大多数的存储介质使用前，需要进行初始化、创建分区及格式化。格式化实际上就是创建文件系统的过程。格式化可以使用操作系统内置的磁盘管理工具实现，也可以使用第三方工具实现。Windows 系统下对分区进行格式化时，用户可以选择的文件系统类型有 FAT32、exFAT 和 NTFS 等。

文件系统（File System）是操作系统用来控制数据存储和检索方式的方法和数据结构。文件系统简单地说就是管理数据的系统，是在存储设备上组织文件的方法，它涉及数据的读取、写入和访问控制。

常见的文件系统有：NTFS、FAT32、ReFS、exFAT、ext2、ext3、ext4、HFS、HFS+、APFS、ZFS、XFS 和 UFS 等。多数文件系统都具备一个共性，它会记录对象名称（文件或文件夹）、每个对象的起始位置、碎片位置（非连续存储）和全卷区块（簇）状态。

实验一　MBR 磁盘分区结构

（一）实验目的

了解磁盘 MBR 分区结构工作原理，了解磁盘中的 MBR、EBR 和 DBR 的作用及 EBR 和 DBR 的查找定位。

（二）实验类型

验证型、基础实验。

（三）实验原理

MBR（Master Boot Record，主引导记录）位于磁盘的起始位 0 号扇区，是计算机启动引导时要访问的第一个扇区，占用 512 字节。它由主引导记录（446 字节）、分区表（64 字节）、结束标志（2 字节）组成（如图 8-1-1 所示）。主引导记录负责装载和运行系统引导程序，其中包含磁盘签名（参见郑清安为《中国大百科全书（网络版）》（第三卷）撰写的“磁盘签名”词条）；分区表由 4 个分区项组成，每个分区项占用 16 字节，包括分区启动标志、文件系统类型、起始扇区号、分区总扇区数等内容用于标识当前分区信息（如图 8-1-2、图 8-1-3 所示）；其中分区启动标志用于识别分区是否可引导启动。结束标识为：55AA。

使用 MBR 结构对磁盘进行分区，需要先了解分区的类型及作用。分区主要分为两大类型：主分区（Primary Partition）和扩展分区（Extended Partition）。

在使用 MBR 分区结构的磁盘中，MBR 扇区中包含了 64 个字节的分区表信息，最多可记录 4 条分区表项。如全部划分为主分区，最多只能划分 4 个主分区。因此，要划分超过 4 个以上的分区，需创建一个扩展分区，然后再通过扩展分区进一步划分多个逻辑分区（Logical Partition）。扩展分区只能创建一个，它不能直接用于存储数据，而主分区和逻辑分区均可直接存储数据。

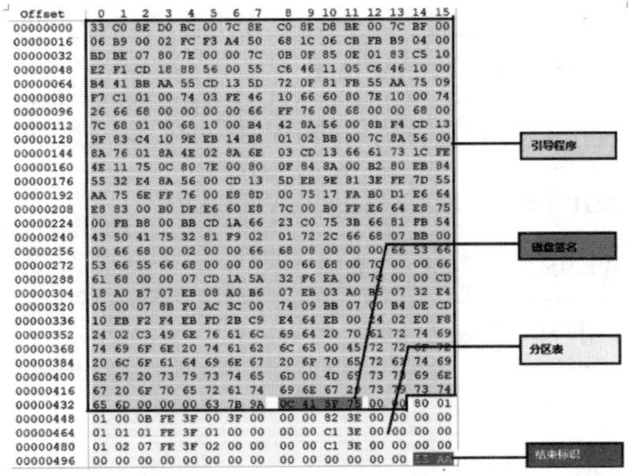

图 8-1-1　MBR 结构

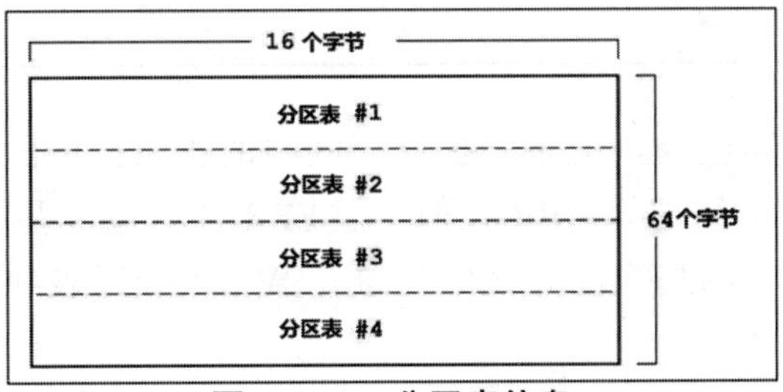

图 8-1-2　分区表信息

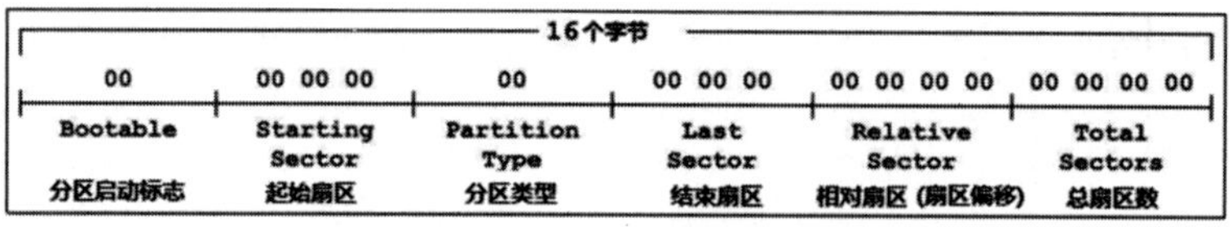

图 8-1-3　单个分区表项结构

分区表项记录结构说明：

1. 分区启动标志（0x80=可引导启动分区，0x00=非可引导分区；1 个字节）。
2. 起始扇区（CHS 格式，3 个字节）。
3. 分区类型（1 个字节），常见的分区类型及描述（如表 8-1-1 所示）。
4. 结束扇区（CHS 格式，3 个字节）。
5. 相对扇区偏移（4 个字节）。
6. 分区总扇区数（4 个字节）。

表 8-1-1　常见的分区类型及描述

十六进制	分区类型及描述
0x01	FAT12 软盘分区
0x04	FAT16 容量小于 32 MB
0x05	Extended 扩展分区
0x06	FAT16，容量大于 32 MB
0x07	NTFS、exFAT
0x0B	FAT32，DOS & Win95 系统使用
0x0C	FAT32 使用 LBA 寻址方式访问 FAT32 分区
0x0E	FAT16 使用 LBA 寻址方式访问 FAT16 分区
0x0F	FAT32 Win95 扩展分区（LBA）
0x83	Linux 常用分区（ext 2/3/4）
0x8E	Linux LVM
0x82	Linux Swap
0xA6	OpenBSD 分区
0xA8	macOS 分区

EBR（扩展分区引导记录）记录了扩展分区中的逻辑分区的相关信息，每个逻辑分区均有 1 个 EBR。EBR 的结构与 MBR 相似，但 EBR 并不包含引导代码。其分区表只有 2 个。第一个分区表项记录的是当前分区的位置，第二个分区表项记录的是下一个扩展分区中逻辑分区的位置。

DBR（DOS Boot Record）也称为“引导记录”（Boot Record）或“卷引导记录”（Volume Boot Record，VBR）。在国外的多数涉及数据恢复及计算机取证的书籍及论文中，学者使用比较多的术语是“卷引导记录”。它记录了分区的相关信息，包括文件系统类型、簇大小、扇区大小和总扇区数等。对于 FAT、NTFS、exFAT 文件系统，卷引导记录都位于卷的首扇区。然而，HFS、HFS+或 ext 文件系统的卷引导记录一般位于卷头偏移 1024 字节的位置。

（四）实验环境

1. 1 台装有 Windows 10 系统的计算机。
2. 案例文件：MBR 基本磁盘（1 主分区 1 扩展分区）. vhd 文件。
3. WinHex 软件。

（五）实验摘要

1. 使用 WinHex 查看主引导记录扇区（MBR）并计算出“主分区 1”相关信息。
2. 使用 WinHex 查看 MBR 扇区的扩展分区信息，手工跳转至首个 EBR 的位置，并查看 DBR 扇区的内容。

（六）实验内容

实验 1. 查看主引导记录扇区（MBR）并分析分区信息

步骤 1. 先将用于实验的虚拟磁盘文件挂载起来。通过右击桌面上的“此电脑”→“管理”→“磁盘管理”（如图 8-1-4 所示）。

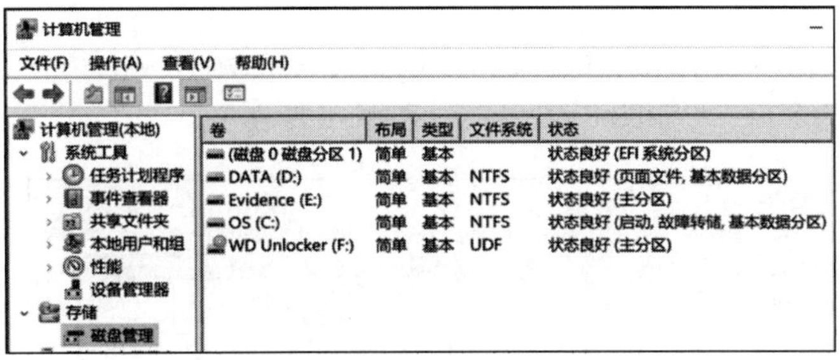

图 8-1-4　打开“磁盘管理”

步骤 2. 选择“计算机管理”窗口顶部菜单的“操作”，然后选择“附加 VHD”（如图 8-1-5 所示）。

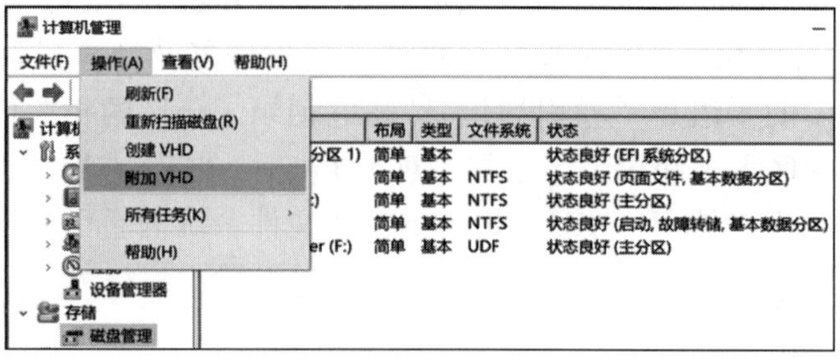

图 8-1-5　附加 VHD

步骤 3. 选择“浏览”按钮，在弹出的新窗口中选择“MBR 基本磁盘（1 主分区 1 扩展分区）. vhd”文件，并勾选“只读”，然后选择“确定”。完成后在磁盘管理中就可以看到新挂载的 vhd 虚拟磁盘（如图 8-1-6 所示）。

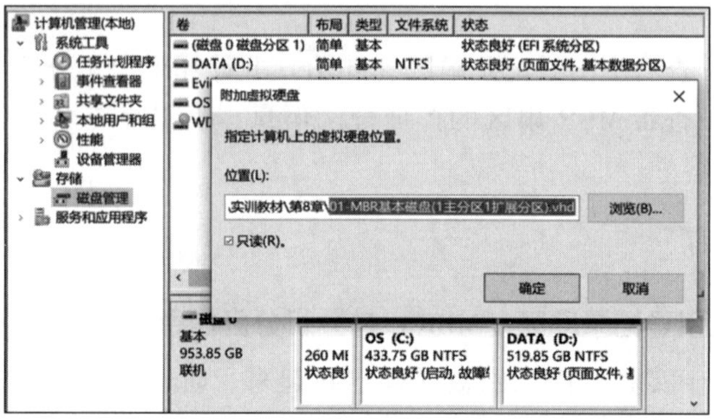

图 8-1-6　选择 VHD 文件并勾选“只读”

步骤 4. 运行 WinHex，选择顶部菜单“工具”，然后选择“打开磁盘”（也可直接按快捷键 F9 打开磁盘窗口）（如图 8-1-7、图 8-1-8 所示）。

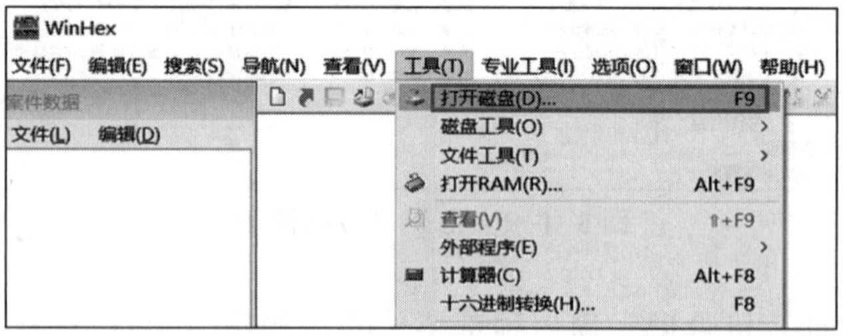

图 8-1-7　点击“工具”→“打开磁盘”

图 8-1-8　选择虚拟磁盘

步骤 5. WinHex 将打开选定的磁盘，并列出所有的磁盘结构（包括分区及相关磁盘空间的数据）。通常 WinHex 默认跳转到 0 扇区位置。底部是一个状态条，显示了当前磁盘位置（扇区编号/总扇区数），偏移地址（十六进制）；选块起始与结束位置及选块的大小（字节）等信息（如图 8-1-9 所示）。

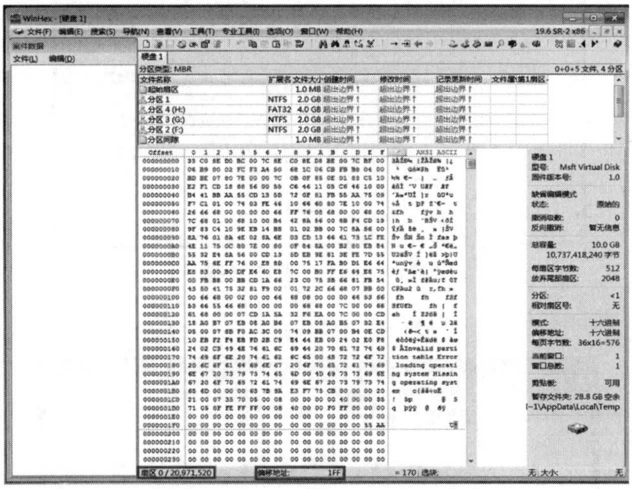

图 8-1-9　查看 MBR 扇区

步骤 6. 从最后两个字节 55 AA 前面的 00 开始选择，然后往前拖动鼠标，直接看到状态栏大小为 64。此处的 64 个字节就是 MBR 扇区中的分区表项，共有 4 个分区表项，每个分区表项长度为 16 个字节（如图 8-1-10 所示）。

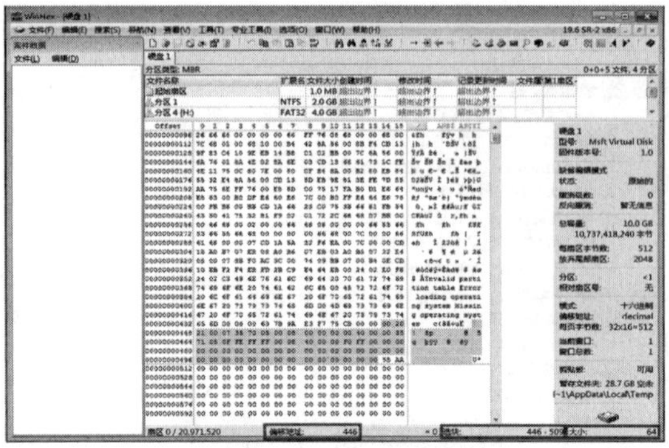

图 8-1-10　分区表项

步骤 7. 将第一个分区表项的数据添加到书签，方便后续的识别或者位置查找。鼠标点击选择从十六进制 00 20 直到 40 00，长度为 16 个字节，然后右击选择菜单中的“添加书签”。WinHex 中可为选中的数据块对应的书签添加描述，并选择要显示的颜色，方便后续进行区分和查找（如图 8-1-11、图 8-1-12 所示）。

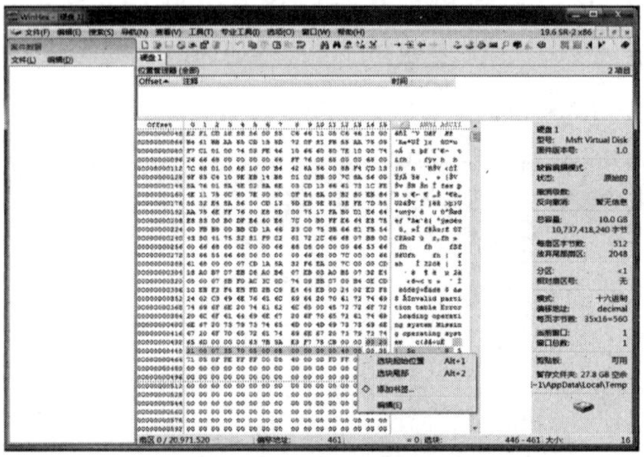

图 8-1-11　添加书签

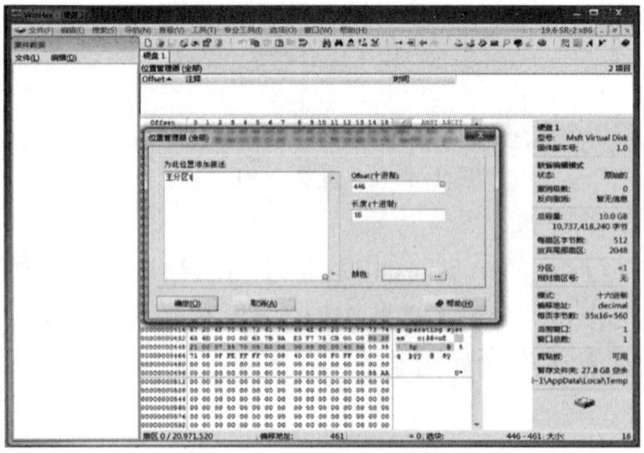

图 8-1-12　选择颜色

步骤 8. 每个分区表项中最后 4 个字节为主分区 1 的扇区总数，WinHex 提供丰富的数据解码功能。该功能的查看窗口需要通过菜单中的“查看”→“显示”→“数据解析器”即可。WinHex 默认的数据解析器显示的只有 8bit（无符号）、16bit（无符号）和 32bit（无符号）的数据解码。如需使用更多数据解码功能，需要通过菜单中的“选项”→“数据解析器”，然后添加相关的解码功能选项（如图 8-1-13、图 8-1-14 所示）。

图 8-1-13　打开数据查看器

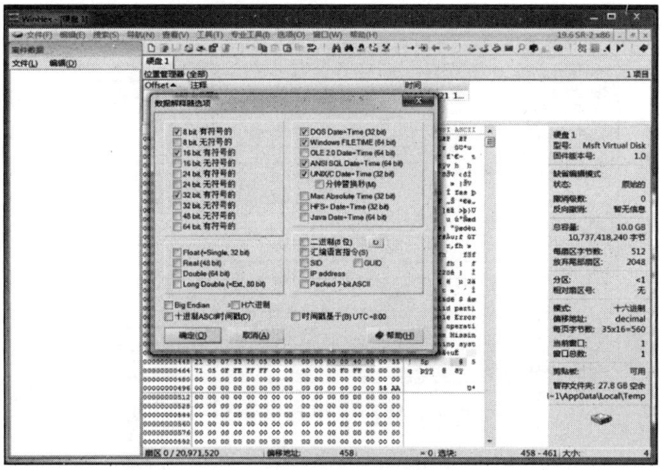

图 8-1-14　调整数据查看器显示选项

步骤 9. 由于 Windows 系统存储数据大多数情况下采用小端字节序存储，因此解码时需要从最后一个字节开始选中，往前拖动，直到选中“主分区 1”对应的分区表项的最后 4 个字节，然后查看数据解析器中的 32bit 数值，该数值即“主分区 1”的总扇区数（如图 8-1-15 所示）。

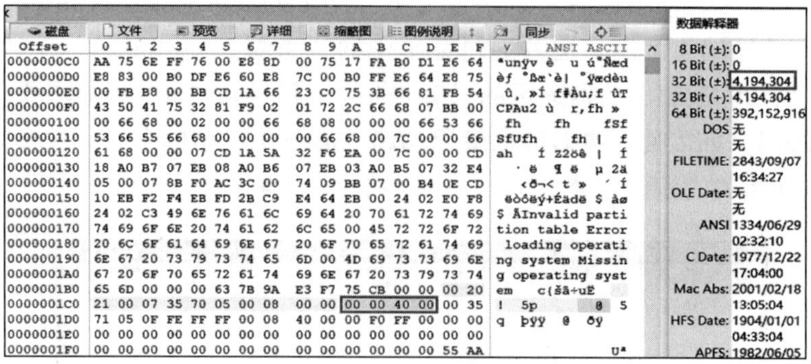

图 8-1-15　查看扇区数

步骤 10. 按快捷键"Alt+F12"可快速打开 WinHex 的模板管理器，通过选择"Master Boot Record"类型可一次性解析出所有分区表信息。解析后的结果包含 3 列信息，包括偏移量（Offset）、标题和数值。偏移量可以辅助定位找到该数值在扇区中的所在位置（如图 8-1-16 所示）。

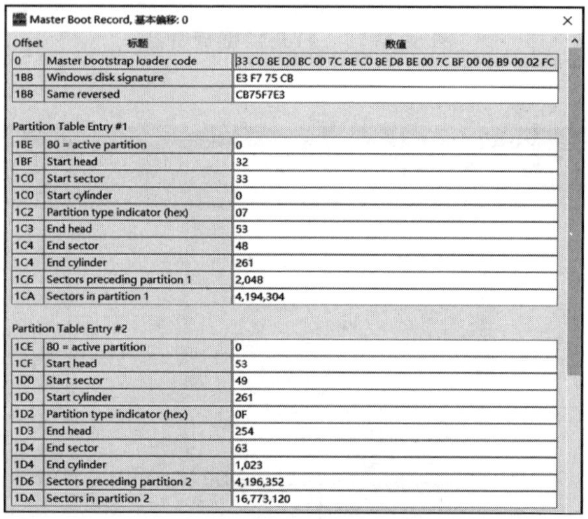

Master Boot Record, 基本偏移: 0

Offset	标题	数值
0	Master bootstrap loader code	33 C0 8E D0 BC 00 7C 8E C0 8E D8 BE 00 7C BF 00 06 B9 00 02 FC
1B8	Windows disk signature	E3 F7 75 CB
1B8	Same reversed	CB75F7E3
Partition Table Entry #1		
1BE	80 = active partition	0
1BF	Start head	32
1C0	Start sector	33
1C0	Start cylinder	0
1C2	Partition type indicator (hex)	07
1C3	End head	53
1C4	End sector	48
1C4	End cylinder	261
1C6	Sectors preceding partition 1	2,048
1CA	Sectors in partition 1	4,194,304
Partition Table Entry #2		
1CE	80 = active partition	0
1CF	Start head	53
1D0	Start sector	49
1D0	Start cylinder	261
1D2	Partition type indicator (hex)	0F
1D3	End head	254
1D4	End sector	63
1D4	End cylinder	1,023
1D6	Sectors preceding partition 2	4,196,352
1DA	Sectors in partition 2	16,773,120

图 8-1-16　使用模板管理器解析 MBR

实验 2. 查看 MBR 中的扩展分区信息，并定位 EBR 和 DBR 位置

步骤 1. 通过 MBR 扇区中的分区表信息计算扩展分区的第一个 EBR 位置

跳转到扇区 0，查看 MBR 扇区中的第二个分区表项（16 字节）。光标定位到偏移量 0xED6 位置，选中 4 个字节（从右到左进行选择），并使用数据解析器进行解析，可得到数值 4196352，该数值为扩展分区的相对位置，即扇区编号（如图 8-1-17 所示）。

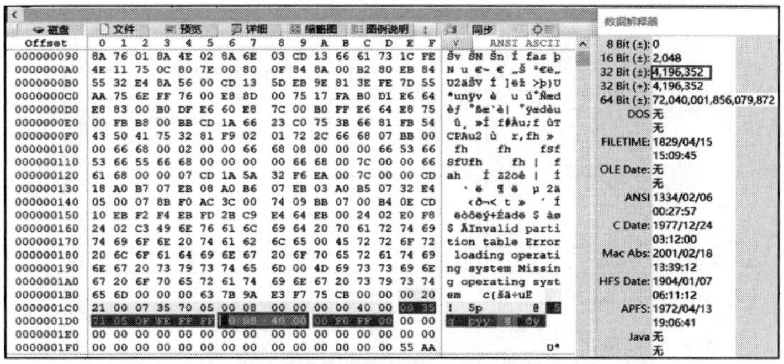

图 8-1-17 查看 MBR 中的扩展分区表项的数据

步骤 2. 跳转至首个 EBR 位置并查看内容

跳转至扇区号 4196352 位置，可发现扇区尾部最后 2 个字节的十六进制为 55 AA。从 55 AA 位置前从后往前选择 64 个字节，发现前面 32 字节有数值，剩余 32 字节全部为 00（如图 8-1-18 所示）。

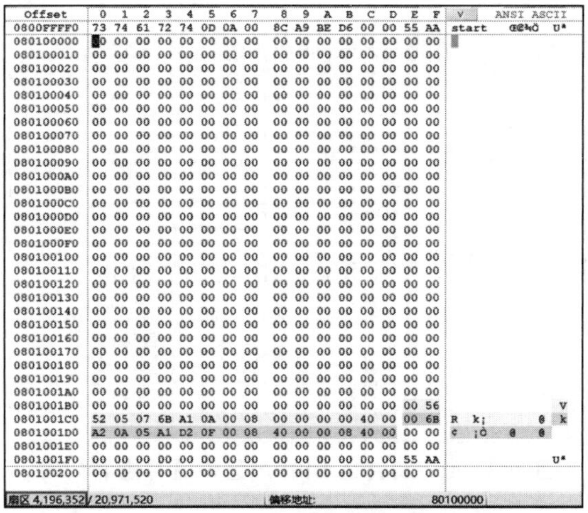

图 8-1-18 第一个逻辑分区对应的 EBR

步骤 3. 通过 EBR 信息中分区表项信息计算 DBR 位置

在偏移量位置 801001C6 位置可以看到十六进制数据“00 08 00 00”。将其转化为 Little Endian 数值，该值为 2048。也可以直接利用模板管理器解析分区表信息。首个逻辑分区的 DBR 扇区位置=EBR 扇区位置（4196352）+相对扇区偏移量（2048）。手工计算可得出两者之和为 4198400（如图 8-1-19 所示）。

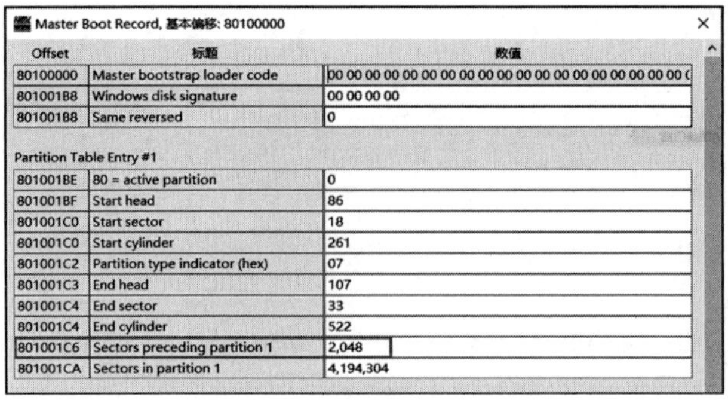

图 8-1-19 EBR 扇区信息计算出 DBR 相对扇区偏移

步骤 4. 跳转至 DBR 位置并查看其内容

通过 WinHex 软件的扇区跳转功能，输入 DBR 所在扇区偏移数值 4198400，即可直接跳转至 DBR 所在扇区（如图 8-1-20 所示）。

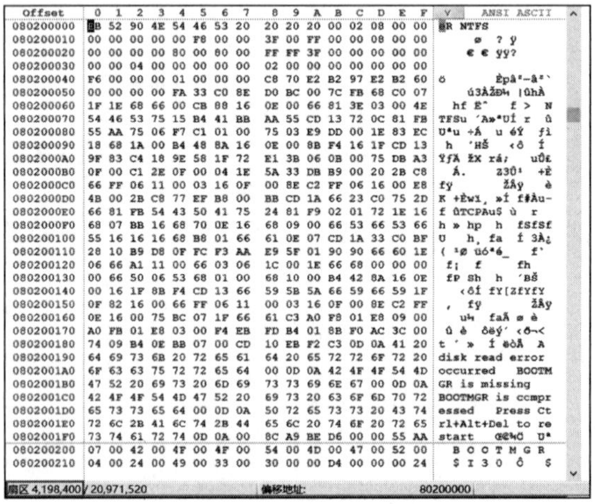

图 8-1-20 跳转至 DBR 扇区位置并查看内容

（七）实验小结

主引导记录位于硬盘的第一个扇区（扇区编号为 0），大小是 512 字节，由 3 个部分组成：引导程序占用其中的前 446 字节（偏移 0～1BDH），随后的 64 字节（偏移 1BEH～1FDH）为硬盘分区表，最后的两个字节"55 AA"（偏移 1FEH～1FFH）是结束标志。通过 MBR 扇区中的扩展分区表项信息，可计算出第一个逻辑分区的 EBR 位置，通过 EBR 扇区中记录的分区表信息，可计算出首个逻辑分区的 DBR 位置以及下一个逻辑分区的 EBR 位置。扩展分区中的多个逻辑分区是通过 EBR 信息关联起来的。

思考题

1. MBR 分区方法能够支持的分区大小最大是 2TB 吗？

2. 根据以下图片显示的信息计算下一个逻辑分区的 EBR 位置（扇区号）是什么？

```
Offset      0  1  2  3  4  5  6  7   8  9  A  B  C  D  E  F   ANSI ASCII
080100010  00 00 00 00 00 00 00 00  00 00 00 00 00 00 00 00
080100020  00 00 00 00 00 00 00 00  00 00 00 00 00 00 00 00
080100030  00 00 00 00 00 00 00 00  00 00 00 00 00 00 00 00
080100040  00 00 00 00 00 00 00 00  00 00 00 00 00 00 00 00
080100050  00 00 00 00 00 00 00 00  00 00 00 00 00 00 00 00
080100060  00 00 00 00 00 00 00 00  00 00 00 00 00 00 00 00
080100070  00 00 00 00 00 00 00 00  00 00 00 00 00 00 00 00
080100080  00 00 00 00 00 00 00 00  00 00 00 00 00 00 00 00
080100090  00 00 00 00 00 00 00 00  00 00 00 00 00 00 00 00
0801000A0  00 00 00 00 00 00 00 00  00 00 00 00 00 00 00 00
0801000B0  00 00 00 00 00 00 00 00  00 00 00 00 00 00 00 00
0801000C0  00 00 00 00 00 00 00 00  00 00 00 00 00 00 00 00
0801000D0  00 00 00 00 00 00 00 00  00 00 00 00 00 00 00 00
0801000E0  00 00 00 00 00 00 00 00  00 00 00 00 00 00 00 00
0801000F0  00 00 00 00 00 00 00 00  00 00 00 00 00 00 00 00
080100100  00 00 00 00 00 00 00 00  00 00 00 00 00 00 00 00
080100110  00 00 00 00 00 00 00 00  00 00 00 00 00 00 00 00
080100120  00 00 00 00 00 00 00 00  00 00 00 00 00 00 00 00
080100130  00 00 00 00 00 00 00 00  00 00 00 00 00 00 00 00
080100140  00 00 00 00 00 00 00 00  00 00 00 00 00 00 00 00
080100150  00 00 00 00 00 00 00 00  00 00 00 00 00 00 00 00
080100160  00 00 00 00 00 00 00 00  00 00 00 00 00 00 00 00
080100170  00 00 00 00 00 00 00 00  00 00 00 00 00 00 00 00
080100180  00 00 00 00 00 00 00 00  00 00 00 00 00 00 00 00
080100190  00 00 00 00 00 00 00 00  00 00 00 00 00 00 00 00
0801001A0  00 00 00 00 00 00 00 00  00 00 00 00 00 00 00 00
0801001B0  00 00 00 00 00 00 00 00  00 00 00 00 00 00 00 56                 V
0801001C0  52 05 07 6B A1 0A 00 08  00 00 00 00 40 00 00 6B   R  k¡       @  k
0801001D0  A2 0A 05 A1 D2 0F 00 08  40 00 00 08 40 00 00 00   ¢  ¡Ò   @   @
0801001E0  00 00 00 00 00 00 00 00  00 00 00 00 00 00 00 00
0801001F0  00 00 00 00 00 00 00 00  00 00 00 00 00 00 55 AA                U ª
080100200  00 00 00 00 00 00 00 00  00 00 00 00 00 00 00 00
扇区 4,196,352 / 20,971,520          偏移地址:          80100010
```

3. 根据下图内容显示的 EBR 信息计算当前逻辑分区的总扇区数是多少？

```
Offset      0  1  2  3  4  5  6  7   8  9  A  B  C  D  E  F
100200000  00 00 00 00 00 00 00 00  00 00 00 00 00 00 00 00
100200010  00 00 00 00 00 00 00 00  00 00 00 00 00 00 00 00
100200020  00 00 00 00 00 00 00 00  00 00 00 00 00 00 00 00
100200030  00 00 00 00 00 00 00 00  00 00 00 00 00 00 00 00
100200040  00 00 00 00 00 00 00 00  00 00 00 00 00 00 00 00
100200050  00 00 00 00 00 00 00 00  00 00 00 00 00 00 00 00
100200060  00 00 00 00 00 00 00 00  00 00 00 00 00 00 00 00
100200070  00 00 00 00 00 00 00 00  00 00 00 00 00 00 00 00
100200080  00 00 00 00 00 00 00 00  00 00 00 00 00 00 00 00
100200090  00 00 00 00 00 00 00 00  00 00 00 00 00 00 00 00
1002000A0  00 00 00 00 00 00 00 00  00 00 00 00 00 00 00 00
1002000B0  00 00 00 00 00 00 00 00  00 00 00 00 00 00 00 00
1002000C0  00 00 00 00 00 00 00 00  00 00 00 00 00 00 00 00
1002000D0  00 00 00 00 00 00 00 00  00 00 00 00 00 00 00 00
1002000E0  00 00 00 00 00 00 00 00  00 00 00 00 00 00 00 00
1002000F0  00 00 00 00 00 00 00 00  00 00 00 00 00 00 00 00
100200100  00 00 00 00 00 00 00 00  00 00 00 00 00 00 00 00
100200110  00 00 00 00 00 00 00 00  00 00 00 00 00 00 00 00
100200120  00 00 00 00 00 00 00 00  00 00 00 00 00 00 00 00
100200130  00 00 00 00 00 00 00 00  00 00 00 00 00 00 00 00
100200140  00 00 00 00 00 00 00 00  00 00 00 00 00 00 00 00
100200150  00 00 00 00 00 00 00 00  00 00 00 00 00 00 00 00
100200160  00 00 00 00 00 00 00 00  00 00 00 00 00 00 00 00
100200170  00 00 00 00 00 00 00 00  00 00 00 00 00 00 00 00
100200180  00 00 00 00 00 00 00 00  00 00 00 00 00 00 00 00
100200190  00 00 00 00 00 00 00 00  00 00 00 00 00 00 00 00
1002001A0  00 00 00 00 00 00 00 00  00 00 00 00 00 00 00 00
1002001B0  00 00 00 00 00 00 00 00  00 00 00 00 00 00 00 8C
1002001C0  83 0A 07 A1 D2 0F 00 08  00 00 00 00 40 00 00 A1
1002001D0  D3 0F 05 FE FF FF 00 10  80 00 00 E0 7F 00 00 00
1002001E0  00 00 00 00 00 00 00 00  00 00 00 00 00 00 00 00
1002001F0  00 00 00 00 00 00 00 00  00 00 00 00 00 00 55 AA
```

实验二　GPT 磁盘分区结构

（一）实验目的

了解 GPT 磁盘分区结构及其优点，学习 GPT 磁盘结构的识别方法，观察分区表与 MBR 分区表的差异。

（二）实验类型

验证型、基础实验。

（三）实验原理

GUID 磁盘分区表（GUID Partition Table，GPT）含义为“全局唯一标识磁盘分区表”，是一个物理硬盘的分区表的结构布局的标准。它是可扩展固件接口（EFI）标准（Intel 用于替代个人计算机的 BIOS）的一部分，被用于替代 MBR 主引导记录分区表。

GPT 磁盘分区结构支持高达 128 个分区划分、支持单分区大于 2TB，增加分区表备份机制且提供了 CRC 校验。在较新的操作系统上（包括 Windows、macOS）均支持 GPT 分区以及基于 GPT 分区的引导启动（如表 8-2-1）。

不同的分区类型有不同的 GUID，以下提供了 GPT 磁盘分区结构、分区类型和 GUID 对照表（如表 8-2-2 所示）及 GPT 分区结构图（如图 8-2-1 所示）。

表 8-2-1　GPT 分区表结构说明

十进制	十六进制	分区表中的分区表项（128 个字节）
0	0	分区类型 GUID（128bit）
16	10	分区 GUID（128bit）
32	20	分区起始扇区号（LBA）
40	28	分区结束扇区号（LBA）
48	30	分区属性
56	38	分区名称（Unicode）

表 8-2-2　分区类型和 GUID 对照表

GUID	分区类型
024DEE41-33E7-11D3-9D69-0008C781F39F	MBR partition scheme
C12A7328-F81F-11D2-BA4B-00A0C93EC93B	EFI 系统分区
21686148-6449-6E6F-744E-656564454649	BIOS 启动分区
D3BFE2DE-3DAF-11DF-BA40-E3A556D89593	Intel Fast Flash（iFFS）分区
F4019732-066E-4E12-8273-346C5641494F	Sony 启动分区
BFBFAFE7-A34F-448A-9A5B-6213EB736C22	Lenovo 启动分区
E3C9E316-0B5C-4DB8-817D-F92DF00215AE	Microsoft 预留分区（MSR）
EBD0A0A2-B9E5-4433-87C0-68B6B72699C7	Windows 基本数据分区
5808C8AA-7E8F-42E0-85D2-E1E90434CFB3	Windows Logical Disk Manager（LDM）元数据
AF9B60A0-1431-4F62-BC68-3311714A69AD	Windows Logical Disk Manager 数据

（续表）

GUID	分区类型
DE94BBA4-06D1-4D40-A16A-BFD50179D6AC	Windows Recovery Environment
37AFFC90-EF7D-4E96-91C3-2D7AE055B174	Windows IBM General Parallel File System（GPFS）
E75CAF8F-F680-4CEE-AFA3-B001E56EFC2D	Windows Storage Spaces 分区
75894C1E-3AEB-11D3-B7C1-7B03A0000000	HP-UX Data
E2A1E728-32E3-11D6-A682-7B03A0000000	HP-UX Service
0FC63DAF-8483-4772-8E79-3D69D8477DE4	Linux file system data
A19D880F-05FC-4D3B-A006-743F0F84911E	Linux RAID
44479540-F297-41B2-9AF7-D131D5F0458A	Linux Root（x86）
4F68BCE3-E8CD-4DB1-96E7-FBCAF984B709	Linux Root（x86-64）
69DAD710-2CE4-4E3C-B16C-21A1D49ABED3	Linux Root（32-bit ARM）
B921B045-1DF0-41C3-AF44-4C6F280D3FAE	Linux Root（64-bit ARM/AArch64）
993D8D3D-F80E-4225-855A-9DAF8ED7EA97	Linux Root（IA-64）
0657FD6D-A4AB-43C4-84E5-0933C84B4F4F	Linux Swap
E6D6D379-F507-44C2-A23C-238F2A3DF928	Linux Logical Volume Manager（LVM）
933AC7E1-2EB4-4F13-B844-0E14E2AEF915	Linux /home
3B8F8425-20E0-4F3B-907F-1A25A76F98E8	Linux /srv（server data）
7FFEC5C9-2D00-49B7-8941-3EA10A5586B7	Linux Plain dm-crypt
CA7D7CCB-63ED-4C53-861C-1742536059CC	Linux LUKS
8DA63339-0007-60C0-C436-083AC8230908	Linux Reserved
83BD6B9D-7F41-11DC-BE0B-001560B84F0F	FreeBSD Boot
516E7CB4-6ECF-11D6-8FF8-00022D09712B	FreeBSD Data
516E7CB5-6ECF-11D6-8FF8-00022D09712B	FreeBSD Swap
516E7CB6-6ECF-11D6-8FF8-00022D09712B	FreeBSD Unix File System（UFS）
516E7CB8-6ECF-11D6-8FF8-00022D09712B	FreeBSD Vinum volume manager
516E7CBA-6ECF-11D6-8FF8-00022D09712B	FreeBSD ZFS
48465300-0000-11AA-AA11-00306543ECAC	Apple Hierarchical File System Plus（HFS+）
55465300-0000-11AA-AA11-00306543ECAC	Apple UFS

（续表）

GUID	分区类型
52414944-0000-11AA-AA11-00306543ECAC	Apple RAID
52414944-5F4F-11AA-AA11-00306543ECAC	Apple RAID（offline）
426F6F74-0000-11AA-AA11-00306543ECAC	Apple Boot（Recovery HD）
4C616265-6C00-11AA-AA11-00306543ECAC	Apple Label
5265636F-7665-11AA-AA11-00306543ECAC	Apple TV Recovery
53746F72-6167-11AA-AA11-00306543ECAC	Apple Core Storage（i. e. Lion FileVault）
7C3457EF-0000-11AA-AA11-00306543ECAC	Apple File System APFS
6A82CB45-1DD2-11B2-99A6-080020736631	Solaris Boot
6A85CF4D-1DD2-11B2-99A6-080020736631	Solaris Root
6A87C46F-1DD2-11B2-99A6-080020736631	Solaris Swap
6A8B642B-1DD2-11B2-99A6-080020736631	Solaris Backup
6A898CC3-1DD2-11B2-99A6-080020736631	Solaris /usr // Apple ZFS
6A8EF2E9-1DD2-11B2-99A6-080020736631	Solaris /var
6A90BA39-1DD2-11B2-99A6-080020736631	Solaris /home
6A9283A5-1DD2-11B2-99A6-080020736631	Solaris Alternate sector
6A945A3B-1DD2-11B2-99A6-080020736631	Solaris Reserved
6A9630D1-1DD2-11B2-99A6-080020736631	Solaris Reserved
6A980767-1DD2-11B2-99A6-080020736631	Solaris Reserved
6A96237F-1DD2-11B2-99A6-080020736631	Solaris Reserved
6A8D2AC7-1DD2-11B2-99A6-080020736631	Solaris Reserved
49F48D32-B10E-11DC-B99B-0019D1879648	NetBSD Swap
49F48D5A-B10E-11DC-B99B-0019D1879648	NetBSD FFS
49F48D82-B10E-11DC-B99B-0019D1879648	NetBSD LFS
49F48DAA-B10E-11DC-B99B-0019D1879648	NetBSD RAID
2DB519C4-B10F-11DC-B99B-0019D1879648	NetBSD Concatenated partition
2DB519EC-B10F-11DC-B99B-0019D1879648	NetBSD Encrypted partition
FE3A2A5D-4F32-41A7-B725-ACCC3285A309	ChromeOS kernel

（续表）

GUID	分区类型
3CB8E202-3B7E-47DD-8A3C-7FF2A13CFCEC	ChromeOS rootfs
2E0A753D-9E48-43B0-8337-B15192CB1B5E	ChromeOS future use

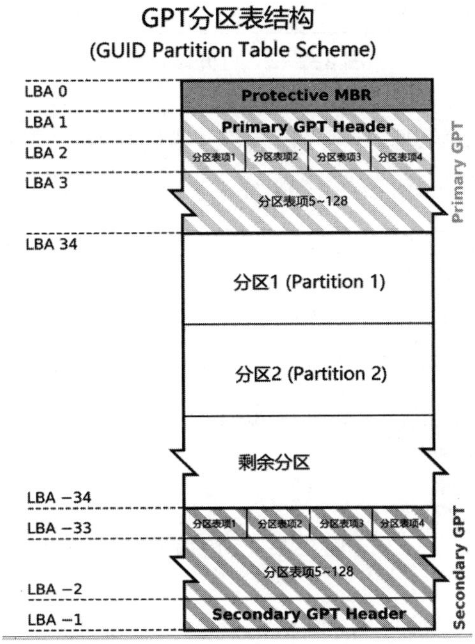

图 8-2-1　GPT 分区表结构图

（四）实验环境

1. 1 台装有 Windows 10 系统的计算机。
2. 案例文件：GPT 基本磁盘（4 个分区）. vhd。
3. WinHex 软件。

（五）实验摘要

使用 WinHex 查看 GPT 分区结构。

（六）实验内容

实验 1. 使用 WinHex 查看 GPT 分区

步骤 1. 先将用于实验的虚拟磁盘文件挂载起来。通过右击桌面上的“此电脑”→“管理”→“磁盘管理”（如图 8-2-2 所示）。

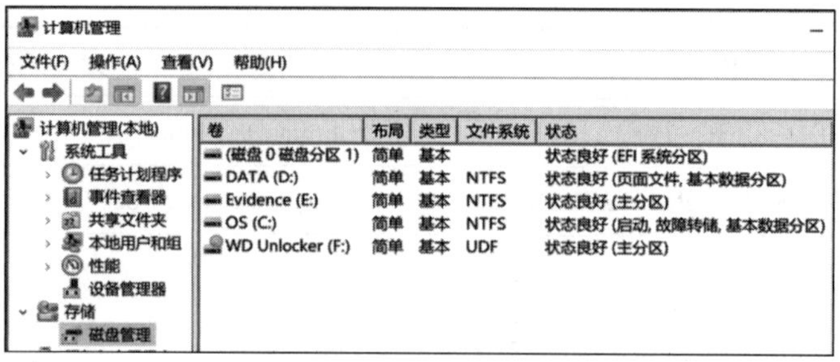

图 8-2-2　**打开磁盘管理**

步骤 2. 选择“计算机管理”→“操作”，然后选择“附加 VHD”（如图 8-2-3 所示）。

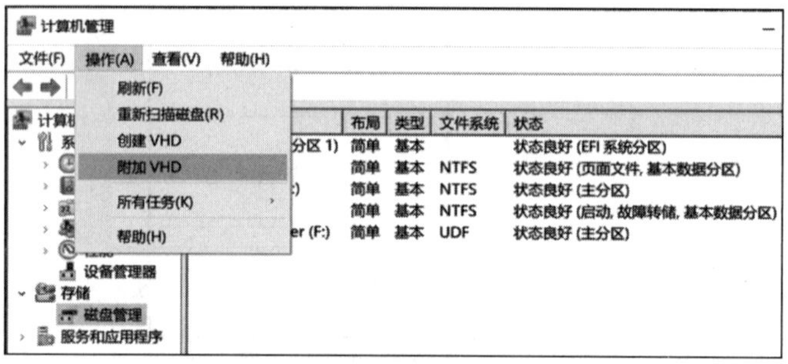

图 8-2-3　**附加 VHD**

步骤 3. 选择“浏览”按钮，在弹出的新窗口中选择“GPT 基本磁盘（4 个分区）.vhd”文件，并勾选“只读”，然后选择“确定”。完成后在磁盘管理中就可以看到新挂载的 VHD 虚拟磁盘（如图 8-2-4 所示）。

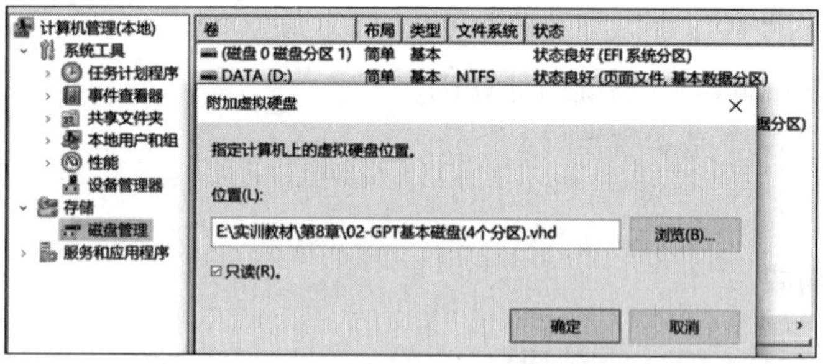

图 8-2-4　**选择 VHD 文件并勾选只读**

步骤 4. 运行 WinHex 软件，选择顶部菜单“工具”→“打开磁盘”（也可直接按快捷键 F9 调用磁盘打开窗口），加载虚拟磁盘（如图 8-2-5、图 8-2-6 所示）。

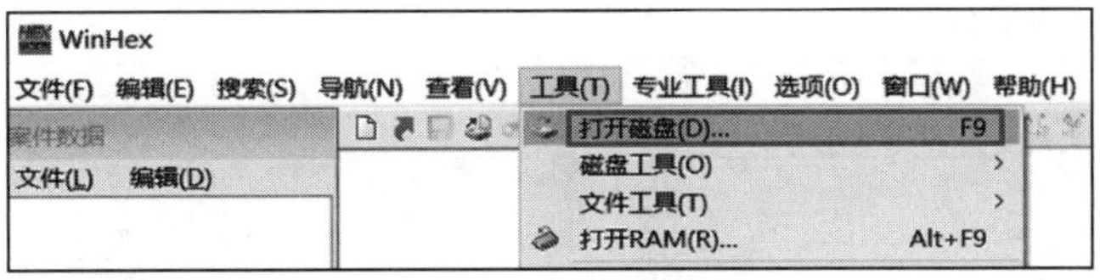

图 8-2-5 打开磁盘

图 8-2-6 选择虚拟磁盘

步骤 5. WinHex 将自动识别出磁盘为 GPT 分区类型，并读取 GPT 磁盘中的所有分区信息，并自动跳转到 0 扇区位置。该扇区在 GPT 磁盘中被称为 Protective MBR（保护性 MBR）。保护性 MBR 扇区主要是保留对传统 MBR 磁盘分区的兼容，避免一些磁盘分区工具破坏 GPT 分区信息（如图 8-2-7 所示）。

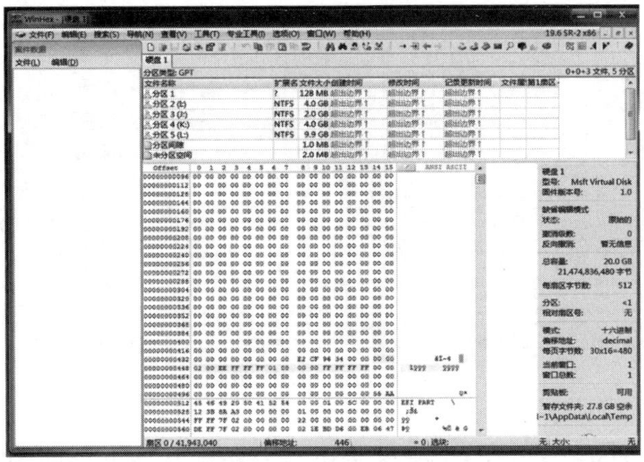

图 8-2-7 保护 MBR

步骤 6. 观察主 GPT 头（GPT Primary Header），该扇区位于物理扇区 1，其头部有明显的特征（如图 8-2-8 所示）。

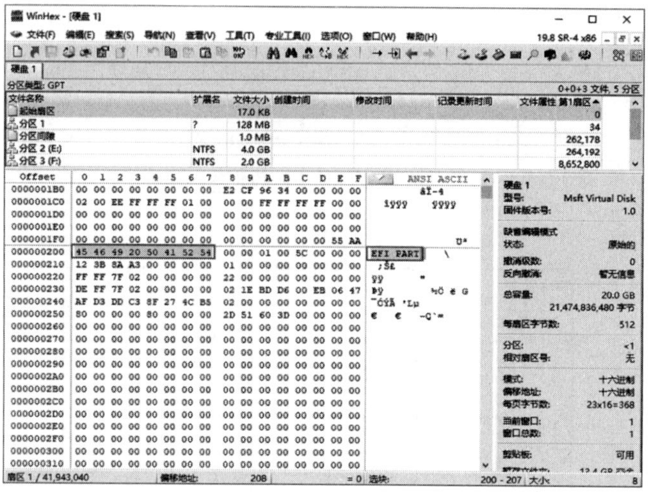

图 8-2-8　GPT 头

步骤 7. 观察该磁盘分区表项信息，前 4 个分区的分区表信息位于物理磁盘扇区 2。每个分区有 128 个字节的存储空间，每个分区有 GUID。在 Windows 系统平台下创建 GPT 分区，常见的有微软预留分区（Microsoft Reserved Partition）和基本数据分区（Basic data partition）（如图 8-2-9 所示）。

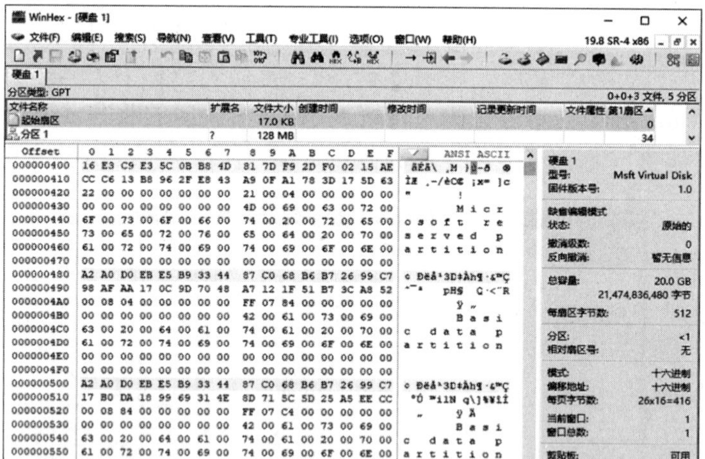

图 8-2-9　GPT 分区

步骤 8. 对该磁盘的第 1 个 GPT 分区表进行分析，掌握该分区的起始扇区和结束扇区信息。导航至物理扇区 2，找到第一个分区的分区表项信息（长度为 128 个字节），该分区的起始扇区信息为当前扇区偏移量 32（8 个字节长度），结束扇区信息为当前扇区偏移量 40（8 个字节长度）。分别将起始扇区和结束扇区信息用 64Bit 整型数据进行数据解码，得出的十进制值即为起始扇区号和结束扇区号（数值为 Little Endian，选择数据时需从右到左进行选择）（如图 8-2-10、图 8-2-11 所示）。

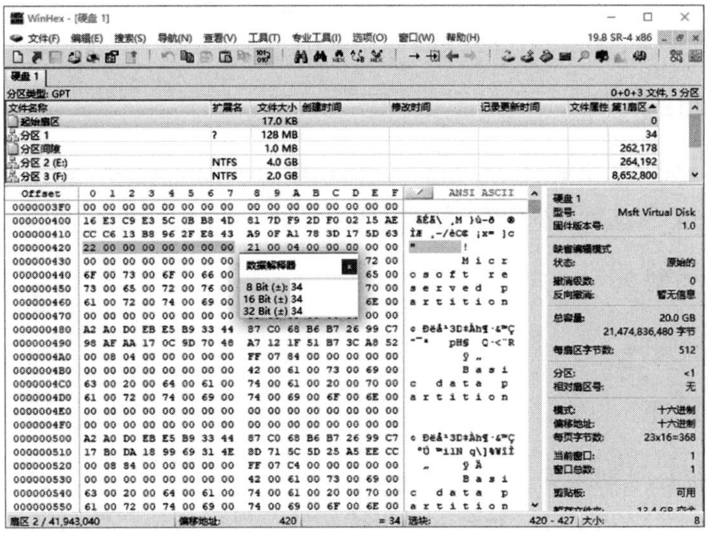

图 8-2-10 起始扇区号

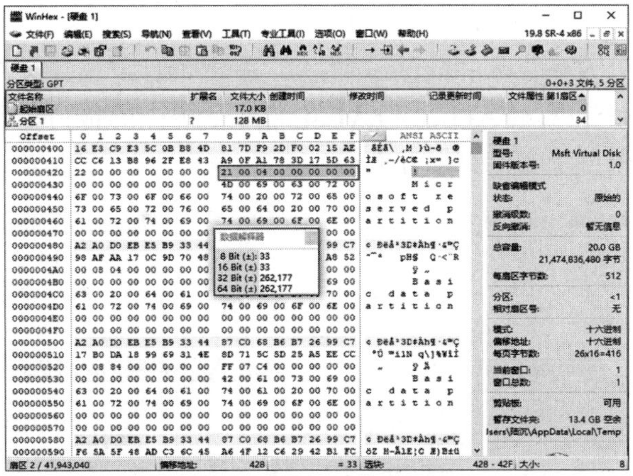

图 8-2-11 结束扇区号

（七）实验小结

GPT 是源自 EFI 标准的一种全新磁盘分区表标准结构，与 MBR 相比，更加灵活、强大，并且分区表有备份；分区数量受到 Windows 系统的限制，最多只允许创建 128 个分区。

思考题

1. GPT 可管理的硬盘大小为多少？支持创建多少个分区？
2. Windows XP 及后续更新的系统都支持 GPT 分区类型的磁盘？

实验三　FAT 文件系统

（一）实验目的

通过实验了解 FAT 文件系统基本工作原理，了解 FAT 的卷引导记录内部结构（DBR/VBR）、FAT 表及目录项结构等相关知识点。

（二）实验类型

验证型、基础实验。

（三）实验原理

FAT 文件系统是早期较为广泛使用的文件系统。FAT 分为 FAT12、FAT16 及 FAT32 多种类型。VFAT 是 FAT16 的增强版本，支持文件及目录的长文件名（255 个字符）。

FAT 文件系统主要由卷引导记录（VBR/DBR）、FAT 表（FAT1 和 FAT2）、根目录和文件及子目录的目录项多个要素组成（如图 8-3-1 所示）。其中，目录项中记录了文件属性标记信息（如表 8-3-1 所示）。

FAT 文件系统可分为系统区和数据存储区，系统区通常包含文件系统内部结构，数据存储区则是用于存储数据。FAT12 和 FAT16 文件系统中的根目录都被当作系统区，而 FAT32 文件系统则将根目录当作数据存储区。

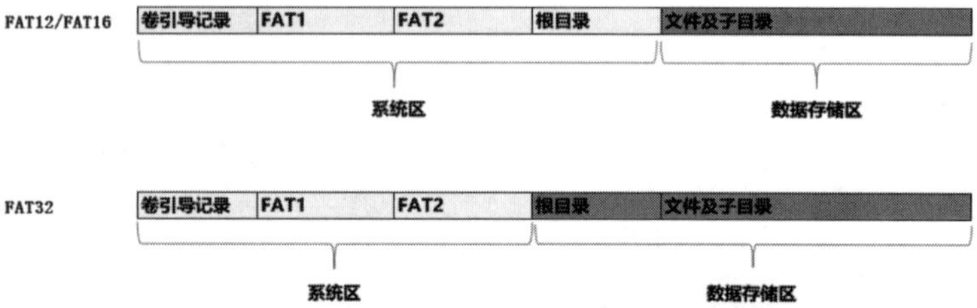

图 8-3-1　FAT 文件系统的基本结构及数据存储

表 8-3-1　文件属性标记对照表

二进制	十六进制值	描述（中文）	描述（英文）
0000 0001	0x01	只读	Read Only
0000 0010	0x02	隐藏	Hidden
0000 0100	0x04	系统	System
0000 1000	0x08	卷标	Volume Label
0001 0000	0x10	目录	Directory

（续表）

二进制	十六进制值	描述（中文）	描述（英文）
0010 0000	0x20	归档	Archive ON
0100 0000	0x40	预留	Reserved (used for VFAT)
1000 0000	0x80	预留	Reserved (used for VFAT)
0000 1111	0x0F	长文件名条目	LFN Entry

卷引导记录（VBR/DBR）通常是逻辑卷的首个扇区。该扇区记录了丰富的信息，包括跳转指令、OEM 特征字和 BPB 参数（如簇大小、扇区大小、卷标、卷系列号及总扇区数）等信息（如表 8-3-2、表 8-3-3 所示）。

值得注意的是，移动存储介质（如优盘、存储卡）不一定存在主引导记录（MBR），而只存在卷引导记录（VBR/DBR）。

表 8-3-2 FAT12/FAT16 卷引导记录

偏移量	长度	名称
0x00	3	跳转指令
0x03	8	OEM ID
0x0B	2	每扇区字节数
0x0D	1	每簇扇区数
0x0E	2	预留扇区数
0x10	1	FAT表的数量
0x11	2	根目录项数
0x13	2	总扇区数
0x15	1	媒体描述
0x16	2	每个FAT表的扇区数
0x18	2	每个轨道扇区数
0x1A	2	磁头数
0x1C	4	隐藏扇区
0x20	4	总扇区数
0x24	1	BIOS磁盘编号
0x25	1	预留
0x26	1	扩展启动签名
0x27	4	卷系列号
0x2B	11	卷标
0x36	8	文件系统类型

表 8-3-3　FAT32 卷引导记录

偏移量	长度	名称
0x00	3	跳转指令
0x03	8	OEM ID
0x0B	2	每扇区字节数
0x0D	1	每簇扇区数
0x0E	2	预留扇区数
0x10	1	FAT表的数量
0x11	2	根目录项数
0x13	2	总扇区数
0x15	1	媒体描述
0x16	2	每个FAT表的扇区数
0x18	2	每个轨道扇区数
0x1A	2	磁头数
0x1C	4	隐藏扇区
0x20	4	总扇区数
0x24	4	每个FAT表扇区数
0x28	2	扩展标记
0x2A	2	FAT版本
0x2C	2	根目录簇
0x30	2	文件系统信息簇
0x32	2	启动扇区备份
0x34	12	预留
0x40	1	BIOS磁盘号
0x42	1	扩展启动签名
0x43	4	卷系列号
0x47	11	卷标
0x52	8	文件系统类型

（四）实验环境

1. 1 台装有 Windows 10 系统的计算机。
2. WinHex 软件。
3. X-Ways Forensics 软件。
4. 案例文件："FAT 分区磁盘 . vhd" 和 "FAT32_fragmented. vhd"。

（五）实验摘要

1. FAT 卷引导记录结构分析（分析簇大小、扇区大小、根目录簇号和卷系列号等）。
2. 查看 FAT 文件系统的卷标。
3. 查看已删除文件的目录项变化。
4. 解析文件的创建日期与时间。
5. 不连续存储文件的数据块分析。

(六) 实验内容

实验 1. FAT 卷引导记录结构分析

步骤 1. 通过磁盘管理器，将案例文件“FAT 分区磁盘 . vhd”添加到磁盘中，并选择“只读”方式（如图 8-3-2 所示）。

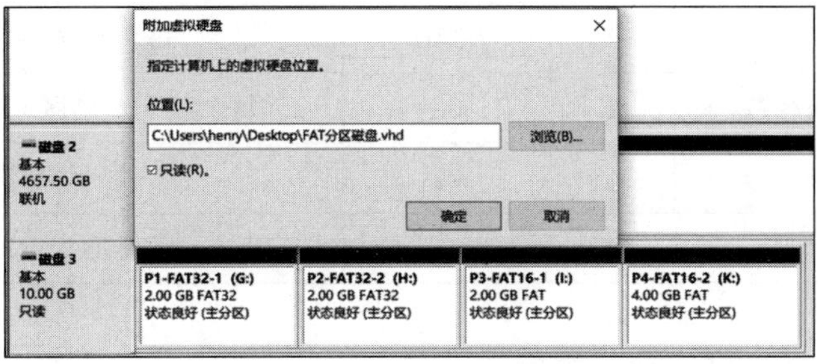

图 8-3-2　加载案例文件

步骤 2. 以管理员权限运行 WinHex，添加虚拟磁盘（如图 8-3-3 所示）。

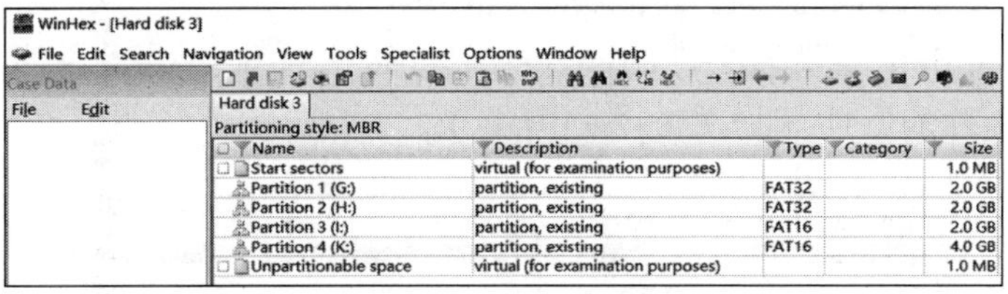

图 8-3-3　WinHex 添加挂载后的虚拟磁盘

步骤 3. 跳转到扇区号 2048 查看第一个 FAT32 分区的卷引导记录扇区（VBR/DBR）信息（如图 8-3-4 所示）。

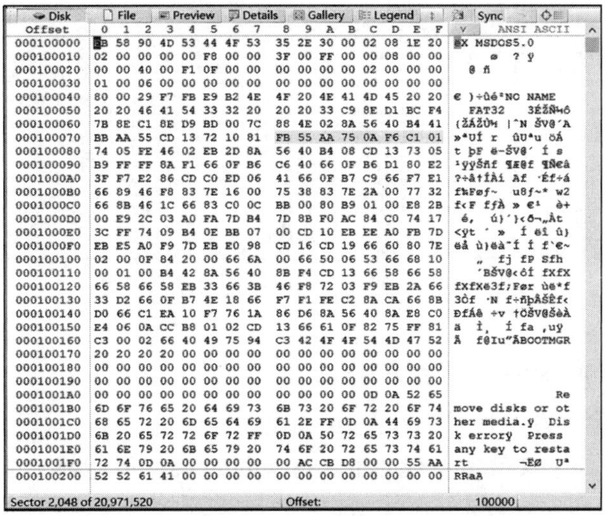

图 8-3-4　查看首个分区的卷引导记录扇区

步骤 4. 根据 FAT32 卷引导记录结构表（如表 8-3-4 所示）对步骤 3 截图中展示的数据进行手工计算。

表 8-3-4　卷引导记录结构表

偏移量	名称	长度	数值	描述
0x03	OEM ID	8	MSDOS5.0	FAT32 文件系统
0x0B	每扇区字节数	2	00 02	每个扇区字节数为 512
0x0D	每簇扇区数	1	08	每个簇 8 个扇区，即簇大小为 4KB
0x2C	根目录簇号	1	02	根目录簇号为 2
0x43	卷系列号	4	F7FBE9B2	解码后为 B2 E9 FB F7

实验 2. 查看 FAT 文件系统的卷标

步骤 1. 在 WinHex 中打开该卷找到根目录（Root directory），检查扇区中的数据。FAT32 的每个目录项（Directory Entry）的信息长度为 32bit。第一个目录项的前 8 个字符为 P1-FAT32，该信息为该卷的卷标（Volume Label）。

步骤 2. 偏移量 0xB 位置为文件的属性标记，如该值等于 08，说明该信息为卷标信息，而不是常规文件的属性（如图 8-3-5 所示）。

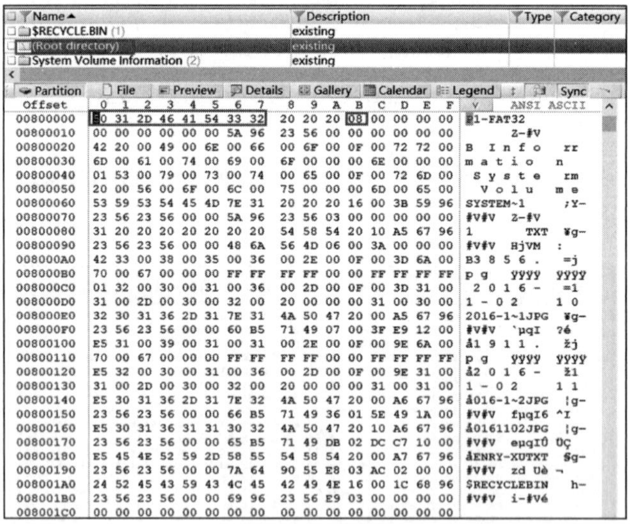

图 8-3-5　**查看根目录下的目录项信息**

实验 3. 查看已删除文件的目录项

步骤 1. 查看删除文件的目录项及差异对比。

根目录下删除了 3 个文件，发现 3 个文件的目录项首字节都变成了 E5。其中 1 个以长名命名的文件“2016-11-02 111911.jpg”的目录项占用了 96 字节，而 2 个以短名命名的文件（?0161102. JPG 和?ENRY-XU. txt）都只有 32 字节。

步骤 2. 由于长文件名的目录项的首字节不是文件名的部分，WinHex 可自动通过算法还原出原始文件的完整文件名称，而以短名命名的 2 个文件，由于目录项首字节已经替换为 E5，因此无法进行还原，在 WinHex 中则将首字符替换为问号（如图 8-3-6 所示）。

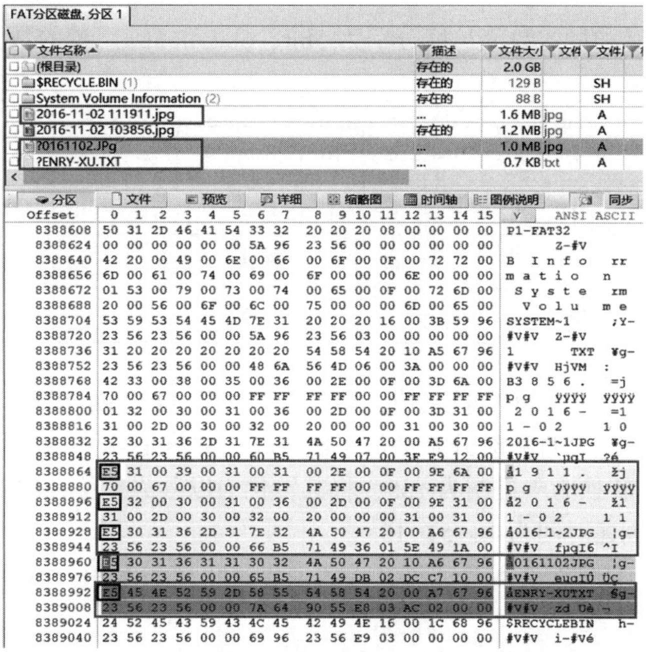

图 8-3-6　删除文件的目录项与正常文件的差异

实验 4. 手工分析文件的创建日期与时间

步骤 1. 在文件目录项的第 15 和 16 字节为文件创建时间，第 17 和 18 字节为创建日期（如图 8-3-7 所示）。

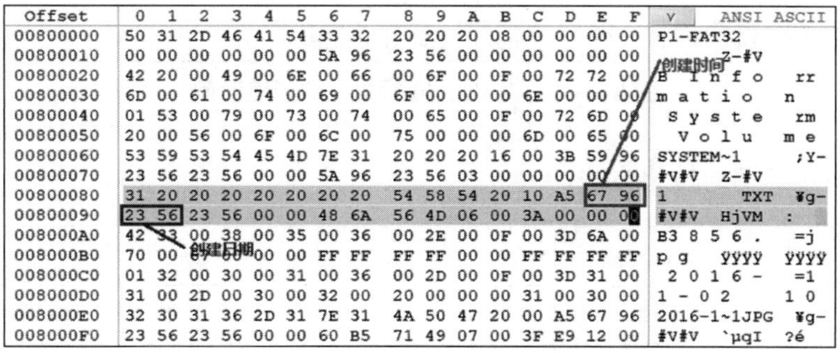

图 8-3-7　“1. TXT”的创建时间和日期

步骤 2. 创建时间的转化方法。

将文件创建时间的十六进制转为 Little Endian，填入表格中，将其转化为二进制数值。

十六进制	9				6				6				7			
二进制标记	8	4	2	1	8	4	2	1	8	4	2	1	8	4	2	1
二进制	1	0	0	1	0	1	1	0	0	1	1	0	0	1	1	1

其中小时、分钟和秒的数值长度分别为 5bit、6bit 和 5bit。秒的数值乘以 2 后才是最终实际的秒数。

二进制标记	16	8	4	2	1	32	16	8	4	2	1	16	8	4	2	1
二进制	1	0	0	1	0	1	1	0	0	1	1	0	0	1	1	1
十进制	16+2					32+16+2+1						（4+2+1）×2				
时：分：秒	18					51						14				

根据 Libyal 项目的 libfsfat 项目文档，第 13 字节是 FAT32 创建时间精准度相关的偏差值，从 VFAT 和 FAT32 文件系统开始增加了该字段，数值是以 10 毫秒为单位的“创建时间”的偏差值。A5 转换为十进制为 165，将其转化为以秒为单位，即 165×0. 01 秒 = 1. 65 秒，因此该文件的创建时间为 18 : 51 : 15。

使用 WinHex 软件进行查看验证该文件的创建时间（如图 8-3-8 所示），其结果与手工计算的一致。

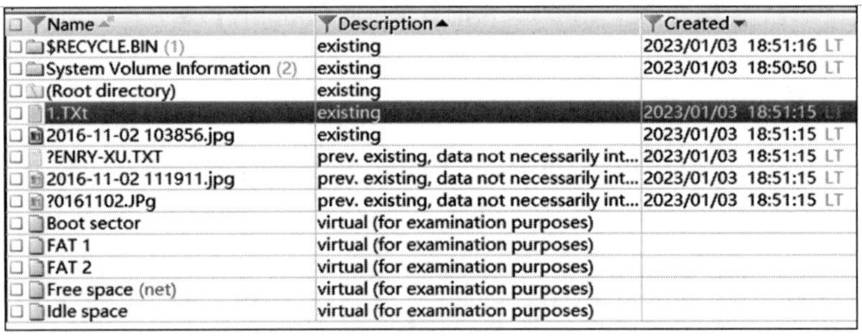

Name	Description	Created
$RECYCLE.BIN (1)	existing	2023/01/03 18:51:16 LT
System Volume Information (2)	existing	2023/01/03 18:50:50 LT
(Root directory)	existing	
1.TXt	existing	2023/01/03 18:51:15 LT
2016-11-02 103856.jpg	existing	2023/01/03 18:51:15 LT
?ENRY-XU.TXT	prev. existing, data not necessarily int...	2023/01/03 18:51:15 LT
2016-11-02 111911.jpg	prev. existing, data not necessarily int...	2023/01/03 18:51:15 LT
?0161102.JPg	prev. existing, data not necessarily int...	2023/01/03 18:51:15 LT
Boot sector	virtual (for examination purposes)	
FAT 1	virtual (for examination purposes)	
FAT 2	virtual (for examination purposes)	
Free space (net)	virtual (for examination purposes)	
Idle space	virtual (for examination purposes)	

图 8-3-8　WinHex 查看文件的创建时间

步骤 3. 创建日期的转化方法。

十六进制	5				6				2				3			
二进制标记	8	4	2	1	8	4	2	1	8	4	2	1	8	4	2	1
二进制	0	1	0	1	0	1	1	0	0	0	1	0	0	0	1	1

二进制标记	64	32	16	8	4	2	1	8	4	2	1	16	8	4	2	1

（续表）

二进制标记	64	32	16	8	4	2	1	8	4	2	1	16	8	4	2	1
二进制	0	1	0	1	0	1	1	0	0	0	1	0	0	0	1	1
十进制	32+8+2+1							1				2+1				
十进制合计	43							1				3				
年：月：日	2023（1980 年作为基数计算）							1				3				

实验 5. 不连续存储文件的数据块分析

步骤 1. 运行 X-Ways Forensics，创建一个案例并命名为“FAT32_fragmented”。添加“FAT32_fragmented. vhd”镜像文件，双击“分区 1”，查看根目录下的文件（如图 8-3-9 所示）。

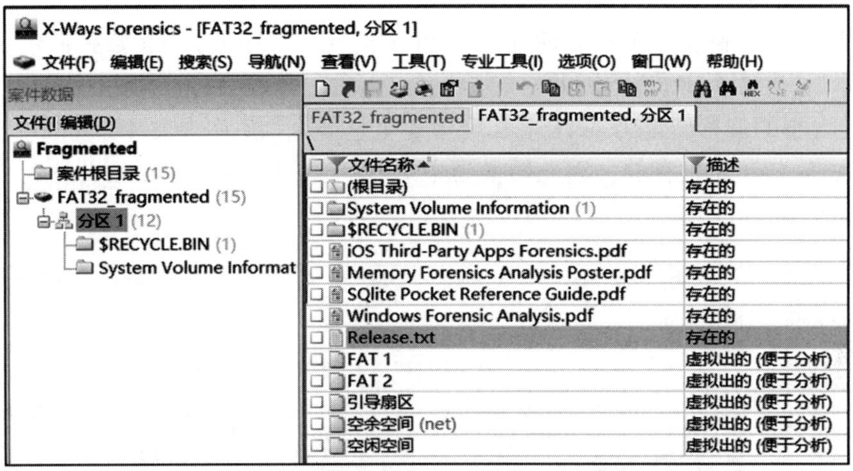

图 8-3-9 查看分区 1 的文件列表并选中指定文件

步骤 2. 选择 Release. txt 文件，右击菜单选择“Navigation”（导航），并选择“转至目录表”。通过该功能可以自动定位到该文件的目录项位置（如图 8-3-10 所示）。

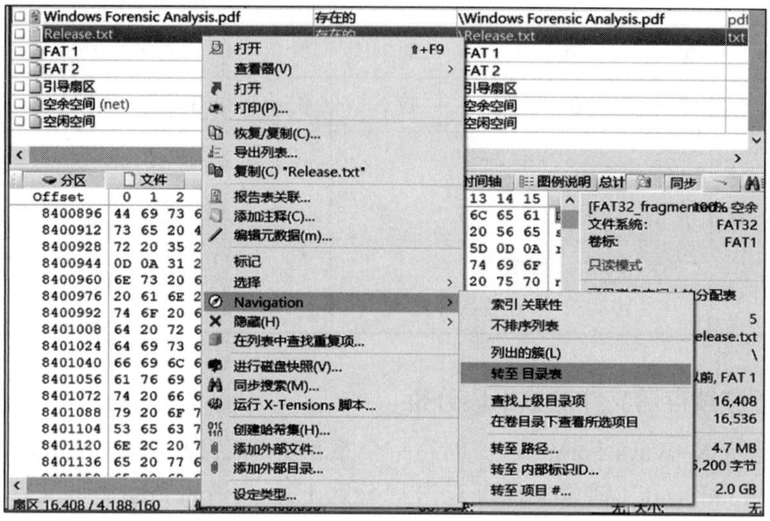

图 8-3-10　查看 Release.txt 文件的目录项信息

步骤 3. 起始簇高位字节偏移地址为 0x14（长度 2 个字节），起始簇低位字节偏移地址为 0x1A（长度 2 个字节）。因此，起始簇号对应的十六进制为“00 00 00 05”，即簇号为 5。文件大小的偏移地址为 0x1C（长度为 4 个字节），值为“C8 4C 01 00”，此数据采用小端（Little Endian）存储，因此转换为十进制后，该值为 85192（文件大小的单位为字节）（如图 8-3-11 所示）。

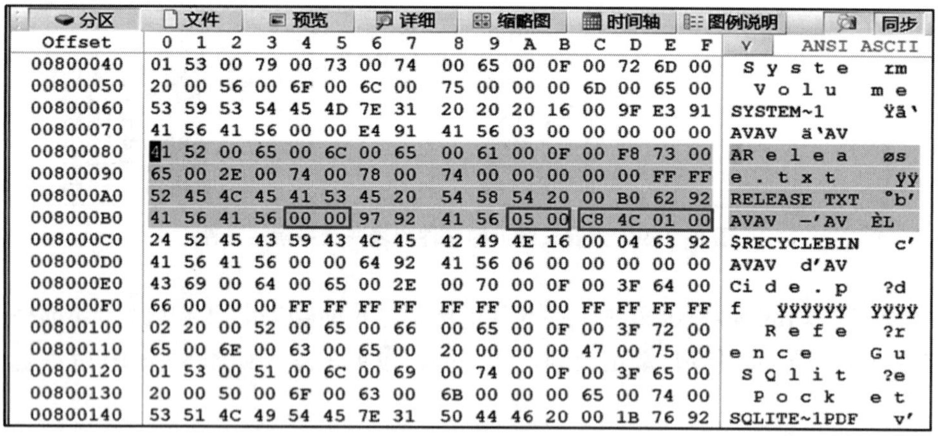

图 8-3-11　起始簇号和文件大小计算

步骤 4. 从顶部菜单中的“Navigation ”（导航）选择“转至 FAT 记录”，并输入该文件的起始簇号（数字 5），可快速定位到 FAT 表中相应簇号的 FAT 记录数据位置（如图 8-3-12 所示）。

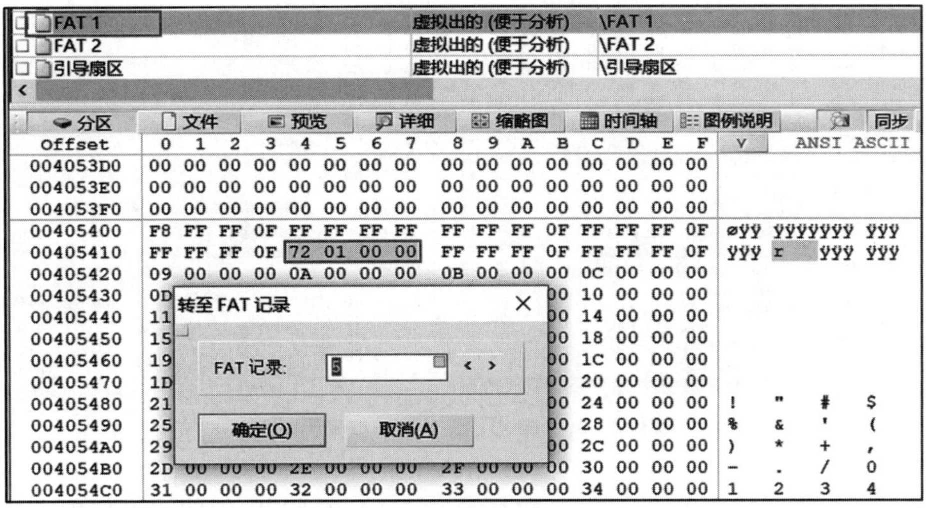

图 8-3-12 起始簇和文件大小

步骤 5. 通过“数据解析器”（Data Interpreter）可用 Little Endian 方式解码该数值，对应的十进制数值为 370。此外，可在右侧的栏目中看到 FAT1 信息显示“簇 5→370”，该信息表示簇号 5 的下一个簇的簇号为“370”（如图 8-3-13 所示）。

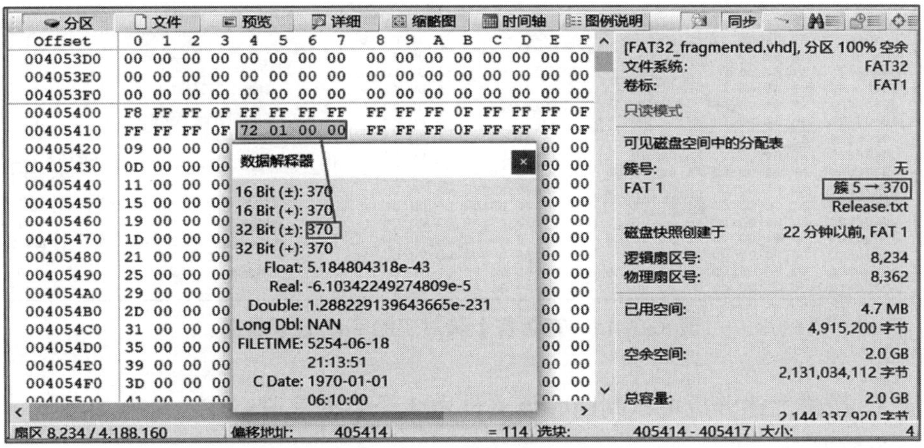

图 8-3-13 下一个簇的簇号为 370

步骤 6. 再次使用“转至 FAT 记录”，输入数字 370 直接跳转至簇 370 的 FAT 记录的起始位置。簇 370 对应的 FAT 记录数据为“73 01 00 00”（该数值转换为十进制为 371），右侧的栏目中看到 FAT1 信息显示“簇 370→371”。而簇 371 的 FAT 记录数据为“A0 04 00 00”，转化为十进制值为 1184。因此簇 371 的下一个簇号为 1184（如图 8-3-14 所示）。

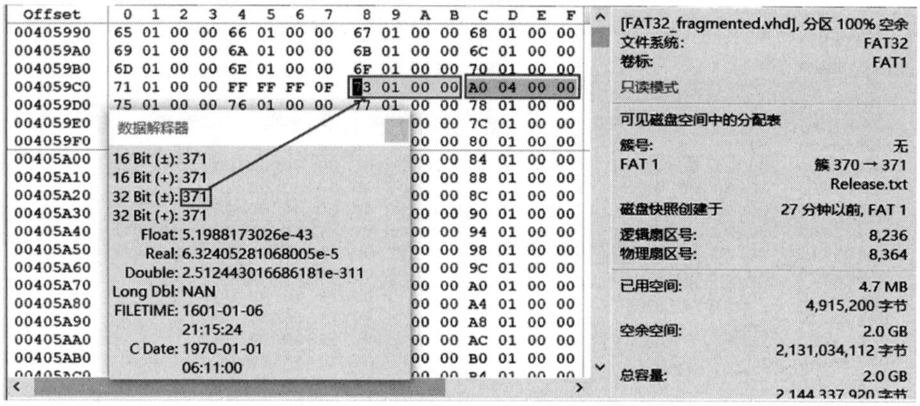

图 8-3-14　簇 371 的下一个簇号为 1184

步骤 7. 通过“转至 FAT 记录”跳转至簇 1184 在 FAT1 中的记录位置，其数值为“A1 04 00 00”转为十进制值为 1185。即簇 1184 指向下一个簇 1185。同样，簇号 1185 的 FAT 记录数据为“A2 04 00 00”，以 Little Endian（小端）方式进行读取，其值为“00 00 04 A2”（为十进制 1186），逐个查看后续的 FAT 记录，直到找到 FAT 记录数据“FF FF FF 0F”，该数值表明该簇号是文件对应的最后一个簇（如图 8-3-15 所示）。

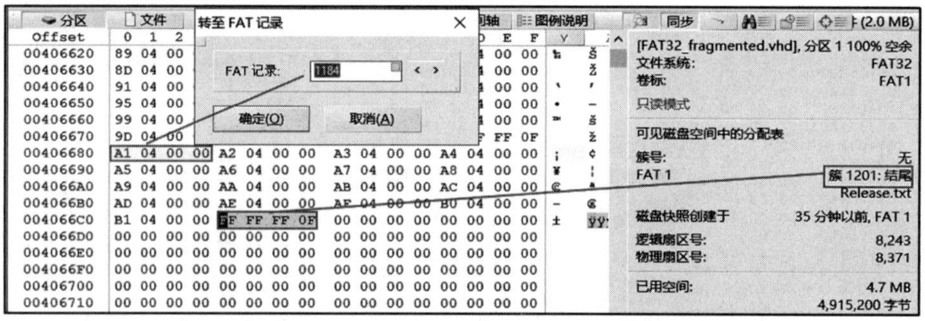

图 8-3-15　查看各个簇对应的 FAT 记录信息

步骤 8. 通过上述分析可以判断，该文件由 3 个数据片段组成，分为如下：

第一个数据块：簇 5

第二个数据块：簇 370～371

第三个数据块：簇 1184～1201

逻辑大小为：85192 字节

（七）实验小结

通过以上实验对 FAT 文件系统的结构，包括引导记录、FAT 表及目标项均有更加深入的了解。通过对卷引导记录结构常见的属性进行解读并进行手工计算，掌握卷引导记录（VBR）的基本分析。此外，通过对目录项结构进行分析，熟悉文件在删除后的目录项变化，以及对文件的创建时间、创建日期进行手工解析。

思考题

1. 常见的 FAT 文件系统有哪些？
2. FAT32 文件系统中什么对象记录了文件的名称及文件的时间戳？
3. FAT 文件系统什么对象记录了各个簇的状态？
4. 根目录存放于 FAT32 文件系统中的哪个区域（系统区或数据存储区）？

实验四　NTFS 文件系统

（一）实验目的

通过实验了解 NTFS 文件系统基本工作原理，了解 NTFS 的卷引导记录内部结构（DBR/VBR）、$MFT 及 $Bitmap 等相关知识点。此外，了解常驻文件的存储机制特点，理解 $MFT 内部的记录结构及文件属性信息的解析等。

（二）实验类型

验证型、基础实验。

（三）实验原理

NTFS 文件系统是 Windows 系统当前主要使用的文件系统。NTFS 与 FAT 文件系统相比，NTFS 拥有多种优点，包括磁盘配额、权限控制、大文件存储支持及 USN 日志等特性，其数据存储具有较高的可靠性和安全性。

NTFS 文件系统的卷引导记录通常是卷的首个扇区，实际上对应的内部文件是 $Boot。该引导记录中的信息记录了 OEM ID、每扇区字节数、每簇扇区数、$MFT 起始位置、每个 $MFT 记录的簇数、总扇区数和卷系列号等（如表 8-4-1 所示）。在该卷的尾部总是存放一个卷引导记录的备份。

表 8-4-1　NTFS 卷引导记录结构

偏移量	长度	名称
0x00	3	跳转指令
0x03	8	OEM ID
0x0B	2	每扇区字节数
0x0D	1	每簇扇区数
0x0E	2	预留
0x10	5	预留

（续表）

偏移量	长度	名称
0x15	1	媒体描述
0x1A	2	磁头数
0x1C	4	隐藏扇区数
0x28	8	总扇区数
0x30	8	$MFT 起始位置
0x38	8	$MFTMirr 起始位置
0x40	1	每个 $MFT 记录的簇数
0x44	1	每个索引缓冲的簇数
0x48	8	卷系列号
0x50	4	校验和
0x54	426	启动代码
0x1FE	2	启动签名

NTFS 文件系统使用主文件分配表（$MFT）记录文件和文件夹对象的名称、存储位置、时间戳等元数据信息。$MFT 的记录结构如表 8-4-2 所示，其记录属性类型如表 8-4-3 所示。$Bitmap 位图文件则记录卷中各个簇的状态。

表 8-4-2 主文件分配表记录结构（$MFT）

偏移量	长度	名称	描述
0x00	4	签名	FILE
0x04	2	修复数组的偏移	
0x06	2	修复数组中的条目	
0x08	8	$Logfile 次序编号	$Logfile 中的事务日志条目编号
0x10	2	次序计算	记录被“删除”的次数
0x12	2	硬链接计数	文件名属性的数量
0x14	2	第一个属性的偏移	记录头（Record Header）的长度
0x16	2	分配状态标记位	分配状态 0x00 0000 0000 删除文件 0x01 0000 0001 正常文件 0x02 0000 0010 删除目录 0x03 0000 0011 正常目录

（续表）

偏移量	长度	名称	描述
0x18	4	$MFT 记录逻辑大小	文件记录被使用到的字节数
0x1C	4	$MFT 记录物理大小	记录的长度（字节数）
0x20	8	基准记录的文件参考	当文件记录长度超出一个 $MFT 记录时使用
0x28	2	下一个属性的标识	记录中属性的数量（含删除属性）
0x2a	>0	修复数组及属性	NTFS3. 0
0x2a	2	零填充	NTFS3. 1+
0x2c	4	MFT 文件记录编号	NTFS3. 1+
0x30	>0	修复数组及属性	NTFS3. 1+

表 8-4-3　MFT 文件记录属性类型

属性类型	属性名称	描述
10 00 00 00	$Standard_Information	包含文件权限、时间戳、安全及管理信息（总为常驻）
20 00 00 00	$Attribute_List	所有属性位置（当单条记录无法容纳的情况下）
30 00 00 00	$File_Name	文件的名称（总为常驻）
40 00 00 00	$Volume_Version	卷版本（仅限 NTFS v1. x）
40 00 00 00	$Object_ID	包含文件的全局唯一标识符（GUID-唯一的 16 字节标识符）（NTFS v3. x）
50 00 00 00	$Security_Descriptor	文件的访问控制和安全属性（仅在 NTFS v3. x 中提供元数据文件）
60 00 00 00	$Volume_Name	$Volume 元数据文件，并包含卷标和 NTFS 版本信息
70 00 00 00	$Volume_Information	
80 00 00 00	$Data	文件实际的数据或指针
90 00 00 00	$Index_Root	列举目录中文件的排序树的顶级条目
A0 00 00 00	$Index_Allocation	指向大型目录的索引缓冲区的位置
B0 00 00 00	$Bitmap	跟踪位置或实体的分配状态，具体取决于文件记录条目类型
C0 00 00 00	$Symbolic_Link	符号链接
C0 00 00 00	$Reparse_Point	重解析点

（续表）

属性类型	属性名称	描述
D0 00 00 00	$EA_Information	
E0 00 00 00	$EA	
F0 00 00 00	$Property_Set	
00 10 00 00	$Logged_Utility_Stream	包含加密属性的信息和密钥（NTFS v3. x）

（四）实验环境

1. 1 台装有 Windows10 系统的计算机。
2. 案例文件“NTFS 文件系统实验 . vhd”和“NTFS 文件系统实验 . E01”。
3. WinHex 软件。
4. Arsenal Image Mounter 软件（可选）。

（五）实验摘要

1. 查看 NTFS 的卷引导记录扇区，并手工计算该卷的扇区大小、簇大小以及卷的扇区总数。

2. 查看分区 1 根目录下 1. txt 的 MFT 记录，并查看其数据存储位置。

3. 查看分区 2 根目录下删除文件“2016-11-02 103856. jpg”的 MFT 记录，并查看其数据存储。

4. 不连续存储文件“text1. txt”的数据块的分析。

5. 基于卷引导记录备份重建卷引导记录实现分区数据恢复。

（六）实验内容

实验 1. NTFS 卷引导记录结构解析

步骤 1. 通过磁盘管理器，以“只读”模式挂载“NTFS 文件系统实验 . vhd”，记录分配的磁盘编号及盘符信息（如图 8-4-1 所示）。

图 8-4-1 磁盘管理器以“只读”模式挂载 VHD 文件

步骤 2. 以管理员权限运行 WinHex 软件，并添加虚拟磁盘 3。完成添加磁盘后，选择分区 1 即可直接跳转到其卷引导记录（DBR/VBR）扇区位置（如图 8-4-2 所示）。

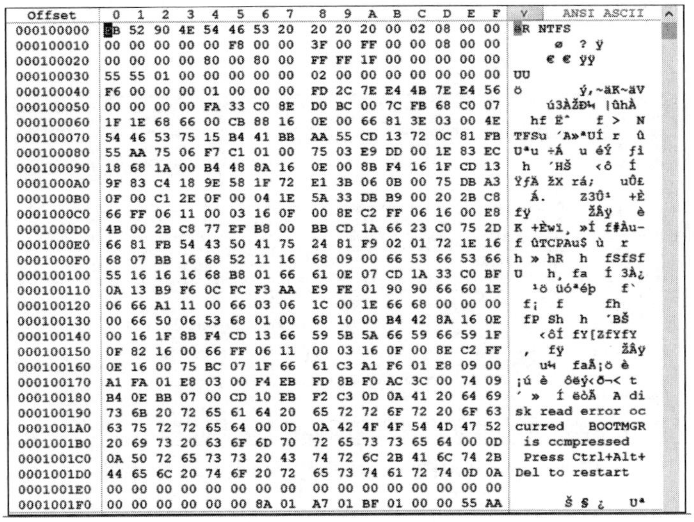

图 8-4-2　查看分区 1 卷引导记录

步骤 3. 参考表 8-4-1 中的 NTFS 卷引导记录结构，手工计算该卷的相关信息。

偏移量	名称	长度	数值	描述
0x03	OEM ID	8	NTFS	NTFS 文件系统
0x0B	每扇区字节数	2	00 02	每个扇区字节数为 512
0x0D	每簇扇区数	1	08	每个簇 8 个扇区，即簇大小为 4KB
0x28	总扇区数	8	FFFF1F0000000000	2097151
0x30	簇号	1	87381	$MFT 起始簇号
0x48	卷系列号	8	FD2C7EE44B7EE456	解码后为 56E47E4BE47E2CFD

实验 2. MFT 记录结构分析

步骤 1. 查看分区 1 根目录下的 1. txt 的 $MFT 记录位置，并查看其数据内容。按快捷键 Ctrl+F5 打开目录浏览器设置，将“标识 ID”字段的宽度设置为 100 后，即可看到 1. txt 文件在 $MFT 记录中的编号为 43（如图 8-4-3 所示）。

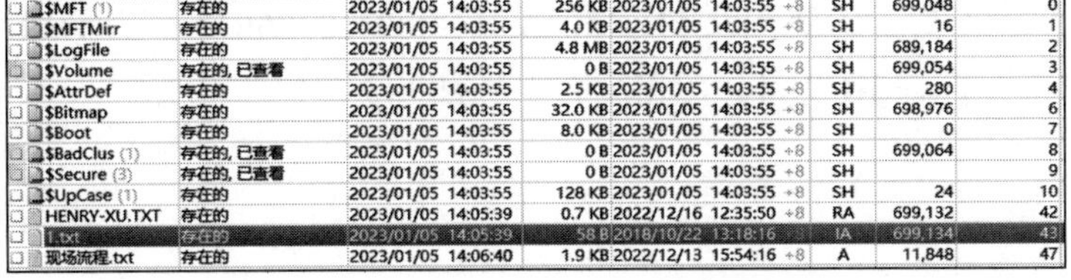

图 8-4-3　文件“1. txt”的标识 ID

步骤 2. 选择 $MFT 文件，并选择顶部菜单“导航”→“转到文件记录”（如图 8-4-4 所示）。

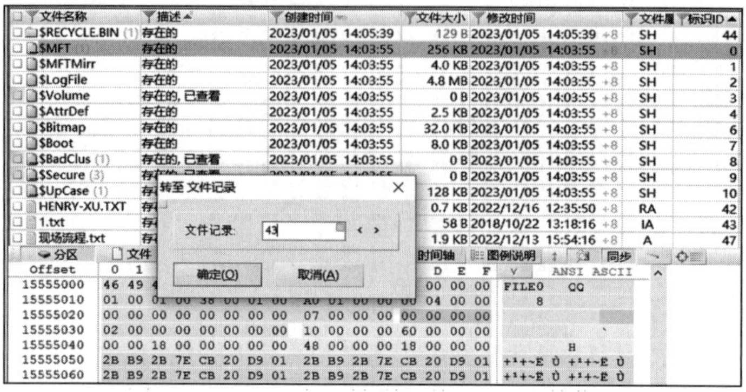

图 8-4-4　$MFT 中跳转到文件记录 43 的位置

步骤 3. 转到文件记录 43 后，查看 1. txt 文件对应的 $MFT 记录信息。通过检查发现，该文件的内容直接存储于该文件相应的 MFT 记录中，并未单独将其存储至数据存储区。此类文件一般称之为“常驻文件”（如图 8-4-5 所示）。

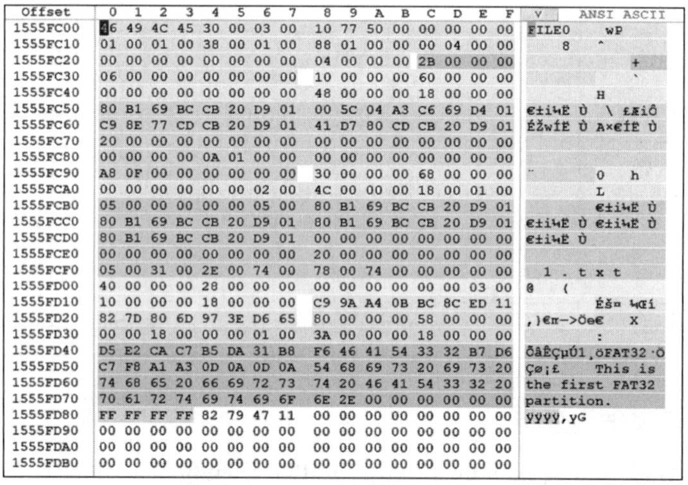

图 8-4-5　常驻文件的文件内容直接存储于 MFT 记录中

实验 3. 删除文件的 MFT 记录及数据片段分析

步骤 1. 查看分区 2 下的删除文件“2016-11-02 103856. jpg”，该文件已被 WinHex 软件自动解析出来，标识 ID 为 44（如图 8-4-6 所示）。

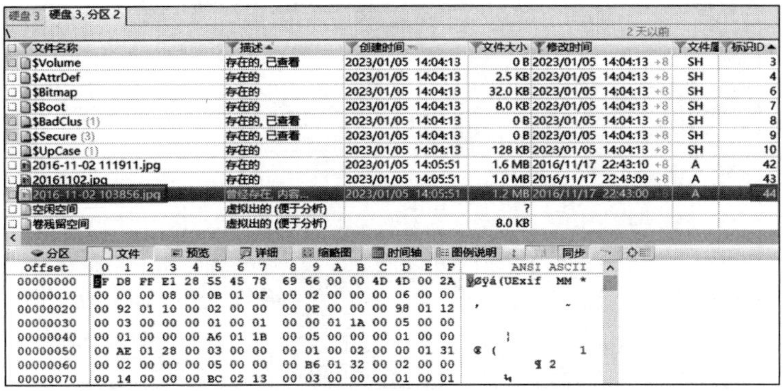

图 8-4-6　删除文件的属性信息查看

步骤 2. 选中“ $MFT”文件，点击“分区”视图，选择顶部菜单的“导航”，然后选择“转至文件记录”，输入数值 44，即可直接跳转至 $MFT 文件的记录编号为 44 的文件对应的 MFT 记录起始位置（如图 8-4-7 所示）。

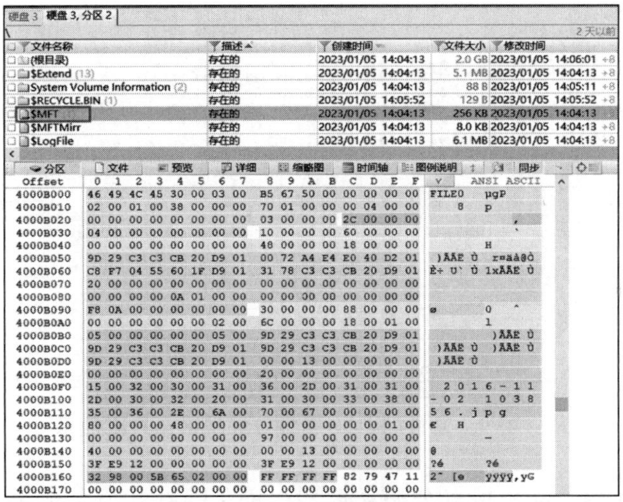

图 8-4-7　在 $MFT 中定位到已删除文件的 MFT 记录

步骤 3. 查看“FILE”偏移 0x16 位置（即 4000B016），长度为 2 个字节，该位置为文件/目录的分配状态标记位，值为 0000，转化为十进制值为 0，代表该文件处于未分配状态（表明文件已被删除）。通过“模板管理器”，选择“NTFS FILE Record”模板即可快速解析出此分配状态标记位“Flags”属性的数值为 0（如图 8-4-8 所示）。

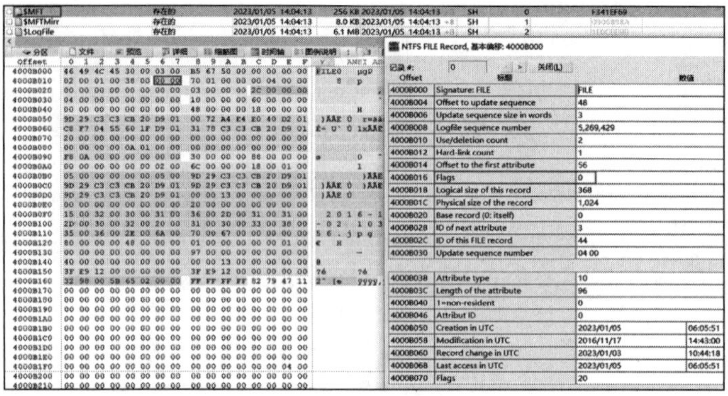

图 8-4-8　查看删除文件的分配状态标记位

步骤 4. 根据“表 8-4-3　MFT 文件记录属性类型”，每个 MFT 记录存在多个属性头和属性内容。其中 $DATA 属性的特征为“80 00 00 00”，该属性的长度为后面的 4 个字节“48 00 00 00”，转换为十进制后为 72（该属性长度为 72 字节）（如图 8-4-9 所示）。

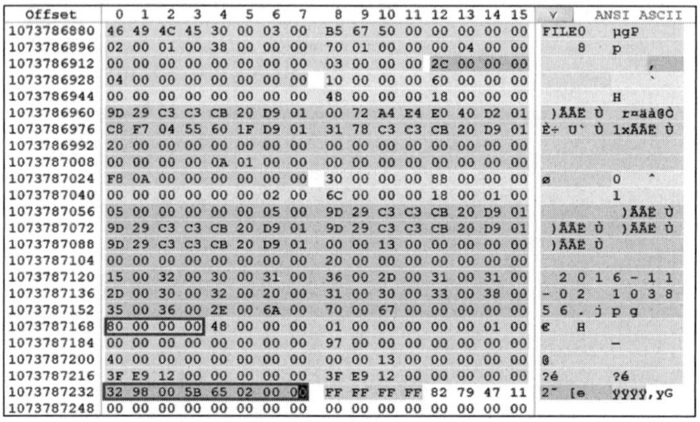

图 8-4-9　文件的 Data 属性位置及数据片段信息

该属性的最后 8 个字节为该文件的数据片段列表（Data Run List），其十六进制值为 32 98 00 5B 65 02 00 00（如图 8-4-10 所示）。

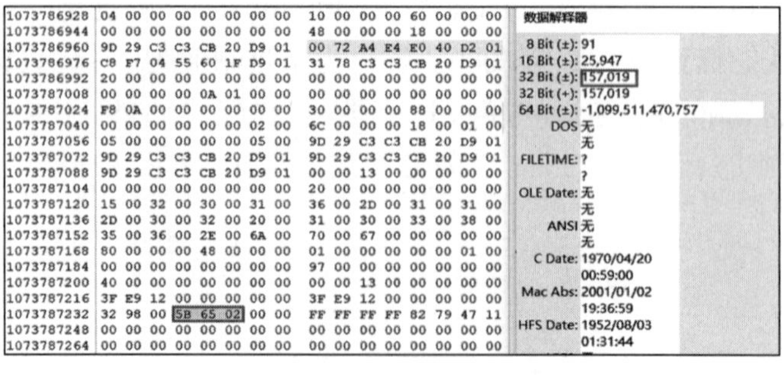

图 8-4-10　计算数据片段的起始簇号及长度

第 1 个数据片段标记位	32 （总长度为 5 个字节，其中 3 字节为起始簇，2 字节为数据块长度）		
数据块长度	98 00（十六进制） 00 98（小端） 152（十进制）	起始簇号	5B 65 02（十六进制） 02 65 5B（小端） 157019（十进制）

实验 4. 不连续存储文件的数据块的分析

步骤 1. 使用 WinHex 打开分区 4，查看 test1. txt 文件的 MFT 记录（如图 8-4-11 所示）。

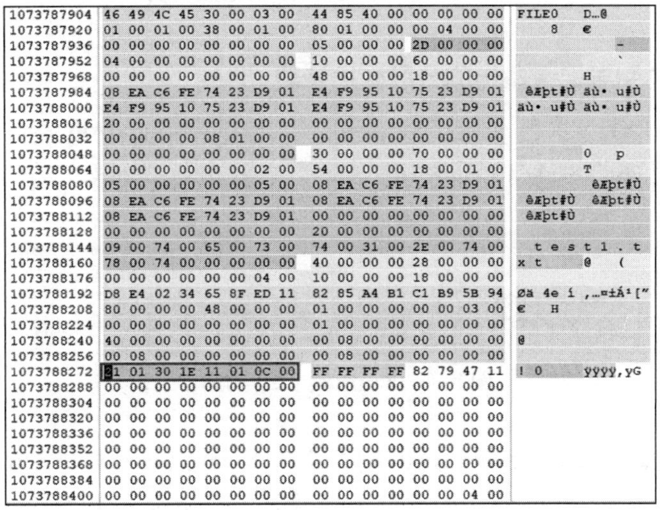

图 8-4-11　查看 test1. txt 的 MFT 记录

该属性的最后 8 个字节为该文件的数据片段列表（Data Run List），其十六进制值为 21 01 30 1E 11 01 0C 00。

第 1 个数据片段标记位	21		
数据块长度	01（十六进制） 1（十进制）	起始簇号	30 1E（十六进制） 1E 30（小端） 7728（十进制）
第 2 个数据片段标记位	11		
数据块长度	01（十六进制） 1（十进制）	起始簇号	0C（十六进制） 12（十进制）

步骤 2. 通过计算可以获知，该文件由两个连续的数据片段组成，第 1 个片段在簇号 7728 簇，长度为 1 个簇，第 2 个数据片段在簇号 7728 后偏移 12 个簇，即簇号为 7740，

长度为 1 个簇（如图 8-4-12 所示）。

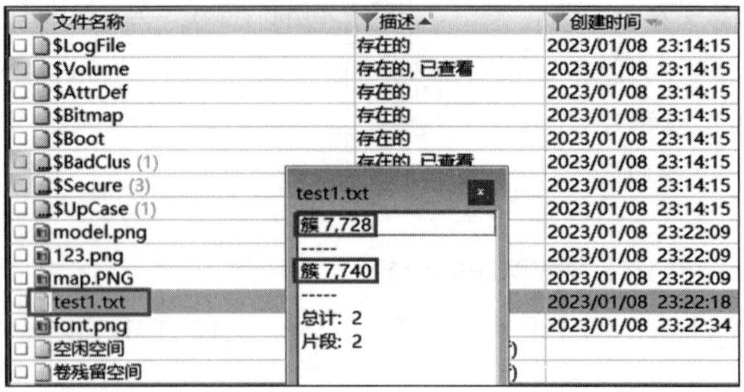

图 8-4-12　查看 test1. txt 的簇列表

实验 5. 基于卷引导记录备份的分区数据恢复

步骤 1. 创建“NTFS 文件系统实验 . vhd”文件的副本，并重命名为“NTFS 文件系统实验 RW. vhd”（如图 8-4-13 所示）。

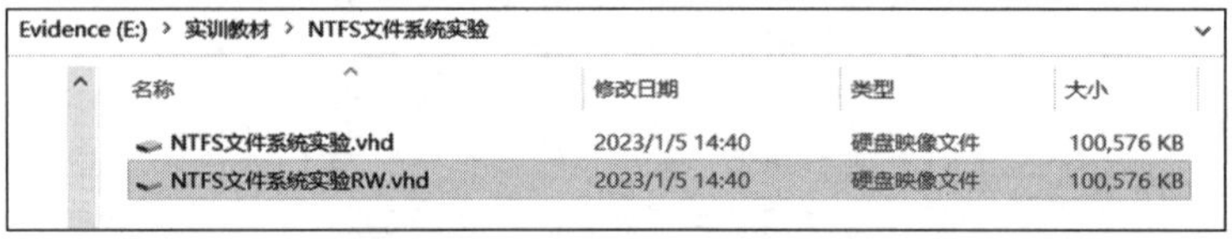

图 8-4-13　创建 VHD 的副本

步骤 2. 通过磁盘管理器将新创建的副本文件 VHD 以读写模式进行挂载，挂载后可以看到第 3 个分区为 RAW 状态（即文件系统无法被 Windows 识别）（如图 8-4-14 所示）。

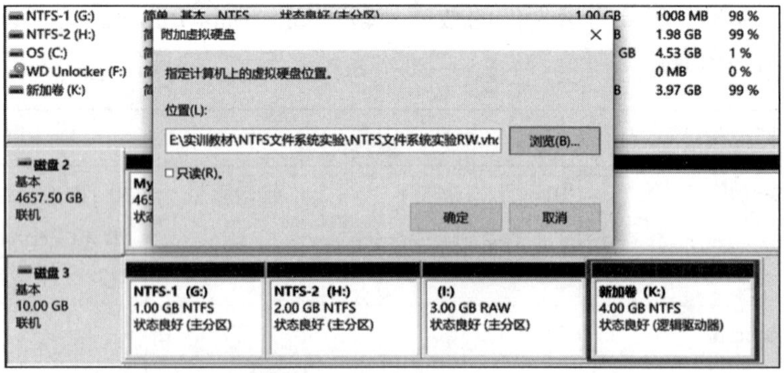

图 8-4-14　以读写模式挂载“NTFS 文件系统实验 RW. vhd”

步骤 3. 运行 WinHex，进入菜单的“选项”中的“安全”检查设置参数，确保不勾选“保护驱动器盘符”（如图 8-4-15 所示）。

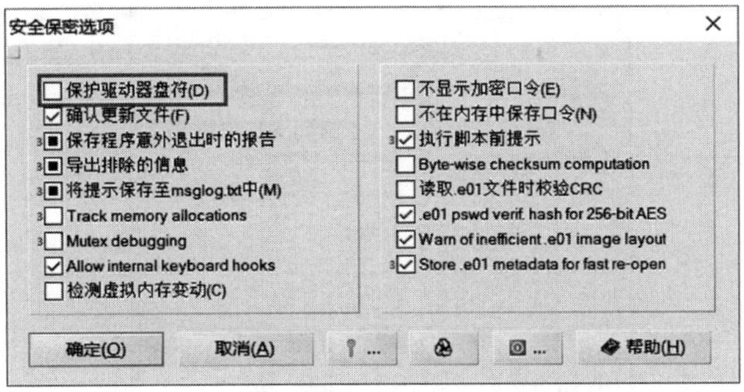

图 8-4-15　**取消勾选“保护驱动器盘符”**

进入菜单的“选项”，点击“编辑模式”菜单，选择“缺省编辑模式（编辑状态）”（如图 8-4-16 所示）。

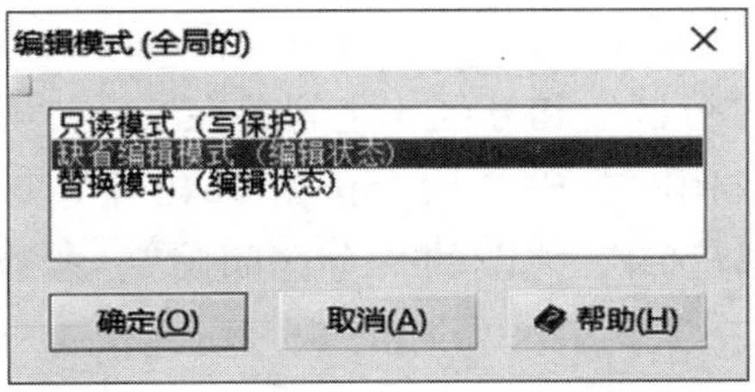

图 8-4-16　WinHex **设置为“编辑模式”**

步骤 4. 通过磁盘管理器查看“磁盘 3”第 3 个分区的状态。当双击第 3 个分区出现“是否要将其格式化?”的窗口提示（如图 8-4-17 所示）。

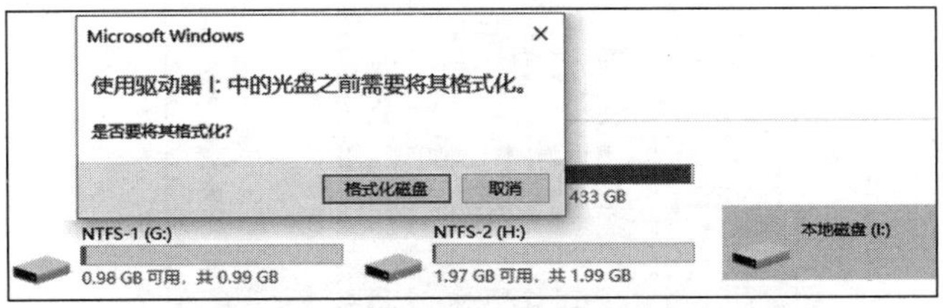

图 8-4-17　**分区 3 的文件系统无法正确识别**

步骤 5. 使用 WinHex 查看分区 3，找到分区 3 的卷引导记录备份（VBR）位置。

通常点击指定分区即可自动定位到该分区的卷引导记录扇区（DBR/VBR）位置。当选择分区 3 后，WinHex 的十六进制视图看到的扇区内容全部为 00（如图 8-4-18 所示）。

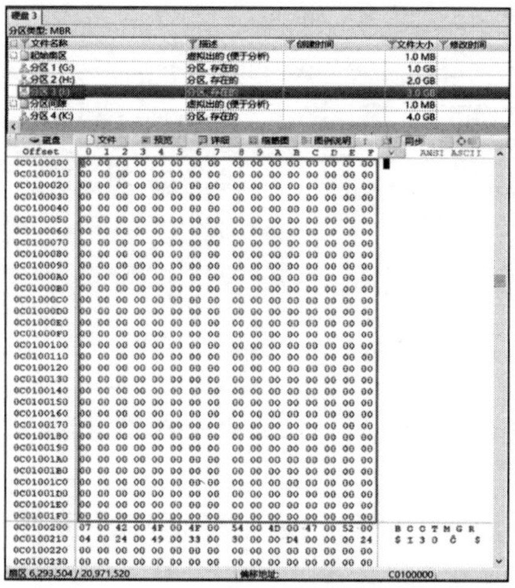

图 8-4-18　分区 3 的卷引导记录扇区

步骤 6. 通过检查发现，分区 3 和分区 4 之间存在 1 个“分区间隙”。通常在 Vista 及后续更新的 Windows 系统，MBR 或 EBR 后会预留 2048 个扇区，紧跟其后是卷引导记录扇区。在 WinHex 中选择“分区 4”之前的“分区间隙”，检查该扇区中的数据内容，发现该扇区存在 1 个分区表信息，该扇区为 EBR 扇区所在位置（如图 8-4-19 所示）。

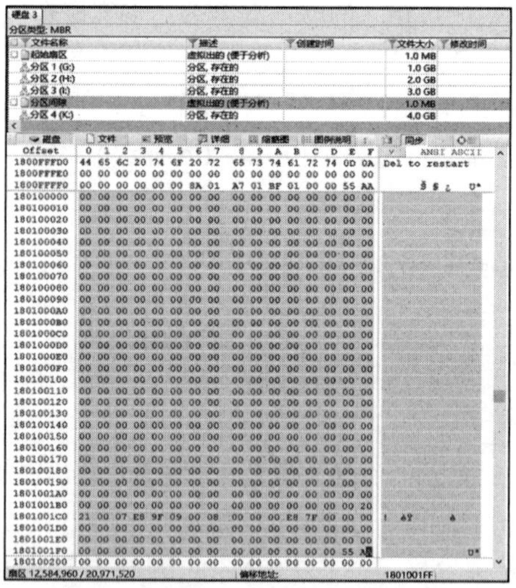

图 8-4-19　分区 3 的 EBR 扇区

步骤 7. 由于 NTFS 分区通常在分区的尾部存在 1 个卷引导记录备份扇区，因此，将光标往上移动，切换到“分区间隙”的前一个扇区（扇区号 12584959），并检查该扇区存储的数据内容（如图 8-4-20 所示）。

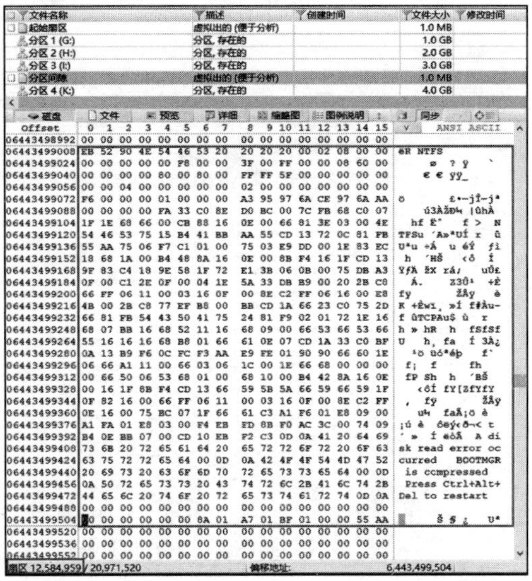

图 8-4-20　分区 3 的卷引导记录备份扇区

步骤 8. 根据找到的分区 3 的卷引导记录备份信息，参考“表 8-4-1　NTFS 卷引导记录结构”计算出原有的卷引导记录所在位置（如图 8-4-21 所示）。

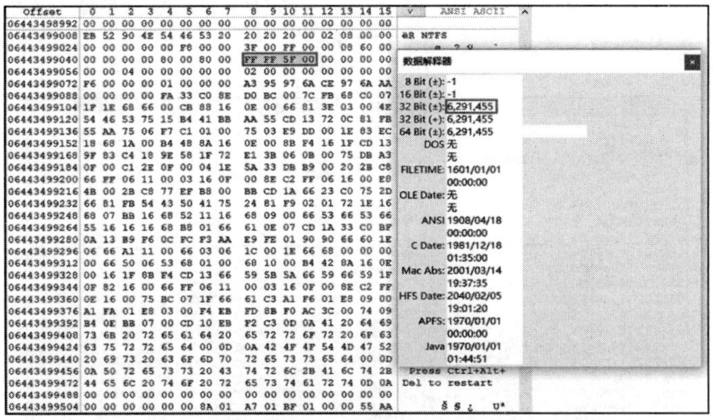

图 8-4-21　通过卷引导记录备份计算卷的总扇区数

步骤 9. 通过计算可得知，卷总扇区数为 6291455，卷主引导记录扇区位于扇区号 6293504，通过 WinHex 的扇区跳转，直接跳转到扇区号 6293504 所在位置（如图 8-4-22 所示）。

卷引导记录扇区～卷最后一个扇区的位置	卷引导记录备份扇区位置
扇区号：6293504 至 12584958	扇区号：12584959

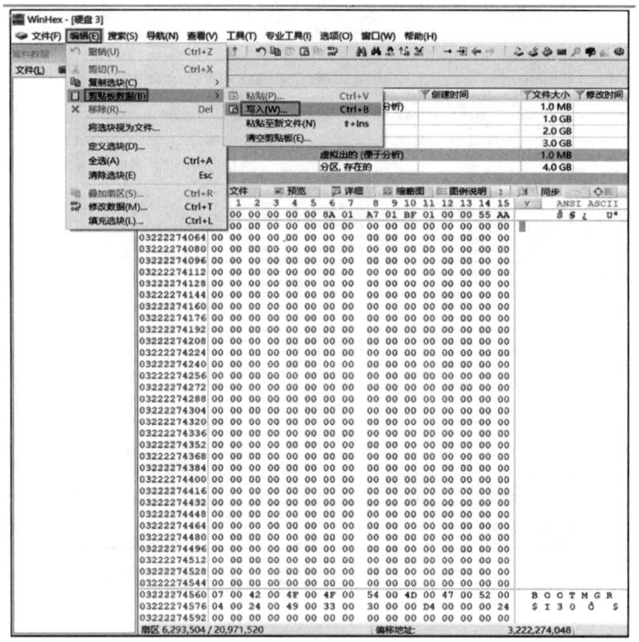

图 8-4-22　跳转到扇区号 6293504 所在位置

步骤 10. 将卷引导记录备份扇区的数据进行复制，并全部粘贴写入卷引导记录所在位置扇区（扇区号 6293504）（如图 8-4-23 所示）。

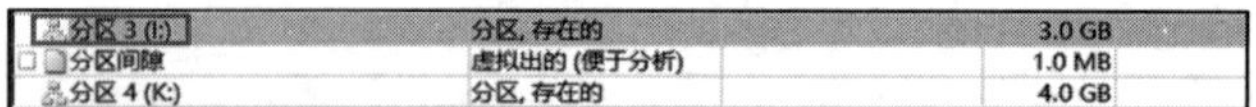

图 8-4-23　将卷引导记录备份信息全部写入该扇区

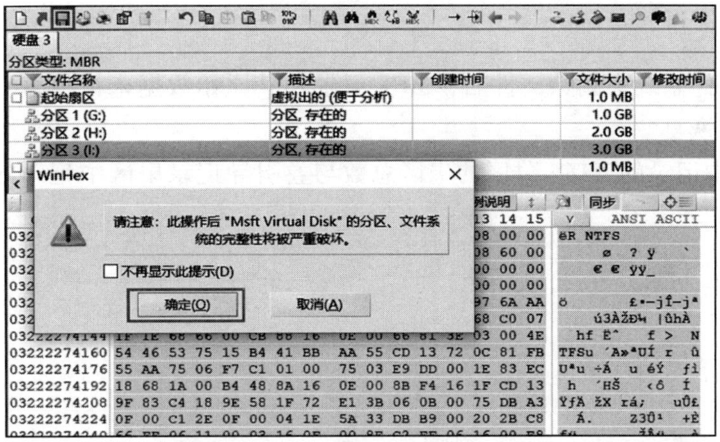

图 8-4-24 选择“保存”图标按钮将扇区的数据变动写入磁盘

步骤 11. 完成卷引导记录重建后，通过资源管理器查看卷引导记录重构后的分区状态，并使用 WinHex 查看分区 3 的根目录下的文件（如图 8-4-25、图 8-4-26 所示）。

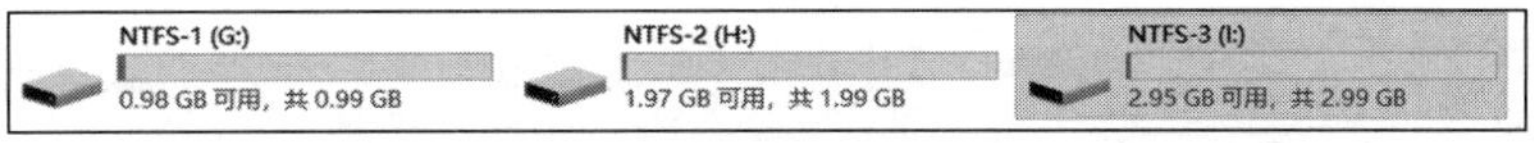

图 8-4-25 资源管理器可看到第 3 个分区可正常识别

图 8-4-26 双击重新打开分区 3 查看重建卷引导记录后的文件

（七）实验小结

通过本实验学习和了解 NTFS 文件系统的基础知识，包括 NTFS 卷引导记录结构、MFT 记录结构、文件的数据片段（簇分布及列表）、删除文件后 MFT 记录对应的标记改变以及基于卷引导记录备份重构原有的卷引导记录实现数据恢复。

思考题

1. NTFS 文件系统中删除文件后，MFT 记录和其原始数据未被覆盖，原有的文件名称是否可以完整恢复？

2. 分区表中记录的 NTFS 分区的扇区总数与卷引导记录扇区中记录的扇区总数有何差异？

思考题参考答案

第一章　虚拟机环境搭建

实验一　VMware 虚拟机环境搭建

1. 快照的作用类似于一个系统还原点，一个虚拟系统里可以存在多个快照。利用快照可进行系统和数据还原。当搭建好一个环境后，在没有添加任何数据或改变系统环境时，可以启用快照功能，虚拟机会保存虚拟系统里当前的环境，包括所安装的软件等设置；当环境改变或需要重新搭建并系统初始化时，为避免重新安装其他大型软件，可以启用快照的保存点进行恢复。这样就达到了快捷搭建环境的作用，也可以说是一种备份，可以据此来恢复不同时期的数据，提高系统的安全性。克隆和快照功能很相像，但又不同。一个虚拟机的克隆就是原始虚拟机全部状态的一个拷贝，或者说一个镜像。克隆的过程并不影响原始虚拟机，克隆的操作一旦完成，克隆的虚拟机就可以脱离原始虚拟机独立存在，而且在克隆的虚拟机和原始虚拟机中的操作是相对独立的，不相互影响。克隆过程中，VMware 会生成和原始虚拟机不同的 MAC 地址和机器唯一识别码 UUID，这就允许克隆的虚拟机和原始虚拟机在同一网络中出现，并且不会产生任何冲突。

快照与克隆的区别

	快照	克隆
创建时间	不限	虚拟机关机状态下才可以
创建数量	不限	不限
占用磁盘空间	创建快照时，将与快照前磁盘数据进行比较，快照仅存储变化的数据，如变化越大，快照通常占用空间就越多	克隆相当于创建一个虚拟机的副本，占用空间通常较多
用途	保存虚拟机某一时刻状态	分发创建的虚拟机
是否独立	不能脱离原始虚拟机独立运行	链接克隆：部分脱离 完整克隆：完全脱离
能否同时使用	不能	克隆的虚拟机可以和原始虚拟机同时使用

（续表）

	快照	克隆
同网络下使用	不能	生成和原始虚拟机不同的 MAC 地址和 UUID，网络中可以同时使用

2. 有两种方式

● 可以通过安装 VMware Tools，直接在主机和虚拟机之间拖拽文件。安装步骤为：开启虚拟机后，在主界面中，选择“虚拟机”→“安装 VMware Tools”→在虚拟机中弹出的对话框中选择“运行”→进行默认安装即可。

● 可以通过编辑虚拟机设置，选择一个共享文件夹使虚拟机与主机共享文件。步骤为：编辑虚拟机设置→选项→共享文件夹→总是启用→添加共享文件夹的位置→确定；启动虚拟机→网络→启用网络发现和文件共享→VMware-host→Shared Folders→访问共享的文件夹。

3. 在主界面中，选择“虚拟机”→“可移动设备”→选择相应 U 盘进行连接。

4. 常见的 VMware 虚拟机操作快捷键

Ctrl+Alt：从当前的虚拟机中释放控制

Ctrl+Alt+Enter：进入或离开全屏模式

Ctrl+Alt+向左箭头键：换到前一个全屏虚拟机

Ctrl+Alt+向右箭头键：切换到下一个全屏虚拟机

Ctrl+Alt+M：显示多显示器布局菜单

实验二 VirtualBox 虚拟机环境搭建

1. 在菜单栏中选择“设置”→“USB 设备”→选择对应的 USB 版本→点击最右侧的 USB 筛选器→选择 USB 设备→开启虚拟机后即可对 USB 设备进行访问。

2. 在 VirtualBox 最上面菜单栏中选择“管理”→“全局设定”→“热键”→“虚拟电脑”→在这里就可以看到所有快捷组合键，并且能够对快捷键进行设置。其中 Right Ctrl 指的是键盘右边的 Ctrl 键。

3. 导出、导入虚拟机可方便地对虚拟机进行移动。

导出虚拟机：在 VirtualBox 最上面菜单栏中选择“管理”→“导出虚拟电脑”→选择要导出的虚拟机→选择导出虚拟机的格式和文件位置，由于各个版本兼容性不同，为了考虑导入虚拟机时能不能支持这个版本，因此这里选择“开放式虚拟化格式 1.0”版本即可 →修改导出的虚拟电脑的描述信息，根据需要进行更改即可→点击“导出”，等待完成即可。

导入虚拟机：在 VirtualBox 最上面菜单栏中选择“管理”→“导入虚拟电脑”→选择要导入的虚拟机文件→对虚拟机的配置进行调整 → 点击“导入”即可。

第二章　虚拟磁盘

实验一　VHD 虚拟磁盘

1. 可以。打开 CMD 命令行→输入命令“diskpart”→输入命令“select vdisk file” = “你的 vhd 文件的路径”→输入命令“detach vdisk”→输入命令“expand vdisk maximum = x”其中 x 为更改的磁盘大小→输入命令“attach vdisk”→输入命令“select volume x”其中 x 为 VHD 卷的卷符→输入命令“extend”。

2. MBR 和 GPT 的区别

• GPT 支持大小不超过 128PB 的卷和每个磁盘最多 128 个分区，而 MBR 默认仅支持大小不超过 2TB 磁盘管理（扇区 512 字节）和每个磁盘最多 4 个主分区，可通过扩展分区实现多个逻辑分区的划分。

• GPT 没有主分区、扩展分区和逻辑分区的概念。

• GPT 通常与 UEFI 搭配使用，MBR 通常与 BIOS 搭配使用。

3. 4096 字节。分区格式化为文件系统时，当分区小于 16TB 时，默认的簇大小为 4KB（即 4096 字节），分区容量为 16TB 至 32TB，默认簇大小为 8KB。分配单元大小也被称为“簇”，分配单元大小会影响磁盘使用效率，设置过大会浪费磁盘空间，设置过小容易产生磁盘碎片。

4. Windows 系统支持划分基本磁盘和动态磁盘；基本磁盘和动态磁盘均可创建简单卷。在基本磁盘中，分区是不可跨越磁盘的，每个分区就是 1 个逻辑盘。而动态磁盘可以将数块磁盘中的空余磁盘空间扩展到同一个卷中来增大卷的容量。动态卷支持数据容错功能，RAID 1 和 RAID 5 均具备容错功能。动态磁盘支持划分跨区卷、带区卷、镜像卷（RAID 1）和 RAID 5 卷。

• 跨区卷：跨区卷是由一个以上动态磁盘上的磁盘空间组成的。如需创建一个大于单磁盘可用空间的卷，可以创建跨区卷，该卷的空间由多个磁盘提供。

• 带区卷：即 RAID 0，至少需要两块以上的硬盘，并将其合并成一块，把数据连续地分割在每块盘上。带区卷的优点是带宽加倍，获取数据的速度要比简单卷或跨区卷的快，缺点是安全性极低。

• 镜像卷：即 RAID 1，镜像卷将数据复制在两个动态磁盘上，其中一块是镜像卷。镜像卷的优点是安全性极高，缺点是磁盘空间利用率低。

• RAID 5 卷：创建 RAID 5 卷至少需要三块磁盘，且需要转化为动态磁盘。RAID 5 卷遇到其中一个磁盘出现故障，仍可以通过奇偶校验的方式恢复完整的数据，因此其数据存储的可靠性较高。

5. 参考命令：create partition primary

DiskPart 磁盘管理工具可以快速对未初始化的磁盘创建分区，对于小于 2TB 的未初始化的磁盘通过 create partition 创建分区，默认会将磁盘分区形式初始化为 MBR 分区结构，若超过 2TB 的磁盘则分区形式初始化为 GPT 分区结构。DiskPart 磁盘管理工具同样提供设置磁盘分区形式的命令 Convert。选中未初始化的磁盘后，执行 Convert ［参数］，详细参数说明如下。

BASIC　　　　　－将磁盘从动态转更换为基本。

DYNAMIC　　　　－将磁盘从基本转更换为动态。

GPT　　　　　　－将磁盘从 MBR 转更换为 GPT。

MBR　　　　　　－将磁盘从 GPT 转更换为 MBR。

6. 运行命令 "format unit =" 进行格式化，设置分配单元大小。该命令用于替代默认分配单元大小，其命令后可输入的数值有效值有：512、1024、2048、4096 和 8192 等。

值说明：512 代表每个簇 512 字节，1024 代表每个簇 1024 字节，2048 代表每个簇 2048 字节，4096 代表每个簇 4096 字节，8192 代表每个簇 8192 字节。其中，对于大于 4096 字节的分配单元，不支持使用 NTFS 压缩。

7. DiskPart 磁盘管理工具可以通过 SAN、ATTRIBUTES 以及 ONLINE 三个命令实现外部磁盘只读挂载，具体操作如下。

- 设置 SAN 策略为全部磁盘连接默认脱机

参考命令：SAN POLICY = OfflineAll

- 连接检材优盘或硬盘
- 查看磁盘列表

参考命令：LIST DISK

- 选中对应的磁盘

参考命令：SELECT DISK ［磁盘序号］

- 设置磁盘为只读属性

参考命令：ATTRIBUTES DISK SET READONLY

- 将磁盘联机

参考命令：ONLINE DISK

实验二　VeraCrypt 加密软件

1. 通常可以选择 NTFS 或 exFAT。NTFS 和 exFAT 均支持大约 4GB 的单个文件的存储。

2. BitLocker 是 Windows 系统自带的加密，支持单个分区加密，也支持全盘加密。VeraCrypt 是一款跨多种操作系统平台的加密软件，支持分区加密、全盘加密和文件型加密（容器文件）。VeraCrypt 比较特色的功能是支持隐藏加密卷。

3. 该加密卷中包含隐藏加密卷，主加密容器使用密码 1234 加解密，隐藏加密卷使用密钥文件进行加解密。

4. VeraCrypt 加密卷本身采用了加密算法对其存储的数据进行加密，通常对数据进行加密一般会使其信息熵值增大。简单概括：信息越无序、变化多，其熵值越高（信息量大），而信息越有规律，重复多，其信息熵就低（信息量小）。压缩软件是通过压缩算法对原始信息进行压缩，可重复的信息越多，压缩率就越高。进而加密的文件、压缩文件不容易被进一步压缩，因此压缩率较低。

5. VeraCrypt 文件型加密卷虽然没有特定的文件签名（头部特征），但还是具有一些特征。文件型加密卷（或加密容器文件）的文件大小是 512 的整数倍、符合卡方检验（Chi-Square Test）且文件头部没有常见的文件类型的签名。通常 VeraCrypt 加密容器文件较大，可通过文件大小进行快速过滤，部分取证工具支持计算文件的熵值，通常其熵值较大。

实验三　PGP 加密软件

1. 对于任何人来说，数据安全很重要，保护隐私、信息安全，一靠制度（制度由政府来制定），二靠我们自己。而使用一些软件可以帮助我们实现相对的安全，PGP 就属于这类软件。使用 PGP 软件保护数据，给数据加密，别人再想得到我们的数据，就没有那么直接和容易了。

2. 不会。公钥就是要公开发布的，否则别人无法给我们发送加密数据，因为发送加密数据，是要使用我们的公钥进行加密，只有我们自己才能解，所以，我们需要妥善保存我们的私钥和私钥密码。

3. 没办法。最好在创建密钥时，为自己的密钥设置 5 个安全问题，如果忘记密码，可以通过回答安全问题来重新设置密码。

4. PGP 还有对虚拟盘、全盘加密的功能。例如，我们可以利用 PGP 软件加密后保存我们的银行卡取款密码、支付宝的支付密码、微信支付密码等重要的信息。

5. 同样重要，三者无论缺少哪个，都会影响 PGP 密钥功能的正常运行。

第三章　磁盘数据复制与镜像

实验一　物理磁盘镜像获取

1. 相同，DD 和 E01 镜像中所包含的源盘的数据应一致，只是文件格式不同。

2. 不相同，E01 证据文件格式有自己的内部结构，此外 E01 支持对数据进行压缩。DD 证据文件是源盘所有数据的镜像，且不支持压缩，因此两者的 MDS 值是不同的。

实验二　WinFE 取证引导盘制作

1. WinPE 是用于日常系统维护，WinFE 用于电子数据取证的证据固定。两者最大的不同就是 WinFE 默认不会对目标计算机内置硬盘进行主动写入数据操作，WinPE 默认是以读写模式访问目标计算机的磁盘数据。

2. 可以。国际上常用 WinFE、Paladin（基于 Linux 定制的取证引导系统）、DEFT 等进行证据保全。

实验三　Paladin 取证引导盘制作镜像

1. Paladin 取证引导盘是基于 Linux 定制的，通过 Linux 内置的 fstab 实现文件系统只读挂载；WinFE 取证引导盘是基于 WinPE 定制的，通过修改注册表修改，实现磁盘脱机（默认不挂载卷），实现软件层面的写保护。

2. 进行盘到盘复制（克隆）时，要求目标盘（证据盘）的容量大于或等于源盘的容量，需精确到可用的扇区总数，即目标盘的可用扇区总数大于或等于源盘扇区总数。注意：部分硬盘标称的扇区总数不一定是实际可用的硬盘扇区总数。

3. 进行盘到镜像文件操作时，要求目标盘容量必须大于源盘容量。由于采用盘到镜像文件，要求目标盘预先格式化，格式化就是创建文件系统的过程，本身文件系统内部文件（元文件），如 NFTS 文件系统内部的 $MFT、$Bitmap 等文件均占用一定的磁盘空间，因此剩余可存储空间少于磁盘标注的容量。

第四章　哈希与校验

实验一　文件哈希计算

1. 主要有两种方法，命令行方式以及注册表添加算法的方式。命令行方式分为 Windows 自带命令行工具 certutil -hashfile 简单计算单个文件哈希值和 PowerShell 增强型的命令提示符批量计算文件哈希值。注册表则通过在 shell 中添加相应的哈希算法，使文件可以直接通过右键进行相应算法的选择和计算。

2. 文件内容为空（0 字节）的文件也可以计算其哈希值。常见的 0 字节文件计算出的 MD5 哈希值为 d41d8cd98f00b204e9800998ecf8427e，SHA-1 哈希值为 da39a3ee5e6b4b0d3255bfef95601890afd80709。

实验二　磁盘哈希计算

1. E01 证据文件内部记录的 MD5 哈希值通常是指镜像工具在制作镜像过程中直接读取原始存储介质中的数据进行哈希计算生成的哈希摘要值，该哈希值写入了 E01 的内部结构中。而单独计算 E01 文件本身的 MD5 哈希值意义不是太大，通常要使用取证工具解析 E01 镜像文件中的数据再计算其内部数据的哈希值，然后与原始哈希值进行对比。

2. 通常制作证据文件镜像时需选择一种哈希算法，常用的算法有 MD5、SHA-1、SHA-256、SHA-512 等，但是目前 MD5、SHA-1 算法已被破解，其哈希值存在碰撞的可能性，因此在要求较为严格的场合一般会使用安全性更高的算法，如在国内的电子数据司法实践中常用 SHA-256、SHA-512 算法。

实验三　哈希碰撞

1. 目前的现状是，国际上目前多数取证分析软件（如 EnCase、FTK 等）还是以

MD5、SHA-1 算法为主，部分取证分析软件（如 X-Ways Forensics）支持 SHA-256 及更多哈希类型的哈希计算。在国内司法取证应用中，由于 CNAS 能力验证提供者推荐使用碰撞概率低的哈希算法 SHA-256，因此，国内越来越多计算机取证分析软件开始支持对文件、分区及磁盘进行 SHA-256 哈希的计算。采用碰撞概率低的 SHA-256 哈希算法固然降低了碰撞概率，然而对存储介质（如大容量硬盘）进行哈希计算大幅增加计算时间，降低了效率，对于小文件的哈希计算则影响较小。虽然 MD5 和 SHA-1 存在一定碰撞概率，但是 MD5 碰撞概率远低于人类指纹重复的概率，而指纹在刑侦案件中已经广泛被用作生物特征识别。因此，现流行的观点是，MD5、SHA-1 仍可作为一种用于验证文件、磁盘、证据镜像文件的有效方式。目前，国际上电子数据取证领域也并未放弃存在一定碰撞概率的 MD5、SHA-1 哈希算法的使用。

实验四　哈希库创建与应用

1. 哈希库主要用途分为两种，第一种是对已知的操作系统、应用程序所生成的文件进行排除，不进行任何的取证分析，从而减少分析的数据内容，节约时间。第二种则是用于发现其他第三方工具（如黑客工具、木马）或涉案的文件样本（如图片、视频、音频等）的哈希值进行快速发现。

2. 不是。ProjectVIC 和 PhotoDNA 采用的不是传统基于 MD5、SHA-1 哈希比较，而是通过提取图像文件中的特征信息（指纹）形成的特征信息库，类似哈希库，在实战中可用于快速发现完全相同或相似特征的图片文件。

第五章　文件过滤

实验一　常用文件过滤

1. 不能。例如被修改了扩展名的 Word 文档就无法通过文件过滤查找到。被修改了扩展名的文件在取证分析软件中一般会被定义为可疑签名文件，默认情况下基于文件扩展名的过滤查找，无法准确查找到这种类型的文件，通常需要通过签名分析进行查找。

2. TrueCrypt/VeraCrypt 加密容器文件主要特征有三个：文件头无明显的文件签名（头部特征）、文件大小是 512 的整数倍且文件的大小较大且符合卡方检验（Chi-Square Test）。比较简单快捷的方法是通过文件大小进行快速过滤，例如，过滤所有大于 20MB 的文件，可以快速缩小范围，然后再结合文件签名特征进行人工分析判断。部分取证工具支持计算文件的熵值，通常其熵值较大。此外，还可以使用 TCHunt 和取证大师等工具自动检查文件发现加密容器文件。

3. 可计算获得的恶意程序样本文件的哈希值，根据文件哈希值在整个内部网络所有终端存储中过滤排查具有相同哈希值的文件。

实验二　高级文件过滤

1. 逻辑与（AND）的关系，即要全部满足设定的条件才能出现在列表视图中。

2. EFS 加密的文件或文件夹在取证大师中默认以绿色进行显示，同时在其描述中显示“EFS 加密”。

3. “隐藏”“只读”“系统”等文件属性均与文件系统相关。在 Windows 中可以通过 attrib 设置文件的这三个属性，取证软件解析文件系统时，也将其解析并展示在软件中。

实验三　取证神探文件过滤

1. 漏斗形状的图标是“过滤”功能的开关。点击后可设置过滤的条件，激活后颜色变成浅蓝色，关闭过滤后，变成正常颜色。

2. 支持精确过滤和模糊过滤，支持模糊匹配语法，如星号 *。

实验四　X-Ways Forensics 文件过滤

1. 带有字母 e 标识的一般为加密文件，可能是 EFS 加密或未知类型的加密文件。

2. 需右击“案件根目录”才能遍历显示所有磁盘镜像中符合过滤条件的文件信息。

第六章　数据搜索

实验一　常见字符集编码

1. GB2312、GBK、GB18030 编码。

2. 使用记事本输入“电子数据取证 Forensics”，保存时选择 UTF-8。使用 WinHex 打开保存的文件即可查看。

3. 如某字节最高位为 0，则此字节为 ASCII 字符，如最高位为 1，则再读取一个字节，一起进行 GB2312 解码。

4. Latin1 编码（拉丁编码）。因为 Latin1 编码长度为 1 字节，对应 256 个字符，任何情况都可以解析。但非 Latin1 编码的内容使用 Latin1 进行解码虽然不会报错，但解析结果可能不是预期的字符。

实验二　常见字符编码及内容解析

1. 不能。UTF-8、GBK 是不兼容的两套字符编码，同一个字符在这两套编码中的表示方法不同。

2. 可以。因为 GB2312 是 GBK 的子集，GBK 字符集中 GB2312 部分字符的编码与 GB2312 字符集中的字符编码完全一致。

3. 常见字大部分可以，一些生僻字不行。因为 GB2312 是 GBK 的子集，GBK 字符集中只有 GB2312 部分字符的编码与 GB2312 字符集中的字符编码完全一致。

4. 可以。UTF-8、GB2312、GBK 编码中英文字母、数字、常见符号的编码完全一致。

实验三　电子邮件编码与解码

1. 电子邮件客户端对电子邮件可能采取多种编码方式，常见的主要有 Base64 和 Quoted-Printable。常见的邮件客户端（如 Foxmail、Outlook Express、Thunderbird 等）的附件一般默认为 Base64。

2. Base64 支持对任何格式的文件类型进行编码，且可以准确将其还原即解码。

3. 一个 Base64 字符代表 6 个 bit 数据，字符分别包含大写字母 A～Z、小写字母 a～z，数字 0～9，特殊字符“+”和“/”。

实验四　ROT13 编码与解码

1. ROT 编解码存在多种不同的变种，可以是 ROT1 至 ROT25 之间。常见的还有 ROT5，此外还可以支持 ROT 叠加，例如 ROT5 和 ROT13 同时使用（ROT18）。

2. ROT13 是被称为恺撒密码的加密算法的一个特例，由公元前 1 世纪的尤利乌斯·恺撒使用。然而如果已知道采用的是 ROT13，那么就容易被破解。

3. 子键 GUID 名称为{CEBFF5CD-ACE2-4F4F-9178-9926F41749EA}和{F4E57C4B-2036-45F0-A9AB-443BCFE33D9F}。

实验五　URL 编码与解码

1. 浏览器对上网访问地址进行编码时，对简体中文文字进行编码，与网站的配置或默认参数有关。国内外不少搜索引擎，包括百度、Bing、谷歌等搜索引擎，搜索简体中文词语后，默认使用 UTF-8 进行编码，然后再转为 URL 编码。然而，并不是所有站点都默认 UTF-8，也可以采用 GB2312。

2. 可以观察到浏览器地址栏的 URL 地址产生了变化，wd=后面一般就是之前搜索输入的英文词语。英文词语一般不会进行 URL 编码转化，因此可以直接看到。

实验六　关键字高级搜索

1. 中国大陆身份证号码的正则表达式参考如下：

- (1[1-5]|2[1-3]|3[1-7]|4[1-6]|5[0-4]|6[1-5]|71|81|82)\d{4}(19|20)\d{2}(0[1-9]|1[0-2])(0[1-9]|[12][0-9]|3[01])\d{3}[\dXx]
- (1[1-5]|2[1-3]|3[1-7]|4[1-6]|5[0-4]|6[1-5]|71|81|82)\d{4}(19|20)\d{2}(0[1-9]|1[0-2])(0[1-9]|[12][0-9]|3[01])[0-9]{3}[[0-9]Xx]

2. 比特币钱包地址规则如下：

- 规则 1：地址以 1、3 或 bc1 开头
- 规则 2：以 1 或 3 开头的地址长度为 26 至 35 位
- 规则 3：以 1 或 3 开头的地址中不存在 0（数字零），O（大写字母 o），I（大写字母 i），l（小写字母 L）四种字符
- 规则 4：以 bc1 开头的地址共 42 位，字符全部为小写字母或数字

第七章　文件签名

实验一　文件签名分析

1. 并非所有文件均有签名特征，典型的文件类型如文本文件（TXT）、加密容器（TrueCrypt/VeraCrypt）。

2. 需先拿到2个或更多的样本文件，然后通过十六进制查看器，检查多个文件的第一个扇区、最后一个扇区存在的相同十六进制值，将其提炼总结出来。添加到取证分析软件的文件签名库中，并进行验证测试。

3. 取证分析软件的签名分析功能可识别出文件的真实类型，与文件是否有扩展名无关。实际取证工作中，也会经常遇到一些文件没有文件扩展名，例如，iTunes 备份文件、Chrome 浏览器缓存文件等。通过签名分析即可识别出文件的真实类型。

4. 有可能。在部分实际案件中，涉案人员可能借助专用工具或手工方式对某类文件进行签名修改，实现将其伪装为其他文件类型，以此规避取证人员的检查。

实验二　文件签名恢复

1. 签名恢复并不总是可以完整恢复原始文件内容，可能存在的因素有多个，如数据本身不完整、文件不连续存储等。

2. 大多数签名恢复出来的文件无法打开或损坏，主要是因为文件不连续存储造成的，大多数数据恢复软件、取证分析软件难以恢复不连续存储的文件类型。JPEG、MPEG 等类型的文件有碎片重组工具，可以对乱序的图片或视频进行重组，从而能够较为完整地恢复文件。此外，还可以使用一些修复工具（如 Office 修复工具、数据库修复工具），或者自带文件修复工具的软件（如 WinRAR、WinZip 等）。通过修复可以将无法识别的内容去除，从而让文件相对完整，可以直接用关联的软件打开。

3. 在执行签名恢复时应注意不同取证软件的签名恢复配置。大多数取证分析软件默认对每个扇区的头部进行文件签名扫描，这种方法适用于大多数文件。正常情况下文件的头部特征信息位于该文件的首个扇区，然而由于某些文件嵌入在另外一种文件类型中（如 Word 文档中嵌入的图片），Word 文档有其自身的文件结构，嵌入的图片的文件头部特征信息大多数情况下并不在该文件的第一个扇区中，因此在执行签名恢复时需选择逐个字节进行文件签名扫描，才能恢复嵌入在 Word 文档中的图片内容。

实验三　基于签名及元数据的文件精准恢复

1. 如果文件本身不连续存储，则无法通过定位文件头位置及文件元数据中记录的文件大小来实现精准恢复。

2. 除了 Bitmap 位图文件，还有多种文件类型同样在文件头部（元数据）记录文件自身的大小，典型的文件类型有 JPEG、GIF、PSD、PDF、Webp、CR2、PNG、HEIF、

ASF、MOV、MP4、M4A、MP3、SQLite 等。

第八章　磁盘结构与文件系统

实验一　MBR 磁盘分区结构

1. 对于扇区大小 512 字节的磁盘，MBR 分区表只能支持 2TB 的分区。对于扇区大小为 4KB 的磁盘，MBR 分区表则支持 16TB 的分区。

2. 8392704

3. 4194304

实验二　GPT 分区磁盘结构

1. GPT 可管理硬盘大小为 18EB（1EB = 1024PB = 1048576TB），但是由于 NTFS 文件系统的限制，最大仅支持 256TB。支持创建 128 个分区。

2. 不是，Windows XP、Windows 2003 SP1 及更早的 Windows 系统无法支持 GPT 分区类型的磁盘。

实验三　FAT 文件系统

1. FAT12、FAT16、FAT32

2. 目录项（Directory Entry）

3. FAT 表

4. 数据存储区。

实验四　NTFS 文件系统

1. 可以。NTFS 文件系统在文件删除后，只更新其对应的 MFT 记录中的分配状态标记位。

2. 存在 1 个扇区的差异。MBR 中的分区表信息记录的 NTFS 分区的扇区总数是包括卷的所有扇区以及卷引导记录备份扇区，而卷引导记录扇区中记录的卷的总扇区数则不包括卷引导记录备份扇区。

主要参考文献

[1] 刘浩阳，李锦，刘晓宇. 电子数据取证. 清华大学出版社，2015.

[2] 刘志军. 可信电子数据取证及规则运用研究. 武汉大学出版社，2020.

[3] 陈培德，吴建平，王丽清. NTFS 下文件在 $ Bitmap 的位置定位算法研究. 云南大学学报（自然科学版），2013（S2）.

[4] 崔宝江，马丁，郝永乐，王建新. 基于基本块签名和跳转关系的二进制文件比对技术. 清华大学学报（自然科学版），2011（10）.

[5] 范晓明，王斌君. 基于相码模型的汉字表征. 科学技术与工程，2021（5）.

[6] 蓝朝祥，包琦，沈长达，吴少华. VMware Workstation 虚拟机镜像取证技术研究. 网络空间安全，2019（4）.

[7] 林九川，孙永清，钱伟，金波. 字符编码在电子数据司法鉴定中的应用. 中国司法鉴定，2008（6）.

[8] 刘文艳，王珂，沙飞，杨森，翟阳阳，辛欣. 基于虚拟化技术的 VMware Workstation 实验平台在高校计算机实验课程中的应用. 中国医学教育技术，2020（4）.

[9] 欧国成. 基于 PGP 的文件安全传输与管理. 喀什大学学报，2020（3）.

[10] 田锋，周安民，刘亮，等. ARS：基于文件行为的勒索软件主动防御技术研究. 四川大学学报（自然科学版），2021（2）.

[11] 张照余，宁文琪. 校验存证技术应用于电子档案凭证效力维护. 档案与建设，2023（1）.

[12] 郑清安，黄云峰. 基于 WinFE 的电子数据取证启动盘改进研究与实现. 信息技术与网络安全，2019（11）.